HISTOIRE
DES
NAVIGATIONS
AUX
TERRES AUSTRALES.

CONTENANT ce que l'on sçait des mœurs & des productions des Contrées découvertes jusqu'à ce jour; & où il est traité de l'utilité d'y faire de plus amples découvertes, & des moyens d'y former un établissement.

TOME PREMIER.

*Nec usquam Deus abscidit
Terras Oceano dissociabili.* HORAT.

A PARIS

PRÉFACE.

L'Auteur de cet Ouvrage n'avoit nullement le dessein d'en faire un Livre en forme. Lorsque les petites lettres de M. de Maupertuis, contenant divers articles de projets propres à l'avancement des sciences, eurent été publiées, après la lecture qui en fut faite au premier moment de leur nouveauté dans une assemblée particulière de gens de lettres; l'auteur de l'histoire qu'on donne ici, parla pendant une demie-heure à cette occasion sur le premier article des projets qu'on venoit de lire, où l'on propose de travailler à faire de plus grandes découvertes dans les Terres australes. Il se trouvoit fort au fait de cette matière, sur laquelle il avoit eu la même pensée, & qu'il avoit dès long-tems examinée en citoyen & en géographe. Il étoit par conséquent en état d'expliquer dans un plus grand détail de circonstances ce que les petites lettres n'avoient voulu que proposer en très-peu de mots. Les choses qu'il eut occasion de dire à ce sujet parurent assez

PRÉFACE.

curieuses & assez nouvelles pour qu'on lui demandât de les mettre par écrit, en forme de mémoire, qu'il rapporteroit à la prochaine séance. Il fit en effet ce mémoire, dans lequel il s'attacha principalement à montrer en général qu'une telle découverte apporteroit réellement beaucoup de gloire à la nation, & de grandes utilités à son commerce. C'est ce premier mémoire qui depuis a servi de canevas au premier livre de l'histoire.

Il y en joignit bientôt après deux autres ; l'un sur le choix d'un lieu d'établissement & d'un entrepôt de commerce possible à faire en ces contrées : matière discutée dans un grand détail au cinquième livre de cette histoire, qui contient les résultats & les conséquences que l'on doit tirer des faits rapportés dans les trois livres précédens : l'autre donnoit quelque idée de la nature du climat & des mœurs des nationaux tels qu'ils sont dans les trois principales régions de cette immense partie du globe terrestre située vers le sud de tous les continens connus, dans les trois mers, du nord, du sud, & des Indes orientales. La division de la Terre australe y étoit faite, relativement à ces trois mers, en Magellanique, Polynésie & Australasie. Le mémoire contenoit les extraits de trois navigateurs célèbres ; Narborough pour la Magellanique, Roggewin pour la Polynésie, Dampierre pour l'Australasie.

PRÉFACE.

Ces trois mémoires auxquels l'auteur comptoit se borner, n'étant pas le maître de donner beaucoup de tems à de pareilles occupations, ayant été vûs par un de ses amis intimes & de ses compatriotes, membre de la même société littéraire, homme très-connu dans l'Europe par l'élévation de son génie ainsi que par la réputation de ses écrits, celui-ci le pressa vivement de faire connoître à fond une matière aussi intéressante qu'ignorée; de dépouiller en entier tout ce qu'il y avoit de descriptions, tout ce que l'on pouvoit sçavoir de faits rélatifs à cet objet; de rassembler en un mot sous un même coup d'œil toutes les connoissances acquises qu'il seroit possible de réunir à cet égard. Vainement on lui représenta qu'il y avoit plus de choses là-dessus qu'il ne le pensoit, & qu'on ne le croyoit communément; mais qu'elles étoient noyées dans une foule de recueils immenses, en langues latine, espagnole, angloise & hollandoise, où personne ne s'avisoit de les aller chercher; dans une quantité de routiers très-secs, très-ennuyeux, rélatifs à cent autres objets, & dont il seroit presque impossible de rendre la lecture intéressante. Les difficultés ne touchent guères ceux qui ne les essuyent pas. Il fallut se rendre, surtout à la considération que les connoissances qu'on trouveroit ici rassemblées pourroient un jour servir de

PRÉFACE.

quelque chose à notre nation, pour en acquérir de plus grandes & de meilleures sur ce monde inconnu, lorsqu'elle aura pris le parti de tourner en entier ses vûes du côté de la marine; de mettre ses soins & sa dépense principale à entretenir des flottes nombreuses de guerre & de commerce; comme il est évident qu'elle doit s'y porter avec ardeur pour son propre intérêt, & même par nécessité dans l'état actuel du système politique de l'Europe, dans un tems où une puissance voisine affecte visiblement la monarchie universelle de la mer, sans égard ni ménagement pour aucune autre nation. Voilà ce qui a donné naissance à cet ouvrage qui fut fait en peu de tems, & que l'auteur ne songeoit guères à faire.

Il fut même prêt à l'abandonner au moment qu'il venoit de l'achever, apprenant que l'onzième volume du recueil général des voyages, qui venoit de paroître, contenoit des extraits de quelques-uns des navigateurs dans les mers australes. Mais après avoir lû ce volume, il changea de pensée, & reprit celle de publier le sien. Sans qu'il soit besoin d'en détailler les raisons, elles seront facilement apperçues par ceux qui voudront prendre la peine de comparer les extraits donnés des mêmes relations dans les deux ouvrages; outre que celui-ci en contient un très-grand nombre qui n'auroient pas

PRÉFACE.

dû être omises dans l'autre. On ne dit pas ceci pour décréditer un livre dont le travail est si étendu, qu'il étoit difficile de le soigner également bien dans toutes ses parties, & qui, quoique écrit à la hâte, avec négligence & avec moins d'agrément que ne lui en pouvoir donner un écrivain dont le style a partout ailleurs tant de facilité, de chaleur & d'intérêt, est encore, après tout, le recueil de voyages le plus complet que nous ayons, & par conséquent un livre nécessaire dans toutes les bibliotheques.

L'histoire australe fut donc remise par l'auteur à la personne qui l'avoit pressé d'y travailler tout de bon, pour la donner à l'Imprimeur & la faire publier s'il le jugeoit à propos : ce qui s'est fait beaucoup plus tard qu'on ne l'avoit promis, & avec assez peu de correction ; l'impression ayant été faite en l'absence de l'auteur, à qui les épreuves n'ont été remises qu'après le tirage complet des feuilles : de sorte qu'il a fallu se contenter de corriger par de nouvelles feuilles une partie des fautes les plus grossières, renvoyant le reste à l'errata.

Pour rendre compte en peu de mots du plan de l'ouvrage, le premier livre peut être regardé comme une espèce de discours préliminaire & d'introduction à ceux qui suivent. On y traite les questions générales de géographie, de physique & de commerce rélatives à la matière.

Les trois suivans contiennent l'histoire antarctique des trois derniers siècles, depuis le moment où le monde austral fut apperçu pour la première fois dans sa partie Magellanique par Améric Vespucce, le premier avril 1502. Dès cette date on a suivi l'ordre chronologique de chaque découverte faite jusqu'au milieu du siècle présent, en donnant par narrations séparées le détail de ce que chacun des navigateurs qui y ont abordé en a pû voir ou sçavoir. On a préféré de suivre l'ordre des tems & des navigations, plûtôt que de donner une description à part de chaque contrée particulière. Ceci auroit été impraticable, surtout dans la Polynésie dont l'immense étendue contient tant de lieux isolés sur lesquels à peine a-t-on quelques légères connoissances. L'ouvrage n'auroit plus été dans cette partie, & souvent ailleurs, qu'une table géographique fort séche, trop fastidieuse à lire de suite : au lieu que les faits & un peu d'avantures personnelles auxquelles le lecteur prend quelque intérêt, amenent le détail & font supporter les descriptions locales. D'ailleurs l'ordre des tems a l'avantage de montrer aussi l'ordre, la suite & la confirmation de diverses connoissances ; de faire voir quelle part chaque peuple de l'Europe a eu, soit à la première découverte, soit à ses progrès ; d'indi-

PRÉFACE.

quer qu'elles sont les vûes générales ou les intérêts personnels qui ont servi de motif à chaque entreprise, & quel honneur national en doit revenir à chaque peuple; de pouvoir enfin suivre un navigateur depuis le moment de son départ jusqu'au terme de sa course: car la plûpart ayant fait le tour du monde, ont visité une quantité de lieux. Il n'auroit pas été possible de les reprendre autant de fois pour raconter ce qu'ils nous ont appris de chacun. Mais par la manière dont la table des chapitres est disposée, le lecteur verra d'un coup d'œil tous les voyages faits dans une même région; & il trouvera facilement ce qui concerne chaque lieu particulier des grandes contrées générales dans la table des des matières qui a été faite à cet égard avec la plus grande exactitude.

Souvent les routiers des navigateurs n'ont pas été imprimés, ou du moins ne l'ont pas été en original dans la langue en laquelle ils étoient écrits. Ceux qui en ont eu communication en ont fait imprimer des extraits traduits en diverses langues: de sorte que l'on trouve dans l'un ce qu'on ne trouve pas dans l'autre: ce qui met dans la nécessité de les parcourir tous & de les comparer. L'auteur l'a fait avec soin, autant qu'il lui a été possible de recouvrer les différentes éditions. Il a aussi confronté aux originaux les narrations des historiens proprement dits,

tels qu'Herréra, Torquemada &c, les mémoires & actes particuliers rélatifs au même objet, & répandus çà & là dans les recueils immenses des collecteurs tels qu'Hackluyt, Ramusio, de Bry, &c. A chaque article il a l'attention d'indiquer dans un court avant-propos les matériaux dont il s'est servi & leurs auteurs : après quoi il en compose une narration suivie, où le navigateur parle presque toujours lui-même à la première personne, comme s'il eut ainsi écrit d'un seul fil : car on supprime ici une infinité de choses intermédiaires, en un mot tout ce qui n'est pas récit des Terres australes. Même à cet égard on retranche, ou l'on abrége une quantité de détails dont la lecture seroit peu supportable ; observations nautiques, gisemens de côtes, ancrages, vents, courans, estime de route, variations de l'aiman, dates, distances, hauteurs du pôle prises en pleine mer, &c. On s'est borné à rapporter ou à réduire en tables ce qu'il y a de plus essentiel en ceci. Ce n'est pas que toutes ces choses, dont les routiers si fâcheux à lire sont presque entiérement remplis, ne soient de première nécessité pour le navigateur même qui voudra marcher sur les traces de ses prédécesseurs. Mais alors il doit les chercher dans les originaux qu'on lui indique, & se munir des itinéraires de sa course. Il falloit avoir un peu d'égard ici pour le lecteur ordinaire en
lui

PRÉFACE.

lui épargnant quelque chose de l'inutile & intolérable ennui de tant de détails si arides. De cette sorte, un nombre de volumes se trouve souvent à chaque article réduit ici à un petit nombre de pages. Cependant on s'est presque toujours servi des paroles même des originaux, sans chercher à farder ni à corriger leur style qui souvent n'est pas bon. Ç'auroit été vouloir lui ôter l'air de vérité attaché au peu de soin qu'ils se sont donné de l'embellir. Les marins écrivent mal, mais avec assez de candeur. Ce n'est pas l'élégance du style que l'on recherche en un pareil ouvrage; c'est l'instruction dans les faits & la connoissance des choses ignorées. Le lecteur les veut peintes telles que le navigateur les a vues, non avec le coloris dont la plume de l'historien pourroit les orner. Par une suite de ce même principe l'auteur de cette histoire antarctique a voulu la laisser ainsi divisée par articles séparés, & non les fondre tous dans une seule narration liée. Il auroit sans doute plû davantage par cette dernière méthode à ceux qui ne lisent que pour s'amuser; mais moins à ceux qui veulent s'instruire, qui dans toute histoire de faits peu connus ne cherchent que l'autorité même du texte original, qui aiment à écouter l'auteur des faits parlant lui-même de sa propre action, plûtôt que d'en entendre le récit de la bouche de son historien.

PRÉFACE.

Mais le cinquième livre présentera le tableau distinct de ce que le territoire des trois régions offre de productions les plus remarquables, du commerce qu'on y peut faire, du caractère des habitans. On y discute les avantages & les désavantages d'un établissement pour chaque lieu différent ; au cas que le gouvernement françois prît un jour la pensée d'y faire un entrepôt de commerce, ou d'y fonder une colonie : on y entre dans le détail des moyens connus d'y former l'établissement, propres à le rendre utile & durable. Ce cinquième livre, fondé sur l'autorité des textes originaux qui le précèdent, a paru le plus agréable à lire.

Il seroit à souhaiter que quelqu'un voulut nous donner l'histoire arctique de notre globe comme on donne ici l'antarctique. Cette partie du monde plus voisine de nous ayant été plus fréquentée, est par conséquent mieux connue. Le terrain est beaucoup moins vaste que de l'autre côté, & les matériaux plus abondans. On pourroit donc en former une histoire suivie, divisée en deux parties dont l'une contînt le nord de la Tartarie, l'autre le nord de l'Amérique, dans lesquelles on rassembleroit tous les faits réels servant à décider les fameuses questions des deux passages du nord-est & du nord-ouest, sans y mêler de relations imaginaires ni de fables mal rédigées : sinon, on peut se contenter de

PRÉFACE.

suivre la même méthode employée dans l'histoire antarctique, en rendant complets quelques recueils généraux, mais fort imparfaits, qu'on nous a déja donnés sur les voyages du nord. Ainsi, nous aurions une histoire, ou du moins les matériaux réunis d'une histoire de notre zone glaciale peu utile par l'inclemence de son climat & la stérilité de ses productions, mais curieuse par la singularité de la figure & des mœurs de l'espèce humaine qui l'habite. Pouvons-nous trop nous occuper à connoître la petite portion de terrain dont le Créateur a fait notre partage, & notre habitation, dans l'étendue de cet immense Univers!

TABLE
DES ARTICLES DE VOYAGES.

EN MAGELLANIE.

		Ann.	Art.	P.
Tom. I.	AMERIC Vespucce.	1501.	II.	8
	Ferdinand Magellan.	1519.	IV.	12
	Carjaval & Ladrilleros.	1524.	V.	14
	Garcie de Loaise.	1525.	VI.	15
	Simon de Alcazova.	1535.	IX.	16
	Alfonse de Camargo.	1540.	X.	16
	François Drake.	1577.	XIII.	17
	Pedro Sarmiento.	1579.	XIV.	19
	Thomas Cavendish.	{1586.	XV.	22
		{1592.	XVI.	22
	Jean Chidley.	1590.	XVII.	23
	Richard Hawkins.	1593.	XVIII.	24
	Simon de Cordes & Sebald de Wert.	1598.	XX.	27
	Olivier de Nort.	1599.	XXI.	29
	George Spilberg.	1614.	XXIII.	34
	Jacques le Maire & Guillaume Schouten.	1615.	XXIV.	34
	Garcie de Nodal.	1618.	XXV.	42
Tom. II.	Jean Narborough & Jean Wood.	1670.	XXX.	
	Barthelemi Sharp.	1680.	XXX.	
	Cowley.	1683.	XXXI.	
	Guillaume Dampierre.	1684.	XXXIII.	
	Lyonel Waffer.	1685.	XXXIV.	
	De Gennes.	1696.	XXXV.	10
	Beauchesne - Gouin.	1699.	XXXVI.	11
	Fouquet & Coudral - Perée.	1704.	XL.	43

TABLE DES ART. DE VOYAGES.

	Ann.	Art.	Pag.	
Louis Feuillée.	1708.	XXXVIII.	173.	Tom.
Frezier.	1712.	XL.	204.	
Gentil de la Barbinais.	1715.	XLI.	219.	
Lozier Bouvet.	1739.	XLIII.	255.	
George Anson.	1741.	XLIV.	259.	
De Hen-Brignon.	1747.	XLV.	304.	

EN AUSTRALASIE.

	Ann.	Art.	Pag.	
Binot Paulmier de Gonneville.	1503.	III.	102.	Tom.
Alvar de Saavedra.	1528.	VII.	158.	
Fernand de Quiros.	1606.	XXII.	306.	
Jacques le Maire & Guillaume Schouten.	1615.	XXIV.	349.	
Hertoge, Witt, Carpenter, &c.	{ 1616. 1722. }	XXVI.	426.	
Jacques l'Hermite.	1624.	XXVII.	437.	
François Pelsart.	1629.	XXVIII.	451.	
Abel Tasman.	1642.	XXIX.	456.	
Guillaume Dampierre.	{ 1684. 1699. }	XXXIII. XXXVII.	59. 126.	Tom.
Woodes Roggers.	1709.	XXXIX.	184.	
Roggewin.	1721.	XLII.	226.	

EN POLYNESIE.

	Ann.	Art.	Pag.	
Ferdinand Magellan.	1519.	IV.	121.	Tom.
Garcie de Loaise.	1525.	VI.	150.	
Alvar de Saavedra.	1528.	VII.	158.	
Diego Hurtado & Fernand de Grijalva.	1533.	VIII.	162.	
Juan Gaëtan & Bernard de la Torre.	1542.	XI.	169.	
Alvar de Mendoce & Alvar de Mindaña.	1567.	XII.	172.	
François Drake.	1577.	XIII.	178.	

TABLE DES ART. DE VOYAGES.

		Ann.	Art.	Pag.
I.	Alvar de Mindaña.	1595.	XIX.	249.
	Olivier du Nort.	1599.	XXI.	295.
	Fernand de Quiros.	1606.	XXII.	306.
	Jacques le Maire & Guillaume Schouten.	1615.	XXIV.	349.
	Jacques l'Hermité.	1624.	XXVII.	437.
II.	Cowley.	1683.	XXXI.	49.
	Guillaume Dampierre.	1684.	XXXIII.	59.
	Les Palaos.	1696.	XLVI.	443.
	Woodes Roggers.	1709.	XXXIX.	184.
	Les Mariannes.		XLIX.	492.
	François de Padille.	1710.	XLVII.	460.
	Gentil de la Barbinais.	1715.	XLI.	219.
	Roggewin.	1721.	XLII.	226.
	Antoine Cantova.	1731.	XLVIII.	469.
	George Anson.	1741.	XLIV.	259.

HISTOIRE

HISTOIRE
DES
NAVIGATIONS
AUX
TERRES AUSTRALES.

LIVRE PREMIER.
Où il est traité des utilités de la découverte.

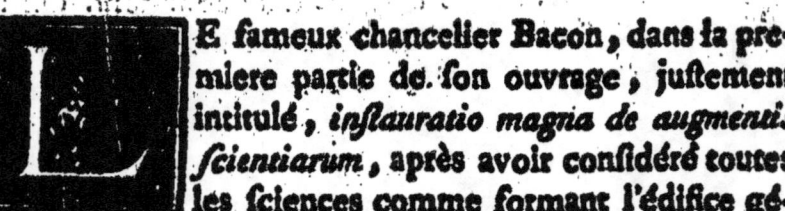

LE fameux chancelier Bacon, dans la premiere partie de son ouvrage, justement intitulé, *instauratio magna de augmentis scientiarum*, après avoir considéré toutes les sciences comme formant l'édifice général de la connoissance humaine, où chaque partie doit

Sentimens de quelques écrivains célebres sur cette matiere.

A

être rangée dans son ordre, & dans une dépendance mutuelle avec les autres, a cherché ce qui pouvoit manquer à chaque partie, & a donné des notions générales pour parvenir à les rendre complettes, convenablement à la grandeur du plan total qu'il avoit formé. M. de Maupertuis, à son exemple, a recherché quel accroissement on pourroit donner à certaines parties de la connoissance humaine, quels moyens l'on a d'en remplir le vuide par la réussite possible de quelques entreprises peu praticables dans l'ordre ordinaire, ou par la pratique de quelques expériences imaginées avec de grandes vûes, lesquelles, exigeant plus de dépenses que n'en peuvent faire les particuliers, ont un besoin nécessaire du pouvoir des Souverains. Ses vûes, extrêmement variées dans leur objet, & toûjours pleines d'idées neuves & d'imagination, portent d'abord sur les recherches géographiques, & s'arrêtent un moment sur les grandes utilités que l'on retireroit en Europe, d'une découverte plus complette des *Terres australes*. Voici à peu près de quelle maniere il pense à cet égard, dans son essai sur le progrès des sciences.

Toute la partie méridionale de notre globe est encore inconnue. Il n'y a pas d'apparence qu'une si vaste plage ne soit occupée que par des mers. On y a découvert des caps & des côtes, signes certains d'un continent. On a déja marqué sur nos cartes ceux qu'ont apperçûs les voyageurs des derniers siécles. Depuis peu le capitaine Lozier, envoyé par notre compagnie des Indes, pour découvrir quelque port dans les *Terres australes*, navigeant vers l'Est, entre l'Amérique & l'Afrique, a trouvé pendant une route de 48. degrés des signes continuels de terres voisines, & enfin vers le 52° degré un cap où les glaces l'empêchèrent d'aborder. L'utilité de trouver un port, quoique grande, seroit cependant une des moindres qui résulteroit d'une découverte à laquelle on a trop tôt renoncé, sans y avoir employé les plus justes mesures possibles. Le continent austral est certainement tout-à-fait isolé des autres, puisque dans cet hémisphère on a plusieurs fois fait par mer le tour du monde parallelement à l'équateur, en laissant toûjours les *Terres australes* du même côté. C'est ce que l'on ne peut pas assurer de l'Amérique même, qui peut-être, *dit-il*, est jointe à la *Russie asiatique* par le nord de la presqu'isle de Californie. Ainsi les mêmes espèces de choses & surtout d'animaux, ont pû se répandre dans les quatre parties du monde connu, & s'y multiplier sans autre altération que celle que la différence des climats aura pû successivement y causer de proche en proche : au lieu que dans le nouveau monde austral, séparé de tout commerce avec l'ancien, & où l'on peut assurer que les navigations en pleine mer sont absolument inconnues, on doit trouver un nouveau genre de choses tout-à-fait neuf, des branches entières d'un nouveau commerce, & de merveilleux spectacles physiques & moraux. Il seroit à propos, pour se le procurer, d'aller à la découverte plutôt à l'Est de l'Afrique qu'à l'Est de l'Amérique. Les caps apperçûs dans cette plage s'avançans plus près de l'équateur, & se trouvans dans le voisinage des isles qui produisent les denrées, source de tant de richesses pour les marchands de l'Europe ; plus on commencera la découverte près de l'équateur, plus il sera facile d'éviter les obstacles qui ont arrêté le capitaine Lozier. Dans l'hémisphère austral on rencontre des glaces en une saison, & à des latitudes où les climats sont chez nous tout-à-fait tempérés : cet hémisphère a l'hiver beaucoup plus froid que le nôtre, & l'été beaucoup plus chaud ; parce que dans notre hiver, la terre, roulant sur son orbite, se trouve à sa plus petite distance du soleil, & à sa plus grande durant notre été : ainsi le contraire arrive dans l'hémisphère opposé. Dans le nôtre même les glaces subsistent encore vers le cercle arctique au solstice d'été : c'est alors qu'elles fondent si vîte qu'en peu de jours la mer en est délivrée. Vers l'antarctique elles doivent fondre plus tard, à proportion du plus grand froid de l'hiver qui en entretient la durée. Il y a donc apparence que le capitaine Lozier auroit moins trouvé d'obstacles, si, au lieu d'arriver en cette plage au solstice d'été qu'il avoit pris pour le moment le plus favorable, il y fût arrivé un mois plus tard. Après tout, il n'est pas impossible de vaincre l'obstacle des glaces, puisque les habitans de Finlande pratiquent des routes sur les mers glacées, & traînent avec eux de petits bateaux legers, dans lesquels ils traversent d'une glace à l'autre. Outre les *Terres australes*, il n'est pas possible qu'entre le Japon & l'Amérique il n'y ait, dans le vaste océan pacifique, un grand nombre d'isles riches en épiceries, dont la découverte ne seroit pas moins importante.

De la gloire & des avantages attachés à cette entreprise.

C'est avec raison que parmi tant de projets divers, proposés par M. de Maupertuis, dont le désir d'être utile au genre humain a suggéré l'idée à ce philosophe célebre, il assigne à celui-ci le premier rang. L'entreprise la plus grande, la plus noble, la plus utile peut-être que puisse faire un souverain, la plus capable d'illustrer à jamais son nom, est la découverte des *Terres australes*. La gloire est la passion dominante des rois : mais leur erreur commune & invétérée est de la chercher dans la guerre, c'est-à-dire, dans le malheur réciproque de leurs sujets & de leurs voisins. Il n'y a jamais de véritable gloire pour eux, si le bonheur des nations n'est le guide des entreprises qu'ils forment pour l'acquérir. Ici la grandeur de l'objet se trouve jointe aux utilités de la réussite. Augmenter la terre d'un nouveau monde : enrichir l'ancien monde de toutes les productions naturelles, de tous les usages utiles du nouveau ; voilà quel seroit l'effet d'une telle découverte. Quelle comparaison pourroit-on faire entre l'exécution d'un pareil projet, & la conquête quelquefois injuste, de quelque petit païs ravagé ; de deux ou trois forteresses ruinées par le canon, acquises par le massacre, la ruine, la désolation & les regrets du peuple vainqueur, aussi-bien que du peuple vaincu ; achetée au prix d'une dépense cent fois plus grande que celle qui seroit nécessaire pour l'entière découverte proposée? Parmi les souverains des derniers siécles y en a-t-il un seul qui osât comparer sa gloire à celle de Christophe Colomb ? De combien le nom d'Améric Vespuce est-il plus étendu & plus assûré de vivre à jamais dans les siécles à venir que celui d'Alexandre? Puisque l'ardeur de perpétuer sa mémoire est le grand objet de l'orgueil humain, & le mobile principal des actions des hommes ; quel mortel a jamais joui d'une satisfaction égale à celle dont a dû jouir ce marchand florentin, en voyant l'Europe d'un commun accord donner son nom à la moitié entière du globe terrestre? Il a de plus, au-dessus d'Alexandre, le bonheur de n'avoir ni ravagé l'Asie, ni tourmenté les Macédoniens. En remontant aux premiers siècles, les Phœniciens, petit peuple resserré entre la mer & des rochers arides, ne possédant en Asie que le territoire étroit des villes de Tyr & de Sidon, ne sont-ils pas encore autant & plus fameux aujourd'hui qu'aucunes des grandes nations asiatiques, qu'aucun roi d'Egypte ou d'Assyrie ? Nos anciens livres sacrés parlent avec admiration des marchands de Tyr, comme d'autant de rois. La base solide de leur gloire immortelle, est d'avoir découvert l'Europe; d'y avoir apporté leur langue, leurs idées, leurs connoissances & leurs arts; d'avoir policé nos peuples sauvages; d'avoir planté leurs colonies le long de deux côtes de la méditerranée & au-delà du détroit, depuis les *isles Britanniques* jusqu'au cap de *Bonne-espérance*, peut-être, mais au moins jusqu'au Sénégal; sans parler de la fondation de *Carthage*, la reine de la mer, la rivale de l'empire romain (*). Les

(*) « Nous nous étonnerions d'avantage qu'ils ayent pû parvenir à une si grande puissance, ne possédant qu'une petite lisière de terre dans le continent, si nous n'avions devant nos yeux l'exemple des Hollandois, habitans d'un païs fort borné, stérile & marécageux, usurpé en partie sur la mer, & défendu par une vigilance continuelle, & des dépenses excessives; qui, néanmoins par leur vertu & leur industrie, ont étendu leur domaine jusqu'aux extrémités de la terre, & prétendent aujourd'hui aller de pair avec les Rois. Ce fut en considération de la petitesse du terroir des Phœniciens, que Salomon donna à Hiram, roi de Tyr, son allié, vingt bourgades en terre ferme, pour le mettre un peu plus au large. Mais dans ce peu de terrain qu'ils occupoient, ils se trouvèrent dédommagés par plusieurs bons ports, qui leur donnoient de grands avantages pour le commerce, & même pour la guerre. » *Huet*, *hist. du Commerce des anciens*, Ch. 3.

N'hésitons pas à reconnoître, avec le sçavant & judicieux écrivain que je cite ici, qu'Alexandre ne fit pas plus pour l'avantage des Grecs en transférant l'empire des Perses aux Macédoniens, qu'en formant le hardi projet de changer la face du commerce de toute la terre; & que l

Phœniciens avoient par là sçû rassembler dans leur propre patrie toutes les richesses & les commodités du monde entier, en même-temps qu'ils combloient de bienfaits les sauvages européens qui leur doivent encore aujourd'hui tout ce qu'ils sont. Nous devons une reconnoissance presque pareille aux princes de Portugal Henri, Jean & Emanuel, dont les études, la constance, le courage & les dépenses ont fait de leur royaume un état puissant malgré le peu d'espace qu'il occupe

réussite de ce grand dessein n'a pas moins contribué à étendre & à perpétuer sa renommée, que la conquête même de l'Asie. « Il imagina un autre » moyen bien plus sûr pour lui & bien » plus utile pour son siécle & pour les » siécles suivans. Ce fut la fondation » d'Alexandrie, grand & heureux » dessein, de quelque côté qu'on le » regarde, & qui, en son genre, n'a » jamais eu d'égal. Car il faut, pre» mièrement, considérer la situation » merveilleuse de l'Egypte, qui a » d'un autre côté une libre commu» nication avec l'Asie, & tout l'O» rient par la mer rouge; avec l'E» thiopie, au midi, par la même » mer, & par le Nil; au septentrion, » avec l'Europe, & l'Afrique par » la mer méditerranée. L'Egypte » par elle-même une des plus fertiles » contrées du monde, regorgeoit de » toutes sortes de biens. Alexandre » considérant tous ces avantages & » roulant dans sa tête de vastes des» seins pour une monarchie univer» selle, jugea à propos d'y établir le » siége principal du commerce, &

» d'y choisir un lieu qui fût comme » le nœud de toutes les parties du » monde, & qui étant situé entre » Tyr & Carthage, pût s'attirer en » même-tems le commerce de l'un » & de l'autre. Ses successeurs, si » divisés d'intérêts, ne varièrent » point sur le fait du commerce, & » suivirent les traces qu'Alexandre » leur avoit marquées. Les Ptolo» mées, à qui l'Egypte échut en par» tage, & principalement Philadel» phe, ouvrirent une route depuis » Alexandrie jusqu'aux Indes, en dis» posant des étapes commodes par » les canaux du Nil, jusqu'à la mer » rouge. Ce prince, dans un corps » infirme, avoit un génie fort élevé, » curieux, & désireux d'apprendre. » Il se rendit puissant sur la mer par » ses nombreuses flottes, dont Athe» née a fait en détail une description, » & un dénombrement qu'on ne peut » lire sans étonnement. Pour mettre le » comble au bonheur de ses provin» ces, il voulut y attirer par le com» merce, les richesses, & les com» modités de l'orient. » ibid.

HISTOIRE DES NAVIGATIONS

en Europe; (*) dont l'exemple joint à celui de l'amiral Colomb, a mis les autres nations sur la voie d'acquérir tant de biens inconnus, & de nouvelles connoissances qui occupent aujourd'hui le genre humain. Ce n'est donc pas un paradoxe d'assurer que c'est par les entreprises géographiques qu'un roi peut parvenir à la plus grande gloire possible; & que le plus célèbre des souverains modernes sera celui qui pourra donner son nom au monde austral.

Qu'elle ne eut être faite que par le chef d'un état puissant.

L'entreprise ne peut être faite que par un roi, ou par un corps entier d'une république commerçante. Elle est au-dessus des forces d'un particulier; même, si je ne me trompe, au-dessus de celles d'une compagnie de commerce, telle, par exemple, que notre compagnie des Indes, toute florissante qu'elle est aujourd'hui.

(*) On doit aux voyages le commerce dans le nouveau monde vers les Indes orientales &c. commerce devenu si utile & si nécessaire depuis deux siécles, que, qui l'ôteroit à trois ou quatre potentats de l'Europe, les ruineroit sans ressource. La conquête de l'Amérique par les Castillans, & leurs fréquentes navigations vers ces païs éloignés, d'où ils apportoient l'or & l'argent avec profusion, les mirent bientôt en état de maîtriser toute l'Europe; & peu s'en fallut que leur roi ne parvînt à la monarchie universelle, avec le secours des richesses du nouveau monde. Les navigations des Portugais ont étendu bien-loin cette nation resserrée dans un petit état peu fertile; & les Provinces-unies, dont le commerce consistoit à vendre leur beurre & leur fromage dans quelques ports de l'Europe, pendant qu'elles étoient encore sous la domination de l'Espagne; ces provinces, dis-je, se sont vû en état de soûtenir les efforts de plusieurs grands princes, peu de temps après leurs établissemens aux Indes orientales. Ces exemples & plusieurs autres doivent encourager aux découvertes & à la navigation, ceux d'entre les princes chrétiens qui paroissent avoir négligé cet art & peu affectionné les découvertes. On ne doit pas se rebuter par les difficultés ou par les premiers malheurs; puisque la constance & le courage des premiers navigateurs espagnols, portugais, hollandois & anglois, ont fait réussir ces découvertes aujourd'hui si avantageuses à toute l'Europe. *Disc. prelim. des Voyages au Nord.*

L'esprit

L'esprit du négoce est de chercher dans ses entreprises un retour prochain qui lui rapporte un profit présent. Il ne faut pas attendre d'un marchand qu'il travaille pour la gloire & non pour le profit ; ni qu'il forme des projets dont le succès paroîtra tout à la fois douteux & éloigné : d'autant plus que le peu de forces qu'il y peut employer lui seroit presque un présage assûré du peu de réussite, à moins d'un hasard heureux, sur lequel il ne faut pas compter. Une riche compagnie y employe de plus grands moyens. Elle peut par là se promettre d'avantage : mais elle n'a, comme le marchand particulier, de curiosité véritable que pour le gain. Si elle agit, c'est avec des vûes particulieres : c'est dans l'espérance d'un grand profit facile à faire. Si les premières tentatives n'ont aucun fruit, bientôt rebutée par la dépense & par les obstacles, elle se renferme dans les branches de son commerce accoutumé. Les directeurs de ces compagnies ne croyent pas devoir user autrement du pouvoir qui leur est confié ; ni risquer à des objets de pure curiosité, les intérêts de leurs associés. Nous en voyons un exemple dans l'expédition faite en 1721. par la compagnie de Hollande, pour la découverte des *Terres australes*; dans celle faite en 1739. aux mêmes fins, par la compagnie de France. Le but de cette derniere, dont un homme fort connu, alors à la tête de la compagnie des Indes, avoit été le promoteur, étoit, dit-on, de trouver au sud de l'Afrique une terre propre à servir d'entrepôt à ses vaisseaux, pour n'être pas obligée, en certains cas, de relâcher au cap de bonne espérance. Les obstacles qu'elle y a rencontrés semblent, dès la premiere fois, l'avoir dégoûtée d'un projet, auquel elle paroît par son inaction actuelle avoir renoncé; sans qu'on y ait peut-être cependant employé les meilleurs moyens possibles. Un tel dessein méritoit à coup sûr plus d'une tentative : mais la même personne, qui avoit fait faire l'entreprise, trop promptement rebutée, ne voulut plus en entendre parler depuis : & les choses en sont restées là ; malgré les espérances que cette premiere course donnoit aux meilleurs Géographes.

Cependant s'il est une nation qui doive se porter avec ardeur à réitérer de pareilles tentatives, c'est sans doute la nation françoise qui doit se montrer ici jalouse de son honneur, & marquer son regret de s'être laissé enlever par des étrangers toute la gloire d'une premiere découverte qu'elle-même avoit faite avant eux. On ne parle dans toute l'Europe que de Magellan & de Dom Alvar de Saavedra. Les noms des chevaliers Drak & Candish sont célebres en Angleterre. Après ceux-ci, Olivier du Nord, Sebald de Wert & Jacques le Maire se sont fait une réputation immortelle parmi les Hollandois leurs compatriotes ; mais il semble que tout le monde ignore qu'au tems même d'Americ Vespuce, que 17 ans avant l'entreprise de Magellan, un vaisseau marchand parti d'Honfleur au mois de Juin 1503. suivit la route de Vasquez de Gama, fit le premier la découverte du *monde austral*, & le commerce avec les naturels du pays. J'en rapporterai dans le II. Liv. des preuves sans équivoque. Les François néanmoins oublians dès le lendemain ce hasard heureux d'une entreprise si mémorable, en ont, par leur légéreté naturelle, perdu tous les avantages ; & non contens de ne pas suivre avec constance ce qu'une semblable fortune sembloit leur promettre, ils se sont laissé dérober par les Espagnols & par les Portugais tout l'honneur de la premiere découverte. » Notre François mal-avisé, dit » la Popeliniere, n'a eu ni l'esprit ni la discrétion de pren- » dre de justes mesures publiques pour l'assurance de ses » desseins, aussi hautains & généreux que ceux des au- » tres : comme si c'étoit trop peu d'avoir commis une » semblable faute touchant les découvertes faites par les » nôtres en Afrique, où les vaisseaux Normands trafi- » quoient avant que les Portugais y eussent abordés. » Cet Auteur n'avance rien ici que de très-véritable. Nous avions autrefois un commerce lucratif sur les côtes de Malaguette & de Sierra-Liona; où l'on a depuis re- trouvé la langue des Barbares pleine de vieux mots Fran- çois. Le nom de Dieppe conservé à un port de cette cô- te, (*) & le souvenir de notre nation perpétué & chéri de ces peuples sauvages. Comment s'est-on tant de fois laissé ravir de tels avantages? mais la nation est généreu- se : il suffira pour la rappeller au soin de sa gloire, de lui tracer le tableau historique des faits que la distance des tems & des lieux lui ont fait perdre de vûe.

A dire vrai, pour réussir à la découverte complette des *Terres australes*, il ne faut avoir d'autre but que ce- lui de réussir: il faut y employer les moyens convena- bles, & des forces suffisantes: ce qu'un puissant souve- rain, dont l'esprit a de grandes vûes, dont les ministres sont éclairés, dont les états sont avantageusement situés sur les deux mers, dont les établissemens sont déja con- sidérables au-delà de l'équateur, peut facilement faire

Qu'il faut d'abord ne s'occuper d'aucune au- tre vûe que de celle de la découverte même.

(*) Les Cartes de Sanson & de Bellin le placent sur la côte de Malaguette, entre 6 & 7°. Lat.

avec une dépense infiniment moins grande & mieux placée que celle d'une guerre infructueuse, qui coûte tant de millions d'or & tant de milliers d'hommes. Il faut de la constance à suivre son projet, autant qu'en ont eu les princes de Portugal, lorsqu'ils ont enfin trouvé vers l'extrémité de l'Afrique un passage qui a élevé la fortune de l'Europe sur celle d'Halep & d'Alexandrie. Il faut étudier avec soin la trace des navigateurs précédens, en se mettant parfaitement au fait de ce qui s'est passé relativement à cet objet. Les choses examinées sous ce coup-d'œil, paroîtront non seulement possibles, mais même beaucoup moins difficiles qu'on ne se le figure. Il faut enfin ne pas beaucoup s'occuper, jusqu'à la pleine réussite, des utilités qu'on peut en recueillir; elles se présenteront assez d'elles même à la suite. Trop d'empressement à jouir du fruit de ses desseins, les fait souvent avorter. Ne songeons d'abord qu'à la géographie, qu'à la pure curiosité de découvrir, d'aquérir à l'univers de nouvelles terres, de nouveaux habitans. Imitons les profonds mathématiciens qui s'exercent souvent à pénétrer des vérités de pure spéculation, lesquelles, n'ayant d'abord eu qu'un objet de simple curiosité, sont ensuite devenues des objets de véritable utilité pour la statique, l'astronomie, la géographie ou la navigation. Loin qu'il soit possible que la découverte se trouve infructueuse par l'événement, tout concourt à persuader qu'on en retirera des avantages sans nombre, prévûs & imprévûs dans un vaste continent inconnu, qui s'étend depuis la ligne jusqu'au cercle polaire antarctique, situé par conséquent sous les trois zones, dans les climats susceptibles de productions analogues à celles de notre continent, & d'une infinité d'autres toutes nouvelles que nous ne pouvons ni connoître ni deviner.

J'appelle en effet, *Terres australes* tout ce qui est au-delà des trois pointes méridionales du monde connu, en Afrique, Asie & Amérique; c'est-à-dire au-delà du Cap de Bonne-Espérance, des isles Moluques & Célèbes, & du détroit de Magellan; ce qui peut comprendre 8 à 10 millions de lieues quarrées faisant plus du tiers de notre globe : il n'est pas possible qu'il n'y ait dans une si vaste plage quelqu'immense continent de terre solide au sud de l'Asie capable de tenir le globe en équilibre dans sa rotation, & de servir de contrepoids à la masse de l'Asie septentrionale. Quiconque examine les deux hémisphères du globe partagé horisontalement, comme on devroit toujours le représenter, c'est-à-dire, par l'équateur (*a*) non par le méridien, est frappé de voir tant de terres dans l'un; & si peu dans l'autre; sçachant surtout que le poids de la terre est à celui de l'eau de la mer presque comme 2 est à 1. (*b*) L'examen du globe en-

De la partie du globe comprise sous le nom de Terres australes. Preuves hypotétiques, & preuves de fait de leur existence.

(*a*) Dans les mappemondes planisphères, il seroit mieux de couper les hémisphères parallèlement aux cercles sur lesquels le globe roule, c'est-à-dire par l'équateur, que comme on est en usage de le pratiquer, parallèlement à l'axe immobile de la terre, c'est-à-dire, par le méridien. Les directions des grandes charpentes de la masse, telles que sont les longues chaînes de montagnes & de vallées, vont volontiers selon le sens de l'équateur. Nous tenons des anciens la meilleure division du globe en cinq zones suivant le sens de son roulis. Cette division est physique & vraie; elle dis-

tingue la partie de la terre où le Soleil passe au zénith: celles où il commence à circuler parallèlement à l'horison sans se lever, ou sans se coucher, donnant ainsi le jour ou la nuit de 24 heures entières: celles enfin qui sont intermédiaires entre ces deux points extrèmes, le Soleil n'y étant jamais ni vertical, ni parallèle à l'horison.

(*b*) Le poids du pied cubique d'eau de mer est de 73 liv. & ⅓. Le poids moyen de différentes terres est d'environ 120 liv. Celui des différens sables d'environ 125 liv. Celui des différentes pierres & marbres d'environ 160 liv.

tier nous fait voir qu'il y a dans sa plus grande surface sous l'équateur, une masse de terre d'environ 120 degrés, séparée par l'Océan atlantique seulement, & une masse d'eau d'environ 240 degrés parsemée de quelques isles. C'est à cette inégalité de poids jettée tout d'un côté qu'on pourroit peut-être attribuer la cause de la rotation de la terre sur son axe par l'équateur, mouvement qui une fois pris par la machine, se perpétue sans cesse dans le vuide. Si cette conjecture a quelque fondement, on en peut conclure que, l'inégalité de poids étant beaucoup plus grande de l'hémisphère arctique à l'hémisphère antarctique, qu'elle n'est d'un tiers de l'équateur aux deux autres tiers, la rotation du globe se feroit plûtôt par les poles que par l'équateur, s'il n'y avoit dans l'hémisphère antarctique une masse de terre inconnue qui contrebalance celle de l'hémisphère arctique. En effet, des 25 millions de lieues quarrées que contient la surface du globe terrestre, la masse de l'ancien continent en occupe environ 5 millions qui sont le cinquiéme. Elle est inégalement contrebalancée de l'est à l'ouest par la masse de l'Amérique qui n'est que d'environ un douziéme du total : mais ces deux masses de terre sont tellement jettées du côté arctique, qu'il ne reste peut-être pas un dixiéme de la plus lourde, & à peu près un tiers de la moindre du côté du sud de l'équateur : ainsi l'inégalité de poids seroit extrême du nord au sud ; d'autant plus que les lignes du milieu de ces deux masses étant chacune inclinée de 30 degrés sur l'équateur, en sens opposé, viennent par le prologement à se rencontrer vers le nord non loin du premier cercle méridien : ce qui augmente encore l'inégalité, par l'approximation des masses vers un même point du nord. L'observation des parties connues du globe terrestre nous conduit donc à soupçonner un grand contrepoids vers le sud; sur-tout sous ce même premier cercle méridien, c'est-à-dire, entre 180 & 230 degrés de longitude; quand même la différence du poids des mers au poids des terres, sur laquelle j'ai insisté, ne seroit qu'un moindre objet dans l'opinion de ceux qui croyent, avec assez d'apparence, que la mesure verticale de la profondeur des mers n'est qu'une petite partie du demi-diamètre de tout le globe terrestre qui les supporte, supposé solide dans toute sa masse jusqu'au centre. Car malgré ceci, comme les eaux sont distribuées sur la circonférence du globe dans le plus grand cercle de sa rotation, elles ne peuvent manquer d'occuper une étendue considérable du volume cubique de la masse totale; outre qu'il est incertain si le globe, dont nous ne pouvons jamais connoître que l'écorce, est aqueux, caverneux ou solide dans sa partie centrale.

L'expérience a déja commencé de vérifier cette conjecture sur l'existence d'un contre-poids. Sans parler en effet ni d'une longue côte très-incertaine, que quelques géographes placent au sud du grand océan pacifique; laissant à part aussi l'existence un peu moins douteuse d'une autre côte, qui commençant aux terres découvertes par Hawkins, Browers, la Roche, &c. près de la bouque orientale de Magellan, paroît s'avancer au sud de l'Afrique où Vespuce & Bouvet l'ont apperçue; nos bonnes cartes nous montrent au sud de l'Asie, les vastes côtes tracées à tâtons de la terre de Diemen, de la nouvelle Hollande, de la Carpentarie, de la nouvelle Guinée, de la nouvelle Bretagne & de la nouvelle Zélande. Ce n'est peut-être pas un seul continent. Il y a toute apparence que ces grandes contrées sont isolées par plusieurs détroits inconnus. Quoiqu'il en soit, comment douter qu'une aussi vaste étendue de pays ne fournisse, après la découverte, des objets de curiosité, des occasions de profit, peut-être autant que l'Amérique en procuroit dans sa nouveauté ? Que de peuples différens entr'eux & certainement très-dissemblables à nous, pour la figure, les mœurs, les usages, les idées, le culte religieux. Que d'animaux, d'insectes, de poissons, de plantes, d'arbres, de fruits, de drogues médicinales, de marbres, de pierres précieuses, de fossiles & de métaux. Il y a sans doute, dans tous les genres, des milliers d'espèces dont nous n'avons pas même de notion, puisque ce monde n'a jamais eu aucune communication avec le nôtre, & qu'il nous est, pour ainsi dire, presqu'aussi étranger que pouroit l'être une autre planette : c'est un spectacle tout neuf. Que de branches de commerce en pelleteries, en soyes, en épices, en remèdes, en bois de teintures, en or, en pierreries ! Que de moyens de débiter nos grains de verre coloré, nos petites étoffes, notre papier, nos eaux-de-vie, nos outils de fer, notre quinquaillerie, nos petits miroirs à 7 s. la douzaine, avec autant d'avantage que l'on en retiroit dans les premiers voyages aux Indes occidentales ! Ce qu'il y a d'heureux, c'est qu'un tel marché seroit également profitable aux deux parties commerçantes. Le fer est un trésor de notre Europe fort au-dessus de l'or des Indes, & le premier des métaux sans doute, puisqu'il est le plus utile. On connoît assez l'extrême avidité que les insulaires de la mer

Des profits que promet la découverte.

bier du sud ont pour le fer; ou, pour me servir du terme propre, leur insatiable avarice à cet égard : passion qu'ils poussent plus loin qu'aucun habitant de l'ancien monde n'a peut-être jamais poussé la soif de l'or. Les Australiens ne peuvent en effet qu'y gagner en nous donnant quelque chose que ce soit pour une bêche, pour une scie, ou pour une paire de ciseaux, mais ce gain ne seroit rien encore en comparaison de celui qu'ils feroient par les instructions qu'ils pourroient recevoir de nous, par la teinture qu'ils pourroient prendre de nos connoissances & de nos arts. La police qu'ils nous verroient observer, & les avantages évidens qui résultent d'une société bien reglée, les porteroient sans doute à l'imiter, adouciroient leurs mœurs sauvages, & feroient à la fin des hommes de tant d'êtres qui n'en ont que la figure. On ne peut croire que les Indiens fussent restés jusqu'à présent dans leur nature brute à la vûe des Espagnols, si les mauvais traitemens dont ceux-ci les ont accablés, ne les avoit sagement portés à s'écarter d'eux autant qu'il est possible. Mais à supposer que par une fortune égale à celle que Christophe Colomb a procurée à nos voisins, nous venions jamais à faire la découverte complette du monde austral, leur exemple nous servira d'instruction : nous éviterons les deux vices qu'eurent alors les Espagnols, l'avarice & la cruauté. L'une a dépeuplé leur propre pays par l'avidité d'une fortune chimérique qui ne se doit pas faire ainsi. L'autre dont l'orgueil & la superstition nationale furent les sources, a détruit l'espece humaine en Amérique, a égorgé avec dédain, comme de vils animaux d'une autre couleur, des millions d'Indiens dont ils auroient pû faire des hommes; a détruit jusqu'au dernier de la race de cent nations, comme s'il y avoit quelque profit à faire dans la propriété d'un pays qui manque d'habitans.

L'expérience a fait connoître que dans ces climats éloignés il faut faire le négoce & non pas des conquêtes : qu'il n'est pas question de posséder au-delà de l'équateur des royaumes imaginaires; qu'il suffit d'y avoir un petit nombre de colonies bien placées, quelques bonnes forteresses pour les soutenir, des facteurs intelligens, & des magasins bien fournis : que tout commerce & toute colonie ne doit se référer qu'aux avantages de la métropole, & que le plus sûr moyen de tenir les peuples sauvages dans une utile dépendance, est de faire ensorte qu'ils ayent toujours besoin de nous donner les productions de leur pays pour avoir celles du nôtre. Les Hollandois du cap de bonne-espérance n'ont pas traité les Hottentots avec un orgueil méprisant, & ils en tirent de bons services. Cinq ou six Jésuites suffisent à gouverner le Paraguay : ils le font avec toute la douceur & l'adresse possibles, & la nation se trouve heureuse. Ils en tirent, dit-on, un profit immense pour leur ordre ; si cela est, on ne peut que les louer davantage d'avoir sçû si bien allier leur utilité avec le bonheur d'autrui. On rapporte qu'ils tentent aujourd'hui dans la Californie la même chose qui leur a si bien réussi dans le Paraguay. Ne cessons point de donner à des travaux si glorieux & si pénibles, tous les éloges qu'ils méritent. Il seroit à souhaiter que quelqu'ordre religieux prît le parti de se consacrer uniquement & entièrement à un pareil ouvrage : c'est par-là surtout qu'il se montreroit vraiment religieux envers Dieu & envers les hommes, en s'occupant d'abord à rassembler les Sauvages isolés & dispersés dans les bois, à les réunir dans une même habitation, à leur faire goûter les avantages des loix humaines & de la société, à les instruire des vertus morales; pour pouvoir ensuite les amener par degrés à la connoissance encore plus importante des vérités du christianisme; car en pareil cas, il faut être chef de colonie avant que d'être apôtre, & même pour pouvoir un jour parvenir à l'être avec un succès durable.

Quelle dépense plus noble pourroit faire un souverain, quel plus grand objet pourroit-il se proposer que celui de créer, pour ainsi dire, des nations, & de leur apporter le plus grand bien possible, par des moyens qui enrichiroient ses propres sujets! La mémoire des Phéniciens qu'on ne peut se lasser de citer pour exemple, vit encore dans l'admiration de tous ceux qui ont quelque connoissance de l'antiquité, pour avoir formé les Grecs, & ébauché les autres Sauvages de l'Europe que les Grecs & les Latins ont achevés de former dans la suite. Les Européens de ces premiers siècles n'étoient guère moins brutes que le peuvent être les Australiens. Comme eux ils habitoient les cavernes & les bois, restoient par familles isolées, ou courroient par bandes en vagabonds, vivans de la chasse ou de rapines, ignorans l'agriculture & les arts, n'ayant pour les grossieres fabriques les plus indispensables, que des hâches de pierre, telles qu'on en trouva près de Passy en Normandie en 1686. dans de très-anciens sépulchres; preuve que les Celtes n'avoient point encore alors l'usage du fer. (*Mémoires de l'Académie, Tome II.*) Voilà d'où nous sommes partis pour arriver par l'éducation, l'exemple & le commerce des

De l'avantage de former & de policer les nations.

étrangers plus instruits, au point où nous nous trouvons. Tout autre peuple peut y arriver comme nous. S'il y a des nations farouches dans les climats du sud, celles d'Ecosse, d'Irlande, de Russie, de Scandinavie, ne l'ont-elles pas été; & plus anciennement les Sarmates & les Germains? Quels récits effrayans les histoires anciennes ne font-elles pas des Arimaspes, des Cimmériens? cependant tous ces peuples sont aujourd'hui policés par l'instruction, par l'exemple & le commerce des nations qui l'étoient, & qui ont eu le courage & la patience d'en faire d'autres hommes: ils ont à présent des connoissances & de bonnes loix. Pourroit-on procurer un plus grand bien à l'humanité que celui de mettre l'humanité même en valeur? Y a-t-il quelqu'emploi plus digne des hommes que celui de former & de développer leur propre espece? L'éducation d'une seule famille fait honneur à celui qui l'a faite: celle d'un peuple entier doit être en proportion. C'est par-là que le Czar Pierre a vû sa renommée surpasser celle de presque tous les souverains qui ont vécû depuis Charlemagne. Ce que nous sçavons des insulaires de la mer pacifique, nous montre qu'ils ne manquent ni d'adresse ni d'intelligence. Il faut convenir en même tems que dans le peu que l'on a vû ailleurs des continens de ce monde inconnu, il ne s'est encore rencontré que des hommes tout-à-fait barbares; est-ce-à-dire cependant qu'il soit impossible, lorsqu'on pénétrera plus avant dans cette prodigieuse étendue de pays, d'y trouver quelque nation policée de qui nous pourrions nous-mêmes apprendre une infinité de choses. J'avoue qu'on ne doit pas s'y attendre. Il n'y a néanmoins à ceci aucune impossibilité physique ni morale. S'il existe un tel peuple, il n'a pas plus de soupçon de notre existence, que nous de la sienne. Un d'entr'eux qui viendroit à débiter à ses concitoyens qu'au delà des isles de la Sonde & des mers qui les séparent de l'Afrique, au-delà même des Barbares de l'Afrique & des mers ultérieures, il y a sur le globe un petit canton de la terre nommé l'Europe, où les loix & la police sont en vigueur, où l'on trouve des villes magnifiques, des manufactures & du luxe, où les sciences philosophiques & les arts sont poussés au dernier degré ; un tel homme, dis-je, seroit traité de visionnaire par tous ceux qui l'entendroient parler. Nous même, de quel œil avons nous regardé ce que Marc Pol & les premiers voyageurs nous ont rapporté de la Chine ? Comment croire qu'il pût y avoir du sens commun au-delà des vastes déserts de la Tartarie ? Les Chinois n'ont pas été plus indulgens à notre égard ; il leur a fallu long-tems pour rabattre quelque chose en notre faveur de l'orgueil exclusif que leur inspiroit le préjugé national. En Amérique au milieu de tant d'hommes qui n'étoient que des espèces de végétaux, on a trouvé dans deux contrées fort distantes l'une de l'autre, les peuples du Méxique & ceux du Pérou très-supérieurs à tous les autres. Ils avoient une forme de gouvernement réglé, une écriture hiéroglyphique, des villes, des palais, des ouvrages immenses où l'adresse jointe à une patience incroyable avoit suppléée au défaut des moyens. Quand nous ne trouverions chez les Australiens que quelque chose à peu près pareille, ce seroit déja beaucoup : sans doute que nous ne détruirions pas leurs monumens & leurs travaux, comme ont fait les Espagnols chez les deux peuples que je viens de nommer.

C iij †

De l'avan-
ge des co-
nies : de
ur accroif-
ment : de
popula-
n & de la
portation.

Mais peut-être mettra-t-on encore en question si une telle découverte ou quelqu'autre de même genre apporteroit à la France un avantage réel. Quoique depuis quelques années nous nous soyons, à l'exemple de nos voisins, beaucoup exercé à raisonner sur les matières de cette espèce, & qu'en général nous raisonnions beaucoup mieux sur quelque matière que ce soit, depuis que Descartes & l'étude de la philosophie nous en ont enseigné l'art; il se trouve encore des gens qui ne voyent dans les choses, & surtout dans les nouveaux projets, que l'abus qu'on en peut faire. Ils diront que le grand nombre des colonies affoiblissent un état; que de l'aveu de tout le monde la découverte de l'Amérique a moins été profitable à l'Espagne par les richesses étrangères qu'elle lui a procurées, qu'elle ne lui a été nuisible en dépeuplant le pays pour aller peupler les Indes, & en lui faisant négliger ses propres richesses naturelles, c'est-à-dire la culture des terres qui est toujours proportionnée au nombre des habitans. On ne peut nier que l'exportation du peuple Espagnol aux Antilles, au Méxique, au Pérou, trop considérable, arbitraire & mal conduite, n'ait contribué sans doute à la dépopulation actuelle de l'Espagne. Que l'on convienne aussi que cette cause n'est pas la seule, puisqu'on sçait assez qu'elle y a moins contribué que l'expulsion superstitieuse des Maures & des Juifs. Ceux qui feront cette objection sont, ainsi que je l'ai dit, du nombre des gens qui ne distinguent pas les choses de l'abus des choses. Le mal n'a pas été de faire des établissemens en Amérique, mais de les faire ainsi sans régle, sans politique, sans ménagement; d'avoir voulu envahir ce qu'il étoit évident qu'on ne pouvoit occuper, détruire ce qu'on ne pouvoit remplacer, & conquérir plus qu'il n'étoit possible de posséder. Mais c'étoit un moment d'enthousiasme. La mode, la nouveauté, les exemples, les idées de fortune tournoient toutes les têtes & entraînoient les peuples comme un torrent. On peut comparer ce tems à celui des croisades, & à celui de la fortune du papier en France. Il n'est pas difficile de se réformer sur un tel exemple, comme les Hollandois l'ont fait avec succès & avec une extrème habileté de conduite. Les fautes des siècles passés sont transmises à la postérité pour son instruction, & c'est la principale utilité qu'on retire de l'étude de l'histoire.

Tout homme se devant lui-même à sa patrie, c'est une loi naturelle en chaque état, résultante de la réunion des citoyens en un corps politique, que nul membre de la société ne doit s'en absenter, encore moins l'abandonner sans la permission expresse du chef. Ainsi quelqu'avantage qu'un particulier pût trouver à s'établir ailleurs, même dans une colonie de sa nation, il ne doit point lui être permis de se porter de lui-même à une telle démarche sans l'aveu de l'autorité supérieure : c'est à elle en cas d'envoi d'une colonie, de régler le nombre & l'espèce de gens dont elle doit être composée, puisque c'est à elle de savoir ce qui convient à la position actuelle de son état, & qu'il n'appartient qu'à elle d'en décider. La méthode de l'exportation des peuples n'est plus aujourd'hui la même qu'elle étoit dans l'antiquité. Les nouvelles fondations faites alors par le peuple Phénicien étoient moins des membres de la république Tyrienne que des établissemens parfaits, indépendans, dominans eux-mêmes dans le pays où ils se fixoient, sans conserver, avec celui dont ils fortoient, de subordination véritable, mais seulement les liens qui naissent de la reconnoissance, de la conformité de langage & de mœurs, & de la même origine. Tel étoit Carthage, par exemple ; son peuple & celui de Tyr, malgré les déférenses que celui-là témoignoit souvent à l'autre, étoient deux peuples très-distincts. Autrefois l'énorme population, les invasions fréquentes, les conquêtes rapides nées du peu d'art pour la défense, l'habitude des migrations continuelles, l'exemple, & plus que tout le reste le défaut de politique réfléchie, avoient introduit l'usage de ces transmigrations absolues, de cet abandon total de la patrie, qui semble couper les liens de la nature. Le plan qu'on suit aujourd'hui est mieux combiné. Si un état transporte une partie de ses nationaux & les fixe en d'autres climats, c'est sans perdre ses droits sur eux : leur population est la sienne ; ils y restent attachés comme les branches au tronc de l'arbre dont elles tirent leur nourriture & leur reportent la sève à son tour. L'état principal n'a fait qu'étendre ce qu'il avoit sur un plus grand terrain, en se laissant des interstices vuides à dessein de les remplir.

Qu'il soit en général avantageux à un état d'étendre au loin les branches de son commerce & de son pouvoir par l'établissement ou l'augmentation des colonies, lorsqu'elles se peuvent faire sans affoiblir la métropole, c'est ce que personne ne révoque en doute. Que la France soit par le nombre de son peuple en état de pouvoir sans s'incommoder en exporter une petite partie dans des pays nouvellement découverts, c'est une autre question qui demande plus d'examen. Convenons d'abord que la France n'est pas aussi peuplée qu'il seroit

à

à désirer qu'elle le fût, même en supposant qu'elle contient vingt millions d'habitans, comme on le dit d'ordinaire, ce qui est peut-être excessif. (*) J'irai plus loin, & je ne craindrai pas d'avancer que le pays pourroit contenir plus du double d'habitans, & que vingt millions ne font peut-être que les deux cinquièmes de ce que la France en pourroit occuper ou nourrir. J'aurai pour moi tous ceux qui connoissent la fertilité de son terroir, les avantages de sa situation, les ressources de sa puissance, l'industrie de sa nation; tous ceux qui voyent comment nos campagnes sont cultivées, & comment elles pourroient l'être s'il y avoit un plus grand nombre de bras, plus d'émulation, d'encouragement, de soulagement & de nécessité; tous ceux enfin qui souhaitent que les fortunes y soient moins énormes & moins rapides en une même main, mais distribuées sur un plus grand nombre de têtes.

La principale & véritable richesse d'un état, est la quantité des hommes, puisque les choses inanimées ne valent qu'en proportion du nombre des têtes & des bras qui les mettent en valeur. On peut calculer la puissance d'un royaume par sa population, & prédire son augmentation future en raison des soins qu'on s'y donne pour la propagation de l'espèce humaine; des secours que l'on répand sur ceux à qui l'état est redevable d'un certain nombre d'enfans; du libre cours que l'on laisse au pen-

(*) Il y a quelque lieu de s'étonner que dans un royaume où l'on adopte tant de loix & de bons usages des anciens Romains, on n'ait pas pris d'eux l'excellent usage du dénombrement des citoyens: opération peu difficile & de si grande utilité par elle-même & par ses conséquences. Il semble même qu'au lieu de la faire de cinq ans en cinq ans, il seroit à propos que ce fut tous les ans, ou au moins de deux années l'une.

chant naturel des deux sexes à une union légitime, lorsqu'ils ne sont plus arrêtés par la crainte de se mettre par-là dans une situation mal-aisée eux & leur postérité ; (*) en un mot des soulagemens donnés à la misère du peuple, des moyens quelconques propres à favoriser la population en fournissant une vie supportable aux citoyens, par la multiplicité des occupations. Un excellent écrivain moderne établit la concurrence, pour ame & pour principe actif du commerce. La population est elle-même l'ame & la cause primordiale de la concurrence, ainsi que de la matière du commerce. Rien ne se néglige dans un pays bien peuplé : la nécessité mère de l'industrie y met tout à profit : la nature seconde l'art à son tour : le terroir y abonde en productions comme il augmente en culture. Plus il y a d'animaux, plus il y nait de végétaux, la vie y circule incessamment d'un regne à l'autre, comme la bonne physique nous l'enseigne. Enfin il n'y a point à craindre qu'un pays fertile situé dans un bon climat, habité par une nation industrieuse & policée puisse jamais devenir trop peuplé. Si l'on en doute, qu'on regarde la Chine. Se plaindre d'avoir trop de peuple, c'est se plaindre que le corps a trop de force & de santé. Les Hollandois sçavent bien ce que vaut un homme ; & le calcul fait en Angleterre de ce que son existence rend à l'état, est assez connu.

Après avoir ainsi posé la population bien soignée & bien administrée pour base principale de la puissance

(*) Par-tout où il se trouve une place où deux personnes peuvent vivre commodément, il se fait un mariage : la nature y porte assez dès qu'elle n'est pas arrêtée par la difficulté de la subsistance. Un gouvernement qui seroit trop dur, peut aller jusqu'à détruire les sentimens naturels par les sentimens naturels mêmes. *Esprit des loix.* Liv. 23.

d'un état, principe dont l'évidence est telle qu'il suffit de l'exposer pour le faire entendre, je dis en second lieu qu'au nombre des moyens quelconques propres à la favoriser, il faut mettre tous ceux qui procurent l'aisance aux citoyens laborieux, & qui vont à supprimer la fainéantise & la mendicité. L'extension des branches de commerce en des pays éloignés, & l'envoi des colonies est, par-là, du nombre de ces moyens, même dans un royaume qui loin d'avoir une population superflue, ne seroit pas encore là-dessus au point où il seroit à désirer de le voir. Pourvû qu'elle soit bien distribuée, en même-tems que favorisée, le nombre du peuple sera toujours en proportion de l'emploi qu'on pourra lui fournir. Pourquoi les capitales se peuplent-elles si fort au préjudice des provinces & des campagnes, si ce n'est par la grande variété des moyens d'y vivre? Mais s'il n'y a pas trop de tolérance à laisser ainsi le peuple quitter les travaux plus utiles pour d'autres qui le sont moins, (*) il est du moins à souhaiter qu'il devienne assez nombreux pour que tout étant plein, il puisse également & librement vaquer à tout. Si, faute d'y avoir assez donné de soins, les hommes manquent plûtôt aujourd'hui aux occupations, que les occupations aux hommes, on peut prédire que quand le contraire arrivera, le nombre des occupations se multipliera bien-vîte comme celui des hommes. Sans s'arrê-

(*) Acquérir des hommes est un grand avantage, mais c'est une nécessité indispensable de se procurer le meilleur emploi possible de ceux que l'on possède. Ce bon emploi consiste à recevoir d'eux tous les secours qu'on peut attendre de leurs facultés méchaniques & intellectuelles: il est d'autant plus important, que la population en ressent toutes les inégalités. Il ne suffit pas, pour la prospérité publique, que chaque citoyen pauvre ait trouvé une subsistance; il faut encore que la manière dont il se la procure soit utile à la société en général. *Elémens du commerce.* Chap. 12.

ter aux autres points étrangers à mon objet; les travaux de mer, la pêche, le commerce, les colonies offrent des ressources inépuisables pour produire, occuper, & nourrir un peuple abondant. L'Angleterre, la Hollande & surtout la Chine ont autant de nationaux domiciliés (à vrai dire) sur l'eau, que d'habitans sur la terre. Un nombre infini de gens peuvent être employés à la navigation, ou à l'occasion de la marine, dont les circonstances tiennent à tout ce qui s'appelle culture, fabrique & manufacture (*): & c'est-là le principe véritable de l'axiome si bien connu des anciens, lorsqu'ils parlent de la *Thalassocratie*, & qu'on ne peut trop répéter en France, *que celui qui est le maître de la mer est le maître de la terre*. Le seul frêt des vaisseaux est d'un rapport immense pour un état. Un maître de navires, sans faire autre chose que d'en loüer, fait un très-grand profit sur son argent, en occupant une multitude de peuple. Plus les colonies sont nombreuses, plus elles consomment & occupent de bras dans la métropole. Par une fluctuation continuelle & réciproque qui apporte toujours de nouvelles choses aux mêmes lieux, les deux masses ne font que grossir; l'effet de la population & du commerce étant de se servir mutuellement des causes végétatives.

Je ne m'étends pas au long sur ces vûes dont je ne fais que présenter ici le crayon, la matière étant suffisam-

---

(*) L'effet de la dépendance des colonies sera de procurer à la métropole. 1°. Une plus grande consommation des productions de ses terres. 2°. De l'occupation à un plus grand nombre de ses manufacturiers, artisans, pêcheurs, matelots. 3°. Une plus grande quantité de denrées nécessaires à ses besoins. 4°. Un plus grand superflu à fournir aux autres peuples. *Elémens du commerce.* Chap. 4.

ment discutée dans de bons ouvrages sur les colonies, auxquels ont peut avoir recours, surtout dans celui de Josias Child, livre si judicieux, si simple, si vrai, que le grand Colbert lui-même, s'il eut écrit sur de telles matières, n'auroit rien dit de plus juste ni de mieux réfléchi. On verra dans ces auteurs tout ce que les exportations du peuple ont d'utile. Voici ce qu'elles ont de tout-à-fait nécessaire.

Il l'est en effet de déporter annuellement, d'un grand état, un certain nombre de gens qui ne s'y occupent qu'à nuire aux autres. Le corps politique a comme le corps humain des humeurs vicieuses qu'il faut souvent évacuer. C'est l'emploi des loix pénales dont les plus parfaites sont celles qui sçavent, pour ainsi dire, extraire le résidu de bien qui peut y rester, pour le remettre dans la masse de la société. Quand le sujet est tout-à-fait mauvais, elles le détruisent par la peine de mort ; le bien qui en résulte alors est l'exemple, & la crainte d'un pareil sort. Si le cas n'est pas assez dangereux pour exiger cet exemple nécessaire, ou que le sujet ne soit pas assez vicié pour ne laisser aucune espérance, elles le contraignent par des travaux forcés, ou elles l'expulsent de la société, ce qu'elles font pour un tems ou à perpétuité. Depuis que le systême de l'Europe est changé & que l'on n'est plus dans le cas, comme au tems de Charles-Quint, de Barberousse & de Doria, de faire par mer sur les côtes de la méditerranée des guerres où le service des galères étoit nécessaire ; on a laissé peu à peu abolir partout cette espèce de bâtiment si commun autrefois dans cette mer.

Les plus grands états n'en conservent aujourd'hui qu'un

petit nombre pour le transport en certaines occasions ; & plutôt pour l'ornement que pour la nécessité. On n'a donc presque plus de besoin du service des forçats, du moins pour les galères. Par là les criminels deviendront plus que jamais sujets à la peine du bannissement perpétuel, déjà fort en usage dans les tribunaux, selon la teneur même de nos loix. Il y a même une moitié du peuple qui y est indispensablement sujette, sçavoir les femmes, incapables par leur sexe des travaux forcés, & pour lesquelles il n'y a point d'autre milieu entre la mort & le bannissement, qu'une punition momentanée par les verges, espèce de correction assez inutile, c'est-à-dire qu'il n'y a point de milieu pour elles entre tout ou rien, entre la perte de la vie & une peine qui n'en est pas une. Les magistrats qui voyent combien ceci s'accorde mal avec la justice distributive, y sont souvent embarrassés, & pourroient en parler avec connoissance de cause. Il est à souhaiter que le pouvoir législatif veuille bien considérer ceci & y mettre ordre par une nouvelle loi, qui, abolissant presqu'en tous les cas la peine du bannissement, la remplace par l'établissement d'une autre plus efficace & plus utile. Celle-là n'est pas seulement inutile, elle est même nuisible. Que produit-elle en effet ? La plûpart des criminels sont des misérables peu connus, sans domicile ou sans bien. On les bannit hors du royaume ou hors d'une province. Ils exécutent leur ban s'ils le veulent : car on ne les suit pas pour sçavoir ce qu'ils deviennent. S'ils l'exécutent, ils s'en vont être malfaiteurs, & troubler de nouveau la société à 50 lieues de l'endroit où ils ont été condamnés. Cette peine n'est donc applicable qu'aux gens d'une condition & d'une fortune honnête, qui perdent par là leur réputation, leur famille, leur domicile & leur bien. C'est à ceux-ci seulement que les loix devroient la restraindre, mais ils sont rarement du nombre des coupables mis en justice.

La déportation étoit raisonnable & d'un fréquent usage chez les Romains, nation républicaine dont nous avons adopté les loix, & chez qui le crime d'état, dans lequel ne tombent guères que des gens qui ont beaucoup à perdre, étoit aussi commun qu'il l'est peu parmi nous. Le vulgaire de nos criminels n'a rien que sa liberté. Loin de la lui laisser aussi abusive que jamais, comme le bannissement la lui laisse, il faut lui faire perdre ce qu'il possède, en joignant la déportation hors du royaume à la captivité; en le trainant d'un pays qu'il infeste, dans un autre où l'on a besoin d'esclaves, & où ses bras & son corps peuvent encore être d'une grande utilité à sa patrie. Personne ne peut trouver étrange qu'on propose de renouveller l'esclavage contre des citoyens nés libres; la perte de leur liberté est le juste prix d'en avoir tourné l'usage contre la société au bien de qui elle devoit être employée; & s'ils n'ont fait qu'un mal médiocre, le tems de leur peine y sera proportionné. Durant cet intervalle ils peuvent rendre de bons services dans une colonie, au lieu qu'ils restent quelquefois inutiles, lorsqu'on les renferme à tems ou pour toujours dans une maison de force. Au bout du tems ils seront réintégrés dans la société, & deviendront membres libres de la colonie, destinés par le malheur de leur situation passée aux moindres & plus bas emplois. L'espérance qu'on peut leur donner de voir abréger la durée de leurs peines, même dans le cas où ils seroient condamnés à un esclavage perpétuel, (si cependant le crime n'étoit trop grave) pourroit leur faire faire de plus grands efforts pour se rendre dignes par leur conduite de l'affranchissement promis; parce que dans une colonie tout homme libre qui a des bras & un peu de talent, peut se promettre d'y faire assez promptement une petite fortune : au lieu que toute la ressource d'un galérien, qui sortiroit de ses fers, seroit d'aller chercher la honte dans son pays natal, ou la misère partout ailleurs. Les femmes surtout apportent par leur fécondité la première & la plus nécessaire des productions qui conviennent à une colonie. Une femme qui fait un enfant tous les ans, y est sans contredit le plus précieux effet qu'on y puisse avoir; aussi ne peut-on trop y en transporter. Les femmes coupables sont plus propres à la génération que les femmes publiques que l'on enlève quelquefois pour les mener aux isles, perdues, comme elles le sont, de débauches & de maladies communicatives par l'emploi même auquel on les destine. Il est plus convenable aussi que les races à venir descendent d'elles que des négresses ou des sauvages auxquelles les colons sont dans l'habitude de se mêler.

Il y a parmi les femmes coupables une espèce de crime trop commun & très-grand, commis par celles de toutes qui seroient les plus propres à la population d'une colonie, si par sa nature & par ses conséquences il n'étoit irrémissible. C'est celui des filles qui perdent leur fruit. La loi qui les punit du dernier supplice est juste : car il n'est pas plus permis, & même encore moins, de tuer son enfant que celui d'un autre : elle n'est pas trop sévère, même dans le cas où elle les condamne à la mort, si elles viennent à mettre au monde en secret un
enfant

enfant mort, sans avoir fait la déclaration préalable de leur grossesse: car alors elles sont supposées l'avoir tué, & sans cette précaution, toutes allégueroient cette défaite. On ne peut cependant s'empêcher de la regarder comme la plus rigoureuse de toutes les loix pénales dans les circonstances de notre façon de penser; en ce qu'elle porte toujours sur un cas où la nature, l'honneur & la loi, ces trois maîtres du genre humain, sont dans la plus violente opposition. C'est le cas où l'on trouve le moins rarement des coupables plûtôt malheureuses que méchantes, lorsque leur sexe foible s'est vû serré entre les coups pressans de l'aiguillon du tempérament, de l'infamie ou de la mort.

On doit sans doute maintenir une loi pénale si importante; mais ne pourroit-on pas permettre aux juges de la convertir en celle d'un esclavage perpétuel dans les colonies, en certaines occasions où ils voyent avec évidence que l'infortune de la situation a eu infiniment plus de part au crime que la méchanceté du cœur. (*)

Les enfans des esclaves doivent naître libres, être traités comme tels & aggrégés à la colonie dont ils vont devenir la principale ressource à la décharge de la métropole. L'accroissement qu'ils y produiront comme citoyens,

(*) J'ai vû condamner une jeune fille fort ingénue, qu'un moine avoit séduite. Ayant refusé de le suivre à Genève, il l'abandonna sans vouloir lui laisser une fort petite somme qu'elle lui demandoit pour subvenir à sa malheureuse situation. Le désespoir la porta à tuer son enfant au moment de sa naissance. Après avoir commis ce crime, elle ne fit aucun mouvement pour éviter la mort qu'elle méritoit, & ne s'occupa depuis qu'à s'y préparer par une vie fort exemplaire. Les magistrats l'y condamnèrent, avec regret, mais sans hésiter: ils n'étoient pas les maîtres d'adoucir sa peine; & le chef de la magistrature ne voulut pas (à cause des conséquences,) proposer au roi de lui faire grace.

purifiera la source dont ils sortent : & cet accroissement sera nombreux, si on joint aux criminels condamnés ceux qui méritent de l'être, ceux qui ne font que nuire à l'état & à la bonne population, en lui dérobant sa subsistance sans aucun travail de leur part ; un tas de mendians répandus dans les villes & dans les campagnes qui, par calcul fait, & par expérience bien constatée, absorbent chez le seul laboureur 60. liv. par an sur chaque 1000 liv. de rente du produit des terres : une quantité de gens sans domicile qui, pour me servir du terme reçu parmi eux, *roulent* sans avoir de demeure fixe : ils forment à par une classe bien plus nombreuse qu'on ne se l'imagine peut-être, qui ne contribue point aux charges, paye rien à l'état, n'y sert de guères & y nuit souvent. La plus saine partie d'entr'eux commence par faire le métier de colporteurs ou petits merciers, & finit par celui de contrebandiers, & quelquefois de voleurs de grand chemin.

Il faut l'avouer, toutes ces espèces de gens ne sont pas dans la colonie une troupe bien disciplinée ni facile à contenir. L'adresse, la vigilance & la fermeté seront au moins aussi nécessaires aux bons citoyens de la colonie pour en venir à bout, qu'elles leur sont pour contenir une troupe d'esclaves nègres : car les esclaves coupables auront plus de talens pour mal-faire, en même-tems qu'ils en auront plus aussi pour bien faire, s'ils veulent se porter au bien. Mais en premier lieu ne faut-il pas qu'il y ait dans un état comme dans une maison, une décharge pour les immondices, & qu'elle soit placée dans un endroit assez écarté pour ne pas incommoder ceux qui l'habitent. Au bout d'un tems ces immondices dispersées au loin se dissipent, & l'on n'apperçoit plus que les traces de la fécondité qu'elles ont répandue dans les terres. On raconte que Philippe de Macédoine vouloit confiner tous les méchans hommes de la Grèce dans une même ville qu'il auroit appellée Ponérople, *la ville des méchans*. Ce n'étoit peut-être pas le supplice le moins propre à les corriger que celui qui les auroit forcés d'être ensemble: ils auroient été bien-tôt contraints de se réformer. Le mal général ne peut supporter lui-même son existence, & le désordre travaille sans cesse à sa propre destruction.

Que l'on examine en second lieu de quoi se sont formées, naturellement & sans système, la plûpart des colonies que nous voyons établies dans les climats éloignés: on les voit commencer par une troupe de gens fort mauvais & sans aveu. Il y a plus. Que l'on jette les yeux sur les premières origines des peuples devenus depuis si fameux par leur puissance ou par leurs vertus: la source n'en est pas plus pure. L'enfance des états comme celle des hommes est toujours déraisonnable. Le voleur Sisyphe bâtit Corinthe: Romulus fonde sa ville à la tête d'une poignée de bandits; sans parler de tant de célèbres nations modernes dont les premiers principes ne vallent guères mieux. Tout s'est ensuite perfectionné par la nécessité, qui force enfin d'introduire l'ordre & d'écouter la raison. C'est ainsi comme le dit agréablement un auteur Anglois, qu'il en résulte un très-bon effet provenu de plusieurs mauvaises causes.

Je ne penserois pas néanmoins qu'il fut à propos de faire la déportation proposée dans les premiers momens où l'on s'établit dans une terre inconnue. Il est important alors de ne pas exposer de mauvais exemples aux yeux des étrangers que l'on veut gagner, & l'on a trop d'affaire avec ceux-ci, pour avoir encore à se tenir en garde contre ses propres gens. Mais quand l'établissement devenu fixe a une fois acquis une suffisante force *coërcitive*, la déportation peut servir à l'augmenter, & devenir les fondemens de son élévation future : comme on mêle dans les fondations d'un bâtiment des matériaux de peu de valeur entre les intervalles des grosses pierres qui les retiennent. Le tout fait masse, & l'édifice ne laisse pas que de s'élever avec solidité.

Il est une autre espèce de demi-citoyens (car on peut les appeller ainsi) dont on pourroit faire usage pour l'accroissement des colonies comme membres libres. Ce sont les enfans trouvés, sorte de revenu appartenant à l'état, & dont il peut disposer à son gré, puisqu'il a fait seul tous les frais de la culture : mais l'emploi qu'on en peut faire ici ne doit être que subordonné à un autre bien plus important. Leur première destination est de commencer des familles dans le royaume & de remplacer celles qui s'éteignent. J'ai vû ci-devant que dans une province de France on élevoit un bon nombre d'enfans trouvés dans une maison d'hôpital, jusqu'à l'âge où ils étoient en état de gagner eux-mêmes leur vie : on leur apprenoit à lire & écrire : à leur sortie on faisoit apprendre un métier à quelqu'uns d'entr'eux, & l'on donnoit aux autres une petite gratification. Mais le nombre de ceux qui en sortoient étoit bien différent du nombre de ceux qui y entroient : Quelqu'attention qu'on eût d'avoir de bonnes nourrices dans la maison ou à la campagne, quelque soin qu'on prît des enfans dans l'hôpital, la saleté, le défaut de grand air & d'exercice, les maladies épidémiques en emportoient la plus grande partie.

Durant la dernière guerre le chef de l'administration de cet hôpital, affligé de voir perdre ainsi ce qu'il regardoit comme une des grandes richesses de l'état, reconnoissant d'ailleurs que les gens de la campagne qui avoient eu quelques-uns de ces enfans en bas âge, s'y affectionnoient au point de ne s'en détacher qu'avec peine, & montroient du chagrin en les rendant à la maison, prit le parti de faire publier dans les plus pauvres villages à dix lieux à la ronde, que ceux qui voudroient des enfans de l'hôpital, pouvoient en venir prendre, & qu'on payeroit une petite pension annuelle pour chacun jusqu'à l'âge de 14 ans : à la condition que celui qui en prendroit, viendroit tous les ans représenter l'enfant en touchant son payement, & feroit la soumission de le regarder & de le tenir gratuitement comme son propre enfant après l'âge de 14 ans, tems auquel il feroit en état de l'aider dans son travail. Sur cette publication les communautés vinrent en corps : les plus diligentes enlevèrent en trois jours 8 à 900 enfans, & les autres se plaignirent de ce qu'il n'y en avoit pas davantage. L'administrateur consideroit en ceci que les paysans sont assez sensés pour regarder leurs grands enfans comme une richesse véritable, & qu'ils ne sont dégoutés d'en avoir que par les embarras de l'enfance : que l'habitude les affectionnant à ceux-ci, les porteroit bientôt à les regarder du même œil que leurs enfans naturels, auxquels ils n'avoient d'ailleurs presque aucun partage de succession à laisser, étant la plûpart des manouvriers sans autre bien que leurs bras.

Que l'argent des pensions répandu dans les campagnes y porteroit tous les ans un petit secours multiplié pour les pauvres villageois : que le grand air & l'habitude d'une vie robuste conserveroit la vie de ces enfans: qu'ils se fixeroient dans les lieux où ils auroient été élevés, repeupleroient les campagnes épuisées d'hommes par la milice, & seroient eux-mêmes un jour plus propres que nuls autres à être donnés pour miliciens par les communautés : que les paysans étant l'ordre duquel on tire tout, soldats, valets, matelots, &c. Il étoit bon de rejetter aussi tout ce qu'on pourroit d'hommes sur ce corps, & d'avoir une pépinière destinée à le recrûter sans cesse; & qu'enfin au lieu d'apprendre aux enfans trouvés à lire & à écrire, chose dont on n'a pas besoin aujourd'hui dans l'état, où il n'y a déjà que trop de gens qui s'en mêlent, il valoit mieux les accoûtumer dès le bas âge aux travaux de l'agriculture pour multiplier le nombre plus nécessaire des laboureurs & des vignerons. L'expérience a jusqu'ici justifié ces vûes, & l'on s'est assez bien trouvé de ce plan pour continuer d'en suivre la méthode, qui assûre la vie d'une quantité considérable d'enfans, & distribue dans les campagnes beaucoup d'hommes & assez d'argent. On doit même ajoûter qu'en conséquence de ceci, il s'est établi parmi les villageois un préjugé assez singulier, que c'étoit un honneur d'élever des enfans de l'hôpital, & un signe de bonheur que d'en épouser. On ne disconviendra pas que l'une des plus utiles dépenses que pût faire un état ou une province, seroit la fondation d'un certain nombre de maisons de cette espèce dans chaque généralité, qui seroient comme autant de réservoirs répandans à propos la population dans chaque contrée, après avoir reçû dans son sein les enfans trouvés, les orphelins de père & de mè) re, les nouveaux-nés dont la mère est morte en couche, ou hors d'état soit de les allaiter par sa maladie, soit de les faire allaiter par sa pauvreté; enfin les enfans qui surchargent une pauvre famille déja trop nombreuse, ou qui par les soins qu'ils éxigent empêchent les parens d'aller au-dehors vaquer à leurs travaux, comme on en voit tant d'éxemples. Si cette dépense est grande pour un état, le revenu qu'il en retireroit l'est encore plus; car alors c'est son bien propre appartenant au public qui en a pris les soins, & non plus aux parens qui en les remettant dans le magasin général renoncent à leurs droits, & par-là se départent des avantages comme de la peine.

Puisqu'on n'a jamais douté qu'une contrée ne gagnât aux frais qu'elle fait pour élever un grand nombre de bestiaux, n'est-il pas certain qu'elle gagneroit encore davantage à élever un grand nombre d'hommes. Si l'on fait le calcul de l'argent que peut valoir dans un pays une tête d'homme, & une tête de bétail, je me persuade que l'avantage du calcul sera du côté du premier. Tant d'enfans qui ne seroient pas nés, ou qui après être nés périssent de misère, seront une source d'opulence & de culture, premièrement dans l'intérieur du royaume, & ensuite lorsqu'il sera suffisamment plein, dans ses colonies étrangères où ils seront employés en qualité de membres libres, & à l'accroissement desquels ils sont plus propres que les hommes faits, étant plus capables de se former le tempéramment sur l'air du pays dont ceux-ci sont si souvent la victime.

La diversité des secours que ces branches de déportation peuvent fournir à un nouvel établissement, donneroit lieu d'y mettre sur pied non seulement un simple entrepôt de commerce, mais aussi une possession de culture, si, après s'être fixé dans quelque endroit des *Terres australes*, on reconnoissoit qu'il est avantageux d'y faire un établissement de ce genre assez différent du premier, & bien plus considérable.

Le judicieux auteur des élémens du commerce, après les avoir bien distingués, a de même parfaitement traité de ce qui convenoit à chaque genre. Il n'y a nul doute qu'en faisant la découverte on ne trouve un lieu propre à s'établir, où une colonie de culture n'apportât des avantages immenses à sa métropole. Les faits qu'on lira dans cette histoire serviront de preuve à cette proposition. Elle ne contrarie point ce que j'ai dit plus haut que ce n'étoit pas dans ces climats lointains qu'il falloit faire des conquêtes. Pour m'expliquer plus nettement là-dessus, j'appelle conquérir, ce qu'ont fait les Espagnols & les Portugais dans les deux Indes; mais je donne, par exemple, le nom de colonie, non celui de conquête, à un établissement tel que celui des Hollandois au Cap de bonne-espérance, où en éloignant peu-à-peu les Hottentots de la côte sans user de grande violence : ils sont parvenus à jouir d'une des plus agréables & des plus riches possessions que l'on connoisse dans l'univers.

Si l'avidité d'obtenir le commerce exclusif de certaines denrées des Indes les a conduit à l'envahir en quelques lieux par une domination forcée, il y a toute apparence que la culture de certains cantons des *Terres australes* pourroit nous faire partager avec eux cet avantage, en y employant autant d'art sans user d'autant de violence. Une colonie placée dans un pays tout-à-fait analogue à celui dont on tire ces précieuses productions de la terre, soutenue par une marine en bon état dans sa métropole, fréquemment visitée par sa nation, souvent recrutée par la double déportation tant de jeunes citoyens libres, que des esclaves coupables distribués gratuitement dans les premiers tems aux nouveaux colons qui n'ont pas encore les facultés suffisantes pour acheter à grand prix des esclaves d'Afrique, une telle colonie, dis-je, ne peut manquer de se propager avec fruit. Non contente du simple courtage & de l'entrepôt, elle fournira elle-même la matière du commerce; elle s'étendra peu-à-peu dans la contrée au tour de son magasin principal: elle écartera plus loin les sauvages; elle cultivera les productions naturelles du pays: elle en multipliera les espèces connues; elle tentera d'en faire naître de nouvelles, cherchant par expérience & par la comparaison des climats voisins à quoi le sol qu'elle cultive est propre: bientôt elle trouvera que les espérances que lui donnoit la conformité de température & de climat n'étoient point vaines, & que ces denrées précieuses, épiceries, aromates, teintures, &c. qu'on croyoit exclusives dans certains pays peuvent aussi croître dans d'autres quand on se donne les soins nécessaires pour en faire l'épreuve. La culture de cette espèce, qu'on doit appeller *végétative* est sans doute bien préférable, tant pour la colonie que pour la nation dont elle sort, à l'extraction des métaux du sein de la terre, travail qui coute une grande perte d'hommes, & ne produit pas une grande navigation entre la métropole, la colonie & les autres peuples. L'exploitation des mines, la soif de l'or & la fausse lueur d'une fortune rapide font négliger la culture du sol & de ses plantes, d'où naissent les vrayes richesses durables d'un état & de ses membres, & dont l'effet est de lui attirer journellement tout l'or que les autres peuples se sont donné tant de peine à tirer. *Sic vos non vobis.* La culture végétative, au contraire de celles des métaux, procure une grande population & une grande navigation : elle porte, exporte & réexporte sans cesse des biens physiques & non pas conventionels : elle occupe par terre & par mer un nombre infini d'hommes à tout ce qui a rapport au négoce & à la marine : elle acroît les forces de la colonie à mesure que son travail industrieux se répand dans les diverses parties du monde, en même-tems que les colons enrichis se trouvent en état de consommer une plus grande fourniture de productions de la métropole. Le restant du produit des deux contrées non consommé par les deux peuples, est un impôt mis par la nature & par l'art sur les étrangers qui en payeront la valeur en argent : « ainsi la culture colonique & la culture nationale deviendront insensiblement les seuls poids de la balance générale du commerce. » C'est la réfléxion d'un auteur déja cité (M. de F.....) qui a si bien détaillé tout ce qui regarde les colonies, leurs loix & leurs effets; qui a montré par-là combien la population & le commerce, ces deux ressorts vivans, ces deux forces mouvantes d'un état, redoublent d'activité l'une par l'autre, & « combien il est à souhaiter « que le cultivateur & le négotiant soient intimément « convaincus que leur succès mutuels dépendent de leur « harmonie réciproque. »

L'entreprise projettée a dans l'exécution des difficultés considérables & en grand nombre qu'il ne faut pas se dissimuler. Les courans, les écueils de ces mers ne sont pas connus, non plus que la variation de l'aiman. Les gisemens des côtes que l'on a commencé de marquer sur quelques cartes marines imparfaites n'ont aucune exactitude & ne servent en quelques endroits qu'à donner une idée trompeuse de l'éxistence du local. On éprouve souvent en navigeant à l'est dans le grand océan éthiopique, que les terres se rencontrent beaucoup plutôt qu'on ne s'y attendoit, ce qui a mis plus d'une fois les vaisseaux en danger de périr pendant la nuit, lorsqu'ils se croyoient encore éloignés des terres. Ce fait est confirmé par l'expérience de ce qui arrive en faisant la route opposée; car si on navige à l'ouest dans le grand océan pacifique, on est beaucoup plus long-tems à voir les terres que l'on ne s'y étoit attendu, & souvent les équipages des vaisseaux, qui n'avoient pas crû avoir une si longue route à faire, se sont vû exposés à mourir de faim & de soif. C'est sur ces deux observations que l'on a jugé depuis peu la distance moindre qu'on ne la croyoit entre l'Afrique & l'Asie, & plus grande entre l'Amérique & l'Asie.

La navigation est très-difficile dans les mers australes, vers le canton un peu moins inconnu des Moluques, des Celebes & de la nouvelle Guinée. Tout ce parage est un archipel entrecoupé de détroits, embarrassé de courans où l'on s'égare comme dans un labyrinthe. Les côtes des continens ou des grandes terres sont bordées d'une infinité d'islotes qui en défendent l'abord. On ne peut s'engager entre ces islotes que fort lentement & avec de grandes précautions, faute de connoître le fond & les anchrages. Quand les côtes sont peu connues des vaisseaux qui y abordent, les capitaines ont presque toujours besoin d'envoyer chercher à terre un pilote côtier du pays même, qui connoît le pays & qui guide le navire, lorsqu'il veut s'approcher de terre. Ce secours essentiel manque ici tout-à-fait, & c'est sans doute une des grandes difficultés de l'entreprise. Il n'est pas même aisé de trouver sur ces côtes un lieu d'abordage. Les anses & les criques y sont rares. La mer y est sans fond contre les côtes escarpées; & c'est l'ordinaire: car dès que la terre du rivage est haute, la mer est profonde, puisque c'est une marque que l'on est à demi-hauteur d'une montagne. En effet, toutes ces isles ne sont que des montagnes inondées, de sorte que souvent les vaisseaux y font de longues bordées, sans que l'on puisse ni jetter l'anchre, ni prendre terre. Si l'on y réussit, nouvelles difficultés. On ne trouve quelquefois près du rivage que des rochers arides, ou que de vastes plaines stériles, sans plantes, sans habitations, sans culture: & l'on n'ose s'engager trop avant dans les terres, lorsque l'on n'a d'autres secours à espérer que de soi-même, tout paroît sujet de crainte dans des lieux éloignés & inconnus; surtout les habitans même du lieu, que l'on redoute trop sans doute, mais dont il est raisonnable de se défier. On les a trouvés presque partout d'une stupidité farouche, perfides & inabordables: en quelques endroits même ils ont paru sans goût pour le commerce, & pour les nouveautés qui leur étoient présentées; obstinés à garder le silence; sourds à la voix des étrangers, & à tous les signes d'amitié qu'on pouvoit leur faire. Mais il est constant que la frayeur & l'étonnement étoient les principes d'une défiance, que l'habitude des mêmes objets leur feroit perdre peu-à-peu. Le capitaine de vaisseau peut trouver dans sa propre troupe

ain obstacle plus considérable qu'aucun des précédens. C'est le mécontentement de ses compagnons, le murmure qui naît du danger & du mal-aise, la mutinerie des matelots toujours prêts à se révolter, quand ils se voyent dans un pays perdu, où ils croyent le pouvoir faire avec impunité. On n'a que trop d'exemples d'entreprises maritimes en des climats lointains, qui n'ont échoué que par le défaut de discipline & par la désobéissance de l'équipage. Il faut, pour une telle expédition, faire choix d'un chef intrépide, constant, qui ait autant de tête que de courage, qui soit d'ailleurs aimé de son équipage; il faut que le navire soit abondamment pourvû de tout: car c'est toujours par le besoin que commencent les murmures. Il faut que l'équipage ne soit composé que de gens aussi dociles & aussi bien disciplinés, qu'il est possible d'en rencontrer parmi des gens de mer. Avec de telles précautions, on tirera plus de fruit de ses courses, que l'on a fait jusqu'ici, en parcourant seulement les côtes sans pénétrer dans l'intérieur des terres, autant qu'il l'auroit fallu: raison pour laquelle nous n'avons encore là-dessus que des remarques peu considérables, peut-être même défectueuses en plusieurs points. « Mais remar-
« que Dampierre, souvent les circonstances ne permet-
« tent pas de faire davantage: du moins si l'on a égard
« à l'humeur revêche des matelots dans les voyages de
« longs cours, quand ils ne sçavent pas où on les mène;
« à leur ignorance de la nature des vents & du change-
« ment des moussons; au peu de connoissance que les
« officiers même ont d'ordinaire de la variation de l'ai-
« guille & de l'usage qu'on fait du compas des azimuths;
« sans parler des risques où l'on est exposé dans des mers

Tom. I. F iij †

» inconnues. Ainsi parmi tant de difficultés, au lieu de
» blâmer ceux qui n'ont pas fait de plus amples observa-
» tions, on doit leur sçavoir gré de celles qu'ils ont pû
» faire. » Outre ceci, le même Dampierre donne ailleurs
un excellent précepte général. C'est de suivre une méthode opposée à celle du commun des navigateurs, qui
vont du connu à l'inconnu. Il veut que l'on aille au contraire de l'inconnu au connu. Au commencement d'une
longue navigation, tout l'équipage est plein de joie &
d'ardeur. Lorsqu'elle a duré long-tems la fatigue, le
scorbut, les mauvais alimens, la disette d'eau, l'ennui,
le désir de se retrouver dans son pays, jettent tous les esprits dans le découragement, & dans une disposition prochaine au mécontentement. C'est cependant alors que
l'on se trouve dans les circonstances difficiles & dangereuses, qui demandent le plus de résolution. Il est convenable, il est en même-tems possible, dans l'entreprise
d'une longue course, de s'arranger de manière à commencer par le plus difficile, tandis que les vivres sont
frais & que le zéle est dans sa première chaleur; afin de
pouvoir, en dirigeant sa route pour le retour, terminer
la carrière par des pays plus connus, qui consolent, qui
soutiennent l'espérance d'aller jusqu'au bout, par celle
d'y trouver les secours nécessaires.

obstacle des glaces Enfin, l'obstacle qui paroît le plus contrarier la découverte des *Terres australes*, celui sur lequel on se récrie
le plus souvent, ce sont ces glaces qui barrent les mers,
défendent l'approche des côtes & ne permettent de
naviger que jusqu'à une certaine distance des poles,
sous lesquels personne, jusqu'à présent, n'a pû parvenir. L'objection est assez importante pour mériter qu'on

entre, à cet égard, dans un certain détail. Ce ne sera pas sortir de mon sujet que de m'arrêter à l'examen de quelques questions relatives à ce point ; que de rechercher quelle peut être la cause pour laquelle le froid se fait plûtôt sentir en cheminant vers le sud que vers le nord ; comment, en quels lieux, & en quels temps les glaces se forment & se dissoudent ; si elles sont ou non un indice de continents voisins ; & s'il est vrai que la difficulté de naviger augmente avec le froid & les glaces à mesure que les vaisseaux s'approchent plus près des poles.

On a reconnu, par expérience, que le froid est beaucoup plus grand dans la partie antarctique que dans la nôtre : que les mers y sont glacées à des latitudes fort tempérées dans notre Europe. M. Halley y a trouvé des glaces à une latitude pareille à celle de Lille en Flandres & de Francfort. Notre capitaine Lozier-Bouvet, envoyé par la compagnie des Indes, fut arrêté dans son entreprise à une hauteur correspondante à celle de Hambourg. Il avoit commencé de rencontrer des glaces au milieu de l'été, le 15 décembre, à une latitude égale à celle de Paris : chose qui n'arrive pas dans l'hémisphère boréal, même dans les mers froides du Canada, où elles ont coutume d'être fondues au mois d'avril ; & où l'on regarda comme une chose extraordinaire d'en avoir encore trouvé de grandes masses à 42°. *lat.* au mois de juin 1729. *Hist. de l'Acad. des Sc. ann.* 1729. Les terres de *Feu* & des *Etats* ne sont pas plus voisines de leur pole qu'Edimbourg l'est du sien. Il y a plus. Le froid & les exhalaisons produisent dans quelques-uns de ces parages une brume continuelle, qui, offusquant la vûe, forme un obstacle à la navigation plus fâcheux encore que les glaces même. Il est assez difficile de rendre raison d'une telle différence de température dans les deux hémisphères. Celles qu'on en peut donner, sçavoir, que le soleil séjourne huit jours de plus dans l'hémisphère boréal que dans l'austral, & que la terre décrivant une ellipse autour du soleil, se trouve à la moindre distance du foyer durant l'hiver arctique, & à sa plus grande durant l'hiver antarctique, démontre à la vérité qu'en cette raison le degré de froid doit être un peu plus grand de ce côté que du nôtre. Mais cette raison est-elle suffisante, vû l'énorme différence des températures? Ici l'effet paroît surpasser infiniment la cause. Car l'ellipse de l'orbite de la terre autour du soleil différant peu d'un cercle véritable, le soleil se trouve très-voisin du centre, & la différence de son éloignement entre les 2 hémisphères, n'est que d'un 31e. de sa distance moyenne; outre que s'il est plus loin en hiver, il est plus près en été, ce qui produit une compensation. Voici sur ce sujet une hypothèse que je ne présente que comme une conjecture hasardée.

L'axe de la terre peut avoir changé ; les poles peuvent avoir été entre le 60e. & le 70e. degré de latitude actuelle, septentrionale en Amérique, méridionale dans l'ancien continent. S'il est ainsi, les montagnes de glaces autrefois amoncelées sous les anciens poles, auront, malgré leur nouvelle approximation de l'équateur, malgré la longue suite des siécles, conservé l'air de ces climats dans un état de brume & de froidure, qui, lui-même, y conserve les glaces : de sorte que les deux causes combinées s'entretiennent mutuellement l'une par l'autre. En effet, des quatre points de cette espèce qui se trouvent sur le globe, nous en connoissons trois. Celui de l'Europe, qui est tempéré : celui de l'Amérique à la même

Conjecture sur la cause du degré de froid plus grand en l'hémisphère austral que dans le boréal, & le changement de l'équateur du globe.

même latitude nord, qui est infiniment plus froid dans le Canada, & dans la terre de Labrador qu'en Europe; & celui de la *Terre australe* dans l'ancien continent à la même latitude sud & aux antipodes de la terre de Labrador qui est pareillement glacial. C'est dans ces deux derniers endroits où je suppose que les poles de la terre peuvent autrefois avoir été. Je ne prétends pas dissimuler ici que, si l'Amérique se trouve plus froide que l'Europe dans les mêmes parallèles nord, la cause peut & doit en partie être attribuée au défaut de culture & aux vastes forêts qui la couvrent. Les grands bois entretiennent les brouillards & un grand degré de froid dans les contrées qui en sont trop fournies. Il est bien prouvé par l'histoire que l'Europe est beaucoup plus tempérée de nos jours qu'elle ne l'étoit il y a 35 siècles, lorsqu'elle étoit couverte de bois & habitée par des sauvages avant la découverte qu'en firent les Hercules Phéniciens. Mais il seroit toujours fort curieux de sçavoir si l'antipode austral de l'Europe dans les mers d'Amérique ne se trouveroit pas aussi tempéré que notre climat; vers l'intersection du 45ᵉ parallèle avec le 200ᵉ méridien, aux environs de la nouvelle Zélande, & ainsi de degré en degré en remontant vers le pole du sud: auquel cas ma conjecture commenceroit à prendre un grand degré de probabilité. C'est le quatrième point des mêmes parallèles qui nous reste à connoître. Pour y parvenir, il faudroit faire partir un vaisseau de la ville espagnole de Baldivia dans le Chili; (*) & cingler au sud-sud-ouest,

(*) En relisant l'ouvrage de M. de Buffon, je trouve qu'il a eu la même idée de faire partir un bâtiment de ce port; excepté que tournant seulement sa vûe, dans cet endroit de son livre, du côté des nouvelles décou-

G †

jusqu'à ce que l'on apperçut quelque côte où l'on obferveroit fi la température du climat eft telle qu'on a lieu de le foupçonner. Ce n'eft ici, je le répéte, qu'une fimple conjecture de fait, de laquelle je ne prétends tirer aucune autre conclufion. On ne peut difconvenir néanmoins qu'elle ne foit fortifiée non-feulement par un fait important, fçavoir par la navigation d'Abel Tafman, qui s'étant trouvé avant le folftice d'été à 42° *lat.* 188° *long.* vers la nouvelle Zélande, ne vit aucunes glaces fur les côtes, & apperçut une terre montueufe, bonne, fertile & bien fituée, mais encore par plufieurs phénomènes phyfiques très-confidérables.

vertes, il demande que le vaiffeau prenne fa route, non au fud-fud-eft, mais droit à l'oueft fous le 50e. parallèle. » Il refte encore, dit-il, » *tom. I. p.* 212. bien des chofes à trou-
» ver & de vaftes contrées à décou-
» vrir, malgré toutes les connoiffan-
» ces qu'on a acquifes par le fe-
» cours des fciences mathématiques,
» & par les découvertes des naviga-
» teurs. Prefque toutes les terres qui
» font du côté du pole antarctique
» nous font inconnues. On fçait feu-
» lement qu'il y en a, & qu'elles font
» féparées des autres continens par
» l'océan. L'on eft obligé d'avouer
» avec quelqu'efpèce de regret, que
» depuis plus d'un fiècle l'ardeur pour
» découvrir de nouvelles terres s'eft
» extrêmement ralentie : cependant
» la découverte de ces *Terres aufra-*
» *les* feroit un grand objet de curio-
» fité & pourroit être utile : on n'a
» reconnu de ce côté là que quelques
» côtes, & il eft fâcheux que les na-

» vigateurs qui ont voulu tenter cette
» découverte en différens tems, ayent
» prefque toujours été arrêtés par des
» glaces qui les ont empêchés de pren-
» dre terre. La brume qui eft fort con-
» fidérable dans ces parages, eft enco-
» re un obftacle : cependant malgré
» ces inconvéniens, il eft à croire
» qu'en partant du cap de Bonne-
» Efpérance en différentes faifons,
» on pourroit enfin reconnoître une
» partie de ces terres, lefquelles juf-
» qu'ici font un monde à part. Il y
» auroit encore un autre moyen qui
» peut-être réuffiroit mieux : comme
» les glaces & les brumes paroiffent
» avoir arrêtés tous les navigateurs
» qui ont entrepris la découverte des
» *Terres auftrales* par l'océan atlanti-
» que, & que les glaces fe font pré-
» fentées dans l'été de ces climats
» auffi bien que dans les autres fai-
» fons, ne pourroit-on pas fe pro-
» mettre un meilleur fuccès en chan-
» geant de route ? Il me femble qu'on

M. Cassini de Thury (*Mém. de l'acad. des sciences*, 1748.) a remarqué que l'axe de la terre s'approche de l'étoile polaire par un mouvement qui n'est pas égal, & que la déclinaison de cette étoile a une variation annuelle, qui lui paroît n'avoir pas toujours été de la même quantité. On soupçonne d'ailleurs depuis long-tems qu'il se fait annuellement un mouvement insensible qui change l'équateur de notre globe. Je conversois en dernier lieu sur l'hypothèse qu'on peut tirer de ce mouvement avec un homme habile en cette matière (M. Jallabert, professeur à Genève) qui pensoit de même que moi sur ce sujet. Il déduit ce mouvement du mouvement diur-

« pourroit tenter d'arriver à ces terres par la mer pacifique, en partant de Baldavia ou d'un autre port de la côte du Chili, & traversant cette mer sous le 50ᵉ degré de latitude sud. Il n'y a aucune apparence que cette navigation, qui n'a jamais été faite, fut périlleuse. Il est probable qu'on trouveroit dans cette traversée de nouvelles terres, car ce qui nous reste à connoître du côté du pole austral est si considérable qu'on peut, sans se tromper, l'évaluer à plus du quart de la superficie du globe, ensorte qu'il peut y avoir dans ces climats un continent terrestre aussi grand que l'Europe, l'Asie & l'Afrique prises toutes trois ensemble. »

Remarquons d'ailleurs à cet égard un fait assez singulier. Presque tous ceux qui ont fait le tour du monde, dès leur entrée dans la mer du sud au sortir de la bouque de Magellan sont remontés à l'équateur d'où ils ont mis le cap à l'ouest droit aux Larrones, par le 13ᵉ parallèle nord, & ensuite ils ont pris le chemin des Philippines ou des Moluques. A la vérité quelqu'uns en petit nombre, comme le Maire & Roggewin, ont tiré droit au nord-ouest dès la sortie de Magellan, & ce sont ceux qui ont fait le plus de découvertes, ayant trouvé sur cette route une quantité de belles isles. Mais personne ne s'est encore avisé de tirer droit à l'ouest depuis les côtes du Chili jusqu'en nouvelle Zélande ou à Diémen ; pour vérifier ce qui se rencontreroit sur cette route, où le bruit couroit autrefois qu'il y avoit tant de terres. Cependant il ne paroît pas que la traversée de la mer pacifique soit plus difficile à faire sous ce parallèle que sous celui du trajet accoutumé : les vents d'est régnant également par toute cette vaste mer.

G ij †.

, & de la supposition que le mouvement des étoiles en 25000 ans, autour des poles de l'écliptique n'est qu'apparent, & doit être attribué au mouvement de l'axe de la terre. Il résulteroit de-là un mouvement lent composé de ces deux-ci, produisant une direction moyenne entre les deux rotations, l'une diurne autour de l'axe en 23 heures 56′ 4″; l'autre de l'axe même en 25000 ans. En vertu de cette direction moyenne, divers points du globe s'éloigneroient de l'équateur & d'autres s'en approcheroient, tandis que l'inclinaison de l'équateur à l'écliptique diminueroit insensiblement. On sçait en effet que l'écliptique est incliné sur l'équateur qu'il coupe par un angle d'environ 23 degrés & demi, & que par conséquent l'axe de l'écliptique, ou ce qui est la même chose, celui du soleil ou du zodiaque, fait un angle pareil avec l'axe de la terre. Diverses observations réitérées & confirmatives les unes des autres donnent lieu de soupçonner que l'axe de la terre se redresse de jour en jour sur le plan de l'écliptique; en sorte qu'à la longue l'axe de la terre & celui du soleil deviendront parallèles pour un moment; l'équateur coincidant avec l'écliptique. Anaximandre de Milet disciple de Thalès a le premier fait cette belle observation de l'obliquité de l'écliptique environ six siècles avant l'ère vulgaire. Moins de deux siècles après, son observation ayant été portée en Egypte y fut répétée; & l'on trouva l'obliquité moindre qu'Anaximandre ne l'avoit déterminée. Pythéas célèbre astronome de Marseille, contemporain d'Alexandre, la trouva moindre encore. Dans le siècle suivant Eratosthène la détermina sur 23° 51′ 20″, calcul suivi 100 ans après par Hypparque. Je ne parle pas de celui de Ptolomée qui dans le second siécle de l'aire vulgaire n'y trouve que 10 secondes de différence. Mais dans le 16ᵉ siécle Tychobrahé y trouva 20 minutes de différence. Enfin, de nos jours, le chevalier de Louville, de l'Académie des sciences, se rendit exprès à Marseille pour répéter l'observation de Pythéas; il reconnut que l'obliquité étoit diminuée de 20 minutes depuis le temps de cet astronome, c'est-à-dire depuis environ 2000 ans. On vient de la déterminer à l'observatoire à 23° 28′ 20″. Tellement qu'à prendre un mouvement égal & progressif, tel qu'il est dans les tables dressées par Saverien, depuis la déterminaison d'Eratosthène jusqu'à celle-ci, il se trouve être d'une minute dix secondes par siécles. Ce mouvement, si bien suivi & observé depuis tant de siécles, montre, ce me semble, qu'il y a ici un vrai mouvement progessif du même sens, plutôt qu'une simple mutation de l'axe de la terre. Le chevalier de Louville concluoit de son expérience que l'axe de la terre se relevoit d'un degré en 60 siécles sur le plan de l'écliptique; & que dans cent quarante-un mille ans, l'équateur & l'écliptique ne feroient plus qu'un même cercle. C'est une chose fort digne de remarque que l'on trouve une opinion répandue chez les anciens Egyptiens, que dans un pareil cours de cent quarante-deux mille ans il se fait une grande révolution périodique dans le mouvement des corps célestes; de sorte qu'à chaque point de cette époque la surface de la terre est alternativement détruite *per cataclysmum & per empyrosim*, par l'inondation & par l'incendie (*): ce qui semble vouloir dire que leur opi-

---

(*) Les traditions égyptiennes varient sur la durée de ces périodes d'une révolution à une autre. Il ne faut pas s'en étonner, & ce n'est pas ici le

nion étoit qu'en une telle période les points cardinaux de la terre changeoient de place : l'équateur se trouvant où étoient les poles, & réciproquement si bien qu'à la fin de cette période le plus grand degré de froid & de glaces doit se trouver aux mêmes lieux de la terre où le soleil étoit vertical dans le commencement. Hérodote va bien plus loin. Il raconte *liv. II. chap.* 142. que les Egyptiens disoient que depuis le règne de Vulcain, dans la durée de 341 générations qui reviennent selon son calcul à 11340 ans, le soleil s'étoit deux fois levé au point d'occident de la terre, & deux fois étoit revenu à se lever au point d'orient. (*) Ainsi dans ce court intervalle, l'axe de la terre auroit selon lui décrit deux fois le même cercle : car le 50ᵉ méridien sous lequel l'Egypte est placée, fait le centre d'un hémisphère dont le

lieu de discuter à fond cette ancienne opinion.

(*) Scaliger, *de emendat. tempor. lib. III. cap. 5.* pense qu'Hérodote a mal compris le discours des prêtres égyptiens qui ne vouloient dire autre chose sinon que le premier jour de leur année étant reculé tous les quatre ans d'un jour (car ils faisoient leur année de 365 jours sans égard aux six heures de plus qui donnent lieu à la Bissextile dans l'année réformée selon notre usage); les solstices parcouroient successivement tous les tems des douze mois, durant une période de 1460 ans, au bout de laquelle la 1461ᵉ année recommençoit au même jour où avoit commencé la première, c'est-à-dire selon l'usage égyptien au premier du mois de Thoth & au lever de l'étoile canuculaire : de sorte qu'au bout de 730 ans le solstice d'hyver se trouvoit au même mois où le solstice d'été étoit arrivé 730 ans auparavant. Cette explication de Scaliger est fondée sur des faits certains. Voyez Censorin *De die natal. lib. XVIII.* On sçait que les Egyptiens, quoiqu'ils connussent que l'année solaire contient 6 heures de plus que 365 jours, les négligeoient exprès à dessein de sanctifier ainsi tous les jours de l'année en y faisant passer successivement toutes leurs fêtes durant le cours de la grande année caniculaire de 1460 ans. L'explication est donc très-ingénieuse, & seroit plus vraisemblable, si le calcul qui en résulte s'accordoit mieux avec celui que contient le passage d'Hérodote.

méridien borneur passe à l'orient dans les Philippines, & à l'occident par la Bardade. Il faut donc supposer sur le rapport d'Hérodote qu'après une demie révolution de l'axe de la terre, le soleil qui s'étoit levé pour l'Egypte aux Philippines se levoit à la Bardade. Mais en ceci, comme en beaucoup d'autres choses, son récit, d'ailleurs assez mal expliqué, ne mérite guères de foi. Il ne sert qu'à nous apprendre qu'il y avoit réellement en Egypte une opinion ou une connoissance établie du mouvement insensible de l'axe de la terre. Il y a bien peu de tems que Cassini a tracé la célèbre méridienne dans l'église de S. Pétronne à Boulogne. Cependant on croit y appercevoir déja quelque diminution dans l'obliquité de l'écliptique. Mais on n'ose encore en tirer aucune conséquence ; puisque cette diminution peut être produite par quelque dérangement arrivé dans la masse de l'édifice à l'endroit où l'on a pratiqué le trou qui donne passage à l'image du soleil. Voici un fait indépendant d'une pareille cause. Il est rapporté dans l'hist. de l'acad. des sciences, *an.* 1718. *p.* 3.

Leibnitz en faisant fouiller la terre, en allemagne, y a trouvé des pétrifications empreintes des feuilles de certaines plantes, qui ne croissent que dans le climat chaud des Indes. M. de Jussieu a trouvé aux environs de Saint Chaumont, dans le Lyonnois, une grande quantité de pierres écailleuses ou feuilletées, dont presque tous les feuillets portoient sur leur superficie l'image ou d'un bout de tige, ou d'une feuille, ou d'un fragment de feuilles de quelque plante. Toutes sont des plantes étrangères. Non-seulement elles ne se retrouvent ni dans le Lyonnois, ni dans le reste de la France ; mais elles ne sont qu'aux environs de l'équateur dans les Indes orientales, ou dans les contrées chaudes de l'Amérique. Ce sont la plûpart des plantes capillaires & des fougères : leur tissu dur & serré les a rendu plus propres à se conserver, & à se graver dans les moules pétrifiés à la longue. Ceci ne nous indique-t'il pas que le Lyonnois s'est trouvé jadis sous une température propre à l'accroissement de ces plantes, dans le voisinage de l'équateur. Il en est à cette heure éloigné de 45 degrés. Il n'en a été qu'à 15, s'il est vrai, comme je le suppose dans l'hypothèse présente, que le pole austral se soit raproché d'environ 30 degrés de l'équateur actuel dans notre hémisphère, tandis que le pole boréal en faisoit autant dans l'autre hémisphère. Ceci, comme on le voit, donneroit une toute autre direction au cercle insensiblement décrit par l'axe de la terre, que celle que semble indiquer le rapport obscur d'Hérodote ; d'ailleurs peu d'accord avec la tradition Egyptienne même. Car il dit, au même endroit, que malgré le changement des mouvemens célestes, la température de l'Egypte n'avoit point changé ; au lieu que la tradition raporte que le pays avoit successivement à chaque période été brûlé & submergé ; ce qui est conforme à mon hypothèse.

Je n'ai pû me dispenser, en indiquant la cause du degré de froid, plus grand à la même latitude dans les régions antarctiques que de notre côté, d'entrer dans un bref détail des observations faites par les anciens, & renouvellées de nos jours sur le mouvement progressif de l'axe de la terre qui, se redressant sur le plan de l'écliptique, fait changer l'équateur de notre globe. Il importe peu que ce mouvement soit une simple nutation de l'axe ou une suite de mouvemens progressifs du même sens,

comme

comme la suite des observations semble plûtôt l'indiquer. Car une simple nutation produiroit le même effet sur les eaux, dont la surface du globe est extérieurement couverte : ainsi qu'en oscillant une bouteille à demi-pleine d'eau, on en peut mouiller toutes les parties intérieures. Quoiqu'il en soit, si l'équateur change, la rotation de la terre élève sans cesse la masse des eaux sous le plus grand cercle. Ainsi la mer toujours poussée par la force centrifuge sous le nouvel équateur, abandonne successivement certaines terres pour en couvrir d'autres ; par une longue suite de siécles elle les couvre & les découvre toutes ou presque toutes. On demandoit au philosophe Anaxarque si les montagnes de Lampsaque seroient un jour partie de la mer : *oui*, dit-il, *pourvu que le tems ne leur manque pas*. Il est certain qu'elle a long-tems séjourné au-dessus de nos plus hautes montagnes. Comment pourroit-on douter lorsque tant de phénomènes physiques le démontrent, & sont ici d'accord avec l'histoire ? Les montagnes même sont son ouvrage ; comme l'a prouvé, sans replique, l'Aristote & le Pline de notre siécle ; cet homme aussi éloquent que grand philosophe. On a tellement senti la nécessité de reconnoître que la mer avoit long-tems couvert les plus hautes montagnes, & qu'elle seule y avoit pû déposer à la longue la prodigieuse quantité de coquillages dont les bancs de pierre sont formés, qu'il a fallu dans presque toutes les hypothèses, ou admettre l'universalité des eaux répandues sur toute la surface du globe, ou supposer un déplacement de la mer. Quelques-uns ont crû ce déplacement subit & l'ont attribué à un changement subit aussi de l'axe de la terre. Ils ont imaginé diverses causes capables de produire cet effet, soit le choc d'une comète, soit la chûte des murs naturels de quelqu'immense caverne dans l'intérieur du globe, laquelle auroit entraîné les eaux dans les abîmes, & fait changer le centre de gravité de notre monde ; soit enfin quelqu'autre grand événement de pareil genre. Plusieurs physiciens n'ont regardé notre monde actuel que comme les débris d'un plus ancien. Halley lui-même, qui admet ce déplacement subit de l'axe de la terre, n'a pas fait difficulté de le placer avant le débrouillement du cahos ; & de dire que notre terre n'étoit que les fragmens d'une plus ancienne remis dans un nouvel ordre. A la vérité, aucune des opinions ci-dessus exposées ne paroît inconciliable avec l'autorité sacrée contre laquelle rien ne se peut, ni ne se doit soutenir. Mais si l'on suppose l'universalité des eaux répandues sur la surface de la terre, il n'est pas facile d'en faire disparoître la quantité nécessaire pour laisser à sec de si vastes contrées. Si l'on croit subit le changement de son axe, où sont les faits qui nous en montrent la cause ? Et comment la tradition d'un si prodigieux événement, dont on se trouve réduit à deviner arbitrairement les causes, a-t-elle pû s'évanouir de la mémoire des hommes ? Car tous les bons philosophes conviennent qu'on n'en peut donner pour cause le déluge universel arrivé du temps de Noé ; événement tout-à-fait miraculeux, indépendant du pouvoir de la nature & d'aucun examen physique, produit par la seule volonté de Dieu pour le châtiment du genre humain : événement dont la mémoire reste parmi les hommes, dont le détail, les motifs & la durée sont nettement expliqués dans les livres saints.

Le changement insensible de l'axe par son redressement sur le plan de l'écliptique, ne paroît sujet à aucun des inconvéniens qu'ont les autres hypothèses. L'effet est attesté par la tradition : il est constaté par les monumens physiques de la nature ; tandis que les philosophes & les astronomes en ont pû seuls appercevoir la cause : ce qui, joint à l'insensibilité du progrès, n'a dû ni frapper les yeux du vulgaire, ni faire ressentir aux habitans d'un climat quelconque, une différence de température, qui ne résulte qu'à la longue d'un changement fait par degrés insensibles, durant un si grand nombre de siécles ; ni laisser dans la mémoire des hommes une trace inéfaçable, comme n'auroit pas manqué de le faire un coup instantané, qui auroit produit une révolution subite. Loin de porter sur des suppositions arbitraires, il est fondé, sinon sur des preuves complettes que le temps n'a pas encore donné lieu d'acquérir, du moins sur des indices soutenus, dont la suite des siécles pourra faire connoître la certitude. Il nous indique aussi bien & mieux qu'un autre système, pourquoi les sommets des rochers sont remplis de productions marines : comment les bancs de pierre ont été formés à la longue par le dépôt successif des bancs de coquillages ; pourquoi la mer a couvert le sec, & comment elle y a fait un si long séjour : pourquoi l'on trouve au sein de la terre, dans des lieux forts distans de l'équateur des plantes pétrifiées qui ne naissent que dans des climats équinoxiaux : pourquoi les arts, & les traditions sont si anciennes en certaines contrées, & si récentes dans d'autres : & enfin, pourquoi l'on trouve une si grande différence de température à des latitudes correspondantes : pourquoi tant de glaces dans la partie australe de notre hémisphère & dans la partie boréale de l'hémisphère opposé, tandis qu'il ne s'en trouve point dans la partie boréale de notre hémisphère : recherche pour laquelle je me suis long-temps arrêté sur cette question, qui n'est d'ailleurs nullement étrangère à mon objet.

Je dis, en second lieu, que les glaces, dont on parle toujours comme d'un obstacle insurmontable aux navigations voisines des poles, peuvent au contraire fournir un motif d'encouragement aux philosophes, ainsi qu'aux navigateurs curieux & hardis, qui sçavent qu'il n'est rien d'impossible en ce genre à la patience & à l'industrie humaine. Elles donnent en effet une preuve approchante de la démonstration, qu'il y a de grands continents dans ces cantons de la terre. C'est l'avis de Roggewin, marin expérimenté, qui a bien examiné la matière. On verra son raisonnement (*ci-après, Liv. IV.*) auquel on me permettra d'en joindre quelques autres. Ne voyons-nous pas en effet que dans les rivières & dans les étangs, c'est contre les bords que la glace commence à se former avant qu'elle ne gagne le milieu d'une grande étendue d'eau, surtout si elle est agitée. Plus il y a de terre plus il y a de glace : par conséquent plus il y a de glace plus il y a de terre. Aussi la mer ne gèle-t-elle que vers les côtes, & surtout dans les détroits où il y a doubles côtes. Les meilleurs physiciens ont remarqué, d'après les navigateurs, qu'il ne gèle pas en haute mer, même dans le voisinage des poles. La salure de ses eaux, leur étendue, leur profondeur les préservent de cette concrétion : quoiqu'il soit vrai que la mer doit être moins salée vers les poles, où il tombe une quantité de neige qui l'adoucit un peu, qu'elle ne l'est sous la ligne, ou d'ailleurs la forte action du soleil produit une grande vaporation des parties légères de l'eau. Mais ce n'est que dans les endroits où elle est mêlée de beaucoup d'eau douce qu'elle

Des glaces des mers voisines des poles : de leur formation : de leur fonte : qu'il n'est pas vrai que le froid augmente à mesure qu'on s'approche des poles.

gêle facilement; & ce mélange ne peut se faire qu'au moyen des grands fleuves qui s'y dégorgent. En effet, quelques voyageurs ont observé que l'eau des glaces que l'on trouve en mer est douce. Or, ces grands fleuves supposent eux-mêmes un vaste continent qu'ils ont parcouru, avant que de se rendre à la mer. Il n'y a pas d'éxemple, *dit M. de Buffon*, qu'on ait trouvé la surface de la mer glacée au large, & à une distance considérable des côtes. La mer noire étroite, peu salée, & qui reçoit de grands fleuves venans des terres septentionales, gêle presque tous les hivers, tandis que des hautes mers, qui sont de mille lieues plus près du pole, ne gêlent pas; & que vers les côtes même les glaces sont moins communes, & la mer plus navigable, s'il y a peu de rivières qui s'y dégorgent; comme au-delà de la nouvelle Zemble dans un canton fort près du pole. Cependant il y en a beaucoup dans le Waygats en-deçà de la Zemble où il y a un détroit, dans lequel les marées s'élèvans plus haut qu'en pleine mer, amoncélent les bancs de glace les uns sur les autres. La mer de Tartarie où tant de grands fleuves viennent se rendre en est couverte, tandis qu'on en trouve peu dans la mer de Norvege quoique plus septentrionale; parce que la position des montagnes de cette contrée y barre l'écoulement des rivières dans la mer du nord, & les jette du côté du midi. Quand même on voudroit supposer que le froid extrême eût fait geler la superficie des eaux en haute mer, on ne concevroit pas mieux comment ces énormes glaces qui flottent, ou qui s'attachent au fond de la mer, comme de grandes isles dans des endroits où l'on ne trouve point de fond avec le plomb de sonde, pourroient se former si elles n'avoient pas d'abord trouvé un point d'appui contre les terres, d'où ensuite la chaleur du soleil les a détachés en masses, le courant des rivières les a poussées au loin, & le mouvement de la vague a accumulé les bancs les uns sur les autres en énormes monceaux, qui n'ont plus formé qu'une seule pièce si lourde qu'elle a plongé jusqu'au fond, où elle s'est attachée. Il est donc constant, & il est en même-temps vérifié par l'expérience, que les glaces ne peuvent pas se trouver en mer à un grand éloignement des terres ; que leur rencontre est un très-bon indice que le continent est voisin, & que leur première formation s'est faite contre les côtes, & plus encore dans les grandes rivières qui ont parcouru des terres élevées, & traversé des chaines de hautes montagnes. Ainsi loin que l'immense suite de glaces amoncelées que les vaisseaux de notre compagnie des Indes ont trouvées dans la mer antarctique, doive faire juger qu'il n'y a point de terres en ce parage, elles sont une preuve presque évidente du contraire. Les grands amas de glaces qui bordent le *Cap de la Circoncision* lors même que le soleil est prêt de toucher au tropique du capricorne, doivent faire juger qu'il y a vers le pole austral, ainsi que vers le nôtre, des terres élevées au-dessus de la mer, de hautes montagnes, d'où découlent de grands fleuves qui se gèlent pendant le long hiver de ces climats, & dont les glaces commençant à se dissoudre aux approches du solstice d'été, sont portées par le fil de l'eau jusqu'à la mer, où elles se rangent & s'amoncélent le long des côtes : comme nous voyons les terres entraînées par les débordemens du rhône, se ranger le long des rivages méridionaux de la France, &

augmenter de siècle en siècle d'une manière visible le sol de la province du Languedoc. On a même lieu de présumer que ces terres doivent être d'une grande étendue. De petites terres ne seroient pas capables de contenir de grands golfes & de grandes rivières, telles qu'il faut qu'elles soient pour fournir tous les ans à la mer cette énorme quantité de glaçons, qui, comme l'on vient de le remarquer, ne se forment pas en pleine mer. Les vents froids qui soufflent du pole sur les golfes, & sur les rivières, dont le cours, en ces climats, doit être à-peu-près parallèle à l'axe de la terre : les courans causés par les rivières dont le cours impétueux se conserve au loin, lorsque tombant d'un continent élevé elles viennent à se jetter dans la mer avec rapidité, entraînant une partie de glace à quelque distance des côtes, où la vague en forme en monceaux des masses fixes, ou du moins qui paroissent l'être, semblables à de petites isles escarpées ; jusqu'à ce que l'ardeur continuelle des rayons du soleil, auquel elles sont exposées, les fonde entièrement en fort peu de jours. Ceci doit arriver durant le mois de Février. En effet, dans ces climats, où il n'y a presque point de nuit pour rafraîchir la terre, la présence perpétuelle du soleil sur l'horison y produit à la longue, malgré son obliquité, une chaleur considérable, telle que l'on l'éprouve en Suede, & à Petersbourg, où le thermomètre monte plus haut que sous la ligne, & qui doit être encore plus fortes dans les pays antarctiques, où l'été est plus chaud que de notre côté. Ne pourroit-on pas regarder les brumes, qui incommodèrent la navigation de Bouvet pendant deux mois de suite, comme des vapeurs élevées des glaces par l'approche du soleil,

& les prendre par un commencement de dégel. Il faut remarquer que, selon le rapport de ce capitaine, elles se dissipèrent le 20ᵉ de janvier. En un mot, on ne pourroit que louer la compagnie des Indes de faire, à cet égard, une seconde tentative ; d'autant mieux qu'elle le peut sans de grands frais, en envoyant à l'isle de Bourbon ses vaisseaux, qui, par là, ne s'écarteroient pas beaucoup de leur route. Il est très-probable qu'en choisissant la saison convenable, on trouveroit un lieu propre à prendre terre, sans être obligé d'avoir recours à l'expédient indiqué par M. de Maupertuis, de traîner avec soi de petits bateaux avec lesquels on traverseroit d'une glace à l'autre. Une telle manière de faire une route, il faut l'avouer, est impraticable pour tout autre que pour les sauvages de ces climats glacés, qui connoissent parfaitement les lieux où ils vont, & ceux où ils doivent retourner. Mais il est très-à-propos de pratiquer ce qu'il enseigne sur le temps de la route, & de prendre ses mesures à se trouver arrivé aux climats glacés un mois (ou six semaines) après le solstice du capricorne. Car il observe avec justesse, que la même raison qui rend l'hiver austral plus froid que le nôtre, doit y rendre aussi l'été plus chaud que le nôtre ; & que la continuité d'une chaleur vive y doit fondre les glaces bien vîte après le solstice. C'est ce que l'expérience a confirmé dans les mers du nord. Linschot étant au Weygats le dernier juillet, prit des informations des naturels du pays touchant les glaces, & le temps où l'on y a la saison de l'été. Les Samoïèdes lui dirent qu'au bout de dix ou douze jours il n'y auroit plus de glace ni de gelée pendant six semaines ; après quoi les frimats recommenceroient. » Je crois, dit-il,
» que

» que ces glaces viennent des côtes, bayes, golfes &
» bas fonds, où elles se forment le long du rivage, &
» d'où le vent les détachant ensuite les porte en avant
» dans la mer. Elles ne se fondent que lentement d'a-
» bord, à cause de leur épaisseur; puis fort vîte, comme
» nous l'avons éprouvé en ce voyage; quoiqu'auparavant
» la fonte & la dissipation des glaces nous parussent des
» choses impossibles, malgré les assûrances des Lappons
» & des Tartares du détroit de Nassaw, qui nous di-
» soient tous que les glaces fondroient en peu de jours;
» que l'on passeroit cinq ou six semaines sans gelée, après
» quoi l'hiver recommenceroit. Effectivement il devoit
» recommencer dès le 20 de septembre, lorsque le so-
» leil passeroit au sud de la ligne équinoxiale: ce qui
» n'étoit pas difficile à comprendre. Mais quant à l'au-
» tre point, quand nous rangions la première fois à tra-
» vers les glaces qui flottoient ici en si grande quantité
» que nous ne pouvions ni avancer ni sortir, elles s'é-
» tendoient si loin, que de la hune on n'en voyoit pas la
» fin; qu'à grande peine trouvoit-on une ouverture pour
» passer au travers: Cependant quand nous y avons repas-
» sé cette fois-ci au 13ᵉ d'août, c'est-à-dire deux semai-
» nes après nous n'en trouvâmes pas la moindre marque:
» l'on auroit juré qu'il n'y en avoit jamais eu aucune.
» La chose aura beau paroître surprenante & impossible,
» les glaces s'étoient fondues en ce peu de temps; & il
» seroit inutile de rien objecter contre un fait. « Je ne
prétend pas dire après tout qu'il n'y ait des endroits sur
la surface du globe où les glaces ont pû rendre pour jamais la mer innavigable, & la terre inabordable. Il y a
même quelque apparence que les masses énormes de

I

500 pieds de hauteur, telles qu'on en a quelquefois trouvées, se sont d'abord formées par l'amas des neiges glacées & l'écoulement des eaux qui se glaçoient elles-mêmes à mesure qu'elles tomboient du haut de quelques grandes montagnes en écore qui bordoit la côte ; en telle sorte que ces glaces pouvoient augmenter successivement de hauteur presque jusqu'au niveau de la montagne contre laquelle elles étoient collées ; d'où ensuite elles se détachoient, tant par leur propre poids que par l'action du soleil & de la vague. On conçoit aisément que ces masses prodigieuses, lors même qu'elles flottent en pleine mer, peuvent résister long-temps à l'action du soleil d'été si oblique en ces climats. Que si la chaleur de cet astre, ni l'agitation des flots ne peuvent venir à bout de les détacher de la côte, alors d'années en années elles augmentent tant en hauteur qu'en diametre : elles produisent dans l'air ambiant une brume & un froid épouvantable, nouvelle cause d'accroissement pour elles. A force de vieillir elles perdent leur couleur blanche : elles deviennent bleues, ou claires & transparentes comme du verre, à ce que rapportent quelques navigateurs austraux, dont on lira l'histoire dans les Livres suivans. « J'ai vû dans le Spitzberg, dit Frédéric
» Martens, sept grandes montagnes de glace toutes dans
» une même ligne, & entre des hauts rochers. Elles pa-
» roissent d'un beau bleu, aussi-bien que la neige, & sont
» pleines de fentes & de trous, que la pluye & les nei-
» ges fondues y font. Elles deviennent tous les jours plus
» grandes par les neiges qui tombent, aussi-bien que par
» celles des rochers & par la pluye. Il en est de même
» des glaces qui flottent dans cette mer. Ces sept mon-

» tagnes de glace sont estimées les plus hautes du pays.
» Elles nous parurent en effet d'une hauteur prodigieuse.
» La neige y paroissoit obscure, ce qui provenoit de l'om-
» bre du ciel. Cette obscurité & les fentes bleues de la
» glace faisoient une diversité très-agréable à la vûe. La
» glace est d'un très-beau bleu, semblable à la couleur
» du vitriol, & un peu plus transparante que le vitriol,
» quoique moins nette que la glace de notre climat, à
» travers de laquelle on peut presque voir, aussi n'est-
» elle pas si épaisse. Près de terre la glace ne pouvant pas
» céder, les morceaux de glace s'entre-choquent avec
» plus de force, & sont par conséquent plus petits qu'en
» pleine mer ; mais les montagnes de glace y sont plus
» hautes. Elles sont attachées au rivage & ne se fondent
» jamais par le bas. La neige & la pluye qui y tombent
» alternativement, en augmentent la hauteur tous les
» ans, sans que le soleil puisse les faire fondre par le haut.
» L'air & la diversité du temps en font changer la cou-
» leur, & dans les fentes & crevasses, on y voit le plus
» beau bleu du monde. « Leur long séjour assûre pour
l'avenir leur durée & leur accroissement. Elles peuvent
enfin parvenir à élever, contre la côte qu'elles bordent,
un boulevart impénétrable qui en défendra les approches
à jamais, ou du moins jusqu'à ce que quelque événement singulier, quelque forte résolution, les dissipe. Elles peuvent interdire l'entrée d'un pays jadis fréquenté.
C'est ainsi que la côte orientale du Groenland, où les
vaisseaux de Dannemarck abordoient autrefois avec facilité, & faisoient un commerce journalier est devenue
inaccessible par une pareille cause. (*Voy. Anderson, hist.
du Groenland.*) Les glaces s'y propagent même plus

avant du côté du midi. Le passage, qui étoit encore libre il y a 180 ans lorsque Forbiser le découvrit, n'est plus praticable à présent. Ce pays connu il y a quelques siècles, ne l'est plus aujourd'hui : on a prit le parti de l'aller chercher par le côté d'occident alors inconnu. J'ai ouï-dire à des personnes bien informées, que dans cette chaîne des Alpes appellée le *Mont-maudit* qui sépare le Valais du Faucigny, & qu'on apperçoit en France de plus de 60 lieues de distance, il y avoit ci-devant un passage frayé par lequel on descendoit dans le Piémont par une route assez courte. A présent les glaces y sont augmentées au point d'occuper tout le terrain, & de couvrir presque jusqu'au faîte un vieux château ruiné qu'on rencontroit à mi-côte sur le chemin, elles forment une glacière éternelle de cinq lieues de long sur une de large : en vieillissant elles sont devenues bleues, comme on l'a observé près des poles; & l'on s'apperçoit que ne fondant plus elles augmentent de volume d'années en années. Il n'est donc pas impossible qu'à la longue les glaces, en se propageant par une cause qu'elles entretiennent elles-mêmes, ne viennent par un progrès successif à nous dérober quelque grand canton de la terre : il ne l'est pas non plus qu'elles occasionnent un grand degré de froid dans des pays plus méridionaux, tempérés jusqu'alors, si ces pays se trouvent dans la direction du vent qui, venant du pole, aura passé sur cette grande étendue de glaces nouvellement formées. Il ne l'est pas même, que dans les endroits où elles sont peu élevées, la terre ne vienne à la longue à les recouvrir assez pour en former la base d'un terrain véritable, propre à porter des plantes, & peut-être même à l'agriculture. » La nouvelle

» Zemble, dit Wood, est appellée par les Russes de ce nom,
» qui signifie en leur langue *nouvelle terre*. C'est le plus mi-
» sérable pays qu'il y ait au monde : aux endroits où l'on ne
» trouve point de neige, ce ne sont que fondières inaccesi-
» sibles où il croît une sorte de mousse qui porte de peti-
» tes fleurs bleues & jaunes : & c'est-là tout ce que le pays
» produit. Après avoir creusé environ 2 pieds en terre, nous
» ne trouvâmes que de la glace aussi dure que du marbre ;
» chose dont on n'a jamais oui parler jusqu'à présent. »

Mais si l'on se sert de cette observation pour objecter qu'en vain il existe de grands continents dans le voisinage du pole antarctique, si les glaces qui bordent les côtes en rendent l'approche inaccessible, je répond qu'il y a tout à présumer que ces barrières ne sont que locales, & qu'en nul endroit de l'univers, il n'y a de grande contrée qui soit absolument fermée par une pareille enceinte. » Si l'on y fait attention, loin de se décourager à la
» vûe des obstables on reconnoîtra aisément que les gla-
» ces ne doivent être que dans certains endroits parti-
» culiers ; qu'il est presqu'impossible que dans le cercle
» entier que nous pouvons imaginer terminer les *Terres*
» *australes*, il y ait par tout de grands fleuves qui charient
» des glaces, & que par conséquent il y a grande appa-
» rence que l'on réussiroit en dirigeant sa route vers quel-
» qu'autre point de ce cercle. » *Buffon, ibid.* N'a-t-on pas trouvé le moyen de rentrer par l'ouest dans le Groenland, quand la route de l'est à été interdite. Si le capitaine Bouvet eût eu la constance de continuer à longer les côtes glacées de la *Terre australe*, il auroit enfin presque certainement trouvé une entrée. Du moins, il est impossible que la barrière ne soit ouverte durant la belle saison à la bouche des grands fleuves par où les navigateurs

pourront s'avancer dans l'intérieur des terres. Mais après tout cette opinion, que plus l'on s'approchera du pole plus on trouvera de glace, paroît n'être qu'un faux préjugé démenti par l'expérience remarquable de divers navigateurs. Il y a du moins là-dessus des choses si singulières, quant à la température des climats voisins des poles, qu'il ne faut pas se hâter de rien conclure, jusqu'à ce que l'on ait acquis là-dessus une expérience suffisante. Hudson remarque comme une chose qui le surprit fort, qu'après avoir essuyé de grands froids à 63°. il trouva le temps fort beau & tempéré à 73°. le 21 juin sur la côte orientale du Groenland; qu'à 78°. il étoit même plus chaud que tempéré le 27 du même mois: mais que le 2 juillet à la même latitude, le froid étoit violent. Il prit terre en Spitzberg ou en Groenland à 80° 30'. Il s'approcha du pole jusqu'à 82 & vouloit tourner le Groenland par le nord pour revenir par le détroit de Davis: mais il trouva la mer impraticable; peut-être à cause qu'il se tenoit trop près des côtes. Cornelitz-Jelmersen Kok étant allé jusqu'à 79° plus de 100 lieues au-delà de la nouvelle Zemble vers l'est, y découvrit une mer exempte de glace commode pour la navigation. (*) Martens, qui a voyagé fort près de l'arctique, témoigne qu'il n'a remarqué aucune augmentation dans le froid ni dans la variation de l'aimant en faisant route par une plus grande latitude. Le capitaine Goulden, qui avoit fait trente voyages en Groenland, rapportoit au Roi d'Angleterre Charles II. que vers l'an 1650. deux vaisseaux Hollandois qui étoient à la pêche des baleines, s'étoient avancés à un degré du

(*) Gérard de Veer assure qu'il a trouvé le froid moins fort sous le 80e degré de lat. que sur les côtes de la N. Zemble; qu'au mois de juin il y a tout le même degré de l'herbe, des arbres verts, des biches, des chevreuils & d'autres bêtes sauvages; & qu'il n'a rien apperçu de tout cela au mois d'août sous la 76e degré. *Busching Méthod. de géograph.*

pole arctique jufqu'au 89ᵉ parallèle; & que les différens journaux de ces navires, qui atteftoient la même chofe, & s'accordoient à peu près fur les faits, rapportoient qu'on n'y avoit point trouvé de glaces, mais une mer libre ouverte, & fort profonde. Ce fait nous a été tranfmis par le capitaine Wood, dont on lira (*Liv. III.*) un très-bon article fur la magellanique. Il ne connoiffoit pas moins bien les parages arctiques, par la tentative qu'il avoit faite pour trouver un paffage au nord-eft près de la Zemble. Il confirme le rapport de Goutden par un autre fait non moins pofitif. » Jofeph Moxons m'a certifié, *dit-il*, il y a plus de vingt ans, qu'il avoit ouï- » dire à un Hollandois de fa connoiffance, homme di- » gne de foi, qu'il avoit été jufques fous le pole, & que la » température en été y étoit égale à celle d'Amfterdam. « Cette affertion fi extraordinaire, le paroîtra beaucoup moins fi l'on fait attention que le foleil, quoique oblique vers le pole, reftant toujours alors dans le ciel à la même hauteur, fans abandonner l'horifon ni au midi ni au nord, fans hauffer ni baiffer que fort peu dans le cercle qu'il parcourt, doit produire à la continue un degré de chaleur au moins auffi grand, qu'on l'éprouve dans les régions, où après s'être élevé dans le ciel à une certaine hauteur pendant quelques heures, il s'abaiffe auffi-tôt, & fe recache fous l'horifon.

Cependant après tout ce que je viens de rapporter ci-deffus, je ne dois pas laiffer ignorer que Wood après avoir été l'un des plus grands partifans de l'opinion que le climat fous le pole eft fans glace & d'une température fupportable, changea d'avis dans la fuite, depuis que le voyage qu'il fit pour trouver un le paffage du nord-eft

lui eut mal réuſſi. La perte qu'il y fit de tout ce qu'il avoit au monde, lui donna même beaucoup d'humeur contre ceux qui perſiſtoient à ſoûtenir le ſentiment qu'il avoit ci-devant embraſſé lui-même. Il reſta ſeulement dans l'opinion que la ſurface du globe près du pole arctique étoit occupée non par la mer, mais par un continent dont les vaſtes côtes produiſoient toutes les glaces qui l'avoient barré dans ſa courſe. Voici comment il s'exprime. « Le 22 juin 1676. nous découvrîmes comme
» un continent de glace, à 76 degrés de latitude, &
» environ à 60 lieues à l'eſt de Groenlandt. Dès que
» j'eus vû de la glace, je m'imaginai que c'étoit celle
» qui étoit jointe au Groenlandt, & que ſi j'allois plus
» à l'eſt, je pourrois trouver une mer libre. Je rangeai
» donc la glace qui courroit eſt-ſud-eſt, & refuyoit oueſt-
» nord-oueſt. Preſque à chaque lieu ou à peu près, nous
» trouvions un cap de glace. Dès que nous l'avions dou-
» blé, nous ne découvrions point de glace au nord; mais
» après avoir porté au nord-eſt, quelquefois pendant 2
» horologes, c'eſt-à-dire une heure, nous découvrions
» de nouvelles glaces par proue, & nous étions par con-
» ſéquent obligés de rebrouſſer chemin. Nous fîmes cet-
» te manœuvre tant que nous rangeames la glace, ayant
» quelquefois de grandes eſpérances de trouver une mer
» libre, & déſeſpérant enſuite à cauſe des nouvelles gla-
» ces que nous découvrions, juſqu'à ce qu'enfin je per-
» dis toute eſpérance, lorſque j'eus la vûe de la nouvel-
» le Zemble, & que j'apperçûs la glace qui y étoit join-
» te. Cela ſert non ſeulement à détruire l'opinion de
» Guillaume Barentz, mais auſſi à faire voir la fauſſeté
» de toutes les autres relations publiées tant par les Hol-
                                                    » landois

» landois que par les Anglois, qui ne font selon moi, que des fa-
» bles inventées pour tromper le public. (*) Mais si on faisoit de
» sérieuses réflexions sur les conséquences dangereuses que doi-
» vent nécessairement avoir ces relations fabuleuses, on ne les
» publieroit pas si facilement. Pour moi je crois véritablement à
» présent, que s'il n'y a point de terre au nord à 80°. de lat. la mer
» y est toujours & entiérement gelée ; puisque n'ayant pû passer
» au-delà de 76°. je la trouvai continuellement gelée. D'ailleurs
» je suis persuadé que quand les glaces pourroient se transporter
» à 10°. plus au sud, il faudroit des siècles entiers pour les faire
» fondre ; car les morceaux de glace qui sont près du continent
» de glace n'avoient pas plus d'un pied au-dessus de l'eau, & ce
» qui étoit au-dessous de l'eau avoit plus de 18 pieds d'épaisseur.
» D'où je conclus que ces grandes montagnes qui étoient sur le
» grand continent de glace touchoient toutes à terre, comme il

(*) Cette conséquence sera peu juste, s'il est vrai qu'il y ait des relations du contraire entre les mains de la compagnie hollandoise des Indes orientales, & qu'elle les supprime par politique. *Note de l'éditeur du voyage de Wood.*

Il n'est pas hors de propos d'ajouter à cette rélation le contenu d'une lettre écrite au ministre d'une cour, qui prenoit des informations sur un fait pareil.

» Les nouvelles découvertes que j'ai faites sur » le passage de la Chine par le nord de l'Europe, » & dont Monseigneur m'ordonne de lui rendre » compte, sont, qu'un vaisseau nommé le Père » éternel, commandé par le capitaine David Mel- » guer Portugais, partit du Japon le 14 mars vers » l'an 1660 ; & faisant toute le long de la côte » de Tartarie, il courut au nord jusques vers 84°. » de lat. d'où il reprit sa route entre Spitzberg & » le vieux Groenland ; & passant par l'ouest de » l'Ecosse & d'Irlande, il fit son retour à Porto » en Portugal, où un matelot du Havre de grace » dit avoir vû, il y a environ 18 ans, ce vaisseau » le Père éternel, & le capitaine Melguer qui » mourut en ce tems-là, & dont ce matelot vit » les funérailles. J'ai fait écrire en Portugal pour » savoir s'il se peut le journal de cette navigation.

» Par les recherches que j'ai fait faire en Hol- » lande par gens affidés, j'ai appris que cet état

» a un journal exact de cette route du nord pour
» aller à la Chine ; que pour en ôter la connois-
» sance au public, on ne l'a point fait enregistrer
» à l'amirauté ; & que pour or ni argent on ne le
» communiqueroit pas.

» Les Hollandois, pour donner le change sur
» ce passage, l'ont toujours indiqué par le détroit
» de Nassau (ou de Waigats) entre la nouvelle
» Zemble & la côte de Tartarie, ce qui est im-
» possible, ou du moins si difficile, qu'on peut le
» regarder comme impraticable. Celui qui est en-
» tre la nouvelle Zemble & Spitzberg, dit *le
» grand passage*, est véritablement plus spacieux ;
» mais les glaces y sont plus abondantes. Il y a
» même des années qu'elles n'y déprennent pas ;
» & quand elles fondent, ce n'est que vers la fin
» de juillet : ce qui rend ce passage incertain &
» dangereux.

» Le plus sûr & le plus commode de tous ces
» passages est celui par où l'on dit qu'à passé le
» capitaine Melguer, entre Spitzberg & Groen-
» land ; il y a moins de glaces qu'aux autres. On
» y peut passer dès le mois de mai ; & quand on a
» doublé Spitzberg de 3 ou 4 degrés au nord, on
» ne trouve plus de glaces, mais seulement des
» vents impétueux, & une grosse lame qui ne
» brise point, &c.

tout que cela soit, si elles gardent la même proportion : de plus, le peu d'eau que je trouvai tout le long de la glace, à moitié chemin entre les deux terres, & qui ne montoit pas à plus de 70 brasses, est sans contredit une preuve qu'il y a de la terre au nord, & que le grand continent de glace, qui est joint à la côte, peut avancer 20 lieues ou plus en mer, & qu'enfin la nouvelle Zemble & le Groenland ne sont qu'un même continent. »

Puis au contraire ce que dit ici Wood, les deux conséquences qu'il tire de ce qui lui est arrivé, sçavoir que les glaces ne laissent aucun passage par mer entre la Zemble & le Groenland, & que ces deux terres se rejoignent en un même continent près du pôle, sont toutes deux également fausses. Wood navigea sans doute dans une année malheureuse, où la mer se trouva plus embarrassée de glaces que dans les autres ; car le contenu en la relation de Guillaume Barentz, qu'il taxe ici mal-à-propos de fausseté, est un de ces faits moralement sûrs dont on ne sçauroit douter à moins que de vouloir douter de tout. Il est certain en fait que Barentz ainsi qu'Hemskerk, depuis amiral d'Hollande, passèrent avec tout leur équipage à mer ouverte entre le Groenland & la Zemble, tournèrent la Zemble par le nord-oüest, le nord & le nord-est, où ils furent pris par les glaces sur la côte orientale de Zemble, & contrains d'y passer l'hiver au milieu de mille périls affreux. Barentz y mourut, & les autres revinrent l'année suivante en Hollande. Il suit nécessairement de ce fait. 1°. Que les glaces ne barrent pas toujours le passage entre la Zemble & le Groenland. 2°. Que ces deux contrées, loin de faire un même continent, sont séparées par une vaste plage de mer. Ainsi tout le raisonnement de Wood, quoique fondé sur sa propre expérience, & digne par-là d'une réfutation expresse, ne prouve rien pour la thèse qu'il veut soûtenir, étant démenti par des faits certains & par des expériences contraires.

Quoique les navig. austraux n'ayent pas été si près de leur pole que ceux du N, leur récit ne s'accorde pas mal avec les précédens.

ont trouvés la mer libre & la température supportable. Cowley se plaint à la vérité du froid excessif qu'il éprouva vers 60° & demi, mais sans parler que les glaces lui eussent fait obstacle. On dit que David en trouva vers 63°, sans nous dire en quelle saison il s'engagea dans cette mer australe. Mais Drake qui a pénétré plus loin que personne vers le pole austral, ne s'y plaint ni de l'un ni de l'autre, quoiqu'il se soit disertement expliqué à cet égard en parlant du détroit de Magellan. Browers, Sharp, Beauchesne, &c. ont passé sans difficulté à mer ouverte au-delà du cap Horn. Ce dernier rapporte que le tems étoit beau, la mer calme & unie comme un étang. Enfin le Hen-Brignon qui vient d'y passer en 1747. & d'y repasser dans la saison du printems le 22 octobre 1748. dit que l'air étoit froid à la vérité, mais non pas à l'excès; & qu'on auroit eu peine à distinguer si l'on étoit dans une mer pacifique ou au-delà du cap Horn, tant l'air étoit tempéré & la mer unie.

Que si l'on ne trouve point de terres sous les poles, ce sera déja beaucoup que d'avoir résolu ce problème & vérifié qu'il n'y en a point. Mais ce ne sera pas une démarche moins curieuse de la part du navigateur qui aura mis l'un des poles à son zénith, & qui le premier sera parvenu à l'un de ces deux points cardinaux du monde, où probablement personne n'est encore arrivé. Que ce soit mer ou continent qui occupe le point central autour duquel tournent tous les autres cercles du globe, un tel lieu ne peut manquer d'offrir à l'observateur des phénomènes importans sur la figure de la terre, sur l'astronomie, la navigation, la pésanteur, l'oscillation du pendule, le magnétisme, &c. Il y a bientôt deux siécles &

demi qu'on a pour la premiere fois fait le tour du monde dans la direction de l'équateur. Jusqu'à l'événement & depuis une quantité de siécles, on avoit jugé la chose impossible. Nul doute qu'on n'entreprenne aussi un jour de faire le circuit du globe dans la direction du méridien, & qu'on n'en vienne enfin à bout en surmontant les obstacles qu'y peuvent mettre le froid & les vents.

Mais après tout cet obstacle des glaces dont on parle tant, quand il est question de la découverte des *Terres australes*, n'est qu'un obstacle particulier en certains cantons de ce monde inconnu. Il n'a rien de réel que pour ceux qui n'auroient pour but que de trouver une terre bien avant au sud de l'Afrique ou de l'Amérique. Rien n'est moins à craindre si l'on se propose en général la découverte de ce nouveau monde, sans autre but particulier que celui de la faire. Il s'en faut bien que ce monde soit entièrement placé sous un ciel glacial. La terre des Papous, dont l'extrèmité occidentale est entrecoupée de détroits formant plusieurs isles, s'avance jusque près de l'isle de Gilolo, à un demi degré seulement de la ligne équinoxiale. La difficulté ne paroît pas grande pour y entrer de ce côté voisin d'un pays connu, & des établissemens des nations européennes. Et de plus, c'est la contrée qui promet le plus d'avantage pour le commerce.

Dans l'entreprise proposée, l'essentiel est donc de bien diriger sa route; d'étudier la marche de ceux que le hasard ou quelque dessein formel a conduits avant nous dans ces contrées; d'observer les causes du plus ou du moins de succès de leurs expéditions. Ceci demande que l'on entre dans un détail suffisant, tant sur le cours des navigations déja faites, que sur les lieux où sont abordés les navigateurs.

Toute cette cinquième partie du monde ordinairement désignée sous le nom générique de *Terres australes*, à prendre ce terme dans le sens le plus étroit, comprend à peu près l'étendue de deux zones, c'est-à-dire un tiers de la surface du globe. Toutes les mers & les terres isolées tant de l'ancien monde que du continent de l'Amérique, s'y trouvent contenues au-delà d'une ligne tirée depuis l'extrèmité méridionale de l'Afrique jusqu'aux bouques du détroit de Magellan: d'ici jusqu'au cap Mabo dans l'isle de Patenta à l'extrèmité de la nouvelle Guinée, & de-là jusqu'à la pointe d'Afrique d'où nous sommes partis: de sorte qu'un vaisseau navigeant de-là, soit selon le cours, soit contre le cours du soleil, peut faire le tour du globe sur la direction de cette ligne, en laissant toujours la partie du monde inconnue du même côté. Il est à remarquer que c'est le seul endroit par lequel un navire puisse faire ce tour, impraticable sous la zone torride & sous la notre, sans que l'on sçache encore s'il est possible de le faire vers le pole arctique; les tentatives réitérées n'ayant jusqu'à présent fait découvrir en ce climat aucun passage de mers non interrompu par des terres ou par des glaces, indices certains des terres voisines.

Ne nous contentons pas de dire que le monde austral si bien circonscrit par la nature, si absolument séparé du reste du globe, est une 5e partie du monde, qu'on doit, dans la division commune de la terre, ajoûter aux quatre autres; ni de le mettre ainsi en parallèle avec l'Europe, par exemple, dont l'étendue n'est nullement comparable à celle-ci. Divisons sans hésiter le globe terrestre en trois parties, chacune entièrement environnée de mers, sçavoir l'ancien continent, l'Amérique & le monde austral. J'irai même dans cet ouvrage au-delà des limites que je viens de marquer à cette dernière partie; mon dessein étant d'y donner le détail & d'informer le lecteur de tout ce que nous avons appris jusqu'ici des isles & terres presque inconnues où les navigateurs sont abordés dans les voyages de long cours entrepris vers la route du sud. L'immense océan pacifique, vulgairement appellé *mer du sud*, par opposition à notre océan atlantique qu'on appelloit *mer du nord*, quoiqu'au vrai celui-ci eut dû être appellé *mer de l'est* & l'autre *mer de l'ouest*, offre seul un spectacle aussi vaste qu'intéressant, aussi curieux que peu connu. Les eaux en se répandant sur la surface de la terre solide, dont elles couvrent & découvrent successivement toutes les parties dans une longue suite de siècles, ont formé ce prodigieux abyme, où sur une étendue de plus de 3000 lieues de long sur plus de 2000 de large, elles n'ont laissé à découvert que les sommets des plus hautes montagnes, formant autant d'isles voisines & séparées les unes des autres, dont la direction nous fait voir que la charpente du globe inondé dans cette partie, est composée de trois chaines de montagnes. L'une, & c'est la plus voisine de l'Asie, court ainsi que les cordillières du nord au sud, depuis le Japon jusqu'à la terre de Diemen parallèlement au méridien. Les deux autres perpendiculaires à celle-ci dans la direction & de côté & d'autre de l'équateur entre les tropiques, vont en s'avançant pour rejoindre les cordillières: ainsi qu'on pourroit se représenter les deux montans d'une charpente assemblés par deux traverses. On trouve dans cette vaste plage des milliers d'isles dont les principaux archipels sont les Mendoces, les isles Salomon, toutes celles vuës par le Maire & Schouten dans le cours de leur route, & les Laronnes où Magellan aborda le premier. Je n'ai pas jugé devoir négliger dans les extraits des relations qu'on va retrouver ici ces nombreuses isles si peuplées d'habitans de différentes couleurs, & de mœurs assez industrieuses & tout-à-fait singulières, qui forment une partie considérable de l'espèce humaine. Séparés de tems immémorial par d'immenses abymes du reste de l'univers, avec lequel il ne paroît pas qu'ils eussent jamais eu de commerce, n'ayant eu de ressource que dans leur propre industrie, & dans ce que peut produire un fort petit terrain, ils nous montrent jusqu'où peuvent s'étendre les facultés d'une petite société d'hommes réduite à ses propres forces, dénuée des ressources du voisinage & de l'entendement des autres humains ; ils nous retracent peut-être les mœurs & la vie des plus anciens habitans de l'univers.

Je renferme donc ici tout ce parrage dans la dénomination de *Terres australes*, quoique dans l'éloignement où il est du pole antarctique, ce nom ne lui appartienne que d'une manière fort impropre. Mais il n'a jamais été découvert & fréquenté que par les navigateurs austraux, sur la route desquels il se trouve lorsqu'ils veulent faire le tour du monde : raison de plus pour ne pas supprimer cette partie de leur récit, comme je le ferai lorsqu'ils ne parleront que des régions éloignées où les Européens ont un commerce fixe & journalier.

Mais dans cette immense étendue de pays qui vont faire l'objet des recherches contenues dans les trois livres suivans, combien n'y a-t il pas de régions, de climats, de mœurs, d'hommes & d'espèces d'hommes différentes! La vuë s'égareroit si l'on n'avoit soin de la fixer par quelque division marquée de distance en distance. On doit les marquer rélativement à l'ordre de nos connoissances, eu égard en même ten... u physique même de la chose. Notre globe est formé... trois grandes pièces de terre, Asie, Afrique & Amérique, & de trois grandes pièces de mer, éthiopique ou des Indes, atlantique ou du nord, pacifique ou du sud. Rélativement à ceci on peut de même diviser le monde austral inconnu en trois portions, chacune au sud des trois ci-dessus. L'une dans l'océan des Indes au sud de l'Asie que j'appellerai par cette raison *australasie*. L'autre dans la mer du nord que je nommerai *magellanique*, du nom de l'auteur de sa découverte, commençant à la pointe méridionale du continent d'Amérique, y compris tout ce qui peut s'étendre jusques & au-delà du sud de l'Afrique où l'on a quelquefois soupçonné, mais non pas encore découvert, aucune longue côte de terre. Je comprendrai dans la troisième tout ce que contient ... vaste océan pacifique, & je donnerai à celle-ci le nom de *polynésie* à cause de la multiplicité d'isles qu'elle renferme : (de πολύς *multiplex*, & de νῆσος *insula*.)

Je remets néanmoins au cinquième livre de cet ouvrage, où je traite des moyens & des lieux les plus propres à former un établissement, à parler séparément & en peu de mots des productions naturelles de chacune de ces parties. Mon plan dans les trois livres qui vont suivre, est d'observer l'ordre des tems, & de ne quitter chaque navigateur qu'à la fin de sa course. Il ne seroit pas naturel de l'abandonner au milieu de sa route, à
mesure

méſure qu'il change de contrée, pour venir enſuite l'y reprendre autant de fois. On perdroit ainſi le fil de ſon opération entière & de l'intérêt qu'on y peut prendre. De plus, l'ordre des tems a l'avantage de préſenter le progrès ſucceſſif des découvertes; ainſi que l'enchainement des cauſes qui ont à l'envi tourné les nations de l'Europe de ce côté là, ſouvent par de tous autres motifs. On trouvera donc dans les trois livres ſuivans le détail des entrepriſes formées durant le 16ᵉ, durant le 17ᵉ, & durant le 18ᵉ ſiécle; après avoir fait précéder un court expoſé de ce que les anciens avoient eux-mêmes conjecturé ſur l'éxiſtence du monde auſtral qu'ils n'ont ſoupçonné que par le raiſonnement, & qui par le fait leur étoit abſolument inconnue.

Fin du premier Livre.

L

HISTOIRE DES NAVIGATIONS AUX TERRES AUSTRALES.

LIVRE SECOND.

Contenant les découvertes faites aux Terres australes, dans le cours du seizième siécle.

Per varios casus artem experientia fecit
Exemplo monstrante viam. *Manil. Liv. I.*

I.

Anti-chton, ou Terre australe des anciens.

A portion connue de la terre avant les grandes navigations des derniers siécles, comprenoit à peine le quart de la surface du globe entier. A donner aux connoissances des anciens une étendue plus grande encore qu'on ne puisse le supposer; elles alloient de-

puis le premier méridien des isles fortunées ou Canaries, jusqu'aux côtes orientales de la Chine dans un espace de 140 degrés de longitude, & depuis l'équateur jusqu'à *Thule*, que j'ai prouvé ailleurs être, non l'isle d'Islande ni les Orcades, mais la partie méridionale de Norvège, encore aujourd'hui appellée *Thale-mark* ou *marche de Thule*, dans le gouvernement d'Agerhus, par le travers du 60° degré de latitude. Cette partie de la terre représente une portion de demi-cone tronqué beaucoup plus large d'occident en orient que du septentrion au midi. Cependant les anciens nous parlent souvent de sphère, d'hémisphère, & de la terre entière comme d'un globe. Ces termes avoient sans doute été introduits par les philosophes, qui, ayant conçû par le raisonnement que la terre devoit être sphèrique, les avoient fait passer dans le langage ordinaire. Mais il est aisé de voir qu'on n'avoit pas là-dessus des idées bien nettes, & que le vulgaire ne se servoit de ces expressions que d'une manière impropre, n'entendant par-là rien de plus que ce que nous venons d'expliquer ci-dessus. On appelloit alors hémisphère la portion connue de l'équateur au nord, c'est-à-dire le quart du globe. L'autre quart du même côté, & de l'équateur au sud, formoit un autre hémisphère. De-là vient qu'Améric Vespuce parlant à la manière usitée de son tems de la portion du monde qu'il a parcourue, dit qu'il peut bien l'appeller un hémisphère, puisqu'il a navigé dans l'étendue de 90 degrés. Ainsi pour nous faire à ce sujet une idée moins obscure, il faut nous représenter les hémisphères des anciens, coupés par l'équateur, non comme nous les représentons d'ordinaire depuis la découverte du nouveau monde, coupés par le méridien. Ce second hémisphère auſtral de l'équateur au ſud, que les anciens ont connu, non par le fait, mais par des conſéquences tirées de leurs raiſonnemens, reçut d'eux le nom d'*Antichton*, c'eſt-à-dire *terre oppoſée*; terme qu'il ne faut pas confondre avec celui d'*Antipodes*, par lequel ils déſignoient, comme nous, une terre diamétralement oppoſé. Ils ont fort bien diſtingué ces deux idées, qu'ils avoient conçu l'une & l'autre de la même manière, par le raiſonnement, ſans le ſecours de l'expérience. Les Grecs ſe ſervent auſſi, pour déſigner des idées à peu près pareilles, des noms de *Périœciens* & d'*Antœciens*. Par la deſcription qu'en font Cléomèdes & Tatius, on voit clairement que ceux-ci ſont les *Antichtones* ou *Auſtraux*: ceux-là les *Antipodes*, non pas diamétralement oppoſés, mais dans une terre ſuppoſée inférieure ſous le même parallèle du même côté de l'équateur: comme nous ſçavons, par exemple, que la Chine eſt à l'égard de la Virginie: « Les Périœciens, » dit le premier, *de circulari inſpectione. Lib. I.* habi-» tent la même zone que nous, ont le même été & le » même hyver, les mêmes accroiſſemens de jour & de » nuit, avec cette différence que lorſque nous avons le » jour, ils ont la nuit; le ſoleil ſe couchant pour eux au » moment même qu'il ſe leve pour nous. » Les Antœ-ciens, dit le ſecond, *Iſagog. de ſphær. cap. 30.* habi-tent les zones oppoſées. » Ils ont dans le même tems » le jour & la nuit; mais dans le même tems auſſi les » ſolſtices contraires & les ſaiſons diverſes. Quand le » ſoleil après l'équinoxe paroît monter dans le zodiaque » pour les uns, il deſcend pour les autres, amenant l'é-» té à ceux-là par une moindre obliquité, tandis que

« par une plus grande il donne l'hyver à ceux-ci. »

Les divers sentimens des anciens sur les Antipodes, ne sont pas de mon sujet ; non plus que la question de sçavoir, si l'on a jadis eu quelque connoissance de l'Amérique, & si la célèbre Atlantique de Platon étoit une idée purement allégorique, ou les restes d'une ancienne connoissance de ce nouveau monde effacée par une longue suite de siécles. Je me renferme dans ce qu'ils ont pensé des *Antichtones* ou *Austraux* de notre ancien monde.

Nous tenons des anciens la meilleure & vraye division physique du globe en cinq zones, dont ils n'ont vû que la demie zone tempérée de ce côté-ci : tellement qu'on pourroit à la rigueur réduire à un dixième de la surface de la terre la connoissance d'un quart du total, que je leur ai ci-dessus attribuée. Ils croyoient la zone glaciale inhabitable de leur côté (à plus forte raison de l'autre) par la rigueur du froid & l'incommodité des longues nuits. Ils avoient quelqu'idée par raisonnement ou par relations de l'obscurité qui régne au-delà du cercle polaire ; ils plaçoient dans ces régions septentrionales, tantôt des Cimmériens, peuples plongés dans de continuelles ténèbres : tantôt des Hyperboréens heureux habitans d'une région sans cesse éclairée, d'un pays toujours tempéré ; au-delà du lieu d'où vient la bize ; au-delà des monts Riphées, dont ils n'ont jamais pû déterminer au juste la position. Car après avoir crû dans les premiers tems que les monts Riphées étoient cette longue chaîne des Alpes étendues depuis les Pirenées du grand océan jusqu'au septentrion de la Thrace sur les bords du Ponteuxin ; lorsqu'on vit que les contrées ultérieures étoient habitables & habitées, & que la bize ne laissoit pas que d'y venir du nord, on recula les monts Riphées. De découverte en découverte on les recula davantage, jusqu'à ce qu'enfin ces montagnes imaginaires ayent tout-à-fait disparu.

La même raison qui leur avoit fait croire les zones polaires inhabitables par le froid, leur fit juger la zone torride inhabitable par le chaud : mais ils furent plûtôt détrompés sur cet article que sur le précédent ; les peuples de qui nous viennent les connoissances & les premières anciennes traditions étant plus à portée du tropique que du cercle polaire. Par une suite du même raisonnement, ils jugèrent aussi que puisque la zone tempérée où ils vivoient étoit habitée, l'autre zone pareille de l'autre côté de l'équateur étoit habitable (*) quoiqu'ils n'en pussent parler que par conjecture, non plus que des habitans d'une autre planète. Ce sont les peuples de cet hémisphère austral qu'ils nommèrent *Antichtones*, & dont ils croyoient les terres séparées de notre hémisphère par une mer imperméable parallèle à l'équateur. Cette opinion fait remarquer à Pline, *Liv. VI. ch.* 22. que l'on s'est long-temps trompé en croyant la Taprobane une partie de l'autre monde, jusqu'au siècle d'Alexandre, où l'on reconnut que c'étoit une isle du nôtre. De ce que l'on y étoit arrivé pour lors, il en conclut que c'est une isle de notre monde, puisqu'on n'auroit pû y parvenir, si elle eut été du monde Antichton. « Des 5 zones, dit le même auteur, » *L. II. ch.* 68. il n'y a que 2 habitables de chaque côté de » l'équateur. Mais la furie du soleil, qui brûle l'espace qui » les sépare, interdit la route de l'une à l'autre. Ainsi le ciel » refuse aux hommes trois parties de la terre ; sans que

---

(*) Pars ejus ad arctos
Eminet : austrinis pars est habitabilis oris. *Manil. Liv. I. Chap.* 2.

« l'on puisse sçavoir ce que l'ocean leur dérobe du sur-
» plus. » Tellement, dit Germinus, *Isagog. in Phænomen.*
que lorsque nous disons que la zone australe est habitée,
c'est par conjecture, sans pouvoir l'assurer, sans que le
fait ait jamais pû se vérifier. Au rapport de Pomponius
Méla *L. I. ch.* 1. les deux hémisphères de la terre sont
séparés par un ocean. L'austral a les saisons semblables
aux nôtres, mais non pas dans le même temps. Nous en
habitons un, & les antichtones l'autre, dont nous ne
pouvons connoître au vrai la situation, à cause de la chaleur impraticable du climat qui la sépare de nous. Macrobe s'explique là-dessus d'une manière encore plus détaillée. « Quoique les Dieux (dit-il dans le songe de
» Scipion *Liv. I.*) aient accordé deux des cinq zones au
» genre humain pour son habitation, ils n'ont donné aux
» hommes de notre espece que la seule zone supérieure
» de ce côté-ci. Nous voyons celle-ci peuplée de *Grecs*,
» de *Romains* & de nations barbares. Quant à l'autre,
» ce n'est que le raisonnement qui nous la fait juger ha-
» bitée, comme étant d'une température pareille à la
» nôtre. Car on ne le peut ni on ne le pourra jamais sça-
» voir par l'expérience. La zone torride placée entre deux
» est une barrière insurmontable pour celui des deux
» peuples qui voudroit aller à l'autre. » Ciceron croyoit,
comme Macrobe, les hommes antichtones d'une espèce
toute différente de la nôtre. Les Pères de l'Eglise, qui
ne croyoient pas, selon leurs principes, en pouvoir juger
ainsi, en même-temps qu'ils convenoient que la zone australe étoit habitable par sa température, nioient qu'elle
fut habitée en effet. Origène à la vérité reconnoît, après
Clément d'Alexandrie, que les Grecs ont admis l'exis-

tence de certains peuples antichtones, habitans l'autre bout de la terre, chez qui aucun de nous ne peut aller, non plus qu'aucuns d'eux venir à nous. Mais Lactance & S. Augustin déclament contre cette opinion de l'existence des antipodes & des antichtones, comme contre une de ces folies dans lesquelles l'esprit humain s'égare quand il est abandonné à ses propres forces. « Peut-on
» rien imaginer de plus absurde, dit ce dernier au 9º
» chapitre de la Cité de Dieu, *Liv. XVI.* que ce que les
» anciens se sont avisés de soutenir qu'il pouvoit y avoir
» des habitans dans les cantons de la terre opposés au
» nôtre. Ceux qui l'ont ainsi avancé conviennent qu'ils
» n'en ont aucune connoissance par l'histoire. Ce n'est
» qu'une conjecture tirée de certaines prétendues con-
» séquences philosophiques. Mais à supposer vrais les
» principes sur lesquels ils raisonnent, est-ce à dire que
» ces pays soient en effet habités parce qu'ils sont habi-
» tables ? Tandis que l'Ecriture-sainte qui est la regle de
» ce que nous devons croire sur les choses passées, n'en
» dit mot ; & puisque l'on tombe d'accord que les des-
» cendans de notre premier pere, n'ont pû parvenir en
» de telles contrées, comment peut-on soutenir qu'il y
» ait là des hommes ? »

Telle fut la pensée des Européens sur les *Terres australes* jusqu'à la fin du quinzième siécle. Les plus hardis faiseurs de conjectures, en les jugeant habitées, n'alloient pas jusqu'à dire qu'il fut possible d'y parvenir en navigeant au-delà de la ligne, & du tropique ultérieur. Les Arabes plus voisins que nous de ces climats, furent, il est vrai, plutôt détrompés. Les golfes de Perse & de la mer rouge leur donnoient une entrée facile dans l'ocean éthiopique,

éthiopique, qui les conduisit de bonne heure à former de grands établissemens dans l'Asie équinoxiale. Mais ils laissoient à cet égard les peuples septentrionaux dans l'ignorance. Elle n'a cessé que lorsque de puissans princes sensibles à la gloire & aux avantages du commerce, prêtant une oreille favorable à de vastes & hardis génies, ont enfin ouvert de tout côté le monde inconnu, & tracé la plus belle carrière à leurs successeurs.

II.

AMÉRIC VESPUCE.

En Magellanique.

L'INCROYABLE réussite de Christophe Colomb, qui venoit de trouver un riche & vaste archipel sur la surface de la terre à l'occident de l'Europe, dans un lieu du monde dont à peine on soupçonnoit l'existence, avoit comblé de gloire Ferdinand, roi de Castille & d'Aragon. Ce prince dans le goût de tenter la fortune plus avant du côté du midi, cherchoit une personne capable de conduire l'entreprise, & d'aller à la recherche de quelques nouvelles terres. Améric Vespuce, marchand natif de Florence, homme entreprenant, plein de génie, de courage & de connoissance, s'offrit à lui dans cette vûe. Le roi lui donna une petite flotte commandée par Alfonse d'Ojéda avec laquelle Améric partit d'Espagne au mois de mai 1497. & parvenu à 10 degrés de latitude nord, découvrit le grand continent du nouveau monde, à laquelle on a peu après, d'un

1501.

commun accord, donné le nom de l'auteur de la découverte. Car on l'appella d'abord, & même elle a encore de nos jours le nom d'*Inde occidentale*, parce que la première vûe qu'avoit eu Colomb, étoit de chercher par l'occident, une route qui le conduisît aux vrayes Indes orientales, avec espérance de trouver en chemin la célèbre *Atlantique* des anciens. Cette première terre vûe par Améric, est une côte aujourd'hui nommée nouvelle *Andalousie*, dans cette portion de l'Amérique méridionale appellée *Terre-ferme*. Améric cotoya le continent, portant le cap au nord jusqu'au golfe du Méxique, d'où il rentra dans les ports d'Espagne le 15 novembre 1498. Il a eu ce bonheur que non seulement son nom est demeuré aux terres par lui découvertes, (*a*) mais aux deux parties tant septentrionale que méridionale, séparées par l'isthme Darien, & aux régions occidentales de ce monde entier qui ne furent découvertes qu'après sa mort. En 1499, le roi Ferdinand lui donna une nouvelle flotte composée de six careveles. Il navigea du même côté, s'avançant un peu plus loin vers le sud, au-delà des bouches de l'Orenoque, sur les côtes de Goyane, sans néanmoins passer la ligne, & il rentra dans le port de Cadix, au mois de novembre 1500 (*b*). Ce navigateur si célèbre fut peu récompensé.

(*a*) Herrera Liv. IV. chap. 2 & 4 se recrie contre la hardiesse de Vespuce qui s'est attribué la première découverte de la terre ferme d'Amérique, quoiqu'elle l'eut été déja par l'amiral Christophe Colomb. Il soûtient qu'en tout cas, l'honneur de cette découverte auroit dû être donné au commandant Ojeda, ou à Juan de la Co- sa son pilote, plutôt qu'à Vespuce qui n'avoit que le troisième rang sur la flotte.

(*b*) Ces deux premiers voyages d'Améric Vespuce ont été imprimés en latin à Francfort, *in fol.* dans la collection de Théodore de Bry, part. 10.

de ses importans services. Il vivoit à Séville, mal satisfait de la cour d'Espagne, lorsqu'Emanuel roi de Portugal, aprenant la cause de son mécontentement, conçut de quelle importance il lui seroit d'attirer à son service un homme si utile. Améric sécrétement gagné par ce prince, vint à la cour de Portugal où il forma le hardi projet de s'aprocher le plus qu'il lui seroit possible du pole antarctique. De retour de cette périlleuse navigation, il commença de mettre en ordre en langue espagnole la rélation de ses découvertes, divisées en quatre parties ou quatre journées, qu'il dédia, dit Vossius, *de histor. liv. III. cap. 10*, à René, roi de Sicile, duc de Loraine. La troisième partie est composée de quelques lettres par lui écrites de Lisbonne à Pierre Soderini gonfalonier de Florence dont on va lire ici l'extrait. (*)

* * * * * * * * *

Je vivois tranquillement à Seville au retour des deux voyages que j'avois fait pour la découverte des Indes occidentales par ordre de Ferdinand roi de Castille, lorsque le roi de Portugal Dom Manuel, prit la pensée de m'employer à de pareilles entreprises. Il me manda de le venir trouver à Lisbonne, accompagnant sa lettre de beaucoup de promesses flateuses. Je cherchai quelque prétexte pour ne me pas rendre à cette première invitation. Mais la seconde fut si pressante qu'il ne m'é-

(*) L'original est écrit en espagnol, traduit en latin & imprimé à Bale par Hervage; traduit en italien & imprimé à Vénise chez Junte 1550. dans la collection de Ramusio. On en trouve aussi un extrait en langue latine, imprimé à Oppenheim en 1619. dans l'onzième partie des petits voyages d'Asie, de la collection de Jean Théodore de Bry.

toit plus possible de m'en défendre. Je partis donc sans prendre congé de personne, tenant fort secret le sujet de mon voyage; & l'on crut à Seville que j'étois allé pour quelques affaires à la cour de Ferdinand. Le roi de Portugal me combla de caresses en me priant de m'embarquer avec trois vaisseaux qu'il vouloit envoyer vers le sud à dessein de découvrir de nouvelles terres. Les prières d'un Roi sont des ordres : il n'y eut pas moyen de lui résister. Nous levâmes l'ancre du port de Lisbonne le 10ᵉ Mai 1501, avec trois carevelles, allant chercher de nouveaux mondes, sur l'expérience que j'avois déja que toute cette partie du globe au-delà de l'équateur & des mers atlantiques, loin d'être inhabitable, & de ne contenir, comme on le croyoit jusqu'alors après les anciens, que quelques isles désertes & inhabitées, contenoit au contraire d'immenses continens aussi fertiles, aussi peuplés que les nôtres; en un mot un grand monde inconnu que je venois de découvrir. Nous passâmes à la grande Canarie, & abordâmes aux côtes occidentales d'Afrique à 14ᵉ lat. nord, dans l'endroit que Ptolomée nomme *promontoire d'Ethiopie*, que nous appellons *cap Verd*, les negres *Biseneque*, & les habitans du pays *Mandagan* : d'où en soixante-sept jours de navigation par une traversée d'environ 700 lieues au sudouest, je découvris un grand continent à 5° au sud de la ligne le 14 du mois d'Août. Nous fîmes ce trajet sans voir aucune terre, avec le plus grand mal-aise du monde, toujours battus de la pluie & de la tempête, enveloppés presque jour & nuit pendant six semaines dans d'épaisses ténèbres, au point que chacun désespéroit de sa vie. Les pilotes se regardoient comme tout à fait égarés, ne sçachant en quel lieu du monde nous étions: mais la connoissance que j'avois de l'astronomie & de la cosmographie, me servit à diriger notre course en ce pressant danger. Le succès qu'elle eut redoubla la confiance que l'équipage avoit prise en moi, & me fit plus que jamais regarder comme un homme extraordinaire. La côte où nous abordâmes étoit verte, agréable, de belle apparence, mais habitée par des gens pire que des bêtes farouches. J'en vis une troupe au sommet d'un côteau. Ils étoient nuds, assez semblables de couleur & de stature à ceux que j'avois déja vûs dans mes deux précédens voyages en ce nouveau monde. Ils nous regardoient avec le dernier étonnement, sans oser descendre, quelques signes que nous leur fissions d'approcher. N'ayant pû les déterminer à venir à nous, je fis laisser sur le rivage quelques sonnettes, petits miroirs, & autres bagatelles de cette espèce, & nous reprimes le large en mer dans notre chaloupe; alors ils descendirent, & ramassèrent ces curiosités, que nous leur voyons examiner avec la plus grande surprise. Le lendemain nous apperçûmes le long du rivage quantité de fumées, que nous prîmes pour des signaux qu'ils nous faisoient d'aborder. La côte étoit toute garnie de gens. Deux des nôtres demandèrent permission au capitaine d'aller à terre pour reconnoître ce qu'elle produisoit, & s'il y avoit moyen de lier quelque commerce avec les habitans. Il y consentit, à condition qu'ils ne resteroient pas plus de cinq jours à revenir. Tous les jours il venoit des gens en grand nombre jusqu'au bord de la mer: mais ils ne voulurent jamais dire un seul mot. Le septième jour nous nous hazardâmes à descendre. Nous vîmes qu'ils avoient avec eux des femmes qui vinrent à nous, dès que nous eûmes mis pied à terre. Cette démarche nous donnant quelque confiance, un jeune homme d'entre nous qui faisoit le bon compagnon, alla les trouver tandis que nous entrâmes dans les chaloupes pour veiller à ce qui se passeroit. Elles firent un grand cercle autour de lui, le touchant & le considérant avec diverses marques de surprise, lorsque sur ces entrefaites une autre femme descendant de la colline avec un gros pieux à la main, s'approcha par derrière du jeune Portugais, qu'elle jetta roide mort par terre du premier coup. (*) Les autres le traînèrent en hâte au-dessus de la montagne. Les hommes courant vers le rivage, nous décochèrent une nuée de flèches, dont nos gens furent si effrayés qu'à peine s'avisèrent-ils de recourir à leurs armes. On leur tira quatre coups de mousquets qui ne leur firent d'autre mal que de les épouvanter à tel point par ce bruit subit, qu'ils s'enfuirent vers la montagne, où les femmes étoient déja occupées à couper en pièces le jeune Portugais. Elles en firent à notre vûe rôtir les quartiers sur un grand feu, & les mangèrent en nous montrant de loin les morceaux, & nous faisant signe qu'on en avoit fait autant aux deux premiers qui les étoient venus trouver d'abord. Cette affreuse barbarie nous remplit de tant de colère & d'horreur, que si le capitaine ne s'y fût opposé, nous voulions aller à terre, & tout risquer pour en tirer vengeance. Il ordonna de remettre à la voile, nous doublames le cap appellé S. Augustin à 8°. de la ligne, au-delà duquel nous vîmes un jour sur

Cap de S. Augustin.

(*) On trouve, dans l'onzième partie de l'Asie de Bry, une estampe qui représente cet événement.

le rivage une groſſe troupe de naturels du pays, s'émerveillans à la vûe d'un vaiſſeau tel que le nôtre. Je trouvai sur cette côte un bon abordage & des peuples d'un caractère bien moins féroce que les précédens. On parvint, quoiqu'avec peine, à les apprivoiſer & à faire quelque commerce avec eux. Nous avions deſſein d'en enlever deux pour apprendre la langue, & il en vint trois de bonne volonté que nous emmenâmes en Portugal. Je paſſe ſous le ſilence une infinité d'autres nations que je vis dans cette courſe au ſud, juſqu'à ce que j'euſſe paſſé le tropique du capricorne, & vû l'étoile polaire se coucher ſous l'horiſon. Alors nous commençâmes à régler notre navigation par les étoiles du ſud plus groſſes & plus brillantes que celles du nord. J'ai ſoigneuſement levé la carte de cette partie du globe céleſte. J'ajouterai ſeulement ici quelques particularités ſur la nature du terrain, & ſur les mœurs étranges des habitans de ce lieu de la terre inconnu juſqu'à ce jour. Le pays eſt plus habité que nul autre de ces climats. Les peuples y ſont aſſez doux. Ils vont entièrement nuds, comme la nature les a fait naître. Leurs corps ſont bien proportionnés, d'une couleur rougeâtre, comme étant ſans ceſſe expoſés aux ardeurs du ſoleil. Ils ont les cheveux noirs, non crépus, comme les nègres d'Afrique, mais longs & plats. Ils ne manquent de grace ni dans leur démarche ni dans leurs exercices. Leurs viſages ne ſeroient pas laids, s'ils ne les rendoient affreux en ſe perçant le nez, les joues, les levres & les oreilles de pluſieurs trous, dans leſquels ils paſſent des morceaux de marbre, d'albâtre, de criſtal, d'ivoire ou d'os blancs paſſablement travaillés à leur mode. Vous pouvez imaginer quelle affreuſe figure leur

1501.

Mœurs des nations voiſines du tropique.

donne un pareil attirail. J'en vis un entr'autres avec sept de ces trous dans le visage, où il portoit le poid de deux marcs en divers morceaux de pierres. Les femmes ne se trouent que les oreilles où elles portent des anneaux garnis de perles. Elles sont lubriques à l'excès ; elles font boire aux hommes d'un certain suc d'herbe qui leur gonfle extraordinairement la partie virile : d'autres fois elles y appliquent certains insectes qui produisent le même effet, d'une manière plus forte encore, mais si fâcheuse, que quelquefois les hommes perdent les testicules & deviennent eunuques. Ces peuples ne s'habillant pas, n'usent d'aucune étoffe de laine, de lin, ni de soye. Il n'y a chez eux ni distinction de bien ni forme de gouvernement. Tout y est commun ; chacun est son roi à soi-même. Ils prennent tant de femmes qu'ils veulent, ils en usent publiquement devant tout le monde, comme les brutes, sans distinction de parenté directe ni collatérale : en un mot, ils ne connoissent ni loi, ni raison, ni pudeur, ni temple, ni religion, ni idoles, ni monnoie, ni commerce. Malgré cela ils se font cruellement la guerre entr'eux, sur-tout s'ils y sont incités par les vieillards de la nation, pour qui les plus jeunes paroissent avoir une certaine déférence. Ils mangent leurs prisonniers de guerre, & parurent fort étonnés quand ils apprirent que nous n'en usions pas de même ; disant qu'il n'y avoit point de mets plus exquis. J'ai vu dans un de leurs villages, où je restai vingt-sept jours, la chair humaine exposée en public, comme celle des animaux l'est dans nos boucheries. Un de ces misérables se vantoit un jour à moi d'avoir mangé sa part de plus de trois cens hommes. Leurs femmes quoique toujours nues & vagabondes,

bondes, ne font ni laides, ni mal faites, ni brûlées du
foleil, comme on le pourroit croire. Celles qui ont fait
des enfans ne nous parurent avoir ni les mamelles pendantes, ni le ventre pliffé, ni les parties naturelles plus
ouvertes que les filles du pays. Toutes s'empreffoient
fort d'avoir commerce avec nos gens. Ils nous firent entendre que quelques-uns d'eux vivoient jufqu'à 150 ans,
qu'ils étoient rarement malades, & qu'alors ils fe gué-
riffoient avec des jus d'herbes (*). Ces peuples vivent
principalement de la pêche. Le poiffon de toute efpèce
abonde fur les côtes. Ils ne s'adonnent gueres à la chaffe.
Les bois font trop touffus & trop remplis de bêtes farouches pour des gens nuds & mal armés comme ceux-
ci.

Le ciel eft pur & l'air tempéré dans ces climats toujours rafraichis par les vents d'eft. Ils y arrivent après
avoir traverfé la vafte plage du grand ocean Atlantique,
& produifent le même effet que la bize dans nos climats;
de manière que l'été n'y eft pas fort incommode. Pour
l'hiver on ne fçait ce que c'eft; il n'y en a point du tout.
Le pays eft fertile, tout-à-fait charmant à la vûe, plein
de collines, de fources, de rivières, de bois épais. La
terre & les arbres y produifent prefque fans travail d'excellens fruits, & des racines dont ils font leur pain. Il

Température & productions du pays.

(*) On ne comprend pas trop comment dans une *ignorance réciproque* du langage entre des Portugais & des Sauvages auffi brutes que ceux-ci, qui n'avoient peut-être prefque point d'idées des nombres, ils firent entendre à Vefpuce qu'ils vivoient 150 ans. Il y a quelques autres articles dans fon récit qui pourront pareille-ment paroître fufpects. Néanmoins quoiqu'abfolument parlant, cette rélation ne foit pas tout-à-fait de mon fujet, j'en donne volontiers l'abrégé, parce qu'en cette matière on eft furtout curieux de fçavoir comment les chofes ont été vûes par le premier de tous qui les a vûes.

y a des arbres à fleurs, d'odeur très-douce; d'autres à résine, dont je ne suis pas en état de vous dire les vertus; car nous n'avions à bord aucun connoisseur en ce genre. J'y ai vu beaucoup d'oiseaux sur-tout des perroquets de très-belle espèce. On n'y trouve aucuns métaux, si ce n'est de l'or. Ils en ont à profusion, & ne paroissoient pas en faire grand cas. Cependant nous n'en avons point rapporté de ce voyage-ci. Ils ont des perles, des pierres précieuses; en un mot, si le paradis terrestre est quelque part sur notre globe, je puis dire que c'est ici. Toute la côte du nouveau monde que je continuai de courir ensuite l'espace d'environ six cens lieues depuis le cap S. Augustin ne m'offrit à la vûe rien de fort profitable. J'y vis beaucoup d'arbres de casse & d'autres arbres verds. Mais n'y trouvant ni mines, ni métaux, je résolus de porter mes recherches ailleurs. J'ordonnai à l'escadre de se pourvoir dans le port où nous étions d'eau & de bois pour six mois, & je mis à la voile le 15 févr¹. 1502. Nous navigeâmes si loin vers le sud, durant un trajet d'environ 500 lieues, que le 3 avril nous avions le pole antactique à la hauteur de 52°. Ici nous trouvâmes la mer terrible. Il fallut amener toutes les voiles. Nous courions avec rapidité par un bon vent de sud-ouest. La vague étoit si forte que tout l'équipage se croyoit sans cesse au moment de périr. C'étoit durant l'hiver de ces climats, le soleil étant dans aries, & les nuits de plus de quinze heures. Le premier avril nous découvrîmes une *Terre australe* que nous courûmes l'espace de 20 lieues. C'étoit toute côte franche (*), sans trouver de port, sans appercevoir d'habitans. Le froid y étoit excessif à

(*) L'extrait latin dit que c'est une isle, mais l'original n'en dit rien.

tel point, que personne n'y pouvoit résister. La brume si obscure qu'à peine pouvoit-on se voir d'un navire à l'autre. Le capitaine, voyant tout le danger que l'escadre couroit en ce parage, résolut de tourner la proue du côté de l'équateur. Ce parti fut sage; car le vent devint si furieux dans les deux jours suivans, que selon toute apparence la flotte se seroit perdue dans l'obscurité des brumes du jour & des longues nuits. Le 10 mai nous vîmes *Sierra-liona* dans l'Afrique, où nous brûlâmes un de nos vaisseaux qui ne pouvoit plus soutenir la route. Nous navigeâmes vers les Açores, d'où portant le cap à l'est, je rentrai le 7 septembre 1502. avec deux vaisseaux dans le port de Lisbonne après quinze mois & onze jours de navigation.

J'appelle tout ce nouveau monde que je viens de parcourir, un second hémisphère, peut-être n'est-il pas si grand que le nôtre: mais à coup sûr il mérite bien ce nom, à considérer le chemin que j'ai fait depuis Lisbonne aux *Terres australes*, & la différence des latitudes, je vois que ma course comprend le quart du globe, & que les étoiles que les uns ont au zénith sont à l'horison pour les autres.

Voilà le détail succint de mon troisième voyage, ou, comme je l'appelle, de ma troisième journée. Je vous ferois part des deux premières, si mon manuscrit n'étoit encore entre les mains du roi de Castille. J'espère, graces à Dieu, vous rendre compte en son temps de la quatrième; car dès que j'aurai eû du roi mon audience de congé, tout est prêt pour l'exécution d'un nouveau projet par lequel je prétend illustrer ma vieillesse. Je vais m'embarquer sur une nouvelle flotte à dessein de chercher l'orient par le sud. Faites-moi la grace de dire de mes nouvelles au sieur Antoine Vespuce, mon frere & à mes autres parens.

* * * * * * * * *

La *côte australe* découverte par Americ Vespuce, se trouve marquée dans les cartes, à peu près dans l'intersection du 52° parallele avec le premier méridien. C'est avoir pénétré bien avant dans la mer australe dès la première tentative. Ce lieu est entre celui où M. Halley, & celui où le capitaine Lozico Bouvet ont navigé de notre temps, sous le même parallèle; le premier plus à l'ouest, l'autre plus à l'est. Tous deux ont trouvé la mer embarrassée de glaces, quoique ce fut au fort de l'été, tandis qu'Americ, au fort de l'hiver, ne fait mention que du froid extrême, sans dire qu'il y ait alors trouvé les mers glacées.

Quatrième voyage d'Amérie.

Le roi de Portugal renvoya l'année suivante 1503. Americ de ce même côté avec une belle flotte de six vaisseaux, équippée pour Malacca. L'ignorance présomptueuse de l'amiral fit échouer son vaisseau du port de trois cents tonneaux contre une petite isle, à quelques degrés au sud de la ligne. C'est probablement l'isle de l'Ascension. L'amiral demanda la chalouppe d'Americ avec une partie de ses matelots, pour travailler à sauver son navire. Le chargeant d'aller reconnoître, s'il n'y avoit pas dans l'isle quelque havre où l'on pût mettre la flotte en sûreté. Americ ne consentit d'y aller sans son esquif qu'avec une extrême répugnance. Cependant sur la parole que lui donna l'amiral de le renvoyer aussi-tôt,

& de faire suivre toute la flotte peu après, il vint à l'isle où ayant trouvé un bon port, il attendit l'escadre pendant huit jours avec la dernière inquiétude. L'isle, comme il le reconnut ensuite, n'avoit que deux lieues de long sur une lieu de large ; ce qui lui parut fort extraordinaire à une si grande distance des continans de tous côtés. Elle étoit pleine de sources, de beaux arbres, d'oiseaux de terre & de mer sans quadrupèdes ni habitans. Le 8e jour il vit venir à lui un navire, & dans la crainte de n'être pas apperçu, ayant fait voile pour le joindre, il apprit que le vaisseau amiral avoit coulé bas, & que le reste de la flotte s'étoit éloigné, l'abandonnant dans cette isle déserte, sans chaloupe pour aller à terre, & avec la moitié des matelots nécessaires à la manœuvre. Améric outré de douleur d'une si odieuse conduite, se pourvut de son mieux, à l'aide de la chaloupe du second bâtiment, d'eau, de bois, & de chairs d'oiseaux, qui n'ayant jamais vûs d'hommes, étoient si simples, qu'ils se laissoient prendre à la main. Les deux vaisseaux firent voile vers la terre du nouveau monde qu'Améric avoit découverte l'année précédente. Après une navigation d'environ 300 lieues, il prit terre dans une baye des côtes du Brésil qu'il nomme *tous les Saints*, où il bâtit un fort dans lequel il laissa quelques pièces d'artillerie & 24 Portugais que sa conserve avoit sauvés du naufrage du vaisseau amiral, sur le rocher de l'isle déserte. De-là se voyant trop foible d'équipage pour rien entreprendre, il revint à Lisbonne le 18 juin 1504. ramenant les deux vaisseaux, les seuls que l'on ait jamais revus de toute la flotte ; car on n'a sçû ce qu'étoient devenus les autres : & ce voyage, dont on pouvoit se promettre beaucoup, fut sans aucun fruit, pour avoir fait choix d'un commandant très-mal habile. (*)

III.

BINOT PAULMYER DE GONNEVILLE

En Australasie.

Tiré d'une déclaration judiciaire faite par le sieur de Gonneville au siége de l'amirauté, à la réquisition du procureur du roi le 19 juillet 1505. insérée dans les mémoires touchant l'établissement d'une mission chrétienne dans le troisième monde ou *Terre australe*; imprimés à Paris, *Cramoisy* 1663. dédiés au pape Aléxandre VII. par un ecclésiastique originaire de la *Terre australe*. Cet ecclésiastique ne s'est pas désigné autrement lui-même que par les lettres initiales *J. P.-D. C. prêtre indien, chanoine de la cathédrale de S. P. D. L.* Il y a apparence que les deux premieres lettres signifient *Jean* ou *Jacques Paulmier*, puisque ses ancêtres avoient pris le nom de la famille du sieur de Gonneville. Le prêtre dont il est ici question étoit né en France, ainsi que son père & son ayeul. Mais son bizayeul étoit un des Australiens que Gonneville avoit ramenés sur son bord, & qu'il maria en Normandie avec une de ses parentes, après lui avoir fait embrasser la religion chrétienne. L'arrière petit fils de celui-ci, auteur de ces mémoires, animé d'un grand zèle pour l'établissement de la foi dans son ancienne patrie, employa toute sa vie à solliciter ceux qui

(*) Ce quatrième voyage de Vespuce est imprimé en Italien à Vénise, 1550. En latin, à Oppenheim. 1619.

se mêloient des missions étrangères de l'y renvoyer, & de porter le ministère de France à dégager la parole donnée à ses ancêtres de retourner chez eux avec une nouvelle flotte. Dès l'âge de 17 ans il travailla sur quelques écrits qui lui restoient, & sur les traditions puisées dans sa propre famille, à réparer la perte des journaux de Gonneville, qui à son retour étant tombés entre les mains des Anglois, ont été égarés depuis. Il communiqua ses vûes à Louis Abely, évêque de Rodez, à Vincent de Paul, supérieur des prêtres de la mission, & à divers autres missionnaires. On peut conjecturer par-là en quel tems il ont été rédigés. Vincent de Paul devoit les présenter au pape, s'il n'eut été prévenu par la mort. Ils tombèrent depuis entre les mains de M. Féret, curé de S. Nicolas du chardonnet à Paris, & de-là en celles du libraire Cramoisy qui les a publiées. Ce détail étoit nécessaire ici pour constater la fidèlité de cet ouvrage, & la vérité d'une expédition maritime des plus anciennes, qui assure sans difficulté à la nation françoise l'honneur de la première découverte des *Terres australes*, 16 ans avant le départ de Magellan. Ces mémoires quoi qu'informes, paroissent en effet très-fidèles, & portent avec eux le caractère de la vérité si facile à discerner. Il y a lieu de croire néanmoins qu'il a un peu trop flatté son pays dans le portrait avantageux qu'il en fait. On doit lui reprocher une plus grande faute, c'est d'avoir omis de nous en désigner la latitude & longitude, partie géographique dans laquelle il paroît avoir été peu versé : au moyen de quoi il n'est plus possible de déterminer aujourd'hui la juste position de cette contrée. On a crû que ce pouvoit être sur la même côte où nos cartes

†

marquent un cap appellé *Terre de vûe* ou *cap des Terres australes* (long. 7°. lat. 42°.) Le capitaine Bouvet lors de sa navigation de 1739. supposoit que le pays de Gonneville étoit à peu près sous ce méridien vers le 48ᵉ degré de *lat.* mais le récit de l'auteur ne favorise guères ces conjectures. La terre en question paroît être plus à l'est & moins au sud. Il y a grande apparence qu'elle est au sud des petites Moluques dans la partie que j'ai nommée ci-dessus *Australasie*. Les Duval & Nolin, géographes d'une habileté fort médiocre, sans avoir fait attention que Gonneville dit lui-même qu'il ne trouva cette terre sur la route des Indes, qu'après avoir doublé le cap de Bonne-Espérance, l'ont tracée dans leurs cartes au sud-ouest de ce cap vers 48°. *lat.* & 20°. *long.* Ils la nomment *terre des Perroquets*; je ne sçais pourquoi. Non contens de ceci, ils ont encore tracé une très-longue côte, qui s'étend depuis-là jusqu'auprès de la nouvelle Hollande où Duval a placé les royaumes imaginaires de *Psittac*, *Béak*, *Lucak* & *Malétur*. Sans recourir à la langue grecque pour multiplier les objets, il auroit pû se contenter de ne faire qu'une même contrée du royaume de *Psittac* & de la terre des *Perroquets*.]

* * * * * * * * * * * *

Il seroit à souhaiter qu'une meilleure plume que la mienne se fût engagée à tracer le tableau des régions méridionales du monde. Mais je ne puis, sans trahir mon devoir, me dispenser de rendre aux naturels de la *Terre australe* un office que je leur dois par naissance & par profession. Le sang m'y convie, puisque peu de temps
après

après que les Portugais se furent ouvert la route fameuse des Indes orientales, quelques marchands François, réveillés par le bruit de leur riche commerce, équipèrent un vaisseau, lequel y faisant voile fut jetté par un coup de tempête aux rivages de cette grande terre du midi ; non loin de la droite navigation des Indes orientales. Les originaires de ces contrées inconnues reçurent les Européens avec vénération, & les traitèrent pendant six mois avec une cordialité toute particulière. Ceux-ci ne voulant pas revenir, sans amener avec eux quelques habitans de cette nouvelle région, selon la pratique ordinaire de ceux qui découvrent de nouveaux pays, ménagèrent avec tant d'industrie la crédule simplicité de leurs hôtes, qu'ils obtinrent du chef de la nation l'un de ses enfans, sous la feinte promesse de le ramener instruit des arts de l'europe ; surtout du secret des armes & des moyens de subjuguer leurs ennemis ; choses que les Austraux désiroient avec une incroyable passion. L'Indien fut donc conduit en France, où il a vécu assez long-temps pour avoir été vû des personnes encore vivantes ; & où il reçut avec le baptême le nom & le surnom du capitaine qui l'avoit amené. Ce même capitaine pour reconnoître en quelque sorte la bonne reception que les Austraux lui avoient faite, & pour s'acquiter de ce que la raison l'obligeoit de faire en faveur d'un homme qu'il avoit artificieusement transporté de sa patrie en un monde étranger, lui procura quelques médiocres avantages & un mariage qui le rendoit son allié. L'un des enfans qui sortirent de ce mariage est mon ayeul paternel. Les François ont jurés à mes compatriotes de retourner en cette contrée. L'inclination naturelle que je dois avoir pour elle, & le droit que j'ai de repréſenter ici ceux dont je tire mon origine, m'invite à ſupplier qu'on ne leur refuſe pas plus long-temps un ſecours qu'on leur a fait eſpérer. Le ſacerdoce dont je ſuis revêtu, m'oblige d'inſiſter avec force, & m'ouvre la bouche pour faire le récit ſommaire de cette expédition tiré des mémoires originaux de ma propre famille.

Le célèbre Vaſquez de Gama s'étant ouvert le chemin des Indes orientales, Liſbonne fut en peu de temps remplie de richeſſes de l'orient, dont l'éclat frappa les yeux de quelques marchands François trafiquans au port de cette ville. Ils formèrent le deſſein de marcher ſur les traces des Portugais, & d'envoyer un navire vers ces Indes fameuſes. Le vaiſſeau fut équippé à Honfleur vers l'embouchure de la Seine. Le ſieur de Gonneville, qui en étoit le commandant, leva l'ancre au mois de juin 1503, (*) & doubla le cap de bonne Eſpérance, où il fut aſſailli d'une furieuſe tourmente, qui lui fit perdre ſa route & l'abandonna au calme ennuyeux d'une mer inconnue. Ne ſçachant alors de quel côté tourner, la vûe de quelques oiſeaux venant du ſud les détermina de ce côté, dans l'eſpérance d'y trouver une terre, & dans la néceſſité où ils étoient tous de ſe radouber & de faire de l'eau. Ils y rencontrèrent ce qu'ils cherchoient, ſavoir une grande contrée que leur relation nomme les *Indes méridionales*, ſelon l'uſage de leur temps, où l'on appliquoit indifféremment le nom d'*Indes* à tous les pays nouvellement découverts. Ils mouillèrent dans une rivière, qu'ils

---

(*) Le nouveau collecteur de voyages, faute d'avoir jetté les yeux ſur celui-ci, le place par erreur à la date de 1603. dans la table chronologique qu'il a donnée. Tit. XI. pag. 202.

comparent à l'Orne qui coule sous les murs de Caën. Leur séjour fut d'environ six mois, qu'ils employèrent à rebâtir leur vaisseau délâbré par la tempête ; après quoi le refus que fit l'équipage d'aller plus loin, fondé sur la foiblesse & le mauvais état du navire, obligea Gonneville de retourner en France. Dans ce long séjour de six mois il avoit eu le loisir de remarquer les qualités du terrain & les mœurs des habitans dont il avoit inféré dans son journal un curieux détail : mais il fut si malheureux que de tomber à la vûe des côtes de France près des isles Gersei & Guernesai entre les mains d'un corsaire Anglois, qui le dépouilla de tout ce qu'il avoit. Gonneville après avoir pris terre, en rendit sa plainte au siége de l'amirauté, & sur les réquisitions du procureur du roi l'accompagna d'une relation succinte de ses découvertes. Cette déclaration, pièce authentique & judiciaire en date du 19 juillet 1505, est signée des principaux officiers du navire. J'en inférerai quelque chose ici dans les propres termes où elle est conçue, m'assurant que la rudesse & la naïveté du stile n'y seront peut-être pas désagréables.

1503.

« *Item* (*) Ils disent que pendant leur demourée en la-

Mœurs des Australiens.

(*) On voit que l'auteur n'a commencé son extrait de la déclaration judiciaire de Gonneville qu'à l'endroit où il est question des mœurs du pays. Sans doute de Gonneville avoit commencé par faire mention de son arrivée, & de la position de la côte où il avoit pris terre, qu'il seroit fort important de connoître aujourd'hui. M. le comte de Maurepas, ministre de la marine a fait faire des recherches dans les greffes des siéges de l'amirauté en Normandie, pour retrouver l'original de cette déclaration : mais tous les anciens procès verbaux autrefois déposés dans ces greffes n'y subsistent plus. Les guerres civiles, un intervalle de deux siécles & demi, & le peu d'ordre avec lequel ces papiers étoient alors tenus, en ont causé la perte. On a seulement répondu à M. de Maurepas qu'en effet

O ij

1503.

» dite terre, ils conversoient bonnement avec les gens
» d'icelle, après qu'ils furent apprivoisés avec les chré-
» tiens, au moyen de la chere & des petits dons qu'on
» leur faisoit; étant lesdits Indiens gens simples, ne
» demandant qu'à mener joyeuse vie, sans grand travail;
» vivant de chasse & pesche, & de ce que leur terre don-
» ne de soy, & d'aucunes légumes & rachynes qu'ils
» plantent; allant my-nuds, les jeunes & communs
» spéciaulment : portent manteaux, qui de nattes dé-
» liées, qui de peaux, qui de plumasseries, comme sont
» en nos pays ceux des Egyptiens & Boëmes, fors
» qu'ils sont plus courts, avec manières de tabliers
» ceints par dessus les hanches, allant jusqu'aux ge-
» nouils aux hommes, & à mi-jambe aux femmes : car
» les hommes & femmes sont accoutrés de même ma-
» nière, fors que l'habillement de la femme est plus
» long, & portent lesdites femelles colliers d'os & co-
» quilles, non l'homme, qui porte au lieu, arc & fléche,
» ayant pour vireton (pointe) un os proprement aiguisé, &
» un épieu de bois très-dur, brûlé & affilé par en haut;
» qui est toute leur armure; & vont les femmes & filles
» tête nue, ayant leurs cheveux gentiment teurchés de
» petits cordons d'herbes teintes de couleurs vives & lui-
» santes, pour les hommes ils portent longs cheveux
» ballants, avec un tour de plumasses hautes, vif-teintes
» & bien atournées.

Terroirs

» Disent oultre, avoir entré dans ledit pays, bien

il y avoit dans le pays une tradition constante que cette piéce avoit été à l'amirauté; mais qu'on ne sçavoit plus aujourd'hui ce qu'elle étoit devenue.

Je tiens ce fait de M. le comte de Caylus qui s'est lui-même donné des mouvemens pour la recherche de la déclaration de Gonneville.

» deux journées avant & le long des côtes davantage,
» tant à dextre qu'à senextre, & avoir remerché ledit pays
» être fertile, pourveu de forces bestes, oiseaux, poissons &
» autres choses singulières inconnues en chrétienté, &
» dont feu M. Nicole le Febvre d'Honfleur, qui estoit
» volontaire au viage, curieux & personnage de sa-
» voir, avoit pourtrayé les façons ; ce qui a esté perdu,
» avec les journaux du viage, lors du piratement de la
» navire, laquelle perte est à cause qu'ici sont maintes
» choses & bonnes recherches omises.

» *Item*. Disent ledit pays être peuplé entre-deux ; & *Habitations*
» sont les habitations desdites Indes par hameaux de 30,
» 40, 50 ou 80 cabanes, faites en manière de halles,
» de pieux fichés, joignans l'un & l'autre, entre-joints
» d'herbes & feuilles, dont aussi lesdites cabanes sont
» couvertes, & il y a pour cheminée un trou pour faire
» en aller la fumée ; les portes sont des bastons propre-
» ment liées, & les ferment avec clefs de bois quasiment
» comme on fait en Normandie aux champs les étables,
» & leurs lits sont de nattes doulces, pleines de feuilles ou
» plumes, leurs couverts de nattes, peaux ou plumasseries ;
» & leurs ustanciles de ménage de bois, même leurs pots à
» bouillir, mais enduits d'une manière d'argille, bien un
» doigt d'espois ; ce qui empêche que le feu ne les brûlast.

» *Item*. Disent avoir remarqué ledit pays être divisé *Leur roi*
» par petits cantons dont chacun a son roi, & quoi que
» lesdits rois ne soient guieres mieux logés & accoustrés
» que les autres, si est ce qu'ils sont moult révérés de leurs
» sujets, & nul si hardi oser refuser ni leur désobéir ;
» ayant iceux pouvoir de vie & de mort sur leurs sujets,
» dont aucuns de la navire virent un exemple digne de

O iij

» mémoire ; sçavoir, d'un jeune fils de dix-huit à vingt
» ans, qui en certain chaud dépit avoit donné un soufflet
» à sa mere ; ce qu'ayant sceu son seigneur, jaçoit que la
» mere n'en eut fait plainte, il l'envoya quérir, & le fit
» jetter en la riviere une pierre au col, après avoir ap-
» pellé à cri public les jeunes fils du village, & autres
» villages voisins, & si nul n'en peut obtenir remission, ni
» mesme la mere, qui à genouils veint requérir pardon
» pour l'enfant.

» Ledit roi étoit cil en la terre de qui demeura la
» navire, & avoit à nom *Arosca* ; son pays étoit de
» bien une journée, peuplé de viron une douzaine de
» villages, dont chacun avoit son capitaine particu-
» lier, qui tous obéissoient audit *Arosca*. Ledit *Aros-
» ca* étoit, comme il sembloit, âgé de soixante ans, lors
» veuf, & avoit six garçons, depuis trente jusques à quinze
» ans, & venoit lui & eux souvent à la navire ; hom-
» me de grave maintien, moyenne stature, grosset,
» & regard bontif ; en paix avec les rois voisins ; mais lui
» & eux guerroyant des peuples qui sont dans les ter-
» res, contre lesquels il fut deux fois, pendant que la
» navire séjourna, menant de 5 à 600 hommes à cha-
» que fois, & la derniere à son retour fut démenée grande
» joye par tout son peuple, pour avoir eu grande victoi-
» re. Leurs dites guerres n'étant qu'excursions de peu de
» jours sur l'ennemi, & eut bien eû envie qu'aucuns de
» la navire l'eussent accompagné avec bastons à feu &
» artillerie pour faire paour, & dérouter ses dits ennemis,
» mais on s'en excusa.

» *Item*, disent qu'ils n'ont remerché aucune merche
» particuliere qui différentast ledit roi, & autres rois du

» dit pays, dont il en vint jusqu'à cinq voir la navire, si-
» non que les dits rois portent les plumasses de leur tête
» d'une seule couleur; & volontiers leurs vassaux, du
» moins les principaux, portent à leur tour de plumasses
» quelques brins de plumes de la couleur de leur seigneur,
» qui estoit le verd pour celle dudit *Arosca* leur hoste.

» *Item*, disent que quand les chrétiens eussent esté des
» anges descendus du ciel, ils n'eussent pû être mieux
» chéris par ces pauvres Indiens, qui étoient tous esbahis
» de la grandeur de la navire, artillerie, miroirs & autres
» choses qu'ils voyoient en la navire, & surtout de ce
» que par un mot de lettre qu'on envoyoit du bord
» aux gens de l'équipage, qui estoient par les villages,
» on leur faisoit sçavoir ce qu'on avoit volonté, ne se
» pouvant persuader, comme ce papier pouvoit parler,
» aussi pour ce les chrétiens estoient par eux redoutés; &
» pour l'amour d'aucunes petites libéralités qu'on leur
» faisoit de pignes, cousteaux, haches, miroirs, ra-
» sades & telles babiolles, si aimés, que pour eux ils se
» fussent volontiers mis en quartiers, leur apportant foi-
» son de chair & poisson, fruits & vivres, & de ce qu'ils
» voyoient être agréable aux chrétiens, comme peaux,
» plumasses, & rachynes à teindre; en contre-échange
» de quoi leur donnoit on des quinqualleries & autres
» besorignes de petit prix, si que des dites denrées
» il en fut amassé près de cens quintaux qui en France
» auroit vallu bon prix.

» *Item*, disent que voulant laisser merches audit pays,
» qu'il avoit là abordé des chrétiens, fut fait une
» grande croix de bois haute de trente-cinq pieds, &
» bien peinturée, qui fut plantée sur un tertre à veue

1503.

Leur amitié pour les François.

1504.

» de la mer, à belle & dévote cérémonie, tambour &
» trompettes sonnant à jour exprès choisi, sçavoir le
» jour de la grande Pasque mil cinq cens quatre, & fut la
» croix portée par le capitaine & principaux de la navire,
» pieds nuds; & aidoyent ledit seigneur *Arosca* & ses
» enfans, & autres greigneurs Indiens, qu'à ce on invita
» par honneur, & s'en montroient joyeux, suivoit l'é-
» quippage en armes, chantant la letanie, & un grand
» peuple d'Indiens de tout âge, à qui de ce long-tems
» devant on avoit fait feste, coys, & moult entensifs au
» mistere. Ladite croix plantée, furent faites plusieurs
» descharges de scoppeterie & attillerie, festin & dons
» honnêtes audit seigneur *Arosca*, & premiers Indiens,
» & pour le populaire il n'y eut cil à qui on ne fit quelque
» largesses de quelques menues babiolles, de petit coust,
» mais d'eux prisées, le tout à ce que du fait il en fut mé-
» moire; leur donnant à entendre par signes & autrement,
» au moins mal que pouvoient, qu'ils eussent à bien con-
» server & honorer ladite croix; & à icelle étoit engravé
» d'un côté le nom de notre saint pere le pape de Rome
» & du roi notre sire, de monseigneur l'admiral de Fran-
» ce, du capitaine, bourgeois & compagnons, depuis le
» plus grand jusqu'au petit, & feist le charpentier de la
» navire cet œuvre, qui l'y valut un present de chaque
» compagnon. D'autre côté fut engravé un deuzain nom-
» bral latin, de la façon de maître Nicole le Febvre, qui
» par gentille manière, déclaroit la date de l'an du plan-
» tement de ladite croix & qui plantée l'avoit & y avoit,

HIC sacra palMarIUs, posUIt gonIVILLa binoIUs,
 GreX, soCIUs, pasterqUe UtraqUe progenies.

Binot Paulmier Gonneville & toute la troupe qui l'ac-
          compagne

compagne, tant de la race d'Europe que de celle des Indes ont ici posé ce monument sacré. Les lettres numérales
réunies de ce distique latin, forment le nombre 1504.

1504.

» Disent oultre, qu'à la parfin la navire ayant été radoub-
» blée, gallifrestée & munie au mieux qu'on peut pour
» le retour, fut arresté de s'en partir pour France; & par
» que c'est coustume à ceux qui parviennent à nouvelles
» terres des Indes, d'en amener en chrestienté aucuns
» Indiens, fut tant fait par beau semblant, que ledit
» seigneur *Arosca* voulit bien qu'un sien jeune fils, qui
» d'ordinaire tenoit bon avec ceux de la navire, vint en
» chrestienté, parce qu'on promettoit au pere & fils le
» ramener dans 20 lunes du plus tard;(car ainsi donnoient-
» ils entendre les mois) & ce qui plus leur donnoit envie,
» on leur faisoit à croire qu'à cils qui viendroient par
» deçà on leur apprendroit l'artillerie, qu'ils souhaitoient
» gravement pour maistriser leurs ennemis, comme estout
» à faire miroüers, cousteaux, haches, & tout ce qu'ils
» voyoient & admiroient aux chrestiens, qui étoit autant
» leur promettre, que qui promettroit à un chrestien,
» or, argent & pierreries, ou luy apprendre la pierre
» philosophale; lesquelles offres creuës fermement par le-
» dit *Arosca*, il étoit joyeux de ce qu'on vouloit ame-
» ner sondit jeune fils, qui avoit à nom *Essomericq*, &
» lui donna pour compagnie, un Indien d'âge de
» trente-cinq ou quarante ans appellé *Namoa*; & les
» vint lui & son peuple, convoyer à la navire, les pour-
» voyant de force vivres, & de maintes belles plumas-
» series & autres rarités, pour en faire leurs presens de
» sa part au roi nostre sire: & ledit Seigneur *Arosca*, &
» les siens attendirent le départ de la navire, faisant ju-

Essomericq fils du roi Arosca amené en France.

P

» rer le capitaine de s'en revenir dans vingt lunes ; &
» lors dudit départ tout ledit peuple faisoit un grand cry,
» & donnoient à entendre qu'ils conserveroient bien la
» croix, faisant le signe d'icelle en croisant deux doigts.

» *Item*, disent qu'ils partirent desdites Indes méridion-
» nales le tiers jour de Juillet 1504, & depuis ne
» virent terre jusques au lendemain S. Denis, ayant couru
» diverses fortunes, & bien tourmentés de fievre maligne
» dont maints de la navire furent entachés & 4 en trépas-
» serent, sçavoir *Jean Bicherel* du Pont-l'évêque, chirur-
» gien de la navire, *Jean Renoult* soldat d'Honfleur, *Stenot*
» *Vennier* de Gonneville sur Honfleur, varlet du capitaine
» & l'Indien *Namoa*, & fut mis en doute de le baptiser
» pour éviter la perdition de l'ame : mais ledit maître
» *Nicole* disoit que ce seroit prophaner le saint baptesme
» en vain, pour ce que ledit *Namoa* ne sçavoit la croyan-
» ce de notre mere sainte église, comme doivent sçavoir
» ceux qui reçoivent le baptême ayant âge de raison, & en
» fut creu ledit maître *Nicole* comme le plus clerc de la
» navire ; & pourtant d'empuis en eut scrupule, si bien
» que l'autre jeune Indien, *Essomericq* étant ainsi mala-
» de sa fois & en péril fut de son advis baptisé, & lui ad-
» ministra son sacrement, & furent les parrains ledit de
» *Gonneville*, capitaine, & Antoine *Thierry*; & au lieu de
» maraine fut pris *Andrieu de la Mare* pour tiers parrain,
» & fut nommé *Binot* du nom de baptesme d'iceluy ca-
» pitaine. Ce fut le 14º septembre que ce fut fait, &
» semble que ledit baptesme servit de medecine à l'ame
» & au corps; parce que d'empuis ledit Indien fut mieux,
» se guérit & est maintenant en France. » &c.

Voilà une partie de ce que nous apprend la relation

de Gonneville, où l'on peut remarquer deux choses, la premiere que les pays méridionaux sont peuplés d'habitans curieux & capables d'instructions; l'autre que les François ont un intérêt tout particulier d'y retourner, tant pour l'honneur de dégager le serment qu'ils ont fait, que pour soutenir aux yeux des nations l'avantage qu'ils ont eu d'être abordés aux *Terres australes* avant aucune des autres nations de l'Europe. La fortune en a toutefois donné la principale gloire à Magellan qui en découvrit quelque chose peu de tems après, au dépend de Charles-Quint, prince doué d'un puissant génie, & né pour les grandes entreprises. Faut-il donc s'étonner si la navigation obscure & fortuite d'une personne privée est restée comme éblouie de l'état d'une plus haute expédition faite aux frais d'un grand souverain, suivie avec une constance qui l'a couronnée par le succès, honorée par tant de plumes, publiée par tant de bouches? Leur bruit a facilement étouffé la voix d'un simple particulier réclamant le petit avantage que le hazard lui avoit offert contre son espérance, & que la nation françoise qui en pouvoit tirer autant de profit que de gloire, a si mal ménagé, que la mémoire n'en subsiste plus que dans la poussiere du greffe d'un siège de l'amirauté. Je ne me lasserai donc point de le dire, il y va de l'honneur de la France de tenir parole à notre souverain *Arosca*, qui reçut les François avec tant de cordialité. Elle doit acquitter cette vieille dette, & même payer l'intérêt du retard. Faut-il la presser si long-tems sur un projet si avantageux pour elle-même? Faut-il que l'intérêt que je prends en la cause d'un peuple, pour lequel le sang me doit inspirer quelque tendresse, m'oblige à chercher

quelqu'un qui veuille parler en France en faveur de tant de millions d'hommes ? Écoutons à ce sujet un François qui dès l'an 1582 exhortoit sa nation à jetter l'œil sur les contrées méridionales. « Je ne demande pour tout, dit
« *la Popelinière* en son histoire du monde, que d'animer
« le courage trop endormi des François à tenter quelque
« voyage lointain à l'exemple de leurs voisins, pour ho-
« norer du moins la nation de quelques exploits généreux.
« Il reste plus de pays à connoître que nos modernes n'en
« ont découvert, qui ne peuvent être moindres en tou-
« tes sortes de richesses, singularités & miracles de na-
« ture, si nous avons l'adresse de les aller chercher vers
« le midi, où aucune nation n'a donné. Le Portugais a
« couru vers l'orient, l'Espagnol vers l'occident; l'Alle-
« mand & l'Anglois au septentrion : aucun n'a donné
« atteinte aux *Terres australes* qui sont si grandes, & par
« conséquent sujettes à toutes sortes de températures,
« aussi bien que la riche Amérique. Elles ne peuvent
« être moins pourvues de richesses & de choses singuliè-
« res que les autres parties de l'univers ; vû leur longue
« & large étendue qui nous donnent lieu de les appeller
« *le monde inconnu*. C'est-là où les princes de ce tems
« devroient faire montre de leur puissance en des choses
« belles & profitables, comme ce seroit la recherche de
« ce troisième monde. C'est dédaigner la nature même
« & le devoir de l'humanité, que de ne pas travailler à
« tirer honneur & profit d'une chose si avantageuse à
« tout le siècle dans lequel on vit ; car (s'il faut juger
« de la ressemblance par la vérité & des choses incon-
« nues par celles qui ne sont plus) vû la situation & l'é-
« tendue de ce troisième monde, il est impossible qu'il

» n'y ait des choses merveilleuses en plaisirs, richesses &
» autres commodités de la vie humaine. Quand il ne s'y
» trouveroit rien digne de mémoire, la curiosité seroit
» toujours louable dans le prince qui l'auroit fait visiter.
» Il faut bien dire que nous n'avons plus ces beaux éguil-
» lons de vertus qui portoient les anciens à entreprendre
» tant de choses hautes; plus ils les trouvoient mal-aisées,
» plus ils s'échauffoient à leur poursuite. On travaille si fort
» pour gagner une bataille, pour forcer une ville, pour
» dompter un petit pays, bref pour se procurer un avan-
» tage qui se trouve enfin de peu de durée & mal assuré.
» Voilà un monde qui ne peut être rempli que de tou-
» tes sortes de biens & de choses excellentes. Il ne faut
» que le découvrir: il ne faut que suivre l'exemple des
» autres nations, qui ont frayé un si beau chemin. La
» renommée promet au capitaine qu'on chargera d'en
» faire la découverte un rang illustre avec les Colombs,
» les Vespuces, les Magellans, les Cortez & les Drakes. »
Lanc. Voisin de la Popel. Hist. des trois Mondes Liv. 3.

Nouveaux éclaircissemens sur l'auteur des mémoires ci-dessus extraits.

JE les tire d'un exemplaire de ces mémoires que je viens de trouver dans la bibliothèque de M. Falconet de l'académie royale des inscriptions & belles-lettres. Quoique cet exemplaire soit de la même édition que celui dont je m'étois servi, on n'y trouve point un avertissement où l'auteur, sous le nom d'une personne tierce, se plaignoit de ce que le libraire Cramoisy avoit imprimé ces mémoires à son insçu, déclarant qu'il en avoit long-tems arrêté la publication, à laquelle il n'avoit enfin consenti qu'avec peine. D'autre part, l'épitre dédicatoire au pape Alexandre VII. est signée tout au long, *Paulmier prêtre indien, chanoine de l'église cathédrale de Lisieux*. Cet exemplaire avoit été donné par l'auteur même à M. de Villermon qui a écrit au-devant la note suivante.

» M. l'abbé Paulmier, chanoine de Lisieux, résident
» du roi de Dannemarck en France, m'a fait présent en
» 1664. de ce livre dont il est auteur. Il avoit beaucoup
» d'érudition, & une grande connoissance des affaires
» étrangères; il avoit voyagé presque par toute l'Euro-
» pe, & même avec commission, comme en Pologne
» pour feu M. le comte de S. Paul. Il mourut à Cologne
» au dernier congrès des plénipotentiaires pour la paix.
» Il m'a dit deux choses assez curieuses; la première est
» un procès que lui firent des partisans qui avoient traité
» d'un droit sur les étrangers, qu'ils lui vouloient faire
» payer, comme étant issu d'un sauvage de la *Terre aus-*
» *trale*, contre lesquels il plaida si bien sa cause lui-mê-
» me, qu'il fut renvoyé absous de la taxe, ayant remon-
» tré entre autres raisons, que celui dont il étoit descen-
» du par les femmes, (*) n'étoit venu en France sur le
» navire du capitaine Gonneville que sous la promesse
» que le capitaine avoit faite à son pere, qui étoit un
» roitelet du pays d'où on l'avoit emmené, de l'y rame-
» ner dans un certain tems : ce qui n'ayant point été exé-
» cuté, il étoit en droit de se plaindre de la mauvaise foi
» dont on avoit usé envers lui, & qui l'exposoit à la per-

(*) C'est une erreur de mémoire du sieur Villermon. Paulmier étoit issu du sauvage par les mâles : outre que le procès qu'on lui faisoit & le nom qu'il portoit, en sont des preuves évidentes, il dit lui-même que le sauvage étoit son bisaïeul paternel.

» sécution des partisans. Il me dit encore que le capitai-
» ne Gonneville qui avoit amené en France celui dont il
» étoit descendu, voyant que ceux avec lesquels il s'é-
» toit associé pour ses voyages, & qui étoient presque
» tous ses parens & héritiers, ne vouloient pas contribuer
» à un nouveau fonds pour équiper un navire dans le
» dessein de retourner au même lieu, & de s'y acquit-
» ter de sa parole, tant envers le pere qu'envers les fils ;
» il avoit fait ce dernier son légataire universel, par un
» principe d'équité pour l'empêcher de tomber dans la
» misère en ce pays-ci, ne pouvant le ramener dans le
» sien, où il n'auroit manqué de rien. Le bien que le ca-
» pitaine Gonneville lui laissa, servit à le marier riche-
» ment à une héritière dont M. Paulmier est issu par les
» femmes. Le capitaine l'obligea par son testament de
» porter lui & ses descendans mâles, son nom & ses ar-
» mes. C'est chez MM. les évêques d'Héliopolis & de
» Béryte, que j'ai vû la première fois M. l'abbé Paul-
» mier, où nous nous trouvions l'un & l'autre ordinaire-
» ment avec feu M. de Flacourt qui a commandé à Ma-
» dagascar, & M. Fermanel père de celui qui étoit su-
» périeur du séminaire étranger. Là, M. l'abbé Paul-
» mier faisoit son possible (c'étoit en 1653.) pour les
» persuader qu'on ne pouvoit rien exécuter de plus digne
» de leur zèle, qu'un établissement dans la *Terre austra-*
» *le*, & nous y apporta deux copies manuscrites de ces
» mémoires, afin que chacun de nous les pût examiner
» & en dire son sentiment. Ils contenoient beaucoup
» d'autres choses qui ne sont point imprimées ici. Je n'ai
» guères connu de personnes plus instruites que lui des
» navigations de long cours, & des relations, dont il

1504.

» sembloit qu'il avoit fait sa principale étude. Il n'avoit
» pas moins de connoissance des belles-lettres & de
» l'histoire, sur-tout de l'histoire sacrée, & de tout ce
» qui concernoit sa profession, comme la théologie, le
» droit canon, &c. »

A la suite de ceci M. Falconet a ajouté cette note.

» A la fin du 2e. tome des voyages de Coréal, *Paris*
» *1722. pag. 390.* (*) est l'histoire de Binot Paulmier,
» dit le capitaine Gonneville, gentilhomme de Nor-
» mandie, de la maison de Buschot, qui partit d'Hon-
» fleur en 1503 & amena des *Terres australes* Essomé-
» rik, un des fils du roi Arosca, qu'il fit baptiser en lui
» donnant son nom & son surnom. Cet Essomérik a vê-
» cu jusqu'en 1583. (il peut y avoir faute ici dans le
» chiffre) & a laissé postérité sous le nom de Binot. Un
» de ses petits fils, J. B. Binot, président des trésoriers
» de France en Provence, n'a laissé qu'une fille qui a
» épousé le marquis de la Barbent. » *Voyez le P. Ansel-
me hist. généalog. Tom. VIII. pag. 300.* où on lit ce qui
suit. » Jacques de Forbin, seigneur de la Barbent, ma-
» rié le 4 mai 1725 à Charlote Paulmier, fille de *Jean-
» Baptiste*, (je crois qu'il faut *Jean Binot*) Paulmier,
» président des trésoriers généraux de France en Proven-
» ce, & de marquise d'Andréa, dont postérité. » L'existence bien vérifiée de cette famille venue des *Terres
australes*, & amenée en France par le capitaine Gonneville, est une preuve sans réplique de la vérité du
voyage de ce capitaine, sur laquelle quelques personnes élevoient encore des doutes.

(*) Cet extrait ne se trouve pas dans l'édition d'Hollande de 1722. que j'ai consultée.

IV.

FERDINAND MAGELLAN,

En Magellanique & en Polynésie.

Au retour du vaisseau de Magellan, Pierre Martyr chargé par l'empereur Charles-Quint d'écrire l'histoire des Indes, dressa la relation de ce voyage sur les diverses informations qu'il prit de ceux qui en étoient revenus. Il envoya son manuscrit à Rome pour le faire imprimer: mais sur ces entrefaites Rome fut saccagée par les troupes du connétable de Bourbon. Dans ce désordre le manuscrit de Pierre Martyr fut perdu & n'a jamais été retrouvé. Il nous reste deux relations moins complettes de ce fameux voyage, l'une est le journal d'Antoine Pigafetta, chevalier de Rhodes, natif de Vicence, adressée au grand maître Villiers de l'Isle Adam. Ce chevalier, qui avoit accompagné Magellan, présenta deux copies de son journal à son retour, l'une à l'empereur, l'autre à Louise de Savoye, mère de François premier qui le fit traduire en françois par Jacques Fêvre. L'original italien de Pigaffetta est perdu. Mais sur la traduction françoise imprimée à Paris, on en fit une autre traduction italienne imprimée à Venise en 1550. Sur celle-ci Richard Eden en fit une en langue angloise imprimée à Londres en 1625. L'autre relation est contenue dans un mémoire écrit en allemand par Maximilien de Transylvanie, secrétaire de l'empereur au cardinal de Saltzbourg en 1522. Il fut imprimé en latin dans la collection des nouveaux voyages faits alors à Basle, & en italien dans celle de

1519.

Ramufio. C'eſt de ces deux pièces que j'ai tiré l'extrait ci-joint, en ſuivant principalement le journal du chevalier de Rhodes, & en conſultant l'hiſtoire générale des Indes de Dom Antonio de *Herrera*, où il a écrit avec aſſez de détail celle de cette navigation, *Decad. II. L. 9.* & le premier livre de l'hiſtoire des Moluques d'*Argenſola*, écrivain d'ailleurs aſſez romaneſque, & qu'on ne doit ſuivre qu'avec précaution.

Les nouvelles poſſeſſions acquiſes dans les deux Indes par les rois d'Eſpagne & de Portugal excitoient de fréquentes diſputes entre les deux couronnes. Elles furent règlées par la déciſion ſingulière du pape Alexandre VI. qui prononça ſur la propriété de ces pays lointains, en en traçant ſur une mappemonde la fameuſe ligne appellée *ligne de démarcation*, à-peu-près parallèle au 318ᵉ méridien, qui laiſſe le Bréſil à l'orient, & le Pérou à l'occident. Chriſtophle Colomb avoit fait ſes découvertes pour le roi d'Eſpagne en ſuivant le cours du ſoleil; & Vaſquez de Gama avoit navigé en ſens contraire, lorſqu'il découvrit les Indes orientales pour le roi de Portugal ſon maître. Ainſi le pape décida que tout ce qui ſeroit au levant de la ligne tracée appartiendroit aux Portugais, & tout ce qui ſeroit au couchant aux Eſpagnols. Mais la ligne de démarcation prolongée par les poles pour en faire un cercle complet traverſoit les Moluques, que *François Serrano* Portugais découvrit par la ſuite en 1511, de ſorte que la diſpute ſe renouvella ſur la propriété de ces riches iſles des épiceries. Les Portugais ſoutenoient avec raiſon que ces iſles appartenoient à leur nation, qui ſes avoit la première découverte dans l'Aſie navigeant vers l'orient. Les Eſpagnols au contraire pré-

tendoient que les Portugais dans leurs cartes avoient fal-
sifié les distances ; que les Moluques éloignées, à ce que
l'on soutenoit, de trente-six degrés de Malacca étoient
hors de leurs limites, & qu'à force d'être réculées à l'o-
rient elles se trouvoient au canton du couchant dans lot
des Espagnols.

Au milieu de cette dispute, *Hernand Magaglians*,
ou, comme nous sommes dans l'habitude de le nommer,
Ferdinand Magellan, gentilhomme Portugais, après
avoir bien servi dans les Indes sous François d'Albuquer-
que, & voyagé dans les Moluques avec Serrano son parent, passa du service de Portugal à celui de Charles-
Quint, mécontent de n'avoir pû obtenir du roi Dom
Emanuel son maître, une augmentation d'appointemens
qu'il avoit mérité. Il fit offrir à l'empereur par Christo-
phle de Hara, oncle de son secrétaire Maximilien de
Transylvanie de décider la contestation en faveur de l'Espagne, en allant lui-même aux Moluques par la route
d'occident. Il offroit même de faire l'entreprise à ses
frais, pourvû que l'empereur lui permît de naviger sous
sa protection. Sa proposition parut étrange. On ne con-
noissoit aucune communication de la mer du nord à la
mer du sud. Mais Magellan homme ingénieux & instruit,
avoit observé que les terres du continent d'Amérique dé-
clinoient au sud-ouest en s'éguisant comme celles d'A-
frique qui déclinent au sud-est. D'où il tiroit cette conséquence que l'on devoit trouver les mers ouvertes au
bout du continent d'Amérique comme on les avoit trouvées aux extrémités du continent d'Afrique. Cette observation de Magellan, que l'Amérique s'aiguisoit & dé-

1519.

clinoit au sud-ouest, comme l'Afrique s'aiguise & décline au sud-est, étoit très-fine & très-judicieuse. Il avoit peut-être aussi fait attention à ce qu'a remarqué de nos jours un célèbre physicien, que toutes les pointes formées par les masses des continens sont posées de la même façon, regardant au sud, & coupées à leurs extrémités par des détroits, si la mer n'y est pas tout-à-fait ouverte. De plus Pigafetta rapporte que Magellan homme ingénieux avoit apperçu dans les archives de Portugal une carte d'Amérique tracée par un habile marin, nommé *Martin de Boheme*, où l'on voyoit vers le sud un étroit passage marqué d'une mer à l'autre. On prétend qu'il s'appuyoit aussi près du conseil d'Espagne de l'autorité de Ruy Faleiro qui faisoit profession de l'astrologie judiciaire, & qui mourut depuis à l'hôpital des fols. Mais en ce siécle les gens de cette espèce se faisoient encore écouter. Sur ces frêles espérances, l'empereur résolut de tenter l'avanture, & fit équiper une flotte de cinq carevelles, dont le commandement fut donné à Magellan avec commission de chercher le détroit en question, & de traverser les mers à l'ouest. Magellan comptoit, si le passage cherché n'existoit pas, trouver au moins au sud de l'Afrique ou de l'Amérique, la grande terre qui empêchoit la communication des mers. Bernardin Pacheco prétend, en sa chronique de Lisbonne, que Magellan avoit eu connoissance de cette *Terre australe* par le rapport de quelques matelots qu'un coup de mer y avoit jettés. « C'est à ces inconnus quelqu'ils soient, ajoute Liements *Enchirid. Geograph.* » que l'honneur est dû de la première découverte des » *Terres australes*, puisqu'ils les ont vûes avant Magel-

« lan. Mais la même fortune envieuse qui a supprimé
» les noms de *Sebaſtien Cabot*, & autres qui enseignèrent
» le nouveau monde à Colomb a rendu le même mau-
» vais office à ces inventeurs des régions méridionales. »
Mais je pense au contraire que c'est en vain que la jalousie des contemporains a cherché par des suppositions,
ou par des conjectures mal vérifiées à ravir soit à Colomb, soit à Magellan l'honneur qui leur est dû; & que
Magellan, véritable inventeur de la contrée qui porte
son nom, doit à son tour céder l'honneur de la première
découverte du monde austral, tant à Vespuce qui le premier la vûe de loin, qu'à Paulmier qui y est abordé le
premier.

* * * * * * * *

Nous partîmes de Seville, dit le chevalier Pigafetta, — Départ de Seville.
le 10 Août 1519, d'où étant descendus à San Lucar de
Barameda, nous touchâmes à l'isle Ténériffe, au cap- — Cap Verd.
Verd, à la vûe de Sierra Liona, & enfin après avoir passé
la ligne aux côtes du Bresil (vers *Rio Janeiro*) à 22° & — Rio Janeiro.
demi. C'étoit le jour de sainte Lucie (13 décembre)
nous avions le soleil au zénith avec une chaleur plus grande qu'on ne l'avoit éprouvée en passant la ligne. Nous y
trouvâmes pour rafraichissement des cannes de sucre,
des racines appellées palates, longues comme des navets,
d'un goût tirant sur celui de la chataigne, & de la chair
d'un animal nommé *Anta*, assez semblable à celle de la — Anta, ani-
vache. Le pays est très-fertile. Les habitans vivent jus- mal.
qu'à cent-vingt-cinq & cent quarante ans. Ils n'ont au- — Mœurs des habitans.
cun culte; vivant, selon l'usage, d'une nature brûte, ils
vont entièrement nuds. Leur habitation est dans de lon-

gues cabanes, qu'ils nomment en leurs langues *boi*. Ils couchent dans des grands filets de coton suspendus, sous lesquels on fait un peu de feu durant la saison du froid. Leurs barques appellées *canots*, sont d'une seule pièce de bois creusée avec des pierres aiguës à défaut de fer. Il y en a d'assez grandes pour tenir trente & quarante hommes ; on les fait voguer avec des rames faites en pelles à four. Les hommes sout de couleur moins noire qu'olivâtre, agilles & bien taillés, ils mangent leurs ennemis. On prétend que cette coutume barbare s'est premièrement introduite chez eux, par l'exemple d'une vieille femme qui se jetta comme un chien enragé sur le meurtrier de son fils, & lui mangea l'épaule. Hommes & femmes se peignent le corps d'une manière bizarre, & se brûlent le poil de façon qu'on ne leur en voit ni au visage, ni sur le corps, ni aux parties naturelles, que les deux sexes portent toujours à découvert. Ils se font des vêtemens de plume de perroquet, ornés par derrière d'une longue queue qui nous donnoit envie de rire. Ils se trouent le visage en deux ou trois endroits, où ils passent des morceaux de pierre de la longueur du doigt. Leur pain fait de moüelle d'arbre, est mauvais quoique blanc ; le pays produit des oiseaux à large bec en forme de cuilliere, sans langue ; de jolis petits singes que les habitans mangent ; de beaux perroquets, dont leur chef nommé *cacique*, nous donnoit une dixaine pour un miroir. Ils nous donnèrent aussi deux filles en échange. Mais pour rien au monde ils ne donneroient leurs femmes qui ne s'abandonnent point aux étrangers, & ne souffrent le commerce de leurs maris que dans l'obscurité, & non durant le jour. Elles portent les enfans derrière le dos dans un filet de coton. Nous restâmes deux mois sur cette côte. Les habitans qui sont d'un naturel fort doux, nous croyoient venus du ciel. Opinion dans laquelle ils furent confirmés par une pluie qui tomba peu après notre arrivée : comme il ne pleut point en ce climat, ils crurent que nous avions apporté cette pluie du ciel avec nous.

1519.

Nous vinmes ensuite à 35° au cap sainte Marie où nous crûmes d'abord avoir trouvé le détroit. Mais ce n'étoit que l'embouchure d'un grand fleuve large de 17 lieues. Le pays produit des pierres précieuses. Les hommes cannibales y mangent la chair humaine ; c'est-là que le capitaine Espagnol, *Juan Solisio* fut mangé il y a quelques années, avec 60 de ses compagnons. Nos gens apperçurent un habitant d'une taille gigantesque, qui se sauvoit en criant d'une voix de taureau. Dix des nôtres sautèrent à terre & coururent après lui sans pouvoir le joindre.

Cap sainte Marie.

Rio de la Plata.

Productions du pays.

Géant.

Plus avant vers le pole nous découvrimes une baye où la mer n'a point de fond, & nous la nommâmes du jour de la fête, la baye *Saint Mathias* : puis deux isles pleines de loups marins, & d'oyes en si grand nombre, qu'il n'auroit pas fallu plus d'une heure pour en charger les cinq vaisseaux. Elles vivent de poissons & ne sçavent pas voler. Elles sont noires, à bec de corbeau, si grasses que pour les manger, il falloit les écorcher. Les loups marins sont de la taille d'un veau, de diverses couleurs, la tête dorée, les oreilles courtes & rondes, les dents longues, & deux pieds garnis d'ongles assez semblables à des mains. Nous nommâmes ces isles, *isles des oyes*. Les gens que nous y envoyames à la chasse,

Baye S. Mathias.

Loups marins.

I. Pinguins.

pensèrent mourir de froid, & être mangés des loups marins.

L'hiver nous obligea de séjourner dans un port à 49° & demi, (*port S. Julien*) où l'on resta deux mois sans appercevoir ame vivante, jusqu'à ce qu'un jour un géant vint à nous chantant, dansant & jettant de la poussière sur sa tête. Le capitaine ordonna de faire la même chose. Ces gestes rassurèrent le sauvage. Il vint à nous dans une petite isle, donnant à notre vûe les plus grandes marques de surprise; il levoit un doigt vers le ciel, voulant dire que nous en venions. Nos gens lui alloient à peine à la ceinture. Il étoit dispos de sa personne: le visage long, peint en jaune autour des yeux, & en figure de cœur aux deux joues; les cheveux teints en blanc. Son habillement étoit d'une peau d'animal bien cousue. Cet animal autant que nous en pûmes juger par la peau, avoit la tête & les oreilles d'un mulet, le col & le corps d'un chameau, la queue d'un cheval. Le sauvage avoit les piés passés dans le bout de la peau, comme dans des pantoufles, tellement qu'il paroissoit avoir des pattes de bêtes, ce qui fit que notre général le nomma *Patagon*; il portoit un arc gros & court à cordes de nerf, un trousseau de flèches longues d'une canne, emplumées, armées dans le bout de pierre à fusil aiguisée. Magellan lui fit donner à manger & à boire. On lui présenta un miroir, il fut si effrayé d'y voir sa figure, que d'un saut qu'il fit en arrière, il jetta quatre de nos gens par terre. Après lui avoir fait présent de ce miroir, d'un peigne, de quelques sonnettes & chapelets de verre, on le renvoya à terre avec quatre des nôtres. Un de ses compagnons le voyant revenir accompagné de nos gens, courut eut avertir la troupe des sauvages, qui se dépouillèrent tous nuds, se mirent à danser & chanter, à lever le doigt vers le ciel, & présentèrent à nos gens une certaine poudre blanche dont ils font leur nourriture ordinaire. Ils paroissoient avoir dix palmes, (environ 7 piés) de haut. (*) On leur fit signe de venir aux vaisseaux. Alors ils firent remonter leurs femmes, dont ils paroissoient jaloux, sur des animaux faits comme des anes & les renvoyèrent. Ils ne prirent que leur arc, & se mirent en marche. Ils n'étoient pas de si haute stature que le premier, quoiqu'ils eussent la tête d'une coudée de long. Ils étoient vêtus de même, sauf un morceau de peau dont ils se couvroient le milieu du corps, & plus noirs que ne l'indiquoit la température du climat. Nous leur vîmes quatre petits animaux apprivoisés dont ils se servoient à la chasse comme d'appeaux pour en tuer d'autres. Trois seulement de ces Patagons vinrent à notre bord, faisant signe qu'ils souhaitoient que quelques-uns des nôtres vinssent avec eux plus avant dans le pays jusqu'à leurs habitations. Magellan en donna la commission à sept Espagnols bien armés qui marchèrent environ sept mille jusqu'à un bois sans route, où ils trouvèrent deux cabanes dans l'une desquelles habitoient cinq hommes, & dans l'autre treize femmes ou enfans. On tua un espèce d'âne sauvage dont on servit à nos gens les pièces à demi-roties. Il faisoit trop de neiges & de vent pour pouvoir coucher à l'air hors de la cabane. Mais dans la défiance réciproque où l'on étoit, chaque nation laissa

1519.

Quadrupèdes.

Cabanes des Patagons.

(*) Le récit d'Argensola leur donne 12 pieds ou 15 empans, & dit que ceux qu'on prit sur la flotte, y moururent bientôt, faute d'avoir leur nourriture ordinaire qui est de la chair crue.

une sentinelle éveillée près du feu autour duquel tout le monde se coucha. Les Patagons ronfloient effroyablement. Le lendemain matin les Espagnols voulurent amener toute la troupe sauvage à nos vaisseaux. Ils usèrent même de quelques violences, voyant ceux-ci peu disposés à les suivre. Alors les sauvages se retirèrent dans la cabane des femmes. On crut d'abord que c'étoit pour tenir conseil. Mais on les vit peu après sortir, l'arc & les fléches à la main, le visage peint d'une manière affreuse, entortillés de la tête aux piés de peaux de bêtes qui les faisoient paroître encore plus grands. Nos gens tirèrent en l'air un coup d'arquebuse, au bruit duquel cette troupe gigantesque remplie d'épouvante, demanda la paix, & convint d'envoyer trois des leurs aux vaisseaux. Deux de ceux ci s'échapèrent en chemin, faisant semblant de vouloir prendre un âne sauvage. Nos gens qui ne pouvoient suivre qu'à la course le pas ordinaire de ceux-ci, n'eurent garde de les atteindre. Ils nous amenèrent le troisième, qui se voyant seul ne voulut jamais prendre de nourriture, & mourut en peu de jours.

Une autre fois six de ces sauvages parurent sur le rivage, faisant signe qu'ils vouloient venir aux vaisseaux, ce qui nous fit grand plaisir. On envoya l'esquif pour les prendre. Ils montèrent sur la capitane où le général leur fit servir une chaudière de bouillie assez grande pour rassasier vingt matelots. Ils la mangèrent toute, aussi le plus petit d'entr'eux étoit-il plus haut que le plus grand de nous. Dès qu'ils eurent mangé ils demandèrent qu'on les remît à terre. Une autre fois encore un de ces géans plus grand qu'aucun des autres, vint nous trouver avec les mêmes danses, gestes & chansons. Celui-ci étoit fort traitable. Au bout de quelques visites, il sçavoit déja répéter distinctement, quoique d'une voix rauque & grosse, plusieurs paroles latines & espagnoles; il paroissoit avoir envie de se faire chrétien. Nous le nommames *Jean le Géant*. Un jour qu'il vit un matelot prêt à jetter un gros rat dans la mer, il s'empressa de le demander pour le manger; autant on en prit dans le vaisseau, autant il en mangea. Il nous apportoit des animaux. Le capitaine lui donnoit de la toile, une chemise, une casaque rouge, un bonnet, un peigne, un miroir. Peu après nous ne le revîmes plus, & nous nous imaginames que les habitans irrités de son commerce avec nous, l'avoient mis à mort.

Quinze jours après, quatre autres vinrent nous trouver sans armes, ils les avoient cachées dans un buisson; Magellan avoit grande envie d'avoir des hommes de cette rare espèce. Il remarqua deux de ceux-ci jeunes & bienfaits. Il leur remplit les mains de toutes sortes de présents, couteaux, ciseaux, chapelets, miroirs, &c. puis il leur fit attacher des fers aux pieds sous prétexte de les leur donner, ne sçachant où les mettre, ayant les mains embarrassées. Les deux autres vouloient prendre ce qu'ils tenoient en main. Magellan les en empêcha, & ceux-là se laissèrent faire, tous joyeux de ce qu'on leur donnoit du fer; mais se voyant pris, ils se mirent à mugir comme des taureaux en invoquant *Sétébos*. On les mit dans deux navires différens. A force de monde on vint à bout de lier les mains aux deux autres. On en conduisit un sur le rivage où il se délia & s'enfuit, ainsi que firent tous les sauvages en courant fort vîte, les plus petits mieux que les plus grands, & nous lançant des fléches, dont ils tuèrent un des nôtres. On leur tira quelques coups de mousquets sans les atteindre.

Ils nous tuèrent un autre jour un de nos Castillans, en ayant surpris une troupe qui n'avoit alors pour toute arme à feu qu'une seule arquebuse. Si nos gens n'eussent eu des rondaches, les sauvages les auroient tous tués, tant ils tiroient adroitement. Ceux-ci avoient autour du corps une ceinture de cuir d'où pendoient trois paquets de fléches, un autre cordon autour de la tête où étoient pareillement passés trois paquets de fléches. (*) Nos gens les repoussèrent enfin à coups de sabres jusqu'en un recoin de vallée, où ils avoient leurs femmes avec une grosse provision de chair crue pour leur nourriture.

Ces peuples n'ont point de maisons fixes. Ils font des cabanes de peaux qu'ils transportent à leur gré, d'un lieu à un autre. Ils vivent de chair cruë, & d'une racine nommée en leur langue *capas*. Le prisonnier que nous avions sur notre bord mangeoit en un repas une pleine corbeille de biscuit, & buvoit tout d'un trait un demi-sceau d'eau. Ils ont les cheveux coupés en rond comme des moines; la tête liée d'une corde de coton, dans laquelle ils passent leurs fléches; quelqu'uns plus sensibles au froid, s'étoient liés le corps de certaines bandes, de façon que leur partie virile rentroit tout-à-fait dans le corps.

Quand ils se sentent l'estomac chargé, ils s'enfoncent une flèche dans la gorge de la longueur d'une demi-

―――――

(*) Lucien de *Saltarion*, raporte la même chose des anciens Ethiopiens. Ils attachent leurs fléches autour de la tête, les plumes en bas, la pointe en haut, comme étant des rayons for- mant une couronne. Ces fléches ont au lieu de fer des pointes de caillou bien affilées & trempées dans un poison.

coudée, & vomissent de la bille verte mêlée de sang. Si le sang les incommode, ils se font une large entaille dans l'endroit malade : notre Patagon nous dit un jour que le sang qu'il avoit au dos n'y vouloit plus rester. Nous apprîmes aussi de lui que quand l'un d'entr'eux meurt, il vient dix ou douze démons peints tout le long du corps, ornés de cornes sur la tête, & de longs cheveux jusqu'aux pieds, jettant le feu par la bouche & par le derrière, sauter & danser autour du cadavre; il y en a un plus grand que les autres qui rit & se réjouit : celui-là s'appelle *setebos*, & les petits *cheleule*.

On trouve sur cette côte des chêvres appellées *missiliones*, plus longues que les nôtres, de petites huîtres mauvaises à manger, des autruches, des renards & des lapins plus petits que les nôtres. Magellan prit possession du pays pour le roi d'Espagne, & fit élever une croix au sommet de la montagne.

Le long séjour que l'hiver nous obligeoit de faire au port S. Julien, contraignit notre général à restraindre au pur nécessaire la distribution journalière des vivres. On s'étoit encore flatté de trouver ici le détroit : mais lorsque les pilotes envoyés pour le reconnoître eurent rapportés que ce n'étoit qu'un cul-de-sac rempli de séches & de bas fonds, chacun commença de désespèrer de la réussite. La mutinerie se mit dans l'équipage. On disoit tout haut que ce prétendu passage n'étoit qu'une chimère; qu'il y avoit de la folie à s'obstiner plus long-tems dans une pareille recherche malgré le ciel & la terre : que le roi d'Espagne ne leur avoit pas commandé l'impossible, ni prétendu qu'ils fussent obligés de trouver un détroit où il n'en existoit point ; que c'étoit déja une en-

1520.

Croyance des Patagons.

Animaux du pays.

Conspiration contre Magellan.

treprife affez téméraire que d'avoir été fi loin vers l'antarctique; qu'il étoit tems de fonger au retour, & que pour peu que l'on voulût pénétrer plus avant, on ne pouvoit attendre qu'une mort certaine dans les mers terribles de ces affreux climats. « Quoi, leur dit Magellan, » informé de ce propos féditieux, la nation Caftillane » croit donc avoir affez fait pour fa gloire en venant jufqu'à la même hauteur du pole où les Portugais font » tant de fois arrivés avant eux ? J'ai mes ordres de l'em» pereur, & je dois les faire exécuter. Ne navige-t-on » pas tous les jours fur les côtes de Norvège & d'Iflande » plus effrayantes & plus voifines du pole que celles-ci ? » Craignez-vous de manquer de vivres fur un rivage où » la chaffe, la pêche, l'eau douce & le bois font en » abondance ? Nous avons, vous le fçavez, une ample » provifion de vin & de bifcuit ; je n'en ai réglé la diftri» bution qu'en vûe de mieux pourvoir à votre propre fû» reté à tout événement. Nous trouverons le paffage, » n'en doutez point, dès que la faifon nous permettra » de remettre à la voile. Songez que nous allons naviger » fous le pole avec la commodité que nous donnera » pendant trois mois la préfence continuelle du foleil » fur l'horifon. » Magellan crut avoir par de tels difcours appaifé la fédition. Mais bientôt il apprit que les capitaines des quatre autres vaiffeaux confpiroient de lui ôter la vie, pour retourner enfuite en Efpagne. Leur trame étant découverte & prouvée, le général leur fit faire leur procès avec toute la rigueur des loix. Trois furent écartelés, Louis de Mendoce, Antoine Cocco & Gafpard Cafade ; le quatrième, Jean de Carthagène fut abandonné fur la côte des Patagons, avec un prêtre François son complice (*). Cependant le général pour calmer un peu les murmures, se relâcha sur l'étroite distribution des vivres qu'il avoit ordonnée, & leva l'ancre du port S. Julien le 24 août 1520, après cinq mois de séjour sur cette côte.

Le jour sainte Croix (14 septembre) nous découvrimes une nouvelle rivière à qui l'on a donné le nom de la fête. Nous eûmes ici le 11 octobre à dix heures huit minutes du matin un éclipse de soleil singulière. Le disque du soleil ne fut effacé ni en tout ni en partie : mais, quoiqu'il n'y eut ce jour-là ni nuage ni brouillards dans l'air, le disque devint en entier d'une couleur rouge obscure, comme lorsqu'on regarde le soleil à travers une grosse fumée. Magellan se flattoit encore que c'étoit le passage tant souhaité, d'autant mieux qu'au de-là d'un cap avancé la terre paroissoit tourner vers le midi. Un des cinq vaisseaux de la flotte envoyé dans cette anse à la découverte fut jetté par un vent d'est contre la côte, où il fit naufrage. On ne pût sauver que l'équipage & la charge du vaisseau. Le général se donna des peines incroyables pour le salut des trente-sept hommes de ce navire qui périssoient de faim & de froid sur un rocher

1520.

Rivière Ste Croix.

(*) Magellan, dit Jean Wood, avoit pour adjoint dans sa commission Jean de Carthagène, évêque de Burga son cousin, qu'il fit pendre sur une de ces isles avec quatre hommes de son équipage, pour avoir voulu se mutiner contre lui. L'aumônier qu'on laissa à terre fut massacré par les naturels du pays. Baros & Argensola rapportent que Magellan fit poignarder Louis de Mendoce, écarteler Gaspar Quesade, & qu'il pardonna à un valet son complice. Qu'à l'égard de Jean de Carthagène, il ne le fit pas ... urir, mais mettre à terre dans un lieu désert avec un prêtre coupable du même crime de lèze-majesté ; que ces deux ici ayant trouvé quelques alimens, furent assez heureux pour se sauver ensuite sur le vaisseau de la même flotte qui reprit la route d'Espagne.

presqu'inaccessible. L'escadre entière entra dans la rivière ; car on reconnut bien-tôt que c'en étoit une, & non pas un détroit. Alors tant d'événemens fâcheux renouvellèrent plus haut que jamais les murmures ; surtout quand on vit que la côte ultérieure continuoit à s'étendre en faisant face à l'orient. Bientôt on en vint à dire que la trahison du général étoit manifeste & l'énigme facile à deviner : que Magellan étoit Portugais, & que la haine invétérée de sa nation contre les Castillans n'étoit que trop connue ; que ce perfide, sous prétexte de vouloir conduire les Espagnols à la fortune dans de riches isles, étoit venu tendre un piège à l'empereur dans le dessein de faire périr des sujets en ces climats glacés, pour ramener ensuite la flotte d'Espagne dans le port de Lisbonne, avec le petit nombre de Portugais dont il étoit accompagné. Un des capitaines de vaisseau donna publiquement l'ordre aux matelots d'appareiller son navire pour le retour en Europe. Magellan sauta sur son bord, où il tua de sa main le capitaine & les plus mutins de sa suite. Ce coup d'autorité arrêta la révolte. Nous remîmes à la voile. La mer étoit peuplée de grosses baleines. La terre quoique étendue à l'orient tournoit au sud. Le jour de sainte Ursule (21 octobre) après avoir doublé vers 52°. au cap auquel on donna le nom de *cap Vierge*, on vit la mer s'enfoncer dans les terres entre deux rivages assez serrés dont l'un faisoit face droit au sud, l'autre droit au nord. Toute l'escadre entra dans cette embouchure qui s'avançoit toujours à l'ouest sur une largeur variable de deux à dix milles. Le général rencontrant au bout de quelques jours divers canaux, envoya trois vaisseaux à la découverte de différens côtés. Nous étions au-delà

AUX TERRES AUSTRALES. LIV. II. 137
au-delà du 52°. degré. Les nuits n'étoient pas alors de
cinq heures. Il avoit projetté, si ce n'étoit pas ici le détroit, de sortir de cette baye & de monter vers le pole
jusqu'à 75 degrés, où le soleil seroit toujours sur l'hori-
zon. Des trois vaisseaux le premier fut repoussé par les
courans dans la mer du nord. Alors les Espagnols se saisirent du capitaine Alvar Meschiste neveu de Magellan,
le mirent aux fers, & après lui avoir fait signer dans la
torture une déclaration portant, que ce détroit prétendu
n'étoit qu'une fable inventée par son oncle & par lui à
dessein de faire, ainsi qu'ils avoient fait, cruellement
périr les Espagnols, ils reprirent le chemin de l'Europe,
amenant avec eux l'un de nos géants Patagons qui mourut dès qu'il sentit les climats chauds. Le second bâtiment qui avoit cherché dans un canal vers le sud-est (*),
ne trouva qu'une mer basse pleine d'écueils & de roches
escarpées. Mais le troisième, qui avoit tiré au sud-ouest,
rapporta qu'il avoit trouvé une belle rivière remplie de
sardines à qui l'on en avoit donné le nom ; que quoique
en trois ou quatre jours de navigation il n'eut point apperçu d'issue, il avoit toujours trouvé la mer sans fond ;
que l'observation des grands courans, qui sembloit venir
à lui d'une haute mer, l'avoit déterminé à envoyer en
avant la chaloupe, laquelle avoit enfin découvert un cap
avancé sur un nouvel ocean. A ces mots les cris d'allégresse se répandirent par tout l'équipage. La plûpart de
nos gens pleuroient de joye. Notre général imposa d'a-
vance à ce cap le nom de *cap désiré* ; & nous donnâmes

1520.

Alvar
Meschiste.

Rivière des
Sardines.

Découverte
de la mer
du Sud.

Cap désiré
ou cap Pi-
lier.

(*) Il faut supposer sur ce détail que Magellan étoit alors vers les isles *Pinguins* du détroit : que le second vaisseau enfila le canal de S. *Sébastien* : & que le troisième s'avança vers le cap *Forward*.

S

au détroit celui de *Magellan*, (les naturels du pays l'appellent *Kaika*.) Nous fîmes voile ayant à notre droite le continent, que nous appellons des *Patagons*; à la gauche un autre que nous nommâmes *Terres de feu*, parce qu'on en voyoit quantité sur les côtes, & que le flux, aussi-bien que le bruit des courans, nous fit juger être un amas d'isles. Tout ce détroit me parut de la longueur d'environ cent lieues. On y trouve en abondance du bois, de l'eau douce, de belle verdure, des dorades, des abacores, des bonites, des poissons volans appellés *colondiens*, exquis à manger. Mais le pays étoit si froid, si rude, si peu cultivé, qu'avec l'impatience qui nous tenoit tous de voir un nouvel ocean, notre général ne jugea pas s'y devoir arrêter. Nous descendîmes seulement dans les terres à une lieue du débouquement du détroit, & nous ne trouvâmes qu'une mauvaise cabane & plus de deux cens sépulcres. Il nous parut que les sauvages venoient ici inhumer leurs morts près du rivage, & qu'ils avoient leurs habitations plus loin dans les terres. La quantité de squélettes de baleines jettés par la tempête contre les côtes, nous donna lieu de conjecturer que la mer étoit fort orageuse en ce détroit. Les côtes en sont durant cinquante lieues pleines de belles bayes les plus agréables du monde; le reste est de montagnes couvertes de neige; sauf certaines forêts de grands arbres, dont le bois brûlé rendoit une bonne odeur qui nous rafraichissoit les esprits animaux. Le 28 novembre, 22e de de notre entrée dans le détroit, nous l'apperçûmes enfin cet ocean tant désiré, à qui son calme & sa beauté ont mérité de notre part le nom de *mer pacifique*. Alors quelques-uns de nos pilotes dirent, que puisque l'on

---

1520.

Terre des Patagons.
Terre de feu.

Température & productions.

Mer pacifique.

avoit trouvé le passage, il falloit s'en retourner en Espagne, & revenir avec une flotte avitaillée de frais : mais le général voulut poursuivre la route & rejetta bien loin cet avis (*). Nous navigions au nord-ouest dans cette belle mer faisant soixante & soixante-dix lieues par jour pour repasser l'équateur, sans tempête ni mauvais vent. Malgré cet avantage la misère de l'équipage étoit extrême par la disette & la corruption des vivres. Nous n'avions plus que de l'eau jaune, que du biscuit en poussière, plein de vers, & puant à la rage l'urine des souris. On faisoit tremper dans la mer de vieilles peaux qui avoient servi d'enveloppe aux grands cordages. Après les avoir ainsi ramollis pendant quatre ou cinq jours, on les coupoit en quartier, on les faisoit cuire à la marmite, & on les mangeoient. Quelques-uns de nos gens avoient les gencives si gonflées qu'ils ne pouvoient plus mâcher. Nous en perdîmes quinze, du nombre desquels fut notre géant Patagon. Nous avions appris de lui divers mots de sa langue, qui se prononcent du fond de la gorge. J'en ai fait un petit catalogue que l'on trouvera ci-dessous. Il nous entendoit cependant quand nous les prononcions après qu'ils furent écrits. Il fit un jour une croix, & se mit à la baiser, en criant *setebos*, de manière néanmoins qu'il sembloit craindre qu'en faisant ceci *setebos* ne lui fit du mal ; cependant quand il se vit malade à la mort, il recommanda la croix, voulut être

1520.

Langue des Patagons.

(*) Vasco Nugnez de Balboa est le premier européen qui ait vû la mer du sud. Il la découvrit du haut des montagnes de l'isthme Darien, le 25 septembre 1513. Il y descendit, entra dans la mer jusqu'à la ceinture, & mettant l'épée à la main, il déclara qu'il en prenoit possession pour le roi d'Espagne.

140　HISTOIRE DES NAVIGATIONS.

1521.
Isle des Vesturades.

chrètien, & fut nommé *Paul* (*a*). Nous courûmes plusieurs milliers de lieues cet immense abîme de mer, durant trois mois & vingt jours, sans voir aucune terre, que deux petites isles désertes dans une mer sans fond, l'une à quinze, l'autre à neuf degrés au sud de la ligne (*b*), elles n'avoient que des arbres, & des oiseaux, sans quadrupedes ni habitans. Dans la douleur de n'y pas trouver les rafraîchissemens que nous espérions, dont l'équipage avoit si grand besoin, on leur donna le nom d'isles *malheureuses* (Desventuradas.) Nous vîmes encore l'isle *Zipangu* à 2°. de la ligne, & l'isle *Sembdit* à 15°. (*c*).

Isles Zipangu & Sembdit.

Isle des Larrons, ou de las Velas ou Mariannes.

Mœurs des habitans.

Enfin nous repassâmes la ligne, & le 6 mars 1521, à 166°. de longitude, on découvrit trois isles, *Juvaguana*, *Acaca* & *Setana* (*d*) à la plus grande desquelles notre général voulut descendre, ce qui ne se fit pas sans peine, tant les habitans du pays nous incommodoient avec leurs barquettes, dont ils entouroient le vaisseau, dérobant tout ce qu'ils pouvoient atraper, même les clous fichés dans le vaisseau ; jusques-là qu'ils prétendoient amener nos voiles, & conduire notre navire à leur rivage. Ils nous lançoient sur les vaisseaux des grêles de pierres ou de bâtons, dru & menu comme une pluie. Le général, irrité de leur obstination, fit une descente accompagné

(*a*) Il est surprenant que les vaisseaux de Magellan n'ayent pas rapporté en Espagne au moins l'un des squelettes de ces géans Patagons. On sçauroit à quoi s'en tenir sur l'existence de cette espèce humaine singulière, & sur la réalité d'un récit contrarié par d'autres voyageurs, de la vérité duquel on n'est pas encore convaincu.

(*b*) Guill. de l'Isle les place entre 17 & 20° lat. sud vers 140 long. & les distingue fort bien des autres isles *Desventurades* S. Ambor & S. Félix découvertes par Jean Fernand plus près de la côte du Chili.

(*c*) On ne sçait ce que c'est que ces isles. Zipangu est l'ancien nom du Japon.

(*d*) La première est probablement l'Isle de Guam.

de quarante hommes, brûla une cinquantaine de cabanes, outre un plus grand nombre de canots ; leur tua sept hommes, & ramena notre chaloupe qu'ils nous avoient volée.

Quand nous leurs avions tiré des flèches qui les perçoient de part en part, ils les retiroient de leurs corps, les considérant avec attention, restant-là sans prendre la fuite jusqu'a ce qu'ils tombassent morts. Nous ne pouvions nous en débarasser. Ils s'opiniâtroient à nous suivre avec plus de cent barquettes, sur lesquelles on fut contraint de faire passer le navire. Alors nous vîmes plusieurs femmes crier & s'arracher les cheveux, pleurant, selon l'apparence, la perte de leurs maris. Malgré ces mauvais traitemens ils étoient si bêtes ou si avides, qu'ils revenoient, comme si de rien n'eût été, pour commercer ou pour voler.

Nous ne reconnûmes parmi ces peuples aucune forme de gouvernement (*). Ils vivent à leur guise. Ils sont de même taille que nous, bien faits, le teint olivâtre, les dents rouges & noires ; ce qui passe pour une grande beauté parmi eux. Ils vont nuds, la tête couverte d'un grand chapeau de feuilles de palmiers. Leurs cheveux sont si noirs & si longs qu'ils les attachent à la ceinture. Ils s'oignent tout le corps & les cheveux d'huile de cocos. Ils vivent de pâtates, de noix de cocos, de cannes de sucre, de figues longues d'une palme, d'oiseaux & de poissons volans. Leurs enfans naissent blancs. Les femmes sont belles & délicates, plus blanches que les hom-

(*) Maxim. de Transilvanie, dit au contraire qu'ils avoient un roi qui demeuroit dans l'isle *Messana*, mais il se trompe. On voit par le récit de Pigafetta que Messana est une des Philippines.

1521.

mes, ayant les cheveux épais, très-noirs & si longs qu'ils leurs descendent jusqu'aux pieds. Elles sont nues à l'exception d'un morceau d'écorce intérieure de palmettes aussi mince que du papier, dont elles se couvrent le milieu du corps. Leur occupation est de fabriquer des filets & des nattes de feuilles de palmiers ou autres choses pour le service du ménage. Leurs cabanes sont de bois, couvertes de perches & de certaines longues feuilles de figuier : on voit dans chaque cabane une fenêtre, avec un lit garni d'une natte de feuilles de palmiers, & d'une façon de matelats aussi de petites feuilles de palmiers fort douces. Ils n'ont pour armes qu'un bâton armé d'os. Leurs barquettes ou pirogues sont peintes en noir, en blanc, en rouge; elles ont un mât avec sa vergue de traverse, soutenant une voile de feuilles de palmier cousues; un gouvernail comme une pêle à four; une pointe à chaque bout du bateau, qui fait également proue & poupe; de sorte que pour changer de route ils ne se donnent la peine que de tourner le voile sans tourner le bâtiment; ils voguent avec une vitesse incroyable. Je ne puis mieux les comparer qu'à des poissons fendant l'eau comme un trait. Ces peuples sont tout-à-fait pauvres, mais subtils & grands voleurs. Aussi nommâmes nous ces Isles *Isles des larrons* (*).

Leurs cabanes & pirogues.

Isles Philippines.
Isle Zamal.

Le 10 mars nous remîmes à la voile, & découvrîmes une grande isle nommée *Lamal*, où le climat est admira-

(*) Quelques écrivains racontent que, lorsque Magellan fit mettre le feu aux cabanes de ces insulaires, ceux-ci qui n'avoient jamais vû de feu, s'imaginèrent en s'approchant que c'étoit une espèce terrible d'animal singulier qui mangeoit le bois, & mordoit bien fort quand on le touchoit. Mais ce récit peu croyable ne se trouve point dans les relations originales que j'ai sous les yeux.

ble, & les peuples plus doux & plus civilisés. Nous en trouvâmes par la suite quantité d'autres dans le voisinage de celle-ci.

1521.

* * * * * * * * *

Ce sont les *Philipines* (*) découvertes par Magellan pour la couronne d'Espagne. Il donna le nom de *S. Lazare* à tout cet archipel. Je mettrai fin ici au récit des voyages de Magellan dont le surplus n'est pas de mon sujet. Ces relations sont si curieuses sur la découverte & les avantures du général de la flotte dans les Philipines, sur les anciennes mœurs du pays, & sur-tout sur l'isle de Borneo si peu connue, que le lecteur ne peut mieux faire que d'y recourir ; & qu'on auroit assûrement dû leur donner une place plus étendue dans le nouveau recueil des voyages.

Archipel S. Lazare.

Le brave Magellan combattant pour le roi de *Zebu* son allié contre le roi de *Mathan*, une autre des Philipines, fut tué le 26 avril 1521, d'un coup de lance de canne qui le perça de part en part ; laissant après sa mort un nom immortel dans l'Europe pour avoir le premier fait par mer le tour du monde. *Odoard-Barbosa* & *Juan Serrano* Portugais, ses parens furent nommés pour lui succèder. Mais Barbosa ayant brutalement maltraité un esclave natif des Moluques que Magellan avoit amené sur son bord ; celui-ci les trahit au roi de Zebu leur allié, sous de fausses imputations, sur l'espérance de le rendre maître de toutes les richesses d'Europe contenues dans les vaisseaux. Un grand nombre d'Espagnols furent mas-

Mort de Magellan.

Barbosa & Serrano.

(*) Ainsi appellées du nom du prince Philippe, fils aîné de l'empereur Charles-Quint.

sacrés à terre en trahison avec Barbosa & Serrano leurs chefs. Par bonheur le chevalier Pigafetta, encore malade d'une blessure qu'il avoit reçu dans le combat où périt Magellan, n'avoit pû être de la partie ce jour-là. Barbosa s'étoit trouvé avec Magellan à la premiere découte des Moluques. C'étoit un homme instruit, de qui nous avons une relation bien détaillée des Indes orientales. Après avoir brûlé un de leurs trois vaisseaux qui n'étoit plus de service, les Espagnols parcoururent les diverses isles de ces mers; passèrent au mois de juin à *Borneo*, & trouvèrent enfin les Moluques si long-tems cherchées, le 8 novembre, jour auquel ils abordèrent à l'isle de *Tidor*, l'une de *Celebes* (a), ils les coururent toutes, chargerent des épiceries & partirent enfin de *Timor* l'une des petites Moluques le 11 Février 1522, pour revenir en Europe, en laissant au nord le promontoire appellé par les anciens *Catigara* (cap Comorin) & ensuite le cap de bonne Espérance. Mais un des deux vaisseaux trop foible pour ce trajet, retourna se radouber aux Indes orientales, dans le dessein de reprendre le chemin de la grande mer pacifique, & d'aller aborder près du Mexique à l'isthme Darien. Le seul vaisseau amiral de Magellan nommé la *Victoire*, alors commandé par *Sebastien Cano*, rentra le 7 septembre 1522, dans le port de San Lucar avec dix-huit hommes seulement, restés de 60 hommes partis des Moluques & de 180 arrivés aux Philipines (b). Le total de la route, selon leur

(a) Ceux qui recherchent des langues barbares, trouveront à la fin du voyage de Pigafetta, un petit vocabulaire de la langue de Tidor.
(b) Herera, Dec. III. liv. 4.

chap. 4. nomme 30 personnes du nombre desquelles est le chevalier Pigafetta, sous le nom d'*Antoine le Lombard*, lesquelles après avoir les premiers, depuis la création du monde

estime

AUX TERRES AUSTRALES. LIV. II.

estime étoit de 14460 lieues d'orient en occident durant 37 mois. Ils remarquèrent avec grande surprise que ce jour, qu'ils croyoient être le 6 septembre, étoit réellement le 7. C'est la première fois qu'on a eu lieu de faire cette observation si souvent réitérée depuis, qu'en navigeant autour du monde, selon le cours du soleil, on gagne un jour en trois ans, comme on en perd un si l'on fait la route en sens contraire. Tous allèrent nuds pieds, la torche en main, rendre graces à Dieu, dans la cathedrale de Séville ; d'où Pigafetta se rendit à Valladolid près de l'empereur auquel il fit le récit du voyage. Le vaisseau la *victoire* fut hissé à terre à Séville, & soigneusement conservé comme un monument de cette mémorable expédition. Ce n'est que par cette navigation qu'on a commencé d'être parfaitement certain de la sphéricité de la terre. Les anciens n'en avoient eu connoissance que par le raisonnement. « Ils n'étoient pas sûrs, dit M. » de Buffon, hist. nat. t. 1. art. 6. que l'ocean environ- » nât le globe sans interruption. Quelques-uns à la vérité » l'ont soupçonné : mais avec si peu de fondement qu'au- » cun n'a osé dire ni même conjecturer, qu'il étoit pos- » sible de faire le tour du monde. Magellan a été le pre- » mier qui l'ait fait en 1124 jours. François Drake le » second en 1056 jours. Ensuite Thomas Candish en » 777 jours. Ces fameux voyageurs ont été les premiers » qui ayent démontré physiquement la sphéricité & l'é- » tendue de la circonférence de la terre ; car les anciens » étoient aussi fort éloignés d'avoir une juste mesure de

1522.

Le tour du monde fait pour la première fois.

---

de, fait le tour de la terre, revinrent sur le navire *la Victoire*, avec le célèbre Sébastien Cano. Ce fameux marin étoit Biscayen, natif de Guitarca près du Guipuscoa.

T

1522.

« cette circonférence, quoiqu'ils y eussent beaucoup tra-
« vaillé. » En effet, dans le préjugé où étoient les anciens, il ne leur pouvoit venir en pensée d'entreprendre
le tour de la terre ni de le croire faisable. L'exécution
d'une telle entreprise est reconnue pour impossible sous
les parallèles de notre zone tempérée arctique. Nous n'y
avons encore pû réussir nous-mêmes sous notre zone polaire, que les anciens regardoient d'ailleurs comme inhabitable, & il n'avoient garde de penser à l'entreprendre
sous la zone tempérée du capricorne, à laquelle, ainsi
que je l'ai fait voir, art. 1. Ils croyoient même impossible de jamais y parvenir, puisqu'ils jugeoient la zone torride imperméable.

*Récompen-
ses données
pour la dé-
couverte.*

Sebastien Cano vint à la cour avec sa suite, où il fut
reçu de l'empereur avec des éloges & des caresses pro-
portionnées au service qu'il venoit de rendre. Il remit à
Charles Quint deux lettres, l'une de *Corala* roi de *Ternate*, l'autre d'*Almanzor* roi de *Tidor*, deux des isles
Moluques, qui se reconnoissoient vassaux de la couronne d'Espagne. Il lui présenta quelques Indiens des Moluques, dont il y en avoit un si rusé dans le commerce
que la première question qu'il fit, dès qu'il put s'énoncer
en Castillan, fût pour s'informer combien le ducat valoit
de réales ? Combien la réale de maravedis ? Et combien
on avoit de poivre pour un maravedi. L'empereur défendit qu'on laissât retourner cet homme dans son pays.
Les autres y furent renvoyés. Il fit présent à l'équipage
du quart de ce qui lui appartenoit sur le chargement du
vaisseau. Sebastien Cano eut une gratification, une pension de 1500 ducats, des lettres de noblesses, un écu
d'armoiries, chargé d'un château d'or en champ de gueu-

les, au chef chargé d'une branche de canelier, de trois noix muscades, & de deux clous de gerofle; pour support deux rois Indiens; un globe pour cimier, avec cette divise : *Primus circumdedisti me*. Les autres furent récompensés à proportion, tant en argent qu'en lettres de noblesse.

Mots de la langue des Patagons. Ils se prononcent du fond de la gorge.

Divinité.	*Sthebos.*	Poitrine.	*Ochii.*
Divinité inférieure.	*Cheleule.*	Corps.	*Geckel.*
Cabane.	*Boi.*	Jambe.	*Cosf.*
Racine à faire du pain.	*Cabar.*	Pied.	*Tehe.*
Huile.	*Oli.*	Talon.	*There.*
Rouge.	*Cheiche.*	Plante, semele.	*Perchi.*
Noir.	*Aniel.*	Cœur.	*Cho.*
Pain.	*Cheretal.*	Homme.	*Calischon.*
Détroit.	*Kaika.*	Eau.	*Oli.*
Tête.	*Her.*	Feu.	*Lialeme.*
Œil.	*Other.*	Fumée.	*Iacche.*
Nez.	*Or.*	Non.	*Chen.*
Sourcil.	*Sechechiel.*	Oui.	*Cei.*
Bouche.	*Pian.*	Or.	*Pelpeli.*
Dent.	*Sor.*	Bleu.	*Sechell.*
Langue.	*Schlal.*	Soleil.	*Chalipechemi.*
Menton.	*Sechen.*	Étoile.	*Setreu.*
Poil, barbe.	*Asquie.*	Mer.	*Aro.*
Gorge.	*Ohumoi.*	Vent.	*Oni.*
Main.	*Chone.*	Tempête.	*Ohone.*
Paume.	*Canaghin.*	Poisson.	*Hoi.*
Doigt.	*Cori.*	Manger.	*Mecchiere.*
Oreille.	*Save.*	Écuelle.	*Elo.*
Mamelle.	*Othen.*		

Quelques autres mots des côtes voisines du Brésil.

Bled.	*Mahiz.*	Peigne.	*Chignor.*
Farine.	*Huz.*	Ciseau.	*Pirene.*
Hameçon.	*Piuda.*	Clochette.	*Itani maraca.*
Couteau.	*Jaccle.*	Fort bon, meilleur.	*Ium, maraghatum.*

V.
CARJAVAL ET LADRILLEROS,

En Magellanique.

Tiré des extraits de Barlay, & de l'histoire naturelle des Indes; du P. Joseph Acosta. Liv. III. Cap. 10.

Jutieres de Carjaval.
Entrée de la flotte dans le détroit.

LA seconde flotte qui passa le détroit de Magellan dans le dessein d'aller aux Moluques fut équipée aux frais de Jutieres *Carjaval*, évêque de Plaisance. Les quatre navires dont elle étoit composée entrèrent dans le détroit avec un bon vent: mais à peine y eurent-ils fait vingt milles que le vent tourna à l'ouest avec tant de violence qu'il brisa trois des vaisseaux contre la côte, du nombre

Le capitaine Quiros.

desquels étoit celui de *Quiros*, commandant de l'expédition, & rejetta le quatrième dans la pleine mer d'où il sortoit. Après que la tempête fut apaisée, ce dernier rentra dans le détroit pour recueillir les débris du naufrage. On apperçut un grand nombre de ces malheureux dispersés le long du rivage; tendant les mains vers le navire, implorant à grands cris le secours de leurs compagnons. Mais le capitaine jugeant à la vûe d'une si grosse troupe, qu'il n'y avoit dans son vaisseau ni assez de place ni assez de vivres pour eux, passa outre sans aborder, abandonnant ces infortunés au nombre d'environ 250 hommes, dont on n'a jamais oui parler depuis. Il sortit du détroit par l'embouchure de la mer du sud; & ne se crut plus en état de tenter la traversée jusqu'aux Moluques. Il vint aborder à Lima dans la Pérou où son vaisseau fut hissé à terre & soigneusement conservé comme un monument du second passage d'une mer à l'autre. Le mât du navire fut planté au-devant du palais de Lima, où on le voyoit encore à la fin de ce siècle, au tems où le P. Acosta écrivoit son histoire. Voilà ce que l'on trouve dans cet historien & dans les recueils de Barlay sur le second passage de la mer du nord à celle du sud par le détroit de Magellan. Mais il est presque certain qu'il y a faute dans la datte que ces recueils assez mal faits donnent à cette expédition ; puisqu'on en trouve une, presque la même dans ses circonstances, faite quinze ans après aux dépens de Gultieres de vargas, évêque de Placentia. *Ovalle* raconte aussi qu'un évêque de Plaisance envoya une escadre de trois vaisseaux à Magellan, l'un desquels franchit le détroit au mois de Janvier 1540, & vint surgir au port d'Arequipa dans le Pérou. Le second fut brisé contre les rochers ; & le troisième après avoir hyverné dans ce détroit à *Puerto Zornas* (port des renards), ainsi nommé du grand nombre de ces animaux qu'on y voit, reprit la route d'Espagne, sans avoir pû pénétrer plus avant. Le récit d'Ovalle sera confirmé ci-après par celui de Dom Antonio de Herrera, mieux instruit qu'aucun autre écrivain des navigations Espagnoles aux Indes occidentales.

Garcie de Mendoce gouverneur du Chili, voulut à son tour faire tenter le passage de la mer du sud à celle du nord par le même détroit ; ce que l'on croyoit impraticable, & ce qui néanmoins doit être plus facile, puisque l'on éprouva dans ce détroit que l'on est plus aisément jetté par les vents & par les courans à l'embouchure de l'est qu'à celle de l'ouest. Le capitaine *Ladrilleros* parti du Chili, traversa le détroit jusqu'à la mer du nord; mais la trouvant agitée d'une furieuse tempête, car c'étoit la saison de l'hiver en ces climats, il n'osa pousser plus avant & revint sur ses pas au Chili. George Spilberg rapporte dans son journal que Ladrilleros avec ses deux vaisseaux trouva au sud de Magellan un passage par lequel il s'éleva en haute mer, courant du nord au sud, sans suivre le détroit. C'est peut-être le canal Saint Isidore. Plusieurs autres historiens, ajoûte-t-il, ont tenu pour certain, qu'il y avoit dans le détroit même de Magellan un passage du côté du sud, par lequel on se met promptement au large, & l'on gagne bientôt la mer du Chili. Ces deux expéditions de l'évêque de Plaisance, & du gouverneur du Chili, qu'on nous dit être la seconde & la troisième courses faites dans le détroit, doivent par conséquent être environ de l'an 1523 ou 1524; ainsi il n'est pas vrai que *Winter*, capitaine dans la flotte Angloise de Drake, soit, comme le rapporte *Hacluyt*, le premier Européen qui ait en 1579, repassé ce détroit de l'ouest à l'est. Mais les Espagnols, qui avoient intérêt de faire croire la chose impossible, ont probablement tenu secret le voyage par ordre de Mendoce.

VI.

GARCIE DE LOAISE,

En Magellanique & en Polynésie.

La relation de ce voyage est écrite en Espagnol, par *Ant. de Herrera*, Decad. 3. L. 7. & suiv. *Madrid* 1601. fol. on trouve d'assez mauvais petits extraits dans les recueils latins de Barlay; & dans l'histoire Espagnole de la conquête des Moluques, par *Argensola*, Liv. 1. Voyez aussi le second livre de l'histoire naturelle des Indes, par Goneale d'Oviedo, commandant à l'isle Espagnole, *Paris Vascolan* 1556. *fol.* Cet historien étoit bien instruit des avantures de Magellan & de Garcie de Loaïse, ayant conversé avec Sébastien Cano, & avec Bastumante.

1525.

L'empereur Charles-Quint fit partir de la Corogne en Espagne au mois de juillet 1525. une flotte de six vaisseaux destinés à faire le tour du monde par la route du détroit. *Garcie de Loaïse*, commandeur de Malthe, en eut le commandement. On lui donna d'amples instructions tant pour la route que pour les Moluques, & pour vice-amiral, le célèbre *Sebastien Cano*, qui avoit ramené à Séville le navire de Magellan. La flotte entra le 14 janvier 1526. dans la rivière de *Sainte Croix*, où l'on trouva des espèces de pigeons blancs, becs & pieds rouges, & une telle quantité d'oyes marines, que la terre en étoit couverte. Elles ne peuvent voler, & sont si grosses que toutes plumées & vuidées, elles pésoient encore environ huit livres. Le vice-amiral *Cano*, envoyé pour reconnoître le détroit, perdit son vaisseau avec une partie de l'équipage vers le *Cap Vierge* par une grande tempête, qui désempara le reste de la flotte. Elle embouqua néanmoins le détroit le 26 du même mois, d'où les vents contraires la repoussèrent, après de grands travaux, dans la mer du nord, près de la rivière *Sainte Croix*. Quelques soldats qui descendirent à terre ne trouvèrent aucune habitation en quatre jours de marche : mais seulement quelques feux nouvellement éteints. On en avoit apperçu quantité sur cette

Départ de la Corogne.

Sébastien Cano, vice-amiral.

Rivière sainte Croix.

Pigeons & Pinguins.

Cap Vierge.

Plantes & habitans de la côte des Patagons.

côte lors du premier passage. On y trouva des jaspes de différentes espèces, dont quelques-unes ont, à ce que l'on prétend, la propriété d'arrêter l'hémoragie : des bois de senteur, & d'une espèce d'écorce de cinnamomum verd en abondance. La flotte, en voulant regagner le détroit, fut poussée sur les côtes une lieue au-delà vers le sud, où l'on fit une descente sans y rencontrer d'habitans, quoiqu'on y eût discerné sur le sable des pas d'hommes d'une très-grande stature. Les Espagnols rentrèrent dans le détroit le 8e avril ; appercevans des feux de côtés & d'autres sur les deux terres, & vinrent mouiller dans une bonne baye qu'ils nommèrent *Saint Georges*. On trouva quelques mauvaises plantes comestibles, de ces arbres verds de canelle, des bois de cerf, avec un canot de sauvages, garni de cinq rames en forme de pelles. L'amiral fit visiter toute la bande du sud, où il y a de bons ports. Deux canots vinrent à bord de la flotte, portant des sauvages de haute stature, que quelques-uns de nos gens, dit la relation, traitoient de géans ; d'autres les appelloient *patagons*. Nous ne sommes pas assez instruits de ce qui les regarde pour entrer dans aucun détail à leur égard. Ils nous montroient de loin des tisons allumés. Les nôtres entendant par-là qu'ils mettroient le feu aux navires, n'osèrent s'approcher du rivage, ni ne purent atteindre les canots qui nageoient d'une surprenante vitesse. Ils se jettèrent dans un port, que les nôtres ont nommé le *port froid* (puerto frio), plusieurs d'entr'eux y étant morts de la froidure, pour n'être pas assez vêtus. Après plus de quatre mois de séjour en ce parage, & près de cinquante jours de traversée, l'escadre entra du détroit dans la mer du sud, le

25

25 mai. Il peut avoir 110 lieues de long depuis le *cap Vierge* au *cap Désiré*; & depuis une lieue jusqu'à sept de large. (*) Dans quelques endroits serrés, les montagnes des deux rivages sont si hautes, qu'elles paroissent toucher le ciel. Le froid est extrême en ces endroits, où le soleil ne pénètre que rarement, & souvent pour un moment; on peut juger ce que c'est dans la saison de l'hiver quand les nuits y sont environ de 17 heures de durée. La neige à force d'y vieillir est devenue bleue. Malgré cela on y trouve abondance de beaux arbres verds, de bonnes eaux, de bons poissons, sardines, anchois, merluches, tiburons, bonites, &c. des chèvres d'une grande espèce & des missilions, enfin, de bons ports où l'on peut mouiller sur quatorze & quinze brasses de fond. Les marées des deux mers y montent à la hauteur d'environ 50 lieues, se rejoignans vers le milieu du détroit où l'ebbe & le jussant sont très-forts. Pour se

1525.
Longueur & largeur du détroit.

Neige bleue.

(*) Des 100 lieues que ce détroit a de long, la mer du sud en possède 30, & la mer du nord 70; ce que l'on connoit par une séparation manifeste entre les deux eaux, & par une certaine réciprocation des marées. (au-delà du cap *Forward*, près du détroit appellé *Jelouchete*, ou *Jelouzel*) L'embouchure du détroit ne sçauroit être discernée sans peine par ceux qui viennent de l'ouest: il est fort profond dans ce même espace, & la côte de chaque côté y est fort droite; de manière que les ancres y peuvent difficilement tenir. *La Martinière*. Les eaux du détroit croissent & décroissent comme les marées. On voit à l'œil les marées venir d'un côté de la mer du nord, & de l'autre de la mer du sud. Quoiqu'il semble qu'en l'endroit où elles se rencontrent, il doive y avoir plus de danger qu'ailleurs, cependant le navire de Sarmiento n'y essuya point de tourmente, & trouva beaucoup moins de difficulté qu'il ne pensoit; le tems étant alors fort doux, & de plus les vagues du nord y arrivent fort rompues, ayant déja cheminé 70 lieues, & celles du sud n'y sont pas furieuses non plus, à cause de la grande profondeur où elles se rompent & s'amortissent. Il est vrai qu'en la mauvaise saison de l'hiver, le détroit devient innavigable par la furie de la mer. *Acosta*, hist. natur. des Indes. Liv. III. Chap. 13.

mettre bien au fait de tout ce passage, il faudroit y faire un long séjour avec une flotte nombreuse.

Un des petits vaisseaux & la patache perdirent de vûe le reste de la flotte dans la mer du sud vers 47°; bien désolés de se voir séparés, n'ayant plus de chaloupes que la violence des flots leur avoit fait perdre, & très-peu de vivres pour le nombre de gens qu'ils étoient. Les gens de l'équipage attrapoient quelques oiseaux qui venoient se poser sur les bâtimens; pour de la pêche, il n'y en avoit point à espérer dans ce grand abyme. Par bonheur la patache avoit conservé un coq & une poule. Dès qu'on se fut raproché des climats chauds, la poule pondoit tous les jours un œuf. Le capitaine du vaisseau offrit jusqu'à mille ducats de cette poule au capitaine de la patache, qui les refusa, n'ayant d'autre ressource pour ses malades. A sept degrés au nord de la ligne ils virent une terre, le 12ᵉ juillet, sans pouvoir dire si c'est isle ou continent. [C'étoit peut-être l'isle *de la Passion*, revuée depuis en 1711. vers 264°. de longit.] Quelques poissons qu'ils y prirent leur apportèrent un peu de soulagement. Enfin, le 25ᵉ juillet ils approchèrent d'une côte qu'ils virent garnie de sauvages. Ceux ci leur faisoient signe d'aborder avec une banière blanche : mais la côte étoit basse. Quelque besoin qu'on eût d'approcher on ne le pouvoit. Dans cette extrémité où il falloit absolument que quelqu'un se sacrifiât pour procurer du secours au reste de la troupe, l'aumônier *Juan d'Arrayzaga* s'offrit de se mettre sur un coffre vuide pour gagner le rivage. On lui donna quelques présens pour offrir aux sauvages, & se garantir, s'il pouvoit, d'être tué ou mangé. On le lia par la ceinture à une corde attachée au coffre de l'autre bout, afin de pouvoir remonter dessus s'il venoit à tourner. En cet équipage, n'ayant gardé qu'un calçon & une épée, il se mit à la mer suivi des yeux par les gens du vaisseau. Il n'étoit plus qu'à un demi quart de lieue du bord lorsque le coffre tourna. L'aumônier se croyant plus près qu'il n'étoit du rivage, fit de grands efforts pour le gagner à la nage. Mais les forces lui manquèrent, & il se seroit infailliblement noyé, si les sauvages ne fussent entrés dans l'eau pour le secourir. Ils le tirèrent sur le sable à demimort. Lorsqu'il eut repris les sens, les sauvages l'entourerent en se prosternans à terre sans dire une parole. L'aumônier en fit autant. Alors ils chargèrent le coffre sur leurs épaules & firent signe à l'aumônier de les suivre; de sorte que ceux du vaisseau les perdirent de vûe. On le conduisit dans un bois, au-delà duquel il trouva une bonne habitation avec des tours & des vergers. Plus de vingt mille personnes armées d'arcs & de flêches s'assemblèrent sur la route jusqu'à ce qu'il fût arrivé vers leur chef, qu'il trouva se reposant sous un gros arbre. Ils se parlèrent un moment sans s'entendre. Mais un moment après le cacique lui montra du doigt une croix de bois plantée en terre en lui disant *sancta Maria*. A cette vûe si consolante, l'aumônier se prosterna en adoration pleurant de joye. Il apprit bientôt qu'il étoit à *Tecoantepec*, sur les côtes du Mexique, on porta des vivres à la patache. On lui montra un mouillage où elle jetta l'ancre, & le capitaine étant descendu, eut peu après la visite d'un Espagnol qu'on avoit envoyé chercher, & qui le conduisit vers *Hernand Cortez*.

Les mêmes coups de mer, qui avoient écartés de la

flotte les deux bâtimens ci-dessus, en séparèrent aussi d'autres qui ne la revirent jamais depuis. De ce nombre étoit le vaisseau amiral, & un autre commandé par *George Manrique*. Ce dernier vint à Mindanao, à ce que l'on raconta d'abord, où il fut massacré par les insulaires avec une partie de son équigage, & le reste vendu pour esclaves. L'année suivante Alvar de Saavedra en trouva quelqu'uns qu'il reprit avec lui, & découvrit bien-tôt que ce que l'on avoit dit de la mort de Manrique n'étoit pas vrai ; qu'il avoit été jetté dans la mer par ses propres gens, qui, après avoir tué tous leurs officiers, s'étoient emparé du bâtiment pour pirater dans les isles. L'amiral *Garcie de Loaise* n'étoit point sur son bord lors de la séparaton. Car on lit qu'il continua la route avec la flotte, & qu'il mourut de maladie près de l'équateur vers la fin de juillet. Le fameux *Sébastien Cano*, nommé pour lui succéder ne survécut que quatre jours. *Alfonse de Salazar*, alors commandant, prit la route des isles *Larrones*, le 13 septembre, il découvrit l'isle *saint Barthelemy* à 14° latitude nord, 181° longitude ; vainement il voulut y mouiller, on ne trouva point de fond à 100 brasses, il fallut faire voile jusqu'aux *isles Larrones*, en abordant à celle qu'il nomme *Borta* (peut-être *Rota*.) Ils virent venir à eux dans un canot un homme qui leur cria en espagnol, « Seigneurs soyez les biens venus. Je suis Gallicien, natif de Vigo. Je me nomme Gonsalve : j'ai déserté de la flotte de Magellan avec deux autres de mes camarades, que les naturels ont mis à mort pour certaines fautes par eux commises. Je sçais la langue du pays. Si vous voulez m'accorder l'amnistie de la part du

AUX TERRES AUSTRALES. LIV. II. 157

» roi, je montrerai sur votre bord. » Il n'eut pas de peine à l'obtenir. Les habitans aportèrent en foule du poisson, des noix de cocos, des fruits & de l'eau douce, en criant ces mots en espagnols, *des clous, du fer.* Leurs canots sont d'une ou deux pièces portant une sorte de voile latine de nattes fort bien tissues. Les hommes vont entièrement nuds. Les femmes se couvrent le milieu du corps d'une ceinture de feuilles. Ils adorent les os de leurs ancêtres qu'ils tiennent chez eux dans une espèce de chapelle, où ils les oignent d'huile de coco. Nous ne vîmes, dans ces isles aucune sortes de grains, ni d'autres oiseaux, qu'une espèce de tourterelle, que les habitans prisent beaucoup. Ils les tiennent en cage & leur aprennent à parler. Ils travaillent le bois avec des pierres à fusils, n'ayant aucune espèce de métal. Ils sont bien-faits. Ils se graissent le corps d'huile de coco. Plusieurs d'entr'eux portent la barbe longue. Les femmes comme les hommes se couvrent la tête d'un large chapeau : leurs armes sont la fronde, & des bâtons garnis, au lieu de fer, de l'os du bras d'un homme, taillé à d'entelures comme une scie. Ils n'ont ni biens ni avoir. Tout ce qu'ils estiment le plus sont les écailles de tortues qui leur servent à faire des peignes & des hameçons. Le commandant *Alfonse de Salazar*, resta 5 jours dans ces isles, d'où il enleva furtivement onze hommes pour travailler à la pompe, car son navire faisoit eau de tous côtés. De-là il prit le chemin des Moluques. Mais il mourut dans le trajet. Après sa mort, le commandement fut disputé entre *Martin Iniguez* major de l'escadre, & *Bastumante*, qui avoit déja fait le tour du monde avec Magellan. *Iniguez*, qui l'em-

1525.

Mœurs des habitans.

Iniguez & Bastumante.

V iij

porta, conduisit le navire à Mindano le 2ᵉ octobre, puis aux isles Moluques de Gilolo & de Tidor : où il mourut de poison, comme on le raportera ci-après.

VII.
ALVAR DE SAAVEDRA,
En Polynésie & en Australasie.

La relation de ce voyage est écrite en espagnol par Antonio de Herrera, Decad. 4. L. I. & suiv. Voyez aussi Lopez de Homara en son hist. des Indes, chap. 103.

L'arrivée de *Juam d'Arrayzaga*, aumônier de la Patache, au Mexique, confirma *Ferdinand Cortez*, Marquis de la Val dans le projet qu'il avoit conçu d'envoyer à la recherche des isles de l'épicerie à travers de la grande mer du sud. Il fit équiper une escadre de trois vaisseaux dont il donna le commandement à Dom *Alvar de Saavedra* son parent. Celui-ci ayant fait voile du port de Jevatlancio dans la province de Soconusc au Mexique le dernier octobre 1526, fut séparé de ses deux conserves par une tempête ; & après une navigation de 2000 lieues, qu'il estime en faire environ 1500 en droiture ; il découvrit le jour de l'Epiphanie 1527, un amas d'isles qu'il nomma les isles des Rois à 11°. *lat. nord* (de Lisle les places à 9.) 189 *long*. Les insulaires sont de haute taille, larges d'équarure, la peau noire, & le visage fort barbu, ils portent de grands chapeaux, se servent de lances de cannes, fabriquent de beaux canots & de jolies nattes. Ils couvrent d'une petite natte leurs parties naturelles, laissant le derrière & le reste du corps nuds. L'amiral vint à Mindanao puis aux Moluques, où les Porrugais & les Castillans se faisoient une cruelle guerre. Il y trouva plusieurs personnes de l'ancienne flotte de *Magellan*, & une partie de celle de *Garcie de Loaize*, alors commandée par *Ferdinand de Valdaya* qui avoit empoisonné *Martin Iniquez*, pour avoir sa place; ce qu'il avoua à sa mort arrivée peu après dans un combat où Dom Alvar battit les Portugais.

L'amiral remit à la voile de Tidor le 3 juin 1528, pour le retour au Mexique. Après un calme de trente jours & une navigation de deux cens cinquante lieues, il mouilla dans un grand port à certaines *isles d'or*, sans les mieux désigner. Herrera ne s'explique pas non plus là-dessus plus au long (*). Mais il y a grande apparence que ces isles d'or sont partie du continent ou des grandes *Terres australes*. Car, selon le rapport d'autres écrivains, Saavedra retournant de la recherche des isles des épiceries, & revenant en N. Espagne, découvrit à cent lieues de l'isle Gilolo les côtes des terres habitées par les peuples *Papous*, qu'il nomma *nouvelle Guinée*, la croyant à l'opposite de la Guinée d'Afrique sous le même cercle méridien; en quoi, sans doute, il se trompoit fort. D'un autre côté *Melkisédeck Thevenot*, homme très-versé dans cette matière, rapporte que le nom de *Guinée* n'a été donné à la Terre australe des Papous que par Jacques le Maire près d'un siècle après la navigation de Saavedra.

(*) Le même auteur dans sa description des Indes chap. 27. dit nettement que la terre que découvrit alors Saavedra est la *nouvelle Guinée*, il en donne au même lieu une description géographique, & une carte, ainsi que des *Larrones*, & de diverses autres isles de la mer pacifique, mais on n'étoit guères instruit alors. Le collecteur de la nouvelle histoire générale des voyages, dit qu'en 1528, *Antonio Vidanetta* reconnut cette même terre que quelques navigateurs croyent être celle des Papous.

†

Les habitans de ces isles d'or sont des nègres à cheveux crépus, ils vont nuds, portant des armes ferrées, & de bonnes épées. Cent autres lieues de trajet amenèrent Dom Alvar en d'autres isles dont les habitans étoient aussi des nègres armés de flèches. Il en prit trois qu'il emmena, & ayant encore navigé deux cens cinquante lieues, il trouva des isles à 1°. de l'équateur (probablement du côté du nord) peuplées d'hommes tous blancs; s'émerveillant fort de cette différence totale de couleur dans l'espèce humaine, a si peu de distance. Ceux-ci faisoient des efforts pour monter sur le navire & tiroient des pierres avec la fronde. Delà il courut au nord, & au nord-ouest jusqu'à 14°. où un vent violent de nord-est le repoussa du côté d'où il venoit jusqu'aux *isles Larrones*. Le vent ne lui permit pas d'y mouiller. Il passa à la bande du sud, & fut chassé sur les côtes de Mindanao.

Il repartit une seconde fois de Tidor en 1529, pour retourner au Mexique; sa route fut la même que dans le voyage précédent. Il revit les isles dont il avoit enlevé trois nègres. L'un d'eux s'étoit fait chrétien & avoit de l'intelligence. Alvar l'envoya dire à ses compatriotes qu'il venoit pour commercer & découvrir des terres, non pour leur faire du mal. Mais le sauvage fut tué par les insulaires avant que d'avoir mis le pied sur le rivage. L'amiral leva l'ancre & courant au nord-est; découvrit cinq petites isles, la plus grande de quatre lieues de long, les autres d'une lieue seulement. Les peuples étoient nuds, noirs & barbus. Ils faisoient voguer des pirogues mâtées à voiles turques, de feuilles de palmite. Cinq de ces sauvages s'avancèrent vers le navire en criant d'une voix menaçante. Ils paroissoient dire que l'on amenât

amenât les voiles. Un d'eux jetta une pierre contre le vaisseau d'une telle roideur qu'il fendit une planche du bordage. On leur fit tirer un coup de mousquet qui n'atteignit personne, & ils se sauvèrent. Ces isles sont à 7 degrés de l'équateur à moitié chemin de Tidor au Mexique, distantes d'environ 1000 lieues de l'un & de l'autre. Probablement ce sont les *isles des Barbus*, dans le même archipel que les *isles des Rois* ci-dessus mentionnées. 80 lieues plus loin, toujours sur la route du nord-est, le bâtiment mouilla vers des isles basses (probablement 12°. *latit. septent.* 202 *longitude*) où des gens qui puisoient de l'eau leur firent signe avec une bannière. Sept pirogues vinrent à la prouë du navire. Vingt insulaires y montèrent avec une femme qui avoit l'air d'une sorcière. Elle touchoit de la main tous les Espagnols les uns après les autres. L'amiral leur fit donner un manteau & un peigne. Il les régala, leur demanda par signes leur amitié : ce qu'ils parurent bien recevoir, de sorte qu'un Castillan se hasarda d'aller à terre avec eux. Les chefs le reçurent à la descente. Ils le menèrent dans leurs maisons ; qu'il trouva logeables & couvertes de feuilles de palmier. Ce peuple est blanc. Il se peint le corps & les bras. Les femmes sont jolies, à grands cheveux noirs, & toutes vêtues de nattes très-fines. Leurs armes sont des bâtons brûlés, leur nourriture, du poisson & des noix de cocos. L'amiral descendit à terre où les chefs le vinrent recevoir. Un d'eux voyant un fusil parut fort curieux de sçavoir ce que c'étoit. On le lui fit entendre. Il demanda qu'on le tirât, mais au coup, la troupe tomba par terre à demi-morte d'épouvante, puis s'enfuit en tremblant vers un bois

1529.

Isles des Barbus.

Isles Basses.

Mœurs des habitans.

1529.

de palmiers. Il n'y eut que les chefs qui restèrent quoique fort effrayés. La maladie de l'amiral obligea de faire ici quelque séjour, durant lequel les insulaires apportèrent au vaisseau deux mille noix de cocos, & aidèrent à l'equipage à remplir les tonneaux d'eau fraîche. Ils faisoient de fort bonne grace, tout ce qu'on leur commandoit. Ces isles sont à 8°. *latitude nord.*

Mort de Saavedra.

Quand le vaisseau eut repassé le tropique, il retrouva les vents contraires qui le rechassoient de nouveau. L'amiral mourut sur ces entrefaites : recommandant à son équipage de tâcher de gagner la hauteur de 30°. (*a*) &

Retour à Tidor.

alors si le vent ne changeoit pas de retourner à Tidor, où ils consigneroient le vaisseau, & tous les effets appartenans au roi d'Espagne, entre les mains du capitaine Fernand de la Tour : ce qui fut exécuté.

VIII.

DIEGO HURTADO ET FERNAND DE GRIJALVA,

En Polynésie.

Tiré de Herrera, *Decad. 5. Liv. VII. Chap. 3. & 4.*

Départ du Mexique.

LE marquis de Laval (*b*) en 1533. fit équiper une autre escadre commandée par Diego Hurtado & Fernand de Grijalva, pour courir à la découverte de la mer du sud. Cette expédition eut peu de succès. Les mariniers virent vers 14°. 30'. latit. nord un poisson qu'ils affirmèrent tous avoir la forme d'un homme marin ; il fut vû

Homme marin.

(*a*) On sçavoit dès-lors, qu'il faut aller à 30°. de lat. nord chercher les vents d'ouest qui menent tout droit à la côte de Californie.

(*b*) C'étoit Fernand Cortez gouverneur du Mexique.

aux Terres Australes. Liv. II. 163

de tout l'équipage. Le 21 décembre (à 20°. 30'. *latitude sud*) on découvrit une isle, où, après beaucoup de peine, on mouilla vers la bande du sud, sur 25 brasses fond de sable blanc. Elle est partagée par une haute montagne. Le capitaine *Grijalva* descendit avec quelques hommes ; & étant monté au sommet des rochers ne vit que de grands bois, dont l'épaisseur déroboit la vûe du reste de l'isle. On y trouva une quantité de tourterelles à plumes de perdrix & becs de pigeons, des aigles, des faucons : on entendit les cris d'animaux quadrupèdes. Les côtes parurent fort poissonneuses. On y remplit quelques barils d'eau de pluye un peu saumache. L'isle peut avoir 25 lieues de tour. Le capitaine l. nomma *S. Thomas* du jour de la fête, (262 *longitude* selon de l'Isle, & beaucoup plus loin du continent selon d'autres, (à 30 lieues du continent, près d'une isle déserte & de mauvaise apparence, on apperçut une seconde fois un poisson ou homme marin, de la même espèce que le précédent. Il sauta & se promena autour du vaisseau assez long-tems pour que l'on pût le bien discerner & reconnoître. Il faisoit des sauts dans l'eau comme un singe, plongeant, se lavant le corps avec les mains, regardant les spectateurs, comme s'il avoit eu de l'intelligence. Mais quand on voulut lui jetter quelque chose, il plongea & se mit plus loin du vaisseau, quoique toujours à portée de la vûe.

1533.
Isle S. Thomas. Ses productions.

Autre homme marin.

X ij †

IX.

SIMON DE ALCAZOVA,

En Magellanique.

Tiré de Herrera. Decad. 5. Liv. VII. cap. 5.

SIMON de Alcazova, gentilhomme Portugais, chevalier de S. Jacques, entreprit en 1534 de conduire une colonie au Pérou. Il partit du port san-Lucar avec son escadre, & vint mouiller à la rivière *Gallego* sur la côte des Patagons le 17 janvier 1535. La crainte d'arriver trop tard au passage du détroit, l'empêcha de s'arrêter pour faire aiguade à cette rivière: ce qui le jetta depuis dans une terrible disette d'eau, dont son équipage manqua totalement durant cinquante jours; si bien que les chiens & les chats du vaisseau ne buvoient que du vin pur. Un de ses bâtimens toucha à une isle appellée *Arrezife de Leones* (chaussée des lions marins,) & à l'isle des loups marins, où il fit de l'eau. Vers l'entrée du détroit il trouva une croix plantée sur le rivage, qui, selon l'apparence, y avoit été mise par Magellan; & les restes d'un vaisseau brisé qu'on jugea être de la flotte de Garcie de Loize. Une troupe d'environ 20 sauvages se montroit sur la côte droite, marchant devant & paroissant joyeuse de voir des Espagnols. Il n'arriva pas sans grand danger aux premières isles du détroit; le vent donnant quelquefois d'une telle furie dans les voiles, qu'on eut dit qu'il alloit enlever le navire en l'air. On envoya quelques gens dans l'isle où ils virent des sauvages chassans aux oiseaux, avec des filets faits de nerfs de bêtes sauvages. Le tems étoit si mauvais & le froid si violent, que les officiers & tout l'équipage déterminèrent Alcazova, à force d'instances, à sortir du détroit pour retourner au port des loups marins, où l'on prendroit terre & l'on tenteroit quelques découvertes. Après y être arrivés, ils se mirent en marche au nombre de 200 hommes armés, ayant leur chef à leur tête. Mais Alcazova, déja malade, ne put soutenir la marche dans un terrain si difficile. Il fut obligé de revenir au campement avec les plus foibles de la troupe, laissant à sa place Rodrigue de l'Isle pour commander ceux qui alloient à la découverte. Ceux-ci tirant au nord-ouest, souffrirent beaucoup de la soif dans une traite de 25 lieues jusqu'à ce qu'ils eussent trouvé entre deux montagnes une rivière étroite, rapide & sans fonds, dont l'eau avoit la même couleur que celle du *Guadalquivir*, & à qui ils en donnèrent le nom. Quatre femmes sauvages étoient près de là avec un vieillard, n'ayant d'autres vivres qu'une certaine graine qu'elles mouloient entre deux pierres, & un peu de chair de brebis, qui, dans cette contrée, sont en très-grand nombre, farouches & légères à la course. L'Indien en avoit une apprivoisée qui lui servoit à en attraper d'autres au piége, quand elles venoient boire à la rivière. Les Espagnols, ayant fabriqué un radeau & pris les femmes indiennes pour guide, passèrent la rivière, traversèrent un ruisseau bordé d'oziers qu'ils passèrent à gué, puis des montagnes encore plus difficiles, puis le même ruisseau, dans lequel ils pêchèrent de bons poissons semblables au saumon. Là, leur provision de biscuit étant sur sa fin, la plû-

1535.

Route dans les terres sur la côte des Patagons.

Rodrigue de l'Isle, lieutenant.

Rivière Guadalquivir.

Hommes & animaux.

part voulurent retourner sur leur pas; malgré les signes que leur firent les Indiennes, & trois autres femmes sauvages qu'ils avoient aussi trouvées depuis, qu'un peu au-delà ils rencontreroient une peuplade de gens, qui portoient des anneaux d'or aux bras & aux oreilles; malgré le chagrin du lieutenant Rodrigue de l'Isle, qui leur représentoit qu'étant si loin des vaisseaux, ils n'étoient plus en état de faire 90 lieues sans mourir de faim; « Il » y a moins de risque, leur disoit-il, à chercher en avant » cette terre que les Indiennes nous donnent à connoître » ou au moins faut-il en retournant suivre le cours de » la rivière, qui nous ménera sur le rivage de la mer, » & nous fournira du poisson sur la route. « Ces représentations furent inutiles : ils reprirent leurs mêmes traces, & ne vécurent que de racines d'herbes durant quarante jours, jusqu'à ce qu'ils furent arrivés presque morts de faim auprès des vaisseaux, où des malheurs plus grands encore les attendoient. En leur absence les officiers de la flotte, à la tête de tout l'équipage, avoient fait une conspiration contre Alcazova, l'avoient massacré, lui, les pilotes & quelques autres que l'horreur de cette trame abominable avoit empêché d'y entrer. Ils avoient, de plus, pillé tous les effets de la flotte, sans épargner ceux de leurs compagnons envoyés à la découverte. Ceux-ci se voyant à leur retour refuser l'entrée des vaisseaux ; menacés d'ailleurs d'une mort inévitable, s'ils y mettoient le pied, furent contraints d'essuyer encore pendant quinze jours sur le rivage toutes les misères d'une affreuse disette ; car ils ne purent réussir à s'emparer de quelques barques des sauvages ; tentative que l'extrémité où ils étoient réduits pouvoit

Révolte de l'équipage. Meurtre d'Alcazova.

1535.

seule rendre excusable. Dans cet intervalle la division se mit entre les chefs de la conspiration. Le lieutenant Rodrigue de l'Isle, informé du fait, en profita pour regagner quelques amis déja touchés de sa malheureuse situation; il se servit de leur entremise pour faire représenter avec tant de force, aux moins coupables, la honte éternelle de leur forfait, que ceux-ci saisirent les deux chefs de la rébellion, & vinrent avec le vaisseau amiral trouver la troupe abandonnée sur le rivage. Alors Rodrigue attaqua les rebelles, les défit, les prit prisonniers, fit couper la tête aux principaux & se retira, d'abord à la baye de tous les Saints, puis à l'isle Espagnole où les autres conjurés furent punis de mort.

1539.

Punition des assassins.

X.

ALFONSE DE CAMARGO.

Tiré de Herrera, *Décad.* 7. *Liv.* I. *ch.* 8.

MALGRÉ le mauvais succès de l'entreprise d'Alcazova, la difficulté de traverser par terre l'isthme Darien pour parvenir à la mer du sud & au Pérou, engagea les Espagnols à faire de nouvelles tentatives pour y arriver par le détroit. *Guttieres de Carvajal*, évêque de Placentia fit armer à ses frais trois vaisseaux bien équipés, dont le commandement fut donné à Alfonse de Camargo. Ils firent voile de Séville au mois d'août 1539. & vinrent mouiller l'ancre le 20° janvier 1540. près du *cap Vierge* à 52°. 20′. latitude. En entrant dans le détroit on vit encore sur une hauteur la même croix qu'avoit apperçû Alcazova, & que Magellan, à ce qu'on

Guttières de Carjaval.

Départ de Séville.

Cap Vierge.

croit, y avoit fait planter. A peine eut-on embouqué la seconde entrée du détroit, que le principal vaisseau de l'escadre heurtant contre la côte y fut brisé ; mais l'équipage se sauva à terre. (*) Le second bâtiment, monté par Alfonse de Camargo, traversa jusqu'à la mer du sud & vint surgir en très-mauvais état au port d'Aréquipa dans le Pérou. Le troisième voulant s'approcher de la côte pour reprendre l'équipage du premier, en fut empêché par le calme & par les vents contraires. Dans la suite de la route, en ce difficile passage, il tomba le 4.⁰ février dans un labyrinthe de 8 ou 9 isles environnées d'étroits canaux fort profonds sans aucunes bayes, dont on eu toutes les peines du monde à se débarrasser. Ensuite on trouva une côte qui couroit de l'est à l'ouest, avec un petit golfe peu profond, fond de sable pur, au fond duquel l'équipage prit terre dans un port qu'on nomme *de las Zorras* (des renards) à cause de la quantité de ces animaux qu'on y vit. La montagne & la côte étoient aussi couvertes d'oyes & de loups marins si gros, qu'il y en avoit dont le cuir étendu se trouva de trente-six pieds de large. Le pays est nud sans aucun arbuste, venteux, couvert de neige, & d'un froid excessif. La belle saison ne dure pas en ces contrées plus de quatre mois. La force de l'hiver y commence dès le mois de mai, & la neige ne cesse qu'à la fin de décembre : l'équipage fut contraint d'y passer six mois : après quoi, s'étant pourvû le mieux qu'il fut possible de bois & d'eau, on résolut de retourner en Europe le

Description du détroit.

Port des renards.

Loups marins.

(*) Voyez ci-dessus, article V. la relation de ce naufrage, & ci-après livre IV. article 38. l'histoire vraye ou fausse de ce que devint tout l'équipage de ce vaisseau.

24e novembre. Le 30 le navire trouva un excellent port tout rond, aussi-bien fait que si les moles eussent été jettés à main d'hommes. Il seroit excellent pour les vaisseaux obligés de passer l'hiver dans le détroit. On y trouve de l'eau, du bois, de bons abris; & il n'est qu'à huit ou neuf lieues de l'embouchure orientale. Ce vaisseau ayant touché à Rio de la Plata revint en Espagne; où cette nouvelle expérience du peu de fruit des dernières tentatives, dégoûta la nation du passage par Magellan, & détermina le roi à faire fortifier *Nombre de Dios* dans l'isthme de Panama, pour assûrer désormais, contre les pirates, le passage par terre d'une mer à l'autre.

Je passe sous le silence quelques autres expéditions qui n'eurent aucun succès, les flottes n'ayant pû entrer dans le détroit. Telles sont celles de deux vaisseaux génois en 1526. celle des marchands de Galice, l'année suivante; & celle de M. de Villegagnon, capitaine françois, qui, étant à *Rio Janeiro*, envoya vers le sud deux vaisseaux de son escadre. Ils s'avancèrent jusqu'à 55°. où la tempête & les vents les rechassèrent sur la route qu'ils venoient de faire. Voyez l'historien Portugais *Lopez Vaz* & *Purchas*, Tome 4. Liv. VII. ch. 11.

1539.

Le capitaine Villegagnon.

XI.

JUAN GAËTAN ET BERNARD DELLA TORRE,

En Polynésie.

CECI n'est qu'un routier assez sec dressé par un pilote espagnol. Mais comme il a couru des plages peu connues dans le grand océan pacifique, je n'ai pas dû

1542.

négliger de l'inférer ici. Il a été imprimé à *Venise*, chez les *Juntes*. *fol.* 1550. dans le recueil de Ramusio.

* * * * * *

Départ du Mexique.

Nous partîmes du port de la Nativité, dans la province de Chalisque au Mexique, le premier novembre 1542. & après 30 jours de navigation vers l'ouest dans un espace de 900 lieues, suivant mon estime, nous découvrîmes diverses isles, outre celles que nous avions vûes ci-devant. Nous nommâmes ces dernieres découvertes *isles des Rois*. Les habitans sont des pauvres gens qui vont nuds, n'ayant qu'une espece de brayette pour couvrir leurs parties honteuses. On y voit des poules semblables aux nôtres de Castille. La côte y produit du corail, & des cocos, & quelqu'autres fruits. Mais nous n'y vîmes ni or ni argent ni aucune autre chose d'importance. Je n'ai pas daigné faire mention des isles inhabitées que nous avions découvertes avant celle-ci: Telles que *saint Thomas*, à 180 lieus des côtes du Mexique (20°. 40'. *latitude nord*, 263. *longitude*) & 200 lieues plus loin *Rocca partida* (*Roche millée*) (20° *latitude*, 251 *longitude*.) Ces isles des Rois s'étendent depuis le 9e jusqu'au 11e parallèle. (9° *latitude*, 187° *longitude*) vingt lieues plus avant nous en découvrimes d'autres sous les mêmes parallèles, à qui nous donnâmes le nom d'*isles du Corail* (10° *latitude*, 182. *longitude*.) Les habitans sont semblables à ceux que nous avions deja vû. Les isles suivantes sont vertes, belles & bien plantées de palmiers. Aussi les appellâmes-nous *les Jardins* (9° 30'. *latitude*, 177 *longitude*.) Deux cens quatre-vingt lieues plus loin, toujours à la même latitude, nous nommâmes

I. des Rois. Ses productions.

I. S. Thomas.

I. Rocca partida.

I. du Corail.

I. des Jardins.

la Matelote une autre petite ifle fertile en palmiers, & peuplées d'assez bonnes gens qui nous donnèrent un peu de poisson & de cocos. Celle d'*Arezife* (*a*) 30 lieues plus avant, est plus grande & ne paroît avoir guères moins de vingt-cinq lieues de tour. (*b*) Nous y apperçûmes, comme à l'autre, quantité de bosquets de palmiers. Mais sans nous y arrêter nous nous hâtâmes d'arriver à Mindanao; puis aux Moluques, aux Philippines où étoit notre destination envoyans de-là Bernard della Torre, sur un petit bâtiment, rendre compte au viceroi du Mexique de notre heureux trajet. Nous apprîmes depuis que ce capitaine, ayant fait sa traversée sous un parallèle plus voisin de l'équinoxe, que celui par lequel nous avions navigé, avoit découvert à sa droite, vers un demi degré de latitude méridionale, une côte dont il avoit continué d'avoir la vûe durant 650 lieues: & qu'y ayant pris terre vers le 6ᵉ parallèle sud, il trouva le pays habité par un peuple nègre à cheveux courts & crépus. Ce peuple est fort agile, & porte pour armes des bâtons, & des flêches non empoisonnées. Pour nous, après avoir essuyé de grandes difficultés de la part des Portugais, au sujet de notre arrivée aux Moluques, qui se terminèrent par un accord particulier, que notre commandant fit avec eux malgré moi, & nous reprîmes le chemin de l'Europe.

1542.
I. Matelote.
I. d'Arézife.

Nouvelle Guinée.

****

Ce voyage de Gaëtan a quelque chose de remarquable, en ce qu'il comprend presque le tour du monde,

(*a*) C'est-à-dire des chauffées. Les isles étant fort basses en ces parrages, on les environne de digues pour contenir les eaux.

(*b*) Ces deux dernieres isles doivent faire partie de l'archipel appellé les nouvelles Philippines.

fait en partant d'Amérique. L'auteur soutient que, selon le règlement du pape Alexandre VI. les Moliques & Celèbes se trouvent dans le lot attribué à l'Espagne, c'est-à-dire à la bande d'occident. Il prétend avoir observé qu'alors les Portugais dressoient frauduleusement des cartes fautives des isles de l'épicerie, où ils marquoient mal les longitudes, plaçant ces isles 550 lieues plus près du premier méridien qu'elles n'auroient dû l'être. Il ajoûte que les Portugais s'appercevant qu'il étoit connoisseur en cette matière, & qu'il faisoit ses observations, s'efforcèrent de le débaucher du service de l'Espagne, en l'attirant au leur par des offres considérables qu'il rejetta, se promettant bien d'instruire l'empereur Charles-Quint son maître, de ce qui se pratiquoit dans les Indes au préjudice de ses droits.

Quant à la terre découverte à un demi degré de l'équateur, par Bernard Della Torre à son retour au Méxique, c'est le cap *Mabo*, dans le pays des *Papous*. L'endroit où il prit terre est voisin d'*Arimoa*.

Arimoa.

XII.

ALVAR DE MENDOCE.

En Polynésie.

Tiré de la géographie indienne de Herrera, chap. 27. & de l'histoire portugaise de Lopez Vaz.

Départ du Pérou.

EN 1567. le gouverneur du Pérou envoya *don Alvar de Mendoce*, son parent, & *don Alvar de Mindana*, naviger dans la mer pacifique. Ce fut alors qu'on découvrit à 800 lieues du Pérou ces isles que l'opinion que l'on conçut de leur richesses en or, fit nommer *isles de Salomon*. Un jeune homme appellé *Trejo* les apperçut le premier. Elles sont situées entre le 7ᵉ & le 12ᵉ parallèle, (vers le 210ᵉ méridien selon les cartes espagnoles) a près de 1500 lieues de Lima (*). Elles sont en grand nombre. Il y en a 18 principales, sans beaucoup de moindres que l'on ne connoît pas, dont on n'a pas fait le tour, & qu'on n'a même peut-être pas apperçues. On prétend qu'il y en a quelques-unes des plus grandes dont le circuit va jusqu'à 100. 200 & 300 lieues. D'autres croyent aussi qu'elles vont jusqu'au continent des *Terres australes* de la nouvelle Guinée; la température y est bonne, l'air serain, les vivres abondans, le bétail en quantité. Les habitans sont noirs. Il y en a néanmoins de blancs, de roux, & même de blonds: ce qui est une marque que ces isles touchent à la nou-

1567.

I. Salomon.

Leurs nombre, productions, & habitans.

(*) Ceci ne s'accorde guères avec ce que l'auteur vient de dire qu'elles étoient distantes de 800 lieues des côtes du Pérou, aussi ne sçait-on pas bien au vrai ce que c'est qu'on appelle les isles de Salomon, que d'autres géographes entr'autres Dudley placent sous le 255ᵉ parallèle; de sorte qu'il n'y a pas moins de 1000 lieues de différence en longitude dans leur position entre les opinions des auteurs. Ce voyage de Mendoce est sans doute le même que Mindaña fit avec lui en 1568. Quoique la route que l'on peut voir plus exactement tracée dans les hémisphères de Delisle soit ici assez mal expliquée. Il faut observer que Mindaña à son second voyage avec Quiros en 1595. dont on lira ici après l'article, découvrit des isles vers les 150 parallèle qu'il nomma *les marquises de Mendoça*. Son équipage les prit pour les isles *Salomon* qu'il cherchoit. Mais Mindaña les avertit de leur erreur, & leur dit que ce n'étoit point là celles qu'il avoit vû la première fois. Ainsi il y a plus d'apparence que les vrayes isles qu'on se figura ridiculement être l'ancien Ophir de Salomon, sont *Isabella, Sancta Cruz*, &c. vers 10° lat. 200° & 210 long. C'est l'opinion de *Ferdinand Gallego* l'un des compagnons de Mindana.

velle Guinée (*). La plus grande est *Isabella* sous le 8ᵉ & le 9ᵉ degré. Elle a vers le nord-est un port très commode nommé l'*Estrelle*.

Herrera continue à nommer toutes les autres isles & à décrire leur circuit. Ces descriptions se voyent mieux sur une carte que par la lecture. C'est pourquoi je les supprime toujours ici. Il n'ajoûte rien de plus sur les mœurs & les productions du pays, ni sur le voyage de Mendoce. L'historien portugais contient quelques détails de plus. Les peuples de ces isles (dit il) sont d'une couleur jaunâtre : ils vont nuds : leurs armes sont l'arc, les flèches & la pique. Les animaux les plus communs dans cette contrée sont les cochons, les poules & les petits chiens. On y trouve du clou, du gingembre, de la canelle : mais la canelle n'est pas des meilleures. Les Espagnols bâtirent dans l'isle *Isabelle* une petite pinasse, dans laquelle, en courant ce parage, ils découvrirent entre 9 & 10 degrés de latit. sud onze isles, d'environ huit lieues de circuit l'une portant l'autre ; & ensuite une grande terre, qui fut nommée *Guadalcanal* par celui qui l'apperçut le premier. Ils en coururent les côtes jusqu'au 18ᵉ degré dans un espace d'environ 150

(*) On ne voit pas sur quoi l'on en peut tirer une telle conséquence, puisque les habitans de la nouvelle Guinée sont nègres à cheveux crépus. Acosta croit les isles Salomon voisines de la nouvelle Guinée, mais sans se fonder sur une pareille raison. ,, Ces ,, isles, dit-il, en son hist. nat. des ,, Indes, liv. I. chap. 6. qu'Alvar ,, Mendana & ses compagnons découvrirent au bout de trois mois de ,, navigation à l'ouest du Pérou, sont ,, nombreuses & fort grandes. Il y a ,, grande apparence qu'elles gissent ,, joignant la nouvelle Guinée, ou ,, du moins fort proche d'une autre ,, terre ferme : aujourd'hui par le ,, commandement du roi & de son ,, conseil, l'on délibere d'aprêter une ,, nouvelle flotte pour aller à ces is- ,, les.

lieues, sans en trouver le bout, sans pouvoir s'assurer, si c'étoit une isle, ou partie d'un grand continent : tellement qu'on se figura que cette terre pouvoit être contiguë à celle qu'on connoît au sud de Magellan. Les Espagnols descendirent ici sur le rivage, & s'emparèrent d'une ville indienne, où l'on trouva des grains d'or suspendus comme un ornement dans les maisons. Mais outre qu'on n'entendoit point le langage du pays, les Indiens sont des gens fort courageux, qui se battoient continuellement contre les Espagnols : de sorte qu'il n'y eut pas moyen d'apprendre d'où cet or venoit, ni s'il y en avoit une certaine quantité dans le pays. Ces peuples montent de grands canots capables de contenir jusqu'à cent hommes. C'est sur ces barques qu'ils se font la guerre entr'eux. Mais elles ne seroient pas capables de faire grand obstacle aux vaisseaux d'Europe. Une bonne pinasse avec deux fauconneaux viendroit à bout d'une flotte de cette espèce. Sur terre, on doit être soigneusement en garde contre les nationnaux. Quatorze Espagnols, qui rodoient sans défiance pour trouver de l'eau douce, furent surpris par une troupe d'Indiens qui les massacrèrent tous, & se saisirent de leur chaloupe. On en tira vengeance, en faisant une descente nombreuse sur leur côte & en brûlant leur ville. Ce fut là qu'on trouva les grains d'or, dont il a été parlé plus haut.

Les Espagnols employèrent quatorze mois à ces différentes découvertes; après quoi les vents & d'autres circonstances les obligèrent à songer au retour; n'osant pas, de peur de grandes tempêtes, s'avanturer plus loin vers le sud. Le vaisseau amiral repassa au nord de la li-

1568.

Ville ou habitation des Indiens.

gne dans le dessein de toucher au Mexique. Il essuya dans le trajet de terribles tourmentes. Il resta neuf mois entiers à la merci des vagues, dans une grande disette de vivres & d'eau. Une partie de son équipage y périt de misère; & ceux qui survécurent n'avoient depuis cinq jours plus rien à boire ni à manger, quand le navire aborda dans un port espagnol.

I. Salomon fertile en or.

Les autres vaisseaux de la flotte ayant mieux ménagé leurs vivres, leur route fut moins pénible. Ils s'avancèrent jusqu'à la hauteur du détroit de Magellan; & chemin faisant, ils visitèrent diverses isles qui se trouvent sur la route du détroit aux Moluques (*), on en peut tirer beaucoup d'utilité pour le trajet par la quantité de rafraîchissemens qu'elles peuvent fournir, en cochons, poules, excellentes amandes, patates, cannes de sucre, & autres bons alimens. On y trouve beaucoup d'or que les insulaires échangeroient contre d'autres marchandises plus utiles pour eux. Les Espagnols, qui, pour cette fois, n'avoient pas la recherche de l'or pour objet principal, ne laissèrent pas que d'en apporter quarante mille *pezos*, outre une grande quantité de clous, de gingembre & de canelle.

La richesse de ces isles leur fit donner, par l'équipage, le nom de *Salomon*, dans la supposition que la flotte de ce roi venoit ici chercher tout l'or dont il orna le temple de Jérusalem. Au retour de l'escadre espagnole, on avoit pris la pensée d'y envoyer des colonies, lorsqu'on apprit que l'amiral Drake venoit de se faire

(*) On a sçu que depuis la terre de Feu jusqu'à celle de Fernand de Quiros, il y avoit une rangée d'isles enchaînées de l'une à l'autre & disposées en enfilade, premièrement reconnues par Ferdinand Gallego, lors de sa navigation. *Paulmyer*.

un passage dans la mer du sud. Alors dans la crainte que l'on eut, que si cet archipel étoit une fois peuplé & cultivé par les Espagnols, il ne devînt impossible d'en défendre la possession contre les entreprises des vaisseaux anglois, ou autres peuples de l'Europe qui se vouloient frayer un chemin par le détroit jusqu'aux Moluques, & qui, dans le trajet, retireroient toute l'utilité du nouvel établissement, on abandonna pour un tems ce projet de colonies; & l'on jugea qu'en de pareilles circonstances, il étoit plus à propos de laisser toutes ces isles entre les mains des naturels du pays.

Terminons cet article par le récit d'un voyageur moderne qui donne une toute autre idée du placement des isles de Salomon que toutes celles que l'on vient de lire. Gemelli Careri raconte que dans la traversée qu'il fit de Manille au Mexique sur le grand gallion, étant à 34° de latitude nord, on fut étonné de voir un serin se venir poser sur les cordages, & qu'on jugea avoir été enlevé par le vent des isles *Ricca d'Oro*, & *Ricca di Plata*, que les matelots espagnols assurèrent être vers 32° latit. nord, & être les vrayes isles Salomon, si riches en or & en argent. Cependant, ajoute-il, depuis si long-tems que le gallion fait tous les ans ce voyage, on n'a jamais vû ces isles. On les a cherchées par ordre du roi d'Espagne sans les pouvoir trouver. A la vérité un gallion faisant cette route fut jetté par la tempête sur une isle inconnue. On raconte même que le cuisinier ayant pris de la terre dans l'isle pour raccommoder son foyer, fut surpris à la fin du voyage d'y trouver un lingot d'or que la force du feu avoit fondu: que sur cette découverte communiquée à la cour d'Espagne, le vice-roi du Mexique reçut ordre d'envoyer une flotte à la recherche de la même iſle, dont le pilote du galion avoit pris la hauteur. Careri croit cette avanture fabuleuſe, & les iſles imaginaires. Peut-être a-t-il raiſon. Cependant les Japonois prétendent auſſi qu'environ à 300 lieues à l'orient de leur pays, & à peu-près ſous le même parallèle, il y a deux iſles qu'ils diſent faire par.. de leur empire; l'une nommée *Ginſima* (iſle d'argent) l'autre *Kinſima* (iſle d'or). Ils en cachent avec beaucoup de ſoin, dit Kempfer, l'état & la ſituation aux étrangers, particulièrement aux Européens, qui tentés par la richeſſe de leur nom, ont tout mis en uſage pour les découvrir. En 1620, le roi d'Eſpagne y envoya un très-habile pilote dont le voyage ne réuſſit pas. Les Hollandois de Batavia firent ſans fruit la même recherche en 1639, qu'ils renouvellèrent en 1643. Mais ayant été contrains cette dernière fois de relâcher au cap ſeptentrional du Japon près de Yeſſo, on les traita cruellement, comme gens qui vouloient envahir l'empire.

XIII.

FRANÇOIS DRAKE.

En Magellanique & en Polinéſie.

Le routier original de la navigation de Drake, fut écrit en langue angloiſe par un gentilhomme de Picardie compagnon du voyage. On l'imprima à Londres en 1600 ſous ce titre, *The famous voyage of ſir Francis Drake into the ſouth ſea, and there hence about whole globe of the earth.* Mais dès l'année précédente 1599. Jean Théodore de Bry en avoit fait imprimer à Francfort un extrait latin dans sa collection des grands voyage d'Amérique. Le gentilhomme de Picardie ayant remis une copie de sa relation au baron de S. Simon, seigneur de Courtomer, celui ci en fit traduire un extrait en langue françoise par François de Louvencourt, seigneur de Vauchelles, qu'on imprima chez Gesselin, *Paris 1627. in 8o.* Un pilote Portugais nommé *Nuño de Sylva*, que Drake prit prisonnier aux isles du Cap-verd, écrivit aussi une relation de ce voyage, dont on trouve une traduction angloise dans le grand recueil d'*Hackluyt*, tom. III. pag. 742. Elle est suivie pag. 748, d'une troisième relation du même voyage, dressée par *Edouart Cliffe* marinier du vaisseau de *John Winter* qui fut séparé du reste de la flotte, après qu'elle eut débouqué du détroit de Magellan. On doit aussi consulter les collections de *Purchas*, tom. I. liv. 2. chap. 3. tom. IV. liv. 6. chap. 5. Les recueils de *Barlay*. L'Amérique de *Jean de Laët*, liv. XIII. chap. 5. *Harris* tom. I. *Guillaume Monson*, tom. III. *Argensola* dans son histoire des Moluques, liv. III. & les deux ouvrages intitulés *Columna rostrata*, & *Drake résuscité*. Chacun de ces écrivains peut fournir quelques circonstances omises par les autres.

Le célèbre amiral Drake, à ce que Cambden avoit appris de lui-même, étoit né en Devonshire de parens assez obscurs. Son pere aumonier d'un vaisseau & fort pauvre, fut obligé de le mettre sous un patron de barque, qui fut si satisfait des talens du jeune homme, qu'en mourant il lui laissa la propriété de sa barque. Ce fut par-là que ce grand marin commença tant de fameuses expéditions navales. Ayant perdu tout ce qu'il possédoit lors du malheureux voyage du capitaine Hawkins

1577.

au golfe du Mexique, où les Anglois furent impitoyablement traités par les Espagnols; il en conçut une telle animosité contre cette nation, qu'il ne fut occupé toute sa vie que des moyens de lui faire tout le mal possible; à quoi il ne réussit que trop bien, tant dans l'occasion que nous allons rapporter, que dans beaucoup d'autres entreprises qui n'ont aucun rapport à mon sujet. Jusqu'à lui, les Espagnols étoient seuls en possession du passage par le détroit, sans qu'aucun autre peuple de l'Europe eut encore tenté de profiter de cette grande découverte. Il entreprit le premier d'en rendre l'utilité commune à sa nation, & d'aller se vanger de ses ennemis jusqu'aux extrémités du monde où étoient les sources des richesses qu'il leur envioit. Sa tentative eut un plein succès. Il franchit le détroit en 16 jours seulement, plus vite que personne n'a jamais fait, quoique ce fut vers la fin d'août durant l'hiver de ces climats: circonstance digne de remarque. Les termes de son journal nous donnent lieu de croire aussi qu'il a navigé plus loin que personne vers le pole antarctique. Il porta dans les possessions espagnoles de la mer du sud une terreur d'autant plus grande, qu'elle étoit plus imprévue pour des gens qui vivoient en pleine sécurité dans un lieu où ils n'avoient jamais vû paroître d'autres vaisseaux que les leurs. Voici comment s'exprime l'auteur du journal, en parlant des lieux qui sont l'objet de cette histoire. J'y joindrai quelque détail plus étendu, tel qu'il m'est fourni par les témoins oculaires, & par les auteurs ci-dessus mentionnés.

Départ de Plymouth.

» Le chevalier François Drake partit de Plymouth le
» 15 septembre, vieux stile, avec une flotte de 5 navires

» montée de 164 hommes tant gentilshommes que sol-
» dats, & mariniers. Cinglans quelque tems le long de
» la côte méridionale, au sud de *Rio de la Plata*, nous
» avons trouvé une belle baye fort commode, où étoient
» plusieurs agréables isles, en l'une desquelles il y a tant
» de loups marins, que nous en aurions pû charger tou-
» te la flotte. En l'autre, une quantité aussi incroyable
» que réjouissante à voir, d'une espèce de grandes oyes
» sans ailes, qui font leurs tanières en terre; raison pour
» laquelle quelques François les appelloient *crupaux*:
» les Anglois les nommoient *Pinguins*. Mais il n'y avoit
» point d'eau douce: il fallut aller 5 ou 6 lieues sur terre
» pour en trouver. (*) Notre amiral étant à terre, le
» peuple l'est venu voir, sautant & dansant d'allégresse,
» montrant vouloir trafiquer avec nous: ce qui néan-
» moins n'est pas aisé dans l'exécution; ces gens-ci ne
» voulant rien prendre de la main à la main. Il faut poser
» à terre tout ce qu'on leur offre. Ces gens font robustes,
» agiles à la course, d'une physionomie rebutante & stu-
» pide, cependant assez rusés, à ce que nous pûmes con-
» jecturer. Nous restâmes ici quelques jours à faire une
» provision de loups marins, dont nous tuâmes en moins
» d'une heure environ 300. Ici notre général fit brûler
» un de ses petits bâtimens. Tandis qu'on y étoit occu-
» pé, certains sauvages sont venus vers nous tous nuds,
» & chacun d'eux n'avoit qu'une petite peau de loup ma-
» rin sur le dos. Quelques-uns portoient sur leur tête une
» apparence de corne, & presque tous avoient pour cha-
» peaux force belles plumes d'oiseaux. Ils avoient aussi le
» visage peint & diversifié de plusieurs sortes de couleurs,

(*) Le latin dit au contraire qu'il y a de l'eau douce dans l'Isle.

1578.

» & tenoient chacun à la main un arc long d'une aulne &
» deux fléches. Ces hommes sont fort agiles, & à ce que
» nous avons pû voir, fort bien entendus au fait de la
» guerre : car ils gardoient un bon ordre en marchant &
» avançant ; & de peu d'hommes qu'ils étoient, ils se
» faisoient paroître un grand nombre. Ils ont été quel-
» que tems sans rien vouloir prendre de nos mains, par
» la défiance qu'ils avoient de nous. Mais enfin pour leur
» témoigner une entière amitié, notre général est des-
» cendu à terre, dont ils ont marqué une grande joye, &
» ont sauté & dansé à leur mode autour de lui, tournant
» quelquefois le dos les uns contre les autres. Même un
» d'entr'eux s'est approché de lui, & ayant pris son cha-
» peau garni d'un cordon d'or, & se l'étant mis sur la
» tête, il est retourné vers ses compagnons, montrant à
» l'un le chapeau & à l'autre le cordon.

Port S. Julien.

» Le 2 juin 1578. nous avons mouillé l'ancre en un
» endroit que Magellan a nommé port S. Julien. Nous
» avons trouvé un gibet planté sur la terre, qui nous a
» donné à connoître que Magellan a fait faire justice en
» ce lieu sur quelques rébelles & mutinés de sa compa-
» gnie. Le 22 quelques-uns des nôtres s'étant ensemble
» avancé quelque peu sur le terrain, ils ont découvert trois

Dispute entre les Anglois & les Sauvages.

» sauvages. Alors le capitaine Winter ayant tendu &
» rompu son arc vis-à-vis d'eux en signe de réjouïssance,
» les barbares prenant ce geste pour un commencement
» d'attaque, tombèrent sur les nôtres avec tant de fureur
» & d'impétuosité, que ceux-ci eurent beaucoup de pei-
» ne à se tirer d'affaire. » *Argensola* raconte le fait autrement. On vit en ce lieu, *dit-il*, huit géans près de qui
les plus grands Anglois paroissent fort petits. Ils étoient

armés d'arcs & de flèches. Un Anglois qui se piquoit de bien tirer de l'arc, par une précipitation injuste, contraire à la raison & au droit naturel, tira une flèche dont il perça un de ces Indiens. Les autres tirèrent de leur côté & tuèrent deux Anglois. La guerre étant ainsi déclarée, les Indiens furent vivement attaqués, mais ils s'enfuirent avec tant de vitesse, que les Anglois qui ont écrit cette avanture disent, qu'ils sembloient voler, & ne pas toucher des pieds à terre. *Nuño de Silva* ajoute encore ici des circonstances non moins difficiles à croire. Le pays où les Anglois descendirent, *dit-il*, est peuplé d'Indiens qui se garnissent le corps de peaux, des genouils en bas, & des épaules aux coudes, le reste demeurant nud. Ils portent en main l'arc & les flèches. Ils sont forts, agiles, bien-faits & de très haute taille. Il en vint quatre à nous dans une barque, on leur donna du pain & du vin. Après qu'ils eurent mangé ils s'en allèrent; mais quand ils furent à une certaine distance, un d'eux cria à haute voix, *Magallanes esta a minha terra*; (Magellan est mon pays,) sur quoi l'on voulut courir après eux, mais ils se sauvèrent comme s'ils eussent volé, & se retournant tout-à-coup, tirèrent leurs flèches dont deux Anglois furent percés. *Nuño de Silva* peut avoir mis ces paroles espagnoles dans la bouche d'un Patagon, comme un témoignage que la possession du pays appartenoit à ses compatriotes plûtôt qu'aux Anglois.

« C'est au port S. Julien que M. *Thomas Doughthy* « ayant été convaincu de tramer quelque révolte pour « rompre notre voyage, son procès lui a été fait selon les « loix d'Angleterre. Après qu'il a eu avoué son crime, « il a, de l'avis des principaux de la flotte solemnelle-

1578.

Punition du capitaine Doughthy.

1578.

« ment assemblés, été condamné à avoir la tête tranchée,
« ce qui tôt après a été exécuté. Notre général nous a
« fait ensuite plusieurs belles remontrances, pour nous
« contenir tous en obéissance, union & amitié pendant
« le voyage; & afin qu'il plut à Dieu nous en faire la
« grace, il nous a exhorté à nous préparer chacun pour
« faire la sainte cène le dimanche suivant, comme frè-
« res chrétiens & bons amis : ce qui a été effectué en
« toute révérence & grande consolation de la compagnie,
« puis après chacun s'en est retourné sur ses navires. »
Doughthy étoit le premier officier de la flotte après l'a-
miral, bon marin, mais homme turbulent. Il se soûmit
courageusement à son sort, & vit la mort sans s'effrayer.
Il communia le matin de son exécution avec Drake &
plusieurs autres officiers; dîna à la même table qu'eux,
sans changer de visage, & leur dit adieu en buvant à
leur santé, comme s'il fut parti pour un voyage. Le repas fini, il se leva avec fermeté, & marcha sans chan-
celer au lieu de l'exécution. On convient qu'il étoit coupable : mais on ajoûte que Drake ne fut pas fâché de se
défaire d'un émule dangereux. D'autres qui croyent être
mieux instruits, assûrent que sa mort étoit résolue avant
que de mettre à la voile, & que l'amiral le sacrifia au
ressentiment du comte de Leicester que Doughthy avoit
offensé par quelques discours personnels. Une marque
que cela n'est pas vrai, est qu'on lui offrit de choisir d'ê-
tre déserté sur le bord de la mer, d'être transporté en
Angleterre pour y être jugé, ou de subir son arrêt : il
préféra le dernier parti.

Détroit de Magellan. Sa description.

« Le 17 d'août nous sommes partis du port S. Ju-
« lien, & le 20 nous sommes entrés dans le fameux dé-
« troit

» troit de Magellan, pour passer à la mer du sud.
» Quelques-uns des nôtres, ayant mis pied à terre à la
» pointe ou cap du détroit, ont trouvé le corps d'un hom-
» me mort qui étoit tout consommé. Le 21 nous nous
» sommes avancé un peu dedans, & en avons trouvé le
» canal fort sinueux, comme s'il n'y eut point eu du
» tout de passage : puis un vent contraire s'est levé, qui
» nous a contraint de retourner au lieu d'où nous étions
» partis. En ce détroit il y a plusieurs beaux havres dans
» lesquels tombent de bonnes sources d'eau douce : mais
» la meilleure commodité y manque, sçavoir, qu'en plu-
» sieurs endroits on ne peut anchrer même tout contre
» terre, à cause du trop de profondeur ; si ce n'est en
» quelques rivières, ou sous quelque roche : il y vente
» si fort, que si l'on est surpris de ces coups de tourbil-
» lons contraires, l'on court ordinairement grande for-
» tune. La terre des deux côtés y est fort haute, étant
» bordée de montagnes inaccessibles : celles du côté de
» l'est & du sud y sont en toute saison couvertes de nei-
» ge. Le détroit a de largeur en quelques endroits deux
» lieues, en d'autres, trois & quatre, le moins est une.
» Il est fort froid, n'étant guères sans verglas, neige ou
» gelée. Les arbres néanmoins y sont toujours verds ; &
» il y a dessous quantité de bonnes herbes ou de plantes
» qui produisent d'excellens fruits. Quand il vente, vous
» diriez que tous ces arbres tombent du haut en bas,
» tant ils font un bruit terrible.

» Le 24 d'août nous surgîmes à une isle dans le dé-
» troit, en laquelle nous trouvâmes quantité de ces Pin-
» guins qui ne peuvent voler faute d'ailes. Ils sont fort
» gras. Nous en tuâmes pour notre provision 3000 en un

1578.

I. Georges, Barthelemy & Elizabeth ; autrement Isles Pinguins.

186 HISTOIRE DES NAVIGATIONS

1578.

» jout. Nous hommâmes ces isles, *S. George, S. Bar-*
» *thélemi, Ste Elizabeth.* Vers l'embouchure du détroit
» l'amiral fit mouiller contre une isle, pour pouvoir exa-
» miner cette embouchure. « Il envoya la chaloupe dans

Canots & sauvages du canal S. Jérôme.

un canal qui s'étend vers le nord, où elle fit rencontre
d'un canot de sauvages fait d'écorce d'arbres, si adroitement recousus avec des courroyes de loups marins,
qu'il n'y entroit que point, ou fort peu d'eau par les
jointures: les deux pointes de l'avant & de l'arrière étoient
recourbées en forme de croissant. Les sauvages de ce canton ont la taille médiocre, les membres bien fournis, le
visage peint en rouge. On trouva une de leurs cabanes
construite de pieux, recouverte de peaux, dans laquelle il y
avoit du feu, de l'eau dans des vases d'écorce, des moules & de la chair de loups marins. Ici les coquillages de
moules sont fort grands. Les naturels à force de les ai-
guiser sur des pierres, les rendent propres à couper non
seulement le bois le plus dur, mais même des os.

Sortie du détroit.

Ce fut le 6. septembre que Drake sortit du détroit
pour entrer dans la mer du sud autrement pacifique. Aus-

Retour de Peter Carder en Europe : ses malheurs.

sitôt après il expédia en Angleterre un petit bâtiment du
port de cinq tonneaux, pour y donner avis de son passage. Cette pinasse montée par *Peter Carder* & quelques
autres matelots, repassa le détroit, & vint aborder au
nord de la rivière de la Plata, sur un rivage habité par

Tupinas sauvages.

un peuple sauvage appellé *Tupinas.* Les Anglois fuyant
de cette côte, où les sauvages avoient tué une partie de
leurs gens, touchèrent contre une petite isle d'environ
une lieue de tour, éloignée de trois lieues de la côte.
Leur pinasse fut brisée contre un rocher. Dans le petit
nombre de gens qui restoient lors de ce naufrage, Car-

der & un autre demeurèrent seuls en vie. Ils se nourirent dans cette isle, de fruits assez semblables à l'orange, de feuilles semblables à celles du tremble, de crabbes & de petites anguilles qu'ils trouvoient dans le sable du rivage. Mais il n'y avoit pas une goutte d'eau douce: ils étoient obligé de boire leur urine, qu'ils rendoient dans une jarre, & l'ayant laissé reposer & rafraichir durant la nuit, ils l'avaloient le lendemain. A force de passer & de repasser ainsi dans leurs corps, elle devint en peu de tems aussi rouge que le sang; tellement qu'il n'étoit plus possible d'en boire; & que ne tombant point de pluye qui pût leur procurer du soulagement, il fallut de nouveau se remettre en mer sur quelques planches du débris de la pinasse. Après être resté trois jours & deux nuits à la merci des flots, la vague les poussa sur le rivage du continent, dans un lieu nommé *Tupan-Basse*, près d'une petite rivière d'eau douce. Le compagnon de Carder, malgré les conseils de celui-ci, voulut en boire sans modération, & en mourut deux heures après. Carder tomba entre les mains des sauvages, qui, quoique cannibales, & dans le barbare usage de manger leurs prisonniers de guerre, le reçurent assez bien, & le prirent même bientôt en amitié, voyant qu'il se rendoit utile par diverses petites inventions. Il fit parmi eux un séjour assez long pour aprendre leur langue, & se mettre au fait de leurs usages, dont il donne une curieuse description. Je n'ai pas cru devoir l'insérer ici, ni faire un article particulier de la relation de Carder imprimée en anglois dans le recueil de *Purchas*, tom. IV. liv. 6. chap. 5. parce que ce peuple placé au nord de l'embouchure du Rio de la Plata, ne doit plus être mis au nom-

1578.

Aa ij

bre de ceux qui habitent la côte magellanique bornée au septentrion par cette rivière. Carder obtint du chef des sauvages la permission de partir. On lui donna des vivres & des guides, qui le conduisirent sur les frontières les plus voisines de la domination portugaise. Après diverses avantures il revint en Angleterre en 1586. Mylord Howard grand amiral, le présenta à la reine Elizabeth, qui prit grand plaisir à lui faire détailler toutes les particularités de son voyage ; & s'informa singulièrement de ce qui regardoit le procès-criminel fait au chevalier Doughthy sur la côte des Patagons. Revenons à présent à la course de François Drake dans la mer du sud.

Etoiles méridionales.

» Le 7 septembre nous avons dérivé par une grande » tourmente environ 200 lieues & plus en longitude, & » un degré du côté du midi. Le 15 il nous est apparu une » éclipse de lune à six heures de la nuit qui étoit fort obs- » cure. « On observa ici le contraire de ce que quelques- uns ont écrit que la partie du ciel voisine du pole méridional, n'étoit parsemée que d'un petit nombre d'étoiles de la dernière grandeur, & qu'il n'y en avoit que trois qui fussent un peu considérables. On apperçut aussi deux petits nuages de la même couleur que la voye lactée, que les gens de l'équipage appellèrent *les nuées de Magellan*.

B. Seveling of Liends.

» Etant arrivé en une baye que nous avons nommée, » *séparation des amis* ; nous dérivâmes au midi du dé- » troit 55 degrés & un tiers ; & en cette hauteur nous » allâmes jetter l'ancre près d'une isle où il y avoit de » bonne eau douce & des herbes de singulière vertu. Le

L. Elizabetides habitées.

» général nomma ces isles *Elizabethides* du nom de la » reine d'Angleterre. Les hommes & les femmes por-

» tant sur leur dos leurs enfans envelopés de peaux, vo-
» guoient çà & là dans leurs canots. Toute cette partie
» australe, que l'on croyoit un continent, n'est qu'un
» amas d'isles & un profond détroit : plus loin c'est la
» grande mer, au contraire de ce qu'on auroit cru.

1578.

» Après ceci nous sommes allé dans une autre baye,
» où nous avons trouvé un homme & une femme dans
» un canot, qui est un petit bateau à leur façon. Ils étoient
» tous-nuds, & rangeoient la côte d'une isle y cherchant
» des vivres. Nous les avons sollicité par signes de tra-
» fiquer avec nous de ce qu'ils avoient, ce qu'ils ont
» fait amiablement.

» Le 20 octobre, ayant par un vent propre repris no-
» tre route vers le nord, nous avons découvert trois isles,
» en l'une desquelles il y avoit un si grand nombre d'oi-
» seaux, qu'il est presque impossible de le croire. Nous
» en avons fait l'expérience. Ces isles sont à huit degrés
» du tropique du capricorne. » C'est ainsi que s'exprime
le traducteur françois sur un point dont il n'est pas parlé dans le premier journal anglois d'Hackluyt *pag.* 730.
& *suiv.* qui a la date du 3, non du 20 octobre ; ne dit
autre chose que ceci. *We returning hence Northward
againe, found the 3. of october three islands, in one
of which was such plentie of birdes, as is seant cre-
dible to report.* Mais la traduction latine de Bry, d'ailleurs beaucoup moins exacte que le françois, & les recueils de Barlay présentent un sens fort différent dans cet
endroit l'un des plus importans de la narration. Drake,
disent-ils, ayant ensuite navigé vers le nord, (c'est-à-
dire, comme il faut l'entendre, à l'oposite du midi vers
le pole antarctique), découvrit trois isles, dans la plus

Isles sous le cercle polai-re.

éloignée desquelles il observa, qu'il n'y avoit alors que deux heures de nuit dans ces climats, le soleil étant à 8 degrés du tropique du capricorne ; & il apprit des habitans qu'il n'y a pas de nuit du tout, lorsque le soleil est dans le tropique même. Remarquons outre ceci qu'il est impossible que vers 55°. 30′. de latit. il y a un jour perpétuel, quand le soleil est au tropique. Nos cartes font mention d'une terre découverte par Drake, plus australe que le lieu nommé *Severing of friends* (séparation des amis), parce que ce fut là que le vaisseau de Winter fut séparé du reste de la flotte qui ne le revit plus. Les cartes plus récentes la placent vers 60°, mais *Guillaume de l'Isle*, cet homme habile & toujours plein de sagacité, la met sous le cercle polaire même. En effet ce n'est qu'à cette latitude que le jour peut commencer à être continuel, quand le soleil est au tropique. Il faudroit conclure de-là, que peut-être autrefois Drake a t-il pénétré aussi loin vers l'antarctique ; que de nos jours les académiciens de Paris ont été vers l'arctique, & qu'il a comme eux trouvé des terres habitées dans ces climats correspondans. Mais les relations que nous avons de l'une & de l'autre contrée, sont faites d'une manière bien différente. Au tems de Drake on ne sçavoit point encore dresser des journaux, qui pour lors ne nous donnent souvent que d'obscures & stériles instructions, sur les matières même les plus curieuses & les plus intéressantes.

Retour de Winter en Europe ; sa relation.

Le vaisseau de *John Winter*, que la violence de la tempête sépara du reste de la flotte, regagna le détroit & repassant de la mer du sud dans la mer du nord, il arriva en Angleterre en 1579, aprenant à ses compatriotes, qu'il avoit le premier frayé la route Magellanique d'occident en orient. Nous avons vû néanmoins dans l'article 5. que les Espagnols long-tems avant lui avoient fait la traversée dans la même direction. C'est peut être de ce retour de Winter en Europe qu'*Argensola* veut parler, lorsqu'il raporte que le vice-amiral s'étant séparé des autres dans la mer du sud, abandonna la flotte & retourna en Angleterre, où la reine le condamna à être pendu, pour avoir quitté son général : qu'on ne voulut néanmoins faire exécuter cette sentence qu'après le retour de Drake, qui sollicita pour lui & obtint sa grace.

C'est ici le lieu d'insérer un court extrait de la relation du voyage dressée sur le vaisseau de Winter. Laissant à part les circonstances que l'on vient de lire, je ne tirerai du journal anglois *d'Edouard Cliffe*, qui est exact & bien détaillé, que ce qui peut mieux éclaircir le récit précédent, ou offrir quelques nouvelles remarques sur cette fameuse expédition.

Le 12 mai 1578. nous découvrîmes, *dit ce journal*, une terre vers 47°. une terre, à laquelle notre général donna le nom de *cap d'Espérance*. Le 14 étant descendu sur la côte, il y vit deux hommes nuds, ayant les épaules & la tête envelopées de peaux. Drake leur montra une toile blanche, en faisant des mains & du corps des signes d'amitié, auxquels ils répondirent de loin par de pareils gestes, sans vouloir s'approcher, parlant entre eux & faisant un bruit auquel nous ne comprîmes rien. Le lendemain lorsqu'on revint au rivage, ces hommes n'y parurent plus. On trouva seulement des oiseaux semblables aux autruches, & d'autres oiseaux fraîchement tués & mis en monceaux comme si les sauvages les eussent mis là pour nous : il y avoit aussi une

1578.

Journal d'Edouard Cliffe.

Cap d'Espérance.

Sauvages de la côte des Patagons.

espèce de sac plein de petites pierres de diverses couleurs. On emporta le tout aux vaisseaux.

Le 20 pendant que étions occupés à brûler notre fly-bot, une trentaine de sauvages vinrent à nous. Quand ils furent à 100 pas, ils se rangèrent en ordre de bataille, marchant de rang l'arc & les flèches à la main. Ils plantèrent leurs flèches en terre en notre présence. Alors nous mîmes à terre quelques petits miroirs, chapelets & autres bagatelles; & nous reculâmes quelques pas. Cette manière d'agir les fit approcher tout-à-fait, d'un air si joyeux, que le capitaine Winter se mit à danser avec eux, au son des trompettes & des violes qui les réjouissoit au dernier point. Ils étoient de taille moyenne, bien proportionnés, de couleur brune & tannée: quelques-uns avoient le visage peint en blanc, rouge & noir. Leur habillement étoit une peau qui ne descendoit pas jusqu'à la ceinture, tout le reste du corps demeurant nud. Ils avoient je ne sçai quoi de tortillé sur la tête, dont les bouts pendoient sur les épaules. Leurs arcs étoient d'une aulne de long: leurs flèches de cannes fort artistement armées de pierres à fusil. Ils paroissoient inclins à la joye & au plaisir, rusés & disposés à voler tout ce qu'ils pouvoient saisir; car un d'eux enleva hardiment le chapeau de l'amiral garni d'un cordon d'or, que Drake voulut qu'on lui laissât. Ce peuple vit de chair crue. Nous trouvâmes des os d'animaux marins, qu'ils avoient dévoré & rongé comme des chiens.

Ils tuent un officier Anglois.

Le 22 juin nous perdîmes M. Gunner & un de nos gens, que les Patagons du port S. Julien tuèrent, croyant que ce gentilhomme qui manioit un arc, vouloit les attaquer. Quand nous retournâmes le lendemain pour prendre

prendre son corps, nous trouvâmes que les sauvages l'avoient dépouillé de ses habits, qu'ils lui avoient mis sous la tête sans en rien prendre, & lui avoient attaché l'arc sur l'œil gauche. Ces hommes ne sont point de si grande taille que les Espagnols le disent. Il y a des Anglois plus grands que le plus haut d'entr'eux. Les Espagnols ont sans doute abusé des termes dans leurs relations, n'imaginant pas que nous viendrions si tôt ici les convaincre de mensonge. Nos deux hommes furent enterrés dans une petite isle, au même lieu où l'on inhuma peu après M. Doughty lorsqu'il eut été décapité. Pendant les deux mois de séjour que nous fîmes ici, nous eûmes la même saison qu'on a en Angleterre au plus fort de l'hyver, & même plus froide. Je ne trouvai pas non plus dans le détroit les courans aussi rapides qu'on nous le rapporte, suivant la direction du premier mobile d'orient en occident. L'ebbe & le flux sont ordinairement contre les côtes. Vers le milieu du détroit, au lieu où il fait un coude, on trouve le flux de la mer du sud. Quoique les deux bords du détroit soient fort élevés, surtout dans la terre du sud, toute garnie d'épouvantables rochers couverts de neige, on voit dans les intervales de très-beaux vallons pleins de bois touffus, & de beaux arbres inconnus qui fleurissent toute l'année. Nous fîmes dans ces isles du détroit une grosse provision d'oiseaux dont la chair est aussi bonne à manger que celle des oyes d'Angleterre. Ils ont au lieu d'ailes deux moignons qui leur servent d'avirons en nageant. Ils sont noirâtres, semés de taches blanches sur le ventre & autour du col. Ils marchent de bout sur leurs deux jambes; si bien qu'on les prendroit de loin pour une troupe de petits garçons qui se promenent. Dès qu'on les pourchasse, ils se sauvent dans leurs trous, où nous les prenions dans des lacets tendus au bord des trous, & on les tuoit à coups de bâtons; car ils mordent si fort avec leur bec crochu que pas un de nous n'osoit les prendre en vie.

Eclipse. Longitude.   Le 15ᵉ septembre étant passé dans la mer du sud où le vent nous chassa vers 57°, nous eûmes une éclipse de lune sur les six heures du soir, quelque temps après le coucher du soleil. Cette même éclipse fut vue en Angleterre le 16ᵉ avant une heure du matin. Ainsi il y a environ six heures de différence en longitude entre l'Angleterre & le lieu où nous étions; ce qui fait le quart de la circonférence du globe.

Winter est repoussé dans le détroit.   Le 7ᵉ octobre, une nuit fort noire & une mauvaise mer nous séparèrent de la flotte, & nous jettèrent dans une baye de roches dangereuses, dont nous eûmes beaucoup de peine à sortir. Ayant été repoussé de là dans le détroit, nous restâmes deux jours à l'ancre près du rivage où nous fîmes de grands feux pour servir de signal à l'amiral Drake, s'il avoit été rechassé comme nous. Nous l'attendîmes encore trois semaines dans un port qu'on *P. de Santé.* nomme *port de Santé*, parce que notre équipage, que les veilles, le travail & la mauvaise nourriture avoient réduit en pitoyable état, s'y raccommoda fort vite en mangeant *Perles de moules.* de grandes moules de vingt pouces de long, pleines de semences de perles. Au bout de ce temps, quelqu'instance que put faire le capitaine Winter à ses matelots, pour les déterminer à rentrer dans la mer du sud, ils voulurent absolument retourner en Europe. Nous sortîmes donc du détroit dans la mer du nord le 11ᵉ novembre, & arrivâmes sur les côtes de Dévonshire le 2ᵉ juin 1579.

A l'égard de Drake, il abandonna vers la fin de novembre les environs du détroit, dont il remarque que l'embouchure du côté de la mer du sud est fort dangereuses, par les continuelles tempêtes & les grandes pluyes; joint à ce que les navires courent grande fortune d'échouer sur les sables voisins des côtes. Il vint à l'isle *Mocha* sur les côtes du Chili, d'où il parcourut les établissemens des Espagnols. Après avoir fait sur eux un butin immense, il résolut de retourner en Europe par les mers du nord de la Tartarie, en cherchant le détroit d'Anian. Un projet si grand & si hardi, de la part d'un homme déja chargé de richesses, montre qu'elle étoit la grandeur du courage de ce célèbre voyageur. « On lui a reproché, » dit *Guillaume Mouson*, sa rudesse, ses hauteurs, & » ses rodomontades. Mais ce sont des qualités inhéren- » tes à sa profession, des défauts qui lui sont communs » avec tous ceux de son état. Il parloit avec hauteur, » mais avec tant d'éloquence, que ceux en qui l'édu- » cation avoit le mieux cultivé le talent de la parole en » étoient étonnés. C'étoit en lui un don de la nature for- » tifié par l'intrépidité, la franchise, l'intelligence des » choses, le penchant à discourir & l'habitude du dis- » cours. Si la vanité est un vice inexcusable, il faut con- » venir que ce furent ses grandes actions qui le rendirent » vain; qu'il dut à l'habitude de parler la facilité qu'il en » avoit; & qu'il tenoit de son expérience la prudence » dont il se vantoit. Il faut pardonner la hauteur au géné- » ral, quand même on la tiendroit pour inexcusable dans » l'homme. Il arrive souvent qu'on accuse un homme » d'être fier, lorsqu'on devroit le louer du talent de se » faire obéir. Parmi tant de grandes actions qui relèvent

1579.

Drake dans la mer du sud.

Éloge de Drake.

1579.

« la gloire de Drake, je n'insisterai ici que sur son fa-
« meux voyage autour du monde, par le passage de Ma-
« gellan, qu'il a tenté dans un tems où les navigateurs
« n'en parloient pas sans frémir. Ce qui fait son plus
« grand mérite est de s'être conduit pendant les lon-
« gueurs & les dangers d'une navigation si ennuyeuse
« & si peu connue, avec tant de discretion, de patience &
« d'intrépidité, qu'il sçut tantôt appaiser, tantôt prévenir,
« tantôt étouffer les murmures du matelot, l'espèce de
« gens la plus prompte à entreprendre & à se repentir d'u-
« ne entreprise. Il souffrit pendant deux ans toute la misè-
« re & tous les malheurs auxquels on peut être exposé. Il
« erra avec une confiance plus qu'humaine sur des mers
« inconnues : & lorsque la raison sembloit lui conseiller
« le retour & le repos dans sa patrie ; il s'aventura sur
« de nouvelles mers situées au 48ᵉ degré, & se mit à
« chercher un passage dont on avoit jusqu'alors vaine-
« ment tenté la découverte. Cette action seule devroit
« fermer la bouche à ses antagonistes. Elle montre un
« courage extraordinaire ; un désir immodéré d'enrichir
« sa patrie, & une patience au-dessus de tout évé-
« ment. » *Trad. de Lediard.* Chemin faisant, il découvrit la Californie septentrionale à laquelle il donna le
nom de *nouvelle Albion*. Il nous en a laissé une description très-curieuse, où il parle avec éloge de la douceur
& du bon caractère des habitans, qui prenans des Anglois pour des dieux, leur rendirent, à leur manière,
des honneurs infinis. Le grand froid de ce climat dégoûta tout-à-fait les gens de Drake de la route du nord.
Prévoyant qu'ils ne la pourroient faire sans se perdre, ils
retournèrent vers la ligne résolus à revenir en Europe

N. Albion.

par la route des Moluques & du cap de bonne espérance.

« Le 13ᵉ octobre 1579. après avoir long-tems vogué
» sans voir terre, dit la relation, nous avons au matin
» découvert certaines isles à huit degrés du nord de la
» ligne. De ces isles sont venus à nous grand nombre de
» canots ou petites barques, creusées avec beaucoup
» d'art, & polies au-dehors comme de la corne brunie,
» y ayant en quelqu'unes d'icelles quatre hommes, en
» d'autres six, en d'autres treize ou quatorze; nous ap-
» portant pour nous rafraîchir force cocos, & autres
» fruits. Ce peuple se perce les oreilles, & y fait de
» grands trous en rond, y pendant je ne sçai qu'elles ba-
» gatelles qui sont raisonnablement pésantes, & leur
» pendent fort bas. Ils ont les ongles des doigts de leurs
» mains longs comme la largeur d'un pouce, & les
» dents noires comme la poix des navires. Pour les ren-
» dre telles, ils les frottent d'une certaine herbe, qu'ils
» portent toujours avec eux pour cet usage. Il y a ap-
» parence que leurs ongles leur servent d'armes offen-
» sives. Après y avoir séjourné deux jours & une nuit,
» le 18ᵉ octobre nous en sommes partis, & passans en
» chemin le long de plusieurs autres isles, nous y avons
» vû beaucoup de fumée & de feux, & grand nombre
» d'habitans : mais notre général n'a point eu de vo-
» lonté d'y descendre. » Le 14ᵉ novembre il passa les
Philippines, d'où il vint débarquer à Ternate. La durée
de son voyage autour du monde fut de trois ans moins
douze jours, à compter de celui de son départ à celui
de son retour en Angleterre, le 3 novembre 1580. La
reine fit à Drake l'accueil qu'il en attendoit. Son vaiss.

1579.

Isles au nord de la ligne.

Philippines.

Arrivée en Angleterre.

seau nommé *le Pélican*, fut conduit à Deptford dans un bassin, où l'on le laissa comme un monument élevé à la gloire de la nation & du capitaine. Elisabeth vint manger sur son bord, lui conféra la dignité de chevalier, & lui donna pour armoiries, deux étoiles sur un fond d'azur, avec un vaisseau pour cimier. On grava sur le grand mât du vaisseau les vers suivans.

Drace, pererrati novit quem terminus orbis
Quemque semel mundi vidit uterque polus :
Si taceant homines, faciant te sidera notum :
Sol nescit comitis non memor esse sui.

Outre quelques autres inscriptions latines rapportées par Lediard. L'exemple de la souveraine ne fut pas suivi par les courtisans. Drake eut la mortification de voir son or & ses présens refusés, comme un bien volé & mal acquis. L'ambassadeur d'Espagne se plaignit hautement, & demanda la restitution. La reine lui répondit d'abord, que la mer du sud, comme tout le reste de l'océan étoit un bien commun à tous : que la donation faite par l'évêque de Rome d'un pays qui ne lui appartenoit pas, n'étoit qu'une chimère : que les Espagnols n'avoient pas plus de droit que les autres à ce qu'ils avoient usurpé sur les anciens possesseurs : que l'on n'étoit pas propriétaire d'un pays pour y avoir bâti quelques cabanes : pour y avoir donné un nom de saint à un cap, ou à une rivière, &c. Cependant l'affaire fut terminée en rendant à l'ambassadeur une partie considérable de ce qui avoit été pillé. Cambden rapporte les noms des quinze principales personnes du vaisseau, qui

aux Terres Australes. Liv. II. 199

avoient fait le tour du monde. Ainſi on imita pour Drake en Angleterre, tout ce qu'on avoit fait en Eſpagne pour le pilote de Magellan.

XIV.
PEDRO SARMIENTO
En Magellanique.

La relation de cette entrepriſe eſt rapportée dans le 3ᵉ livre de l'hiſtoire de la conquête des Moluques écrite en langue eſpagnole par *Leonard d'Argenſola*, imprimée à *Madrid* 1609, traduite en françois, *Amſteld. Deſbordes* 1706. 3 vol. *in* 12. On en trouve un très bon extrait dans Laët. liv. 13. chap. 2. & 10. Ces écrivains l'ont tirée des mémoires manuſcrits accompagné de cartes géographiques que Sarmiento préſenta au roi Philippe II. Voyez auſſi l'hiſtoire de Lopez Vaz Portugais, & l'hiſtoire naturelle des Indes ocidentales par Joſeph Acoſta, liv. III. chap. 11.

Sarmiento étoit un homme vain & menteur, & ſon hiſtorien Argenſola non ſeulement adopte ſans peine les fables qu'on lui rapporte, mais il en ajoûte encore volontiers de nouvelles. A l'égard d'Acoſta dont le récit eſt bien moins chargé de circonſtances, il ſe vante d'être bien inſtruit de ce qu'il en rapporte. J'en ai, dit-il, été amplement informé par le pilote du navire apellé *Hernand Alonzo*, & j'ai vû la deſcription & la carte des côtes du détroit, qu'ils tracèrent en paſſant, dont l'original eſt entre les mains du vice-roi du Pérou, & la copie en celles du roi d'Eſpagne.

1579.
Départ du Pérou.

I. S. Ambroise & S. Félix.

Description de la côte occidentale des Patagons près du détroit.

P. Bermelo.

François de Tolede, vice-roi du Pérou informé des ravages que l'amiral Drake faisoit dans la mer du sud, fit sortir le 11 octobre 1579. du port de Callao près de Lima, deux grands vaisseaux commandés par *Pedro Sarmiento* gentilhomme de Galice. Ils reconnurent vers 25 degrés de lat. sud, deux isles que *Herrera* prend pour les *Infortunées* de Ferdinand Magellan, quoiqu'il y ait plus d'apparence que ce soient les isles *S. Ambroise* & *S. Felix*, découvertes par Jean Fernand vers le 299°. *long.* dans la route qu'il fit du Pérou au Chili en 1574. Sarmiento arrivé à 49°. de latit. où il croyoit trouver l'embouchure du détroit, ne rencontrât d'abord qu'une quantité de petites isles, formant entr'elles un labyrinthe de canaux, de bras de mer, de rivières & de ports. L'un de ces canaux étoit fort large, long & ouvert partout : l'eau en étoit fort claire ; on ne douta pas qu'on ne put par-là se rendre près du détroit de Magellan. Il monta par un sentier de près de deux lieues de long, rempli de pierres tranchantes qui coupoient les souliers, sur le sommet des rochers, d'où il compta sur une étendue de deux degrés de lat. environ 85 isles grandes ou petites, qui sembloient n'être que des terres arrachées à force les unes des autres. Tous ces canaux sont poissonneux & pleins de grosses huitres où l'on trouve des perles qui ne sont pas d'une belle eau. Sarmiento appella cette baye *Puerto Bermeio*, (port rouge ou vermeil). On y apperçut sur le rivage quelques traces de pas d'hommes, des dards, des rames & des petits rêts, & plus loin une cabane de pieux recouverte d'écorce d'arbres & de peaux de loups marins. Il n'y avoit aucun sauvage dans la cabane : mais on en vit cinq près de *Rio de la Campana*

Campana sur une pointe de terre nommée par cette raison *Puerta della Gente*, (cap des gens: cap habité). Ils avoient le corps peint en rouge. L'un d'eux que l'on emmena par force dans la chaloupe, se sauva peu après à la nage. Sarmiento nomma la plus grande partie de ces isles *Trinité*, (50 *lat.* 304 long.) & changeant les noms que les sauvages donnoient aux petites isles placées au sud de celle-ci (*a*) Il l'appella *l'archipel de sainte Croix* (*b*). Ici le vaisseau de conserve se sépara de lui, ayant été poussé en haute mer par la tempête, jusqu'au 58e parallèle, où il découvrit plusieurs isles & une côte étendue vers 56 degrés. Il trouva l'embouchure du détroit: mais n'ayant osé le passer seul, il revint sur ses pas au port de Lima. Acosta avoit été bien informé de toute la course de ce vaisseau, dans les conversations qu'il avoit eu avec le pilote même du navire nommé *Fernand Lamero*, qui lui dit que sans l'ennuy que le capitaine & l'équipage avoient pris d'être en mer, le vaisseau auroit bien pû passer dans la mer du nord par une ouverture ultérieure du détroit près d'une certaine isle qu'on appelle *la Cloche*, à cause de sa forme: qu'à la vérité l'équipage, lorsqu'il fut séparé d'avec Sarmiento, avoit été battu d'une furieuse tempête qui le poussoit au sud-ouest, si bien qu'il s'attendoit à tout moment d'être brisé contre les côtes du grand continent de la *Terre australe*; & qu'on fut fort étonné à 56°. de trouver la pleine mer au lieu du continent. Car, malgré l'opinion qui commen-

1579.
R. de la Campana.
P.erta della Gente.
I. de la Trinité, ou de sainte Croix ou du duc d'York.

_____

(*a*) Les sauvages selon lui les nommoient Pucha chailgua: Cayrayxa Xilgua: Tinguichisgua: & le détroit voisin Xaultequa. Mais tout ce récit de Sarmiento ne mérite que peu de foi.

(*b*) Ce peuvent être celles que nous appellons *Isles du duc d'York* au nord du détroit de Magellan. *Lat.* 50°. Il y en a près de 80 en tout. *Roggers tom. II. pag.* 114.

Cc

çoit à se répandre au tems d'Acosta que les deux grands océans du nord & du sud se rejoignoient au-delà de la terre de Feu par une pleine mer, on étoit encore fortement persuadé que la terre découverte au sud du détroit de Magellan étoit un grand continent étendu vers l'ouest. Et quand l'expérience eut fait connoître le contraire, on en revint à dire que le continent s'étendoit non vers l'ouest, mais vers l'est jusqu'à l'opposite du cap de Bonne-espérance, jusqu'à la *Terra di vista*, qui est probablement la *Terre vue* par Améric Vespuce. Le vice-roi D. Henriquez, disoit un jour au P. Acosta que le bruit qui couroit que la terre au sud du détroit de Magellan, n'étoit qu'un petit amas d'isles, étoit une fable inventée par les Anglois, & que dans les longs entretiens qu'il avoit eu là dessus avec le pilote de l'amiral Drake, il n'avoit rien appris de lui qui fut propre à détruire l'opinion commune alors.

De son côté Sarmiento prit possession de tout cet archipel au nom du roi d'Espagne avec les formalités suivantes. Il tira son épée, en coupa des branches d'arbres & des herbes, prit des pierres, les transporta d'un lieu à un autre, fit quelques tours en se promenant dans la campagne & sur la plage; puis fit élever une croix sur laquelle on mit l'inscription ordinaire *I. N. R. I.* & au-dessous *Philippus secundus rex Hispaniarum*; de tout quoi il requit être dressé procès-verbal en forme. Argensola en rapporte l'acte entier, signé *Jean d'Esquiral*, sécrétaire royal, en date du 22 novembre 1579.

Sarmiento apprit des insulaires *de sainte Croix* qu'on y avoit apperçû à l'ancre deux grands navires montés d'hommes barbus, vêtus à la manière des Espagnols.

Ne doutant pas que ces vaisseaux ne fussent de la flotte du chevalier Drake, & qu'ils n'eussent repris la route du détroit, il alla les y chercher, quittant cette côte occidentale (*a*) des Patagons sur laquelle il nous a presque seul laissé quelque détail. Voici ce qu'en dit son historien. Il passa d'abord entre quelques écueils, puis il suivit le golfe, se tenant toûjours près de la côte qu'il reconnut toute entière, & sondant les ports, à qui il donna des noms aussi bien qu'aux montagnes, & autres lieux, tirant ces noms de la ressemblance que ces choses avoient avec quelques autres. C'est ainsi que quelques montagnes furent nommées par lui *pains de sucre*, à cause de leur figure, & de même du reste. Il remarqua soigneusement les arbres, les herbes & les oiseaux. Il trouva sur une certaine plage plusieurs traces ou vestiges d'hommes, comme aussi deux espèces de poignards ou harpons faits d'os, avec une poignée pour les tenir à la main. Il vit quantité de poissons à l'embouchure d'une petite rivière d'eau douce qui se jette dans la mer, & qui fait un port qu'il nomma le *port rouge*, du nom qu'il voulut imposer à la rivière, à cause de son sable qui étoit vermeil. Il trouva aussi sur le bord de la mer un grand nombre d'huitres que les Portugais nomment *missiliones* : (*b*) les vagues les jettent hors du sein de la mer, & elles demeurent sur les roches hors de l'eau. L'on trouve dedans des perles grosses & petites, les unes brunes & obscures, &

1579.

(*a*) Je dis la côte occidentale dans la mer du sud, comme cela est clair par la narration d'Argensola & par la position des isles sainte Croix, & non la côte orientale dans la mer du nord, comme on le lit deux fois dans le nouveau recueil françois, ouvrage écrit presque par-tout fort à la hâte.

(*b*) Selon le témoignage des autres auteurs préférables à celui-ci, les *Missiliones* sont une espèce de chèvres & non pas une espèce de coquillage.

Cc ij

les autres blanches. Ces coquillages s'ouvrent en certains tems pour recevoir une rosée subtile & pure, dont on croit que s'engendrent les perles qui sont plus ou moins belles, blanches ou brunes, ou de quelques autres couleurs obscures, selon la nature & les qualités de la rosée dont elles sont formées. Sarmiento exagère fort le chagrin que lui & ses compagnons sentirent dans cette occasion, parce qu'étant pressés par la faim & souhaitant de l'appaiser en mangeant de ces huîtres, cela leur étoit néanmoins impossible à cause de la dureté des perles dont elles étoient remplies. Dans ce voyage ils firent plus de 70 lieues en différens tours, prenant terre en plusieurs isles fertiles, propres à être habitées & cultivées, bien qu'elles ne le fussent alors en aucune manière. Ce fut ici que le vice-amiral abandonna la flotte, disant qu'il étoit impossible de continuer le voyage par cette route; les autres continuant à naviger, entrèrent dans le golfe S. *François*, où un soldat ayant tiré un coup de fusil à des oiseaux, on entendit incontinent des voix confuses & non articulées qui répondoient au coup. C'étoit celles de quelques Indiens qui étoient dans un bois de l'autre côté du golfe. D'abord les Espagnols crurent que c'étoient des hurlemens de loups marins, jusqu'à ce qu'ils eussent découvert ces hommes nuds, qui avoient le corps peint & coloré, dont ils virent la raison dans la suite, ayant remarqué qu'ils se frottoient depuis la tête jusqu'aux pieds d'une certaine terre gluante & colorée. Sarmiento fit mettre quelques soldats dans la chaloupe, qui étant arrivés dans des broussailles, virent les Indiens dans le plus épais du bois, sans autre vêtement qu'une couche de cette terre rouge comme du sang. Il y eut seulement un vieillard qui parloit & commandoit aux autres, & à qui ils obéissoient, lequel parut couvert d'une peau de loup marin. Après cela on vit sortir d'entre les rochers qui étoient sur la côte près de la mer, quinze jeunes garçons qui s'avancèrent en faisant avec grand soin des signes de paix, levant les mains, & les tournant vers les navires. Les Espagnols pour répondre à leur signal firent aussi la même chose. Les Indiens s'approchèrent & Sarmiento leur donna deux morceaux de toile & un bonnet, n'ayant pas alors autre chose, les pilotes leur donnèrent aussi quelque chose d'approchant, de quoi ils parurent contens. On leur présenta du vin, ils en goûtèrent, mais aussitôt ils le rejettèrent & n'en voulurent pas boire. Ils mangèrent du biscuit, & néanmoins tous les bons traitemens qu'on leur faisoit, ne les rassuroient guères. Ainsi nos gens se trouvant dans un lieu où la violence des ondes les mettoit en péril de perdre leur chaloupe, retournèrent à leur logement, faisant entendre par signes aux Indiens de les y venir voir, ce qu'ils firent. Sarmiento ayant posé deux sentinelles pour plus grande sûreté quand ils furent tout proche. On en prit un par force pour servir de truchement; on le mit dans la chaloupe, on le carressa, on lui donna des habits, & on le fit manger. Sarmiento nomma ce lieu le cap *peuplé*, parce que c'étoit le premier endroit où il eut trouvé des hommes. De-là il alla à trois petites isles gisantes en triangle, où il passa la nuit. Après cela lui & ses gens ayant passé outre en continuant toujours leurs remarques, ils se trouvèrent vis-à-vis d'un pays rude & de difficile accès, & alors l'Indien qui n'avoit fait que pleurer, dépouillant une camisole se jetta à

1579.

Cap de la Gente,

Cc iij

la mer, & se sauva à la nage. Les Espagnols continuèrent leur voyage ennuyés de voir tant d'isles, remplies à la vérité de plusieurs choses qui leur étoient nouvelles, mais désertes & sans habitans. Seulement dans une qu'ils nommèrent *la roche double*, ils trouvèrent à l'entrée d'une profonde caverne plusieurs pas d'hommes, & tous les ossemens d'un homme ou d'une femme; ils virent venir une pirogue qui est une espèce de barque plate sans vibord, faite de madriers joints ensemble, & quelques fois tissue de joncs, ou composée de courges. Elle étoit navigée par cinq Indiens, qui ne virent pas plutôt nos gens qu'ils s'approchèrent de la côte, abandonnèrent leur pirogue & s'enfuirent avec beaucoup de surprise & d'étonnement sur une montagne voisine. Le pilote se mit dans la barque abandonnée avec quatre soldats, & la chaloupe passa outre.

Etant arrivés à un autre cap, où il leur sembla qu'il y avoit plus d'habitans, ils trouvèrent seulement une petite cabane basse & ronde, faite de petites branches de de bois entrelacées, couverte de larges écorces d'arbre & de peaux de loups marins. Il y avoit dedans quelques petits paniers de poisson de mer, des retz, des os pour des harpons, & des vaisseaux pleins de cette terre rouge, dont ils se couvrent le corps au lieu de vêtemens. Ils suivirent une longue chaîne de montagnes couvertes de

Neige bleue. neige de diverses couleurs : car ils en voyoient de blanche, de bleue & de noire. Sermiento nomma ce pays *la Terre ferme*. On auroit de la peine à compter toutes ces isles, tant celles dont il prit possession, que les autres qu'il découvrit & où il ne put terrir, se contentant de les contempler de dessus une montagne haute & couverte de neige bleue, dont il compare la couleur à celle des turquoises.

Le 21 janvier, du haut d'une colline courbée en arc & panchée sur une rivière, Sarmiento vit cinq Indiens qui sembloient le convier de la main & de la voix à aller à eux. Les Espagnols leur ayant répondu par les mêmes signes, ces Indiens élevèrent en haut une banière blanche, ce que les nôtres firent aussi de leur côté, ils sembloient demander qu'on allât à eux. Sarmiento leur envoya son enseigne & le pilote *Fernand Alonzo*, avec quatre hommes seulement pour ne pas les épouvanter. Ils n'osoient pourtant encore approcher de la chaloupe. Ainsi un des nôtres en sortit, & alla vers eux, & bien qu'ils le vissent seul, ils n'osoient encore se fier en lui. Néanmoins après s'être un peu rassuré ils s'approchèrent, l'Espagnol leur donna des chapelets & des grains de verroterie, des sonnettes, des peignes, des pendans d'oreilles & de grosse toile : présens puériles, qu'on ne laissoit pas de regarder comme des instrumens propres à faciliter la réussite de grands desseins. Là dessus l'enseigne & le pilote sortirent aussi de la chaloupe, caressèrent les Indiens, leur firent de nouveaux présens à peu près de la même nature que les premiers, & leur en firent connoître l'usage par des démonstrations sensibles, ne pouvant le leur expliquer par des paroles. Ces présens les réjouirent fort, & ils témoignèrent aussi de la joye de voir le linge, les écharpes & les ceintures de nos gens, ce qui fit conjecturer à Sarmiento qu'ils avoient vû quelques autres Européens. Ils le firent aussi entendre eux-mêmes par quelques signes assez clairs, par lesquels, sans qu'on les interrogeât ils marquoient en se tournant

1579.

Commerce avec les sauvages.

vers le sud-est, que deux navires semblables au nôtre y avoient passé, ou y étoient encore, & qu'il y avoit des hommes barbus, vêtus & armés comme les nôtres; ce fut là le premier indice que Sarmiento trouva du passage des vaisseaux anglois de Drake. Les Espagnols voulant tâcher d'apprendre plus exactement la route des Anglois, se jettèrent brusquement sur les Indiens, & en prirent trois, se mettant deux soldats pour en enlever un. Ceux qu'on prenoit ainsi par force, firent de grands efforts pour se dépétrer, & donnèrent plusieurs coups de poing à nos gens : mais ils eurent beau faire, il leur fut impossible d'échapper, bien qu'ils fussent forts & vigoureux. Les soldats espagnols souffrirent patiemment tous leurs coups, pour venir à bout de leur dessein, qui étoit de les mener à leur navire, comme ils firent. Sarmiento les y reçut & les y traita avec beaucoup de douceur & d'honnêteté. Ils mangèrent & bûrent, & la manière obligeante & affable avec laquelle on les traitoit, leur faisant perdre la crainte qu'ils avoient eu d'abord, ils commencèrent à rire. On leur fit entendre ce qu'on souhaitoit apprendre d'eux, sur quoi ils montrèrent de la main un golfe où les navires dont il étoit question avoient ancré, avec ces hommes barbus qu'ils marquoient être armés de flèches & de pertuisannes. Un de ces Indiens montra deux blessures, & un autre une, qu'ils avoient reçues en combattant contre les Anglois. Ils lui montrèrent plus distinctement l'endroit où les barbus avoient passé. Il y en avoit eu plusieurs de tués; on apprit depuis qu'une femme nommée *Catherine*, & un jeune homme, tous deux Anglois, avoient été épargnés, & qu'ils vivoient encore parmi ces barbares qui ressemblent

Femme Angloise prise par les sauvages.

aux Terres Australes. Liv. II. 209

ressemblent plus à des bêtes qu'à des créatures raisonnables. Plus loin dans une autre isle pleine de rochers noirâtres, les barbus avoient combattu contre les naturels du pays sans aucun avantage de part ni d'autre. En passant à la vûe d'une contrée d'où l'on voyoit s'élever de grandes fumées, les Indiens captifs se mirent à pleurer. On sçût que leur affliction venoit de la peur des habitans du lieu, qu'ils firent entendre être des géans cruels & farouches. Il y avoit ici quantité de baleines, de loups marins, & de pièces de glace qui flottoient sur l'onde. C'est ici le lieu qu'il nomma proprement *sainte Croix*. Il mit le cap à l'est, continue *Laët*, & surgit bien-tôt dans un beau port, au sud des *isles sainte Croix*, où du sommet d'un rocher très-élevé il crut appercevoir une belle ville bâtie à l'européenne, & peuplée de gens armés. (*) Il s'avança de-là plus près du pole, & manqua l'embouchure ordinaire du détroit. Il vint à 54 degrés où il entra par le canal *S. Isidore*, grande embouchure peu pratiquée dans le détroit de Magellan, & faisant face au sud-ouest, *long.* 304°. 20'. on y voit un volcan couvert de neige. Le capitaine prit terre à la pointe *sainte Anne*, où il fit élever une croix & une inscription portant, que toutes nations eussent à sçavoir qu'au nom du roi d'Espagne son maître, il avoit pris possession de ce pays concédé à ce prince par la bulle du pape Alexandre VI. Cette prise de possession ne se fit pas sans un sanglant combat contre les sauvages où Sarmiente demeura victorieux. Tous ces lieux font partie de la *terre de Feu*. Les montagnes sur lesquelles il

1579.

Géans.

Entrée dans le détroit.

(*) Il faut croire ici que Sarmiente avoit l'imagination très-forte ou la vûe très-mauvaise.

Dd

1579.

grimpa, lui donnèrent l'aspect d'une grande plaine très-agréable, semée de bourgades en grand nombre, de beaux édifices, de hautes tours, & de superbes temples. sans doute, dit ici Jean de Laët, que Sarmiente en nous racontant de telles histoires, nous a jugé aussi crédules qu'il est lui-même menteur.

Mais écoutons son historien Argensola.

Vision de Sarmiento.

Nos Espagnols entendirent quelques voix d'hommes, & virent des piroques pleines de gens d'où ces voix venoient, & qui traversoient d'une isle à l'autre. Les nôtres s'avancèrent dans leur chaloupe pour les reconnoître, & les uns & les autres entrèrent dans un beau port, delà ils virent des maisons qui n'étoient pas faites comme le sont ordinairement celles des barbares, mais qui étoient assez bien bâties, & assez élevées, à peu près comme le sont celles de l'Europe. Ils virent aussi un grand nombre d'hommes qui après être sortis de leurs pirogues s'étoient retirés sur les montagnes où ils s'étoient postés en armes dans un bois d'où ils appelloient nos gens & les sollicitoient de prendre terre. Les nôtres de leur côté convioient les Indiens à s'approcher du bord de la mer. Alors on apperçut un beaucoup plus grand nombre d'autres insulaires armés d'arcs & de fléches, & qui sembloient se préparer au combat; cela fit que les nôtres tirèrent quelques coups d'arquebuse dont le bruit fit tant de peur aux femmes indiennes qu'elles en jettèrent de grands cris, sur quoi on cessa de tirer, pour ne se pas ôter tous les moyens, ou du moins l'espérance de pouvoir gagner ce peuple par la douceur. On voyoit delà une haute montagne couverte de neige, & environnée de plusieurs autres moindres. Les anciennes relations la nomment la *cloche de Roldan*, qui étoit un des compagnons de voyage de Magellan. Sarmiento continuant à naviguer, alla jusques par la hauteur des 54 degrés à la pointe qu'il nomma du nom de *S. Isidore*. Comme il étoit là, les habitans du pays se firent entendre en poussant de grands cris qu'on eut sujet de regarder comme des cris de joye par la suite, parce qu'ils s'approchèrent de nos gens, & les embrassèrent familièrement. Sarmiento outre les bagatelles ordinaires, leur envoya par présent du biscuit & de la viande, ils s'assirent pour converser par signes avec l'enseigne, le pilote & huit autres chrétiens, à qui ils firent entendre qu'ils agréoient leur amitié, & les précieux présens qu'ils leurs avoient faits. Ils leur donnèrent aussi les mêmes indices confus du passage des Anglois que quelques autres avoient donnés. Après cela ils retournèrent à leurs cabanes, & le général ayant pris possession des lieux avec les formalités ordinaires, & ayant aussi pris hauteur, se trouvant par les 53 degrés 40 minutes, partit & continua sa route toujours à la vûe de la côte, qui à huit lieues de-là est basse & unie, & presque de niveau avec la mer, formant une plage couverte d'un sable blanc. Avant que d'y arriver, ils découvrirent un volcan fort haut, & fort couvert de neige, sans que le feu qui en sort la fasse fondre. Pendant que Sarmiento étoit à terre, la mer étant basse, les Indiens allèrent à son navire avec leurs femmes & leurs enfans. Ils portèrent aux Espagnols des présens de grandes pièces de loups marins, de chair puante d'oiseaux maritimes, rouges & blancs, qu'ils nommèrent *mignos*, de fruits qu'ils appellent *murtina*, qui sont semblables à des cérises, & de morceaux de

1579.
Montagne de Roldan.
Détroit S. Isidore. Habitans de ce détroit.

Volcan.

Oiseaux Mignos. Espèce de

1579.
etilées.

cailloux percés & peints, qui étoient dans de petites boëtes d'or & d'argent. On leur demanda quel étoit l'usage de ces pierres, ils répondirent qu'elles servoient à faire du feu, & là-dessus un d'entr'eux ayant pris des plumes qu'il avoit, pour s'en servir comme de mêche, il y mit le feu. En effet ceux de nos gens qui étoient à terre, ayant aussi à peu près dans le même tems allumé du feu pour faire fondre la poix dont ils vouloient enduire un vase qu'on devoit mettre au pied de la croix, avec un papier ou inscription dedans, ce feu jetta une assez grande flâme & quelque fumée. Les Indiens crurent que c'étoit les feux de ces ennemis qu'ils redoutoient si fort sur quoi ils s'en allèrent incontinent sans qu'on pût les retenir. Leur crainte se trouva bien fondée dans la suite, car on vit aussi-tôt de grandes fumées s'élever dans l'isle voisine. Ils virent aussi des traces de tigres & de lions, ils virent des perroquets blancs & gris, avec la tête rouge. Ils entendirent les chants agréables de plusieurs petits oiseaux, comme des chardonnerets & d'autres de différentes espèces. Poursuivant leur route avec beaucoup d'ardeur, ils arrivèrent dans un lieu où ils voyoient la terre couverte d'herbe blanche. Ils mouillèrent l'ancre auprès d'une pointe, sur laquelle ils

Géans.

virent incontinent après paroître une troupe de géans qui faisoient entendre leur voix, & levoient les mains en haut sans armes. Les nôtres imitèrent leurs actions qui étoient de part & d'autre des signes de paix; ces géans s'approchèrent de la chaloupe qui s'étoit avancée près du bord, & étoit gardée par dix arquebusiers. Incontinent l'enseigne descendit à terre avec quatre autres. Les géans lui firent signe de laisser sa demi-pique, & se retirèrent cependant dans le lieu où ils avoient laissé leurs arcs & leurs flèches. L'enseigne laissa sa demi-pique, & leur montra les présens qu'il vouloit leur offrir; cela les retint, bien qu'ils parussent encore assez mal assûrés, & incertains de ce qu'ils devoient faire. Ainsi les nôtres soupçonnant que cette crainte & cette défiance venoit de ce qu'ils avoient été trompés par quelque supercherie; ils ne doutèrent pas que le mal qu'ils avoient reçû de la part du corsaire anglois n'en fût la cause. Ils voulurent donc s'en assûrer pleinement; & pour cela, dix de nos gens environnèrent adroitement un de ces géans, & le prirent: mais ils eurent bien de la peine à le retenir & à le garder. Les autres coururent aussi-tôt à leurs armes, & revinrent si promptement sur les Espagnols, qu'à grande peine ceux-ci eurent-ils le tems de rentrer dans leur chaloupe, dont ils étoient fort près. Ces redoutables ennemis tirèrent avec beaucoup de force, & de promptitude, une grêle de flèches, de manière que les nôtres se pressant pour les éviter laissèrent tomber deux de leurs arquebuses, nonobstant toute la diligence qu'ils purent faire pour se retirer, le munitionnaire reçut un coup de flèche dans un œil. L'indien que nos gens avoient pris étoit géant entre les autres géans, & la relation dit qu'il ressembloit à un cyclope. Il paroît, par d'autres relations, qu'ils étoient hauts de plus de trois aunes, gros & forts à proportion. Quand celui qu'on avoit pris fut dans le navire il parut fort triste, & le premier jour il ne voulut point manger, quelques vivres qu'on lui pût offrir. Les Espagnols mirent à la voile, traversèrent plusieurs canaux & virent plusieurs isles, d'où on les saluoit en

1579.

passant par de grandes fumées. Lorsqu'ils furent dans le plus grand détroit, qu'ils nommèrent *notre-Dame de grace*, qui est par les cinquante-trois dégrés & demi de latitude, & où il faut nécessairement passer, Sarmiento l'ayant bien considéré jugea qu'on pouvoit bâtir des forts aux deux côtés pour en défendre l'entrée, ils passèrent ce détroit le plus promptement qu'il leur fut possible, & quand ils furent plus avancés ils virent sur une pointe de terre des habitans du pays, qui jettoient des cris, & leur parloient, en secouant leurs capes, ou mantes de laine. Sarmiento alla vers eux avec dix-huit soldats. Il n'y eut que quatre Indiens qui parurent avec des arcs & des flèches, & qui faisant des signes de paix avec la main, disoient, *xiitote*, qui veut dire, *freres*, comme on l'apprit depuis. Ils occupèrent une hauteur, & lorsque les Espagnols furent à terre, les Indiens leur firent signe qu'un d'entre-eux seulement s'avançât vers le lieu où ils étoient. Cela fut fait : un des nôtres s'avança sans armes, avec quelques présens, des chapelets de verroterie, des sonnettes & des peignes. Ils reçurent le tout & lui firent signe de se retirer, il obéit; & alors l'enseigne monta vers eux, leur offrant d'autres présens, qu'ils acceptèrent aussi, sans que ceci, ni les caresses & les signes d'amitié qu'on leur faisoit, pussent entièrement les rassurer. Sarmiento les laissa pour ne les pas irriter : puis il monta sur la hauteur par une autre route, pour examiner les canaux, & les lieux d'alentour. Les quatre qui avoient paru le rencontrèrent en face, & quoiqu'on ne les eût irrités par aucun outrage, & qu'ils eussent reçus les présens qu'on leur avoit offerts, ils commencèrent à attaquer nos gens avec fureur. Ils blessèrent le général de deux coups de flèches, au côté & entre les deux yeux, ils crevèrent aussi un œil à un soldat, les autres soldats se couvrant de leurs boucliers s'avancèrent vers ces ennemis qui les attaquoient: mais les géans s'enfuirent plus avant dans le pays, avec tant de légereté & de vitesse, qu'ils furent bien-tôt hors de la portée de l'arquebuse, & on eût dit, à les voir, qu'ils alloient presque aussi vîte que la bale qui en sort. La poltronnerie de ces colosses paroît assez propre pour donner de la vrai-semblance à celle que les livres de chevalerie attribuent ordinairement aux géans dont ils parlent. Sarmiento reconnut le pays, & le nomma *notre-Dame du val*. Il découvrit entre les collines d'agréables valons, des habitations en grand nombre, des bâtimens élevés, avec des tours, des colonnes, & des chapiteaux. Il lui sembloit aussi voir des temples somptueux, & en un mot, tant de magnificence apparente, qu'il n'en pouvoit croire ses yeux, & il regardoit cela comme une ville fantastique, & une chimère de son imagination. Sarmiento n'alla point à cette ville qui lui paroissoit de loin, parce qu'il ne vouloit pas s'éloigner de son vaisseau, auquel il retourna, nous laissant un désir inutile, qui dure jusqu'à présent, de sçavoir la vérité d'une chose qui paroit si surprenante. Il trouva sur le chemin deux grandes capes ou mantes des barbares, faites de peaux de moutons avec la laine, & une paire de chaussons, ou souliers à la manière du pays, que la peur, & la fuite précipitée des Indiens, ne leur avoit pas donné le tems de prendre, les Espagnols continuèrent leurs découvertes, & le vent les obligea de traverser le canal dans lequel ils étoient pour suivre la côte

1579.

Ville imaginaire.

qui est du côté du sud, éloignée de cinq lieues de *notre Dame du val*. Les vents qui souffloient étoient froids; & néantmoins ils trouvèrent cette région plus tempérée que les autres. Elle est habitée par des hommes qui sont grands, vigoureux & assez bien proportionnés. Il y a des animaux sauvages & domestiques, & du gibier, au rapport d'un indien que nos gens prirent, & qu'ils nommèrent *Philippe*, à cause du roi d'Espagne qui porte ce nom. Pour preuve que ce pays est assez tempéré, c'est qu'il produit du cotton, & de la canelle que les naturels nomment *cabea*. Le ciel y est serein. Les étoiles y paroissent fort claires, de sorte qu'il est fort aisé de les connoître & de les distinguer les unes des autres, comme aussi d'observer leurs cours, & leur coucher. Sarmiento dit que l'observation des quatre étoiles qu'on nomme *le cruzero*, parce qu'elles forment une croix, est fort utile en ce pays-là. Ces étoiles sont par les trente degrés du pole antarctique, au moins celle des quatre, qui en est la plus proche, lui servit pour prendre hauteur, comme on se sert de l'étoile du nord dans notre hémisphère.

Sarmiento, poursuit Laët, traversa donc le détroit, en examina soigneusement les côtes, sortit dans la mer du nord, & vint en Espagne, où par des beaux récits il vint à bout de persuader au roi Philippe II. contre l'avis du duc d'Albe, de faire bâtir une forteresse dans le détroit, qui avoit, disoit-il, si peu de largeur, que les batteries des remparts empêcheroient le passage à tous vaisseaux étrangers.

Le roi fit donc équiper en 1581. une grande & belle flotte de vingt-trois navires, montée de 3500 hommes, dont *Diegue Flores de Valdes* fut fait amiral, outre 500 hommes

aux Terres Australes. Liv. II. 217

hommes de vieilles troupes Wallones, qui conduisoient un nouveau gouverneur au Chili. Sarmiento eut le gouvernement de la nouvelle colonie Magellanique. Jamais entreprise ne fut plus contrariée que celle-ci par la mer & par les vents. Une tempête dissipa la flotte non loin des côtes d'Espagne, & coula bas sept vaisseaux portans 800 hommes. Les seize autres, retardés par ce malheur, furent contraints d'hiverner à *Rio Janeiro* dans le Brésil. Une seconde tempête fit ici périr l'un des plus gros bâtimens avec trois cens hommes & vingt femmes destinées à peupler la colonie. De plus, on apprit que l'amiral *Fenton* couroit alors ces mers avec une escadre angloise. *Flores de Valdes* l'alla chercher avec ses dix meilleurs bâtimens : chargea trois autres de femmes & d'autres troupes inutiles, qu'il renvoya sur les côtes du Brésil, brûla deux autres vaisseaux, qui n'étoient plus de service. Il ne trouva point la flotte angloise. Mais celle-ci rencontra ses trois vaisseaux de renvoi, en prit un, & ne daigna pas s'emparer des deux autres. D'autre part, Valdés ayant laissé trois navires à *Buenos-Aires*, pour le gouverneur du Chili, qui se rendit par terre en sa province, ne put arriver au détroit que vers la fin de l'été, tems où la mer y est tout-à-fait orageuse. Sarmiento dans l'impossibilité d'y prendre terre avec sa colonie, revint à *Paraiba* dans le Brésil (latitude 6°.) où il fit rencontre de cinq vaisseaux françois qui bâtissoient un fort, il ruina le fort & l'escadre; & reprenant la route du détroit accompagné de *Ribera*, lieutenant de Valdes, il y territ enfin avec 400 hommes & 30 femmes, fournis de provisions de bouche pour huit mois. De trois vaisseaux qu'il avoit alors, il en périt un. Il garda le se-

1581.

Rio Janeiro.

Buenos-Aires.

Ribera renvoyé en Espagne.

Tom. I.   E e †

cond, & renvoya le troisième en Espagne avec Ribera pour chercher des secours.

Fort bâti dans le détroit.

Il commença par faire construire à l'embouchure du détroit un fort qu'il appella *nom de Jésus*, où il laissa 150 habitans. De-là s'acheminant par terre au plus beau lieu du détroit, il y construisit une place nommée *Philippeville*, qu'il garnit d'une bonne artillerie apportée à ce dessein. Mais la rigueur de l'hiver empêcha d'achever l'ouvrage. Il prit donc 25 matelots & revint à *nom de Jésus*, où un coup de vent cassa ses cables, & le rejetta dans la mer du nord. Il en prit occasion de retourner à *Rio Janeiro* chercher les secours qu'on lui avoit promis, & qu'il ne trouva point : puis à *Fernambouc*, où il rassembla quelques provisions : puis à la *Baye de tous les Saints*, où il fit naufrage. Sans se décourager, il rebâtit un nouveau vaisseau à *tous les Saints*, & remit à la voile avec ses provisions ; mais une cruelle tempête l'obligea de tout jetter à la mer, & de relâcher à *Rio Janeiro*. En sortant pour une dernière fois de ce port, il fut pris par la flotte angloise du chevalier *Raleigh*, & mené prisonnier en Angleterre.

Philippeville bâtie dans le détroit.

Sarmiento repasse dans la mer du nord.

Il est pris par les Anglois.

Malheureux sort de la colonie de Philippeville.

Le sort de sa colonie fut encore plus infortuné. Abandonnée, sans secours, par le malheur de son chef, & par l'oubli volontaire du roi d'Espagne, qui étoit fort en colère contre *Sarmiento*, depuis que *Ribera* lui avoit fait connoître la vanité de cette entreprise ; & que le détroit ayant dans les lieux les plus serrez au moins une lieue de large, il étoit impossible que le canon d'une place en barrât le passage : cette misérable colonie persécutée d'ailleurs par la faim, par la rigueur du climat, par les sauvages, & par les bêtes féroces, & plus que tout par une suite singulière & fatale d'années stériles, où la terre ne produisit rien en ces cantons, eut le sort que l'on va lire dans l'article suivant. De tous ceux qui la composoient, on n'en revit jamais qu'un seul homme en Europe. Mais il n'y a pas de doute que si le pays eût valu la peine d'y former un établissement, & qu'on en eût voulu prendre soin, il n'eut pû fructifier avec succès dans l'endroit où l'on l'avoit placé, & que Sarmiento avoit fort bien choisi.

1581.

Argensola passe légèrement sur le retour de Sarmiento au détroit, & sur les malheurs de sa colonie, dont il ne dit que le peu qui suit. » On prit des mesures pour
» faire embarquer cent familles espagnoles, bien ar-
» mées, & bien pourvûes, & dont on examina soigneu-
» sement les qualités & la vertu pour les envoyer au dé-
» troit de Magellan, afin de faire un bon établissement
» dans ces lieux solitaires. Ils étoient bien fournis d'ins-
» trumens & d'armes, & munis de bonnes instructions,
» & de tout ce qu'on jugeoit nécessaire pour fortifier les
» passages étroits de ce détroit. Sarmiento étoit nommé
» pour chef & conducteur de cette entreprise, & pour
» gouverneur de ce pays-là. Ce grand dessein réussit mal
» par la faute du général *Sanche Flores*. Après cela,
» Sarmiento fut pris prisonnier, & conduit en Angleter-
» re, où étant ensuite remis en liberté, il conféra sur le
» sujet de ces voyages avec Drake, & même avec la
» reine, & tira de ces conversations des lumieres pro-
» pres pour l'exécution d'autres plus grands desseins. «

XV.

THOMAS CANDISH,

En Magellanique.

[François Pretty, gentilhomme Anglois, l'un des compagnons de Candish, est auteur de cette excellente relation, imprimée en latin à *Francfort 1599 fol.* Puis en anglois, dans la collection d'Hackluyt en 1600, tome III. page 803. *The admirable and prosperous voyage of the Worshipfull Master Thomas Candish, &c.* Les tables des latitudes, anchrages, sondes, gisemens & variations, sont de Fuller, pilote du vaisseau amiral, *ibid.* page 825. Voyez aussi les collections de Purchas, tome I. liv. 2. chap. 4. *Haris*, part. I. & le traité des navigations du chevalier *Monson*. Samuel Purchas a copié, dans son recueil (intitulé, *Hackluytus redivivus*, or, *Purchas his pilgrimes*, imprimé à Londres, chez Fetherstone, 1625. 5. vol. *fol.*) une partie des relations insérées dans l'ancien recueil d'Hackluyt, qui a pour titre, *Richard Hackluyt Preacher of christ-church in Oxford the voyages, navigations, and discoveries of the english nation. London. Barker. 1599. 3 vol. fol.*]

* * * * * * * * *

Départ de Plymouth.

LE chevalier Thomas Candish équipa une escadre de trois vaisseaux à ses propres frais, dont il prit lui-même le commandement, à dessein d'aller, à l'exemple de Drake, s'enrichir aux dépens des Espagnols, avec qui on étoit alors en guerre, & de réparer une fortune ruinée par ses galanteries, & par les dépenses de la cour. Nous fîmes voile de Plymouth le 21 juillet 1586. Vieux style. Le 17 décembre nous entrâmes dans un port du pays des Patagons, que notre amiral nomma *le port Désiré*. On y voit deux isles où l'anchrage est excellent, sur lesquelles nous trouvâmes une effroyable quantité de chiens marins, semblables à des lions par la partie antérieure de leurs corps, ayant la tête, le col & les épaules garnis d'une très-longue crinière bien fournie, & les pieds de devant comme les mains d'homme. Ils font des petits tous les mois. La chair de ces jeunes animaux, bouillie & rotie, ne diffère en rien de celle du mouton. Ces lions marins ont la vie si dure, que quatre de nos gens avoient de la peine d'en assomer un. Tout percés de coups de picque ou d'épée, ils se sauvoient encore à la mer. On ne pouvoit les faire mourir qu'en leur brisant la tête. Il y a aussi dans ces isles des troupes sans nombre d'oiseaux, qui, comme les lapins, font des terriers dans le sable où ils couvent leurs œufs. Nous les nommâmes *pinguins*, c'est-à-dire têtes blanches, ils sont de très bon goût. Ils font des trous dans la terre, s'y tiennent comme nos lapins, & y pondent leurs œufs: mais ils vivent de poissons & ne peuvent voler, n'ayant point de plumes à leurs ailes, qui pendent à leurs côtés comme des morceaux de cuir. Quelques-uns de nos gens, occupés à laver du linge le jour de Noël, près d'un puits qu'ils avoient creusé, furent surpris & blessés à coups de flèches par les sauvages. Candish y courut avec seize hommes, & les mit sans peine en fuite, quoiqu'ils fussent environ soixante. Ces hommes vivent comme des franches brutes, & fuyent soigneusement l'as-

1586.

Port Désiré.

Lions marins & pinguins.

222　Histoire des Navigations

1587.
Sépultures des sauvages.

pect des Européens. Ils enterrent leurs morts sous de grandes pierres longues, au sommet des écueils du bord de la mer; ornans les sépulchres de coquillages, taillés & quarrés; de flèches peintes en rouge, dont ils se peignent eux-mêmes durant leur vie, & de tout ce que le mort avoit de plus précieux, qui n'est pas grande chose. Leurs flèches sont des roseaux minces armés d'une pierre très-aigue (*a*).

Cap Vierge.

Après avoir salé notre provision d'oiseaux, nous entrâmes le 3 janvier 1587 près d'un beau cap (*b*) dans ce dangereux & serré détroit de Magellan, où les ouragans nous désolèrent.

Histoire de la colonie de Philippeville, ou port de famine.

Le 7 nous trouvâmes sur le rivage un misérable Espagnol seul (*c*) de 24 qui y étoient encore, reste de 400 que l'on y avoit mis trois ans auparavant dans une forteresse bâtie pour garder le détroit. Le sur-lendemain ayant passé certaines isles pleines de ces mêmes oiseaux *pingouins*, nous vîmes les restes de cette forteresse nommée par les Espagnols *Philippeville*, & par nous port de *Famine* situé par les 53°. 18′. lat. Elle avoit quatre bastions, & sur chacun une pièce de canon de fonte

___

(*a*) Une des relations du voyage de Candish dit que les sauvages du port Désiré étoient d'une taille gigantesque, & que leurs pieds avoient 18 pouces de long. Mais je ne vois rien de cela dans la relation de Pretty.

(*b*) C'est le cap *Vierge*. Pretty ne le nomme pas. Mais il ne faut pas dire pour cela, comme le dit l'auteur de la nouvelle collection des voyages, que ce cap n'avoit point de nom alors: Puisque c'est de Magellan qu'il

l'a reçû. *Il giorno delle XI milla vergini trovarono lo stretto; & perche riputarono questo come un grand miracolo, chiamaron il capo delle XI milla vergini.* Pigafette.

(*c*) Voilà ce que Pretty rapporte en propres termes, & non comme lui font dire le nouveau recueil & l'histoire navale d'Angleterre, que Candish prit ici sur son bord vingt-quatre Espagnols & deux femmes, dont *Hernando* étoit le chef.

qu'on avoit enterrée lorsque Candish y arriva, mais il les fit tirer de terre & les prit. La situation étoit agréable & avantageuse, proche des bois & de l'eau, dans le meilleur endroit de tout le détroit de Magellan. On y avoit bâti une église, & les Espagnols avoient exercé une sévère justice, puisqu'on y trouva un demi gibet où un homme de cette nation étoit pendu. Cette ville avoit été pourvûe de 400 hommes de garnison, afin de garder si exactement le détroit qu'aucun vaisseau n'y put passer pour aller dans la mer du sud, sans leur permission. Mais le succès fit connoître que le ciel ne favorisoit pas leurs desseins, car pendant trois ans qu'ils furent dans cette nouvelle place rien de tout ce qu'ils sémèrent & plantèrent ne put croître, & les bêtes sauvages vinrent souvent les attaquer jusques dans leur propre fort. Enfin quand toutes leurs provisions furent consommées, n'en ayant pû recevoir de nouvelles d'Espagne, la plûpart périrent de faim, & lorsque les Anglois y terrirent, ils les trouvèrent encore tous vêtus & étendus morts dans les maisons. Cette grande quantité de morts restés sans sépulture ayant infecté la ville, le peu de gens qui y restoient encore, avoient été obligé de l'abandonner & de s'en aller errans le long de la côte, afin d'y chercher leur nourriture. Pour cet effet ils prirent chacun un fusil & d'autres choses nécessaires autant qu'ils en pouvoient porter, c'est-à-dire ceux qui avoient encore quelques forces, car il y en avoit de si foibles, qu'ils avoient assez de peine de se traîner. Ces infortunés passèrent ainsi une année entière mangeant des feuilles, des fruits, des racines & quelques oiseaux, quand ils en pouvoient tuer. Enfin ne se trouvant plus que 23 de reste du nombre de 400 qui s'étoient là établis, entre lesquels 23 il y avoit deux femmes, ils résolurent de prendre le chemin de *Rio Plata*; ainsi que nous le dit cet Espagnol nommé *Hernando*, seul resté des 23 : nous l'enmenâmes en Angleterre; pour les autres on n'a pas sçû ce qu'ils devinrent. L'escadre parvint le 14 à la pointe du continent d'Amérique, la plus voisine du pole; elle reçût de nous le nom de cap *Forward*, (pointe ultérieure): de-là sur la côte du sud dans une rivière que nous appellâmes *rivière des coquillages*, pour le grand nombre qui s'y en trouvoit. Puis sur la côte du nord dans une belle baye sablonneuse par nous appellée *Elizabeth*, du nom de la reine.

1587.

Cap Forward.

Rivière des coquillages.

Baye Elisabeth.

A deux mille de-là, le général remonta trois lieues dans la chaloupe le long d'une jolie rivière où le terroir est plus uni & plus fertile que nous n'en avions encore vû ici. Il y vit plusieurs sauvages très-farouches anthropophages & mangeans la viande toute crue. Ce sont ceux-ci sans doute qui ont détruit les Espagnols de Philippeville. Car nous trouvâmes chez eux des couteaux, des lames d'épées rompues, & autres ferremens dont ils faisoient usage pour armer leurs flèches. Ils firent tout ce qu'ils pûrent pour nous attirer à eux, & pour nous faire entrer plus avant dans la rivière, mais le général devinant leur dessein, donna ordre de tirer un coup de canon qui en tua plusieurs.

Nation sauvages.

La route de-là jusqu'au *canal S. Jérôme*, ne fut accompagnée que de tempête & de coups de vents furieux qui nous forçoient à chaque moment de chercher quelqu'abri. Bien nous prit d'avoir de forts cables d'un bon tissu, sans quoi il auroit fallu couler bas par les raffales qui

Canal saint Jérôme.

qui descendoient tout à coup des montagnes. Nous souffrions aussi de la faim, n'ayant vécu tant que nous fûmes dans le détroit que de coquillages & d'oiseaux de mer; si bien que chacun de nous étoit obligé d'aller par les champs chercher son vivre comme les petits oiseaux. Depuis le canal S. Jérôme le détroit tire assez droit au nord-ouest jusqu'à l'embouchure qui se trouve à peu à la même latitude que l'entrée, sçavoir 52°. 40'. j'estime que la longueur du détroit peut être de 90 lieues.

Le 24 février après 52 jours de traverse, nous entrâmes dans la mer du sud près d'un beau promontoire pyramidal, laissant au nord certaines petites isles que les Espagnols appellent *Anegadas*, (isles noyées). Une nouvelle tempête nous tourmenta pendant trois jours à la sortie du détroit; & ayant séparé de la flotte le vaisseau sur lequel j'étois, le poussa sur l'isle *Mocha*, où nous fûmes fort maltraités par les habitans qui sont en guerre perpétuelle avec les Espagnols. Mais nous rejoignîmes notre amiral à l'isle *sainte Marie*, où nous reçûmes toutes sortes de rafraîchissemens des insulaires qui nous croyoient venus d'Espagne. Ici le malheureux que nous avions sauvé du *port de famine*, & que nous avions envoyé s'aboucher avec ses compatriotes sur les côtes du Chili, nous quitta par une insigne perfidie, malgré les sermens réitérés de ne nous abandonner jamais. Il donna sans doute avis aux Espagnols de nôtre mauvais état, car ceux-ci envoyèrent 200 hommes de cavalerie pour nous attaquer à l'aiguade; mais ils nous trouvèrent encore mieux préparés à la défense qu'ils ne l'auroient souhaité. Ils nous tuèrent cependant 12 hommes; mais nous nous en vengeâmes par la prise de

Sortie du détroit.
Cap Pilier.

Isle Anegadas.

Isle Mocha.

Isle sainte Marie.

1588.

Ruine de Payta.

Prise de galion de Manille.

Isles Larrones. Mœurs & productions.

quantité de leurs bâtimens, & par la ruine de leur ville de *Payta*. Prettey raconte ensuite fort au long comment Candish ravagea les côtes du Chili, du Pérou & du Mexique; & s'empara près de la pointe de la Californie du grand galion amiral de ces mers, nommé *sainte Anne*, du poids de 700 tonneaux, chargés d'or & d'étoffes précieuses. De-là, continue-t-il, nous vînmes le 3 janvier 1588 à *Guam* l'une des isles *Larrones*, où 70 canots d'insulaires apportèrent autour du vaisseau des patates, des bananes, des cocos, du poisson frais. On leur tendoit en contre-échange des morceaux de fer au bout d'une ficelle. Enfin ils vinrent en tel nombre, & l'avarice de ces gens-là pour le fer est si grande, qu'ils brisoient leurs canots à force de se presser & de se pousser; mais ils ne s'en soucient guères, car ils nagent sous l'eau ni plus ni moins que des poissons. Nous ne pouvions nous en débarrasser. Il fallut tirer le canon sur eux sans que je puisse dire s'il en tua ou non; car en un clin d'œil toute la troupe tomba dans la mer, se jettant à la nage entre deux eaux. Je n'ai rien vû de plus joli ni de plus adroitement travaillé sans outils de fer que leurs canots. Ils n'ont que deux pieds de large sur 20 à 30 de long, pareils des deux bouts avec un mât, une voile quarrée ou triangulaire de *seggos*, des cordages d'osier & une petite figure sculptée sur la proue. Ces canots tiennent depuis 4 jusqu'à 8 personnes. Les insulaires sont plus grands que nous, de couleur basannée tirant sur le noir. Ils vont tous nuds, & portant de longs cheveux renoués sur le front.

Isle Capal aux Philippines, mœurs

D'ici après avoir passé par le travers du cap *Espiritu santo* à la pointe de Manille, les navires vinrent mouiller à une autre isle de barbares nommée *Capul*. La plûpart des habitans y sont nuds & de couleur tannée. Les hommes n'ont qu'une espèce de tablier au milieu du corps, fait d'une toile tissuë de feuilles de bananes. Ils passent ce tablier entre leurs jambes, & l'attachent pour couvrir leurs parties naturelles. Ces gens ont une coutume bien étrange : ils passent un clou d'étain dans le gland de la verge de chaque enfant mâle. La pointe du clou est fendue & rivée, & la tête en est comme une petite couronne. La blessure que ce clou fait aux enfans se guérit sans beaucoup de peine. Ils retirent & remettent ce clou lorsqu'ils en ont envie ou besoin. Pour s'assûrer mieux de la vérité de ce fait, le général rapporte que ces gens mêmes avoient tiré un de ces cloux de sa place, & l'avoient remis dans le gland d'un petit garçon de dix ans, fils du cacique qui étoit venu à son bord. On lui dit que cette invention étoit venue des femmes, qui voyant les hommes fort adonnés à la sodomie, présentèrent requête aux régens, & obtinrent que pour prévenir cet inconvénient on en useroit à l'avenir ainsi.

Les deux vaisseaux de Thomas Candish, car le troisième avoit été brulé en Amérique, revinrent en Angleterre chargés de richesses, par la route des petites Moluques & du cap de bonne-Espérance. Ils mouillèrent à la rade de Plymouth, le 9 septembre 1588. d'où Candish écrivit au lord Hundson, grand chambellan, une lettre contenant le détail abrégé de sa course, que les auteurs anglois nous ont conservé.

* * * * * * * *

Latitudes, selon *Fuller*, pilote de Candish.

1588.

Port désiré	47°	50'
Baye des lions marins	48	20
Port saint Julien	50	0
Rivière blanche	50	30
Cap joye	52	40
Port famine	53	50
Cap forward	54	15
Cap désiré	53	10

Ce mémoire de Fuller est extrêmement détaillé sur le gisement des côtes des Patagons & du détroit. Les géographes & les navigateurs doivent la consulter dans Hackluyt, page 828.

XVI.

SECOND VOYAGE

DE THOMAS CANDISH,

En Magellanique.

1592.

Ce second voyage fut écrit par *John Jane*, secrétaire du contre-amiral (en anglois dans la collection d'Harckluyt, Tome III. pag. 842.) & par *Antoine Knivet*, (en anglois, dans la collection de Purchas, Tom. IV. Liv. VI. ch. 7.) Il y en a un extrait latin dans les recueils de Barlay, Amsterdam 1622. *fol.* Voyez aussi un long procès-verbal dressé par l'équipage du contre-amiral Davis, après qu'il se fut séparé de l'amiral.

* * * * * * * * *

Départ de Plymouth.

Il s'étoit si bien trouvé de la première expédition;

qu'il équipa une seconde flotte de cinq bâtimens pour le même dessein. Elle mit à la voile de Plymouth le 6e août 1591. La tempête la battit rudement sur la côte des Patagons. Mais enfin, toute la flotte se rejoignit le 18e mars 1592, dans le *port Désiré*, à l'exception d'un navire qui retourna en Angleterre. Les autres entrèrent dans le détroit. Le 8e avril, « nous vîmes au port *Fami-*
» *ne*, dit *Knivet*, où l'équipage alloit tous les jours à
» terre ramasser des moules, des fruits bons à manger
» & de l'écorce d'arbre semblable au *cinnamum*. Un
» jour que nous étions sur le rivage, nous vîmes venir
» à eux plus de mille cannibales nuds (*above a thousand*
» *canibals*) portans des plumes en leurs mains. Ils ne
» se laissèrent jamais approcher de nous à portée de la
» main. Mais ils recevoient au bout d'une longue per-
» che, ce que nous leur offrions, & ne nous donnoient
» jamais en retour que des plumes qu'ils nous tendoient
» de la même manière. Nous leur donnâmes à entendre
» que nous avions besoin de vivres. Ils nous firent signes
» qu'ils n'en avoient point : mais qu'ils pourroient tuer
» des animaux avec leurs dards. Nous allâmes d'ici dans
» une belle baye, voisine de plusieurs isles, où nous
» trouvâmes des canots faits d'écorce d'arbres. Quelques
» sauvages se montrèrent de loin : mais pas un d'eux ne
» voulut venir à nous. Nous mouillâmes aussi dans une
» rivière, que l'on prit d'abord pour le débouquement
» du détroit. Ce n'étoit qu'un cul-de-sac ou golfe très-
» profond, qu'on nomma *la rivière des perles*, à cause
» de la quantité de coquillages à perles qui s'y trouvent.
» Le froid est excessif en ces climats, surtout la nuit &
» le matin, pour des gens aussi mal vêtus que je l'étois.

1592.

Port Désiré.

Port Famine.

Nation nombreuse de Canibales.

Plumes servant de monnoye pour le commerce.

Rivière de perles.

» La rigueur épouvantable de la froidure nous fit per-
» dre quelquefois jusqu'à huit ou neuf hommes par jour.
» Les cheveux tomboient à d'autres qui restèrent chau-
» ves près de deux ans. Un nommé *Harris*, orfévre de
» profession, en perdit le nez. Il se chauffoit auprès d'un
» fort grand feu, & voulant se moucher avec les doigts,
» son nez tomba dans le feu, en présence de plusieurs de
» ses camarades. Pour moi j'eus plusieurs doigts des pieds
» gelés; la glace, quand j'eus marché, ne faisant plus qu'un
» corps avec ma chair & mes souliers. J'en pensai per-
» dre les deux jambes, qu'un certain homme voulut me
» guérir avec des paroles; mais dont je ne recouvrai
» bien l'usage qu'après avoir senti la chaleur d'un climat
» tempéré. «

La flotte angloise traversa le détroit jusqu'à quatre lieues de son embouchure, où d'affreux coups de vents chassèrent les matelots dans un endroit serré, & les y retinrent un mois dans une grande disette de vivres, obligés de se nourrir de coquillages & d'herbes marines. Le dégoût s'empara des gens de l'équipage, ils voulurent retourner au Brésil, malgré les exhortations de l'amiral, qui fut enfin obligé d'y consentir. On abandonna sans humanité, sur la côte près du cap Forward, les malades de l'équipage qui périrent dans la neige. Les navires rentrèrent dans la mer du nord à la fin de mai, & perdirent de vûe, par une nuit obscure, le vaisseau de l'amiral. La tempête les jetta vers certaines isles inconnues à dix-sept lieues de l'embouchure du détroit, où ils pensèrent faire naufrage. Ils retournèrent dans le détroit chercher leur amiral, & vinrent mouiller dans une baye serrée, où les sauvages vivoient nuds dans le

bois, au milieu du mois d'août, malgré l'extrême âpreté de l'hiver. « C'étoient, *dit Jane*, de grands hommes
» robustes qui lançoient fort bien des pierres de cinq
» livres pesant. Ils jettoient aussi de la poussière en
» l'air, courans çà & là sur le rivage comme des bêtes.
» On eût dit qu'ils avoient des masques, & leurs visa-
» ges ressembloit à des vrayes têtes de chiens. On crai-
» gnit qu'ils ne missent le feu au vaisseau. Car ils en allu-
» ment avec une surprenante promptitude. Ils mirent le
» feu à un bois voisin, d'où ils étouffoient de fumée les
» gens de l'équipage. Les Anglois perdirent ici neuf hom-
» mes, qu'ils soupçonnèrent avoir été tués & mangés
» par les Cannibales. » Deux fois les vaisseaux anglois
entrèrent dans la mer du sud; deux fois le vent les repoussa dans le détroit, & la seconde les rechassa bien
vîte dans la mer du nord, d'où, après avoir été bien battus par les Portugais sur les côtes du Brésil, ils arrivèrent en Irlande. Le 11ᵉ juillet 1593. Thomas Candish
avoit repris le même chemin, & mourut en route.
On trouve dans Purchas, Tom. IV. Liv. VI. chap. 6.
une copie de ses dernières volontés, & d'une relation
par lui écrite à 8° latitude nord, au chevalier *Tristan*
George peu de tems avant son décès; il paroît accablé
de tristesse, & se plaint amèrement du contre-amiral
Davis, à qui il impute la ruine de l'entreprise & sa mort.
Pour *Antoine Knivet*, l'un des auteurs de qui j'ai tiré
le récit qu'on vient de lire, il fut laissé pour mort sur les
côtes du Brésil, où il passa bien des années parmi les
sauvages & les Portugais. A son retour à Lisbonne, il
écrivit d'un style très-pathétique, une longue relation de
tous ses désastres. Elle est agréable & curieuse, par les

1592.

* Mort de Candish.

grands détails qu'il y donne de toutes les régions qu'il a fréquentées : mais il la charge souvent de circonstances qui sentent la fable. Peut-être faut-il mettre en ce rang ce qu'il rapporte (§. 4.) des habitans de la côte magellanique, en ces termes : » La côte du port *Désiré*
» est habitée par des géans de 15 ou 16 palmes (*ou em-*
» *pans*) de haut. J'affirme que j'ai mesuré sur ce riva-
» ge la trace du pied d'un d'entr'eux, laquelle étoit
» quatre fois plus longue qu'une des nôtres. J'ai mesu-
» ré aussi deux de ces hommes nouvellement enterrés
» sur le rivage, dont les cadavres avoient 14 empans
» de longueur. Trois de nos gens, qui furent ensuite
» pris par les Espagnols sur les côtes du Brésil, m'ont as-
» suré qu'étant un jour à l'anchre près de la côte, ils
» furent obligez de s'éloigner, parce que les géans lan-
» çoient du bord jusqu'à eux des quartiers de pierre
» d'une grosseur étonnante. J'ai vû au Brésil un de ces
» géans qu'*Alonzo Dias* avoit pris au port saint Julien :
» Quoique ce ne fût qu'un jeune homme, il avoit déja
» 13 empans de haut. Ces peuples vont tous nuds, &
» portent de longs cheveux ; celui que je vis au Brésil,
» étoit de bonne complexion, & bien proportionné dans
» sa haute taille. Je ne puis rien dire de ses mœurs, ne
» l'ayant pas fréquenté : mais les Portugais me dirent
» qu'il ne valoit pas mieux que les autres antropopha-
» ges des côtes de la Plata. Au reste, cette contrée du
» port *Désiré*, n'est pas un vilain pays. On y trouve de
» jolies petites rivières, où l'on peut ramasser des per-
» les & du corail. Les Espagnols pensent qu'il ne seroit pas
» difficile de faire un chemin par terre de là jusqu'au Chi-
» li, le pays le plus beau & le plus enchanté de l'univers.
» Les

1592.

Géans patagons.

» Les habitans du port *Famine* dans le détroit sont
» une toute autre espèce de hideux Cannibales de petite
» taille, n'ayant pas plus de 5 ou 6 empans de haut; le
» corps épais & robuste, la bouche fendue jusqu'aux
» oreilles. Ils mangent la chair quasi crue, ne faisant que
» l'écorcher un peu sur le feu, après quoi ils la dévo-
» rent, & le sang ruisséle de leur bouche. Ils se bar-
» bouillent le visage & la poitrine; ils couchent des plu-
» mes collées avec du sang sur leur peau, où elles tien-
» nent comme avec de la glue. Durant le séjour que nous
» fimes au détroit, il en vint à nous quatre à cinq mille
» (*) qui n'apportoient autre chose pour commercer
» que des plumes & des perles dont on trouve ici tant
» que l'on veut. Malgré le froid épouvantable du cli-
» mat ces gens vont nuds, à l'exception de quelques-
» uns qui portent des peaux de loups marins, ou des bê-
» tes farouches comme de lions ou de léopards, ou de
» certaines bêtes plus grosses que des chevaux, qui ont
» les oreilles longues d'un empan, & le poil comme
» celui d'un veau. Les Brasiliens nomment ces animaux
» *Tapetywason*. J'en ai vû d'à-peu-près pareils que les
» Portugais appellent *Gombe*, dans le royaume de *Ma-*
» *ni - Congo* en Ethiopie. Plus loin dans le détroit il y a
» d'autres hommes qui font des canots d'écorce; ils ve-
» noient épier notre chaloupe dans le dessein de s'en em-
» parer. Lorsqu'ils nous virent ils n'osérent s'approcher:
» mais je les vis assez bien pour discerner qu'ils étoient
» de bonne taille, & qu'ils avoient la peau blanche. Ils
» vont tous nuds, hommes & femmes.

(*) Il a dit plus haut *un millier*, ce qui est déja incroyable.

Tom. I.   G g

XVII.
JEAN CHIDLEY.
En Magellanique.

[Tiré de la relation écrite en anglois par *Guill. Magoths* de Bristol, imprimée dans Hackluyt, tom. III. pag. 839. Voyez aussi le mémoire présenté durant le séjour au détroit, le 12 février 1590 à *Robert Burnet*, maître d'un des vaisseaux de la flotte par les gens de son équipage.]

Départ de Plymouth.

L'ENTREPRISE de Jean Chidley, gentilhomme Anglois du comté de Devon, n'avoit pas été plus heureuse. Il partit de Plymouth pour la mer du sud, le 5 août 1589, avec 3 vaisseaux & 2 pinasses. Un seul de ces vaisseaux arriva au *port Désiré* où il séjourna 17 jours dans l'attente inutile d'être rejoint par les autres. Il entra dans le détroit le premier de l'an 1590, & ayant envoyé 15 hommes dans une chaloupe vers les isles *Pinguins*, fut battu d'une terrible tempête, qui sans doute submergea la chaloupe, puisqu'on ne la revit jamais. Ils mouillèrent au port *Famine* où ils trouvèrent encore un des Espagnols de la garnison de *Philippeville*, qu'ils prirent sur leur bord. Les Anglois n'ayant plus de chaloupe en construisirent une autre avec les planches de leurs coffres, & envoyèrent sept hommes armés à terre sur la côte du nord. A peine furent-ils débarqués que les sauvages au nombre de plus de cent, les surprirent en trahison, après leur avoir fait signe avec une peau blanche, & les tuèrent à la vûe de deux conducteurs de la chaloupe. Le

Isle Pinguins.

vaisseau vint au nord-est du *port de Famine* se rafraichir avec des moules, dans une bonne baye où il se pourvut d'eau & de bois. Chidley passa ensuite jusqu'à 8 ou 10 fois à plus de dix lieues au-delà du cap *Forward*. Mais toujours repoussé avec force par les vents & les courans, ayant perdu trois ancres & 38 hommes de son équipage, voyant d'ailleurs ses gens las de lutter depuis six semaines contre la fureur des élémens, & très-disposés à la révolte, il rentra le 14 février dans la mer du nord où il fit grande peur à un bâtiment Portugais qui à sa vûe alla s'échouer sur la côte du Brésil, ne sçachant pas que l'Anglois étoit plutôt en situation d'avoir à craindre pour lui-même que de se faire craindre aux autres. Le fruit de cette course fut d'arriver sur les côtes de Normandie au nombre de six hommes seulement, sçavoir, quatre Anglois, un Breton & un Portugais, & de faire naufrage vers Cherbourg. Le vaisseau fut brisé: mais les hommes gagnèrent la terre de France, d'où les quatre Anglois du nombre desquels étoit *Guill. Magoths*, auteur de cette relation, retournèrent ensuite dans leur patrie.

1590.
Port de famine.
Cap Forward.

Retour en Europe.

XVIII.

RICHARD HAWKINS,

En Magellanique.

RICHARD Hawkins suivit les traces des chevaliers *Drake* & *Candish*; il étoit fils du chevalier *Jean Hawkins* fameux capitaine Anglois. Il a écrit lui-même une curieuse mais diffuse relation de ses avantures, & de

1593.

Gg ij

236 HISTOIRE DES NAVIGATIONS

1593.

ſes remarques ſur tous les pays où il a voyagé, imprimée à *Londres Jaggard*. 1622. *fol.* ſous ce titre, *The observations of ſir Richard Hawkings Kight, in his voyage into the ſouth ſea.* Voyez depuis le *chap.* 30 juſqu'au *chap.* 42. *Purchas* en donne un abregé, tom. IV. liv. 7. chap. 5. *Jean Ellis* capitaine ſur la même flotte, a écrit une petite relation aſſez ſeche de ce voyage, *ibid. chap.* 6. Voyez auſſi *d'Haris*, tom. I. & l'Amérique de *Laët*, liv. 13. chap. 6.

* * * * * * * * * * * *

Départ de Plymouth.

Port ſaint Julien.

Patagons.

Terre inconnue découverte à 48°.

Je fis voile de Plymouth le 8 avril 1593. Après avoir couru les côtes du Bréſil & de Rio de la Plata, je vins l'année ſuivante jetter l'ancre au port S. Julien (entre 48 & 49°. *lat. merid.*) bon havre où l'on peut mouiller ſur 15 ou 16 braſſes : mais il faut ſe défier des habitans de cette côte. On les appelle *Patagons.* Ils ſont cruels, perfides, & de ſi grande taille, que pluſieurs voyageurs les ont qualifié de géans. Au ſortir d'ici, je fus porté par le vent contraire à une terre inconnue que nous découvrîmes à notre ſud-oueſt le 2 février 1594. ſur les neuf heures du matin, & dont la vûe nous ſurprit fort ; car nos cartes marines ne faiſoient mention d'aucune terre à cette hauteur vers 48°. Je courus le long de cette côte au nord-eſt environ 60 lieues, & vis une belle contrée où la quantité de feux qu'on apperçut la nuit firent juger qu'il y avoit auſſi beaucoup d'habitans. Ce pays me parut bien uni, ſans montagnes difficiles, aſſez ſemblable pour l'aſpect à notre Angleterre fertile, abondant en bois, pourvû de bons ports entre-coupés de rivières douces, dont les eaux altèroient la couleur de la mer en beaucoup d'endroits : mais n'ayant point de pinasse pour approcher de la côte, je ne pus aborder à terre pour converser avec les habitans, comme j'en avois grande envie. J'ai toujours eu du regret de n'avoir pû visiter une contrée de si belle apparence : mais outre le défaut de commodité dont je viens de parler, le vent devenoit favorable pour passer le détroit, & la saison nous pressoit. Voici les signaux que je puis donner pour la reconnoître. Au point le plus occidental dont nous eûmes premièrement la vûe la côte regarde l'ouest : si on la regarde du sud-ouest on apperçoit trois montagnes, ou mondrains ronds. En tournant à l'ouest, les trois mondrains se confondent en un : plus à l'est on en découvre deux. Nous nommâmes cette éminence *le point Tramontain.* A 12 ou 15 lieues plus à l'est, il y a une petite isle basse de deux lieues de long que nous appellâmes *Faire-Island* (belle isle), car la terre étoit couverte d'une herbe fine & verte, aussi belle que les prés peuvent l'être au printems. Trois ou quatre lieues plus à l'est il y a une ouverture dans les terres comme une grande rivière, ou un petit golphe bordé d'un rivage bas. A 8 ou 10 lieues plus loin, on découvre à trois lieues dans les terres, un gros rocher que nous prîmes à la première vûe pour un vaisseau sous voiles : mais bientôt nous reconnûmes ce que c'étoit, & nous les nommâmes *Condite Head,* à cause de sa ressemblance à *Condite Head* près de la ville de Londres. Toute cette côte, autant que je la pus découvrir, gît est par nord, & ouest par sud. Comme cette terre a été premièrement découverte à mes frais sous le regne de notre souveraine Elizabeth, en mémoire du célibat qu'elle garde, & de mon entreprise, je l'ai appellée *Hawkins-maiden land* (terre de la pucelle Hawkins, ou virginie d'Hawkins). A 20 ou 30 lieues du rivage on commence à voir flotter sur l'eau de grosses touffes d'herbes vertes de terre meslées de fleurs blanches. C'est un bon signe qu'on n'est pas loin de cette côte, dont je crois la pointe occidentale distante d'une soixantaine de lieues du continent d'Amérique. (*a*)

J'entrai dans le détroit le 10 février. On peut dire que ce détroit est comme une rivière dont le cours iroit tantôt d'un côté, tantôt de l'autre. Je supprime le détail de toutes nos différentes fortunes en cette traversée. (*b*) Nous vîmes des cochons sur la terre sans pouvoir discerner s'ils étoient d'une espèce particulière au pays, ou si c'étoit de l'espèce d'Europe que les Espagnols y ame-

(*a*) Il seroit à souhaiter qu'Hawkins eût marqué d'une manière tout-à-fait précise, la longitude & latitude de cette terre, inconnue à tous les autres navigateurs. La position qu'il donne, & la description qu'il en fait, ne conviennent ni aux isles *Sebaldes*, ni à celle de *Beauchesne*, ni à la *Terre de la Roche*, ni à la *Terre des Etats*, malgré les trois mondrains, dont il fait mention. Il s'explique nêtement sur le 48°. degré de latitude ; & c'est mal-à-propos que ceux qui ont fait de courts extraits de son livre disent 50 ou 52 : mais il est bien surprenant que cette terre, si elle existe, n'ait jamais été apperçue, ni par *Charp*, ni par *Beauchesne*, ni par tant d'autres navigateurs qui ont parcouru ces passages. Cependant Hawkins, dans tout le contenu de sa relation, paroit un narrateur fidèle, au témoignage duquel il est difficile de ne pas ajouter foi. Ainsi il faut qu'il y ait une terre, non loin du continent, entre l'isle *Pepys* & *Falkland*, autrement les *isles Malouines* ; ou que *Falkland* soit la terre ici décrite par Hawkins, auquel cas il se seroit trompé sur la latitude, qui est 52. M. Frezier est à peu près de même sentiment, & croit que la terre d'Hawkins, est celle que dans sa carte il a nommée *côte de l'Assomption* dans les isles Malouines. Voyez son article dans le quatrième Livre.

(*b*) On peut le voir dans l'original (Sect. 30. page 70.) qui s'étend beaucoup sur les observations géographiques & nautiques.

nèrent quand ils bâtirent Philippeville. Les isles du détroit sont couvertes d'une incroyable quantité d'oiseaux de diverses espèces, pinguins, canards, mouettes & Gannets. Le mot *Pingouin* signifie en gallois, *tête blanche*. De cette dérivation & de plusieurs autres mots pareils que les Indiens tiennent de leurs ancêtres, & qui sont tirés de la langue du pays de Galles, on peut inférer que les Gallois ont anciennement peuplé l'Amérique. (*a*) Aussi Montezuma dernier roi du Mexique, disoit-il aux Espagnols, que les ancêtres étoient venus d'une belle contrée habitée par un peuple blanc. D'autre part j'ai lû dans une ancienne chronique, qu'autrefois un souverain du pays de Galles avoit fait voile à l'occident avec une grosse flotte, & n'étoit jamais revenu. (*b*)

1593.

Signification du mot Pingouin.

Opinion singulière sur l'origine des Américains.

(*a*) Outre le peu de probabilité du fait, Hawkins tire cette conséquence d'un faux principe. Le nom de *Pinguoin* a été donné à ces oiseaux par les matelots Bretons, non par les naturels du pays. Il en est sans doute de même des autres mots que notre Voyageur assure, sans les citer être Celtiques, & anciens dans cette contrée.

(*b*) Le Docteur *David Powel* parle dans son histoire de Galles de cette expédition vraye ou fausse. Il raconte « qu'en 1170. les enfans d'*Owen* » *Guineth*, prince de North-Galles, » se disputant, les armes à la main, » la succession de leur pere, un d'eux » nommé *Madoc*, abandonna l'héri- » tage à ses freres, pour aller cher- » cher des aventures sur la mer ; & » partant avec une flotte, laissa bien » loin l'Irlande vers le nord ; tirant » à l'ouest, où il découvrit une belle » & vaste contrée, dont les Espa- » gnols se sont depuis attribué la » première découverte ; qu'admirant » la folie de ses freres & de ses ne- » veux, qui s'entre-tuoient pour la » possession de quelques mauvais ro- » chers dans un coin de l'Angleterre, » tandis qu'un pays si vaste & si fertile » demeuroit sans aucun habitans, il » étoit revenu dans sa patrie d'où il » avoit amené jusqu'à deux fois de » nombreuses colonies dans ce nou- » veau monde ; qu'il ne faut donc » pas s'étonner de ce que *Lopez de* » *Gomare*, rapporte, Liv. II. ch. 16. » qu'on a trouvé des cantons de l'A- » mérique où la croix étoit en véné- » ration, puisque les premiers habi- » tans étoient chrétiens : mais que

HISTOIRE DES NAVIGATIONS

1593.
Manière de chasser aux Pingouins.

Le pingouin est entièrement fait comme une oye, si ce n'est qu'il n'a le corps couvert que de duvet au lieu de plumes. Il ne vole point ; mais il se dresse sur ces jam-

« ces premiers habitans étant en pe-
» tit nombre, ils ont repris depuis
» les mœurs barbares & le langage
» usité dans le pays, qui les rend au-
» jourd'hui méconnoissables. »

On pourroit demander aux auteurs de cette fable, de qui les colonies Galloises ont emprunté ce langage usité dans un pays qu'elles ont peuplé les premières. Richard HacNuyt, Tome III. pag. 1. rapporte & traduit en anglois les vers gallées ou cimraëes de *Meredith*, fils de *Rheesus*, vivant en 1477. qui font mention de la navigation de *Madoc*. *Je suis Madoc, le fils d'Owen Guinedd, de grande taille, & agréablement paré de bonne mine. Je n'ai voulu dans mon pays ni terres, ni richesses, ne m'appliquant qu'à les chercher sur la mer.*

Madoc Wyf, mwyedic Wedd,
Iawn genau, Owyn Guynedd:
Nifynnum dio, fy enaid oedd,
Na da mawr, ond y morgedd.

Pierre Martyr, dont le témoignage n'est pas hors de tout soupçon, prétend que les peuples de Virginie, & ceux de Guatimala, qui ne sont cependant pas voisins, célèbrent la mémoire d'un grand & ancien héros nommé *Madoc*. Decad. 7. chap. 3. Decad. 8. chap. 5. Quelques gens croyent avoir remarqué que la langue cimraëque du pays de Galles, qui est un dialecte du celtique, entre pour beaucoup dans la composition des langages américains, Nicolson *Dissert. Philolog*. Quelques-uns en disent autant de la langue Basque, qui est aussi un dialecte de l'ancien celtique. Mais après tout il y a parmi les barbares d'Amérique, un si prodigieux nombre d'idiomes, qui n'ont aucun rapport entre eux, & nous avons là-dessus si peu d'observations, que ce seroit folie que de vouloir bâtir, sur de tels fondemens, un système prématuré, avant qu'une longue pratique nous ait mis en état de connoître ce que l'on peut discerner sur l'origine des Américains, par l'examen des langages, qui est en effet une très-bonne voye de connoître les migrations des peuples ; ainsi cette question restera encore en suspens pendant bien des siècles. Aucun auteur n'a traité la question de l'origine des nations américaines plus au long qu'Hornius : mais je doute qu'aucune personne sensée voulût adopter la plûpart de ses raisonnemens.

Herbert prétend, sans en rien sçavoir, que cette terre, découverte par *Madoc*, étoit la Floride, ou la Virginie.

bes, & court auffi vîte qu'un homme. Il est amphibie & fe nourrit de poiffon, comme l'oye fe nourrit d'herbe. Tout le rivage près de la mer eft parfemé de terriers, comme ceux de lapins où ces oifeaux font éclore leurs œufs. L'ifle eft pleine de ces trous, à l'exception d'une belle vallée d'herbe verte & fine, que nous imaginâmes que ces animaux réfervoient pour leur pâturage. Le pingouin eft meilleur au goût que le plongeon des ifles Sorlingues. Il fent le poiffon. Pour l'apprêter il faut l'écorcher, à caufe qu'il eft trop gras. En tout c'eft un manger paffable, rôti, bouilli, ou au four; mais plutôt rôti. Nous falâmes 12 ou 16 tonneaux, pour nous tenir lieu de bœuf falé. Cette chaffe nous divertit beaucoup. On n'en peut faire de plus amufante, foit à les pourfuivre & à leur couper chemin quand ils veulent gagner les terriers, la mer ou la montage; ce qu'il ne fait pas fans tomber fouvent dans les trous dont la terre eft couverte; foit à former une enceinte où on les enferme, & on les affome à coups de bâtons, en les frappant fur la tête, car les coups donnés fur le corps ne les tueroient pas; outre qu'il ne faut pas meurtrir la chair que l'on veut conferver falée. C'étoit une comédie de voir nos gens dans leur courfe donner du nez en terre, & fe jetter dans un trou voulant en éviter un autre. Celui qui étoit tombé faifoit faire la culbute à ceux qui le fuivoient. Tel en faifant un effort pour retirer fon camarade, enfonçoit jufqu'aux épaules dans le terrain miné fous fes pieds. Les miférables pinguins perfécutés de toute part, fe précipitoient, les uns dans les tanières, d'où on les tiroit à milliers, les autres du haut des rochers fur la terre où ils fe tuoient tous roides. Les plus heureux gagnoient la mer, alors ils étoient en sûreté: mais c'étoit encore un divertissement pour nous que de les voir sauter du rivage dans l'eau à la queue les uns des autres, comme un troupeau de moutons après le bélier. La chasse finie on leur coupe la tête pour les faire bien saigner. On les fend par le milieu: on les lave bien dans l'eau de la mer: on les sale: on les laisse six heures dans le sel; après quoi on les met en presse pendant huit heures, pour bien faire égoûter l'eau & le sang; & on les sale de nouveau dans le muid, où ils se conservent pendant deux mois, & épargnent beaucoup de bœuf salé de l'équipage.

Chasse aux mouettes & aux canards.

Les mouettes & les gannets ne sont pas ici en si grand nombre, cependant nous prîmes assez jeunes mouettes pour nous régaler durant le séjour, c'est un des meilleurs manger dont j'aye jamais goûté. Les canards sont assez différens des nôtres, & beaucoup moins bons: mais le besoin fait tout passer. Ils sont en grand nombre, & ont leur canton particulier dans l'isle sur des rochers élevés hors de la portée du mousquet. De ma vie j'ai tant vû d'art & d'industrie dans des animaux privés de raison, surtout dans la manière d'arranger leurs nids. Ils sont tellement disposés sur les hauteurs, que le plus grand géometre du monde ne pourroit distribuer le terrain de manière à y en placer un de plus. Tous les cantons sont divisés par des petits sentiers larges seulement autant qu'il est nécessaire pour qu'un oiseau puisse y marcher. Le terrain où sont les nids, est dressé comme si on l'eut nivelé à main d'homme. Les nids sont de terre pétrie, & paroissent tous jetter dans le même moule. Les canards apportent de l'eau dans leur bec avec laquelle ils forment un mortier d'argile, qu'ils façonnent en rond aussi bien qu'avec un compas. Le fond est large d'un pied: l'ouverture de 8 pouces & la hauteur pareille. Il n'y en a pas un différent de l'autre dans la forme ni dans les proportions. Ces nids leur servent plus d'une année. Ils y pondent leurs œufs, que le soleil fait éclore, à ce que je crois. Nous ne pûmes trouver sur toute la place un seul brin d'herbe, de paille, de fétu, de plumes ou de fiente d'oiseau, tout est propre & net aussi bien dans les nids que dans les sentiers, comme si l'on venoit de le laver & balayer.

Chasse aux loups marins. Un autre jour nous apperçûmes une grosse troupe de loups marins qui dormoient le ventre au soleil. Nous prîmes des bâtons & d'autres armes, faisant le tour d'un tertre pour les surprendre avant qu'ils s'éveillassent. Mais lorsque nous approchâmes, un de ces animaux qui faisoit la sentinelle, éveilla les autres par ses hurlemens. Ils coururent à la mer: ceux à qui nous coupâmes le chemin, loin de fuir, vinrent droit à nous. On eu beau leur faire des blessures, ils nous renversèrent tous les uns après les autres. Ils ne font aucun compte des coups de fusil; une épée ne leur perceroit pas la peau, & toucher dessus avec des pieux, c'est comme si l'on touchoit sur une pierre, à moins qu'on ne les frappe sur le bout du groüin; ce qui les tue infailliblement. Quand ils eurent regagné la mer, ils se mirent à danser & sauter dans l'eau à notre vûe, comme pour nous défier & se moquer de nous. On leur tira quelques coups de mousquets qui les firent enfin plonger, après quoi ils ne reparurent plus. Ce poisson est couvert de poils comme un veau à qui il ressemble assez d'ailleurs. Il a quatre jambes longues de moins d'un palme. Il diffère beaucoup des autres veaux marins que j'ai vû ailleurs. Celui-ci a la partie antérieure comme un lion garnie d'une grosse crinière, & de moustaches dont on pourroit faire des cure-dents. Il vit à la mer, & va dormir sur la terre, tandis qu'un d'eux fait sentinelle pour toute la troupe en cas d'accident. Il est fort gras, & l'on en peut tirer de l'huile comme de la baleine.

Description du détroit.

Nous eûmes dans le détroit une furieuse tourmente qui nous fit perdre un ancre dans les longues herbes dont ce passage est plein, & qui pensa nous faire perdre notre chaloupe. Nous passâmes le *cap Agreda*, puis le cap *Forward* qui est à 55°. & plus. L'isle Elizabeth,

Baye Elisabeth.

(c'est-à-dire près de la *baye Elizabeth*) est à 14 lieues au-delà par ouest & sud. Le détroit peut avoir ici quatre lieues de large, mais bientôt il se divise en plusieurs canaux ouverts sur la grande mer : car toutes les terres du sud ne sont que des isles ou terres brisées. Depuis ces terres jusqu'à la sortie du détroit les deux rivages sont de montagnes couvertes de neige tout le long de l'année. Le lieu le plus étroit de toute cette traversée est vers l'isle, car je ne crois pas que le canal ait ici plus de deux portées de mousquet d'un rivage à l'autre. La *baye Elizabeth* est sabloneuse & de bon ancrage à l'est : mais il y a des pointes fort dangereuses avant que d'y arriver ; ainsi que dans toute la partie nord de la baye. D'ici à la ri-

Canal saint Jérôme.

vière *S. Jérôme*, il y a cinq lieues, on l'appelle *rivière*, mais c'est un autre canal par lequel on pourroit déboucher le détroit. Nous y fûmes poussés assez avant par les vents forcés, mais n'osant tenter plus loin la découverte sans notre pinasse nous regagnâmes le canal ordinaire, dès que le vent le permit. Au sortir de-là nous trouvâmes sur un rocher un canot de sauvages fort bien travaillé, & apperçûmes sur la côte deux ou trois Indiens tous nuds qui nous faisoient des signes d'approcher, montrant du doigt tantôt une baye, tantôt l'embouchure du détroit. Nous n'y comprîmes rien : mais nous n'osâmes approcher sçachant que les sauvages sont fort traîtres pour les blancs, depuis qu'ils ont été cruellement traités par les Espagnols : mais peut-être vouloient-ils nous donner avis d'une tempête prochaine, qu'ils sçavent fort bien prévoir, car peu après lorsque nous nous croyions prêts d'entrer dans la mer du sud au coucher du soleil, il vint du nord-est un horrible nuage noir accompagné de pluye & d'éclairs, qui nous rechassa d'une grande vîtesse tant que la nuit dura. Jamais je n'ai vû de nuit si longue & si obscure. Il y avoit de quoi mourir de frayeur d'être ainsi poussé au hasard dans cette route étroite sans sçavoir où. Nous fûmes repoussés vers la baye *Elizabeth*, près de deux ou trois cabanes de sauvages, larges d'environ 8 pieds faites de branches d'arbres recouvertes de même. Les habitations ne leur servent sans doute que lorsqu'ils viennent durant l'été faire leur pêche à la mer, car je crois que l'hiver ils se retirent au-delà des montagnes plus avant dans le pays où ils trouvent un air plus doux & une meilleure nourriture ; le rivage n'ayant aucunes bêtes ni oiseaux de terre, si ce n'est certains oiseaux noirs. Du moins je n'y ai apperçû d'autres animaux que les deux cochons dont j'ai parlé ci-dessus. Quant aux animaux de mer je n'ai vû dans le détroit, outre ceux dont je parle ailleurs, que quelques chevrettes, une baleine & deux ou trois marsouins.

1594.

Sauvages.

Leurs cabanes.

La seconde tentative pour sortir du détroit ne réussit pas mieux. Au moment de sortir de la bouque nous fûmes repoussés dans la baye des *Crabbes* où l'on trouve beaucoup de crabbes rouges, puis vers la rivière *S. Jérôme*. Tous ces contretems accompagnés de périls infinis, de la perte de nos cables & de nos ancres nous mettoient au désespoir. Nos provisions se consumoient. Je puis bien dire que les rats mangeoient autant de biscuit & d'orge battu que la cinquième partie de notre équipage. Je les compte au nombre des grands fleaux qu'on puisse avoir dans un voyage de long cours. La saison s'avançoit, l'équipage parloit de retourner passer l'hiver au Brésil, & de revenir au printems tenter le passage: mais j'avois peine à y entendre, malgré tant de difficultés. Je sçavois par expérience, combien il faut être ferme à tenir bon en de pareilles entreprises & à lutter contre le découragement. Quand on a reculé un pas on en recule cent: & le chevalier Candish pour avoir eu cette complaisance pour son équipage s'en vit abandonné & mourut à la peine, sans aucun fruit. J'en pourrois citer quantité d'autres exemples. Pour charmer l'ennuy de mes gens & les distraire de ces pensées, je les amusois autant que je pouvois à de petites occupations. Je leur faisois ramasser l'écorce & le fruit d'un arbre fort commun sur tout le rivage du détroit. Il porte son fruit en grappes comme l'aube-épine, mais elles sont vertes. Chaque grain de la grosseur d'un grain de poivre, contient quatre ou cinq graines grosses deux fois comme les grains de moutarde. Broyées, elles deviennent blanches comme le poivre blanc, aussi piquantes & plus chaudes. La feuille de l'arbre est d'un verd blanc châtre assez semblable à celle du tremble. L'écorce a le goût des épices mêlées, fort stomachique, & je ne pense pas qu'il y ait de meilleure épicerie. Je renvoye là dessus le lecteur à ce qu'en a écrit notre sçavant *Turner*, sous le nom d'écorce de *Winter*. (*a*)

Nous ramassâmes une quantité de perles : elles sont petites & de mauvaise couleur : mais peut-être que si l'on avoit des plongeurs pour chercher dans l'eau profonde, on en trouveroit de meilleures. Ces sémences de perles viennent des moules où elles s'engendrent quelquefois au nombre de 20 ou 30 dans la chair & la graisse du coquillage, qui à cela près est fort bon à manger. Je crois ces perles d'une espèce différente des perles d'orient qui s'engendrent de l'écaille de l'huître à perles dont la nacre n'est elle-même qu'une espèce de perle. (*b*)

Enfin le 14º jour de notre demeure dans la baye, voyant un après-midi le tems donner quelque espérance du côté de l'est, je m'obstinai à remettre à la voile contre l'avis général, qui vouloit que nous assurassions d'avantage du vent. Je n'eus pas tort par l'événement. Le vent s'étant rafermi, nous apperçûmes bientôt le *Cap désiré* à la bouque de Magellan. A quatre lieues au nord-ouest de ce cap on voit quatre petites isles en pains de sucre. (*c*) Le rocher du cap étend une longue racine

Perles de Magellan.

Cap désiré.

1594.

(*a*) Winter capitaine sur la flotte de Drake, revint en Angleterre où sans doute il apporta le premier de cet épicerie dont on pourroit selon l'apparence faire un bon commerce en Europe.

(*b*) Les perles des moules paroissent être une concrétion de l'humeur servant à l'animal à former sa coquille, laquelle étant en trop grande abondance se fige au-dedans de son corps.

(*c*) Havkins a raison d'appeler le *Cap désiré* ce que nos cartes appellent le cap *Piller*, le nom lui fut imposé par Magellan qui n'a pû voir le cap de la rive opposée faisant face au sud, que nos cartes appellent *Cap désiré*, &

248 HISTOIRE DES NAVIGATIONS

1593.

Isle Mocha.
Avis sur le passage.

dans la mer. Si tôt que nous y fûmes, le vent devint contraire, mais étant venu à bout d'avancer cinq lieues dans la mer du sud, il nous rechassa au nord, & je pris la route de l'isle *Mocha*. Je conseillerois fort à ceux qui ont bonne provision d'eau & de bois, s'ils ont le vent favorable, de tenir la haute mer sans passer par le détroit. Tout ce terrain du sud de Magellan n'est qu'un amas d'isles brisées, au tour desquelles je me persuade qu'on peut tourner pour aller d'une mer à l'autre. Le chevalier *Drake* me racontoit un jour qu'après être sorti du détroit la tempête l'avoit poussé dans la mer du sud jusqu'à cinquante..... degrés (*) où il avoit trouvé la mer ouverte, signe certain qu'on peut passer à peu près par ce parallèle : la plus grande hauteur du détroit n'étant pas à plus de 52°. 50'. Ce fût dans cette même circonstance que ce chevalier alla au point le plus voisin du sud où l'on soit jamais parvenu. Ainsi l'on peut fonder de bonnes conjectures sur une telle expérience. Que si l'on veut passer par ce détroit, je le crois praticable toute l'année. Cependant la meilleure saison est novembre, décembre & janvier. Les vents toujours variables dans les étroits passages, le sont encore moins alors.

* * * * * * * * * *

Hawkins pris par les Espagnols.

❦ Hawkins après avoir couru toute la côte du Chili & presque toute celle du Pérou, fut pris dans la mer australe par les Espagnols qu'il y venoit attaquer. Il leur ap-

que probablement les navigateurs qui font le tour par le détroit de le Maire, ont mal-à-propos pris pour le cap vû par Magellan. Les quatre islots sont les quatre *Evangelistes*.

(*). Il y a faute en cet endroit important de l'original, car il est aisé de voir qu'on a oublié un chiffre dans les paroles suivantes : *He found himselfe in fifty degrees*.

prit

prit beaucoup de choses qui leur étoient encore inconnues touchant la partie australe du détroit, & les terres qui l'environnent vers le sud, c'est-à-dire qui touchent le détroit de Magellan, & non qui touchent les isles Célèbes vers le sud, comme *Barlay* le fait dire mal-à-propos à Hawkins qui n'a jamais navigé dans la nouvelle Guinée.

XIX.

ALVAR DE MINDAÑA,

Second voyage en Polynésie.

CE voyage est intitulé *Descubrimiento de las islas de Salomon*. Il ne m'en est jamais tombé sous la main qu'un seul exemplaire espagnol, provenant du cabinet de Melkisédekh Thevenot. Il avoit dessein de le faire entrer dans une cinquième partie de son recueil, à laquelle il travailloit lorsqu'il mourut. On a joint ces feuilles imprimées en espagnol à un petit nombre d'exemplaires de son recueil qui n'étoient pas encore vendus lorsqu'il mourut. Mais par malheur il y manque deux cahiers, l'un desquels est le premier, de sorte que l'on ne voit ni la date du voyage, ni le nom de l'auteur de la relation. Il est néanmoins certain que c'est le second voyage de Mindaña, que ce capitaine, parti de Payta, ville du Pérou, fit avec *Fernand de Quiros* en 1595. Il en avoit fait un autre dans la même mer pacifique en 1568. avec Alvar de Mendoce dont on a vû ci-dessus les découvertes dans l'art. 12. A son retour Mindaña fit présenter des mémoires à ce sujet à la cour d'Espagne. Le roi connoissant l'importance & la situation de ces nouveaux pays, ainsi que l'utilité qu'on en pouvoit tirer, écrivit en 1594. à Dom Garcie de Mendoce, marquis de Caniente, vice-roi du Pérou, de faire équiper & pourvoir abondamment le gallion *le S. Jérôme* & trois autres navires, d'en donner le commandement à Dom Alvar de Mindaña, & d'y faire embarquer tout ce qu'il auroit d'hommes & de femmes inutiles au Pérou, pour aller former une colonie dans ces isles éloignées de la mer du sud. Le projet étoit bon sans doute, mais l'on se pressa trop d'envoyer la colonie, avant que la position & l'abordage des isles qu'on n'avoit vues que dans une première course, fut parfaitement connue; ce qui fit que l'on les chercha long-tems, que l'on se trompa plusieurs fois dans la recherche, & que la longueur du voyage jetta l'équipage dans une misère qui rendoit trop difficile l'établissement de la colonie. On voit qu'elle étoit nombreuse en hommes, femmes & soldats, & qu'il y avoit sur la flote deux dames de grande distinction, D. Isabelle Baretto & D. Beatrix, lesquelles étoient peut-être les femmes du général & de l'amiral. Gémelli Carreri rapporte que faisant la traversée de Manille au Mexique sur le gallion d'Acapulco, il apprit que D. Isabelle Baretti avoit autrefois accompagnée D. Alvar de Mendoce son mari, dans la course qu'il fit en 1595, lorsqu'étant parti du Pérou pour aller à la découverte des isles de Salomon, il mourut avec une partie de son équipage dans une isle de la nouvelle Guinée: que sa veuve se rendit de cette isle à Manille où elle arriva avec un seul vaisseau, resté d'une flote entière que l'Espagne avoit perdue dans cette vaine recherche. Il y a quelques observations à faire sur ces paroles de Careri auteur bien plus abondant qu'exact, &

qui dans le cours de ses longs voyages, a tout ramassé sans choix. 1°. Ce n'est point dans ce voyage-ci de 1594 qu'Alvar de Mendoce étoit avec Mindaña, mais dans le premier voyage de Mindaña fait pour la même découverte en 1568. 2°. Quoiqu'il soit possible que l'une & l'autre de ces deux dames soient restées veuves durant le cours de cette longue navigation, on verra par la relation présente, qu'il y a apparence que ce fut D. Beatrix qui perdit son mari durant le voyage, & non D. Isabelle. Ainsi les éclaircissemens que l'on trouve dans le voyageur moderne ne sont pas de grande utilité pour suppléer à ce que les lacunes de l'original nous laissent ignorer.

Les premiers mots du fragment de la relation espagnole nous font voir que Mindaña étoit alors mouillé vers les isles qu'il appelle *les marquises de Mendoce*, (10 *lat.* sud, depuis 250 à 260 *long.*), & que *Dudley* croit être les mêmes qu'on s'avisa de nommer *isles de Salomon*, parce qu'elles produisent de l'or, & sur la ridicule supposition que *l'Ophir* où la flotte de ce roi des Hébreux alloit chercher de l'or étoit ici. Le fragment continue ainsi.

* * * * * * * * *

Ils nous lançoient des pierres à coups de fronde, dont un soldat eut le bras cassé. Les nôtres voulurent tirer leurs arquebuses ; mais la poudre mouillée avoit peine à prendre feu ; cependant du peu de coups qui partirent, un des chefs fut atteint d'une balle à la tête, & tomba roide mort. C'étoit une chose épouventable que d'entendre le bruit & les cris de toute cette populace qui s'embarrassoit dans les canots ; les sauvages voulant tous

Isles Mendoce, ses habitans.

se cacher les uns derrière les autres. Après qu'ils se furent éloignés, nous en vîmes revenir trois dans un canot criant de toute leur force, & tenant en main un rameau verd, d'où pendoit quelque chose de blanc, ce que nous prîmes pour un signal de paix. Les hostilités cessèrent donc; ils nous firent entendre que nous leur ferions plaisir d'aller mouiller dans leur port: mais nous n'en voulumes rien faire. De cette sorte ils se séparèrent de nous après nous avoir laissé quelques noix de cocos. Cette isle est à 10 degrés de l'équateur, environ à 1600 lieues de Lima. Elle est fort peuplée; car outre la quantité de gens qui remplissoient les canots, le rivage en étoit encore tout garni; elle paroît avoir une dizaine de lieues de tour. La côte est haute & montueuse, taillée net en écores. Le port se trouve à la bande du sud. Mindaña ne la reconnut point, & nous avertissant de notre erreur, il nous dit qu'à moins qu'il ne se trouvât quelque autre marque, ce n'étoit pas ce que nous cherchions.

A peu de distance de celle-ci nous en découvrîmes trois autres que le commandant nomma *S. Pierre*, *Magdelaine* & *Dominique*. Les deux premières sont basses, bien boisées, d'environ quatre lieues de circuit. Je ne puis dire si elles sont habitées ou non. La *Dominique* est plus grande. Elle a bien 13 lieues de tour. L'aspect en est tout-à-fait agréable, plein de beaux arbres & de bonnes bayes. Elle n'est séparée d'une quatrième nommée *l'isle Christina*, que par un canal limpide & profond, large d'une lieue. Le commandant nomma toutes ces isles réunies, *les marquises de Mendoce*. Comme il cherchoit à mouiller à la *Dominique*, nous vîmes venir à nous plusieurs pirogues remplies d'Indiens de couleur plutôt dorée

AUX TERRES AUSTRALES. LIV. II. 253

qu'autrement, parmi lesquels étoit un vieillard de bonne mine, portant en main un rameau vert garni de blanc. Ils crioient de toute leur force pour nous faire approcher du rivage, faisant signe de leurs grands chapeaux & montrant la terre. Le commandant en avoit assez d'envie: mais les houles brisoient si fort que la chaloupe envoyée pour chercher l'ancrage, ne pût jamais approcher. Le pilote apperçut quantité de gens sur la côte. Il nous raconta qu'un de ces insulaires, qui étoit entré dans la chaloupe, levoit sans peine d'une main un gros veau par les oreilles. Trois d'entr'eux montèrent sur la capitane. Après y être resté quelque tems, l'un d'eux saisit tout d'un coup une fort jolie petite chienne, & faisant un cri, tous trois se jettèrent legèrement à la mer avec assez de grace, & regagnèrent leurs pirogues à la nage.

Le lendemain qui étoit le jour de S. Jacques (25 juillet), l'amiral envoya dans la chaloupe un mestre de camp suivi de 20 soldats chercher un port & de l'eau sur l'isle *Christine*. Il fit sa descente en bon ordre au bruit du tambour. Les insulaires, au nombre d'environ 300, tournoient tout au tour de sa troupe. Il leur fit signe d'approcher, & de ne pas passer une raye que l'on traça sur la terre, ce qu'ils exécutèrent; apportant de l'eau, des noix de coco & autres fruits. Les femmes s'approchèrent aussi: elles sont tout-à-fait charmantes & de très-facile accès. On fit signe aux hommes de remplir les tonneaux, mais ils nous firent signe à leur tour que nous n'avions qu'en prendre la peine nous mêmes; & prenant quatre de nos bariques ils s'enfuirent avec; raison pour laquelle on leur tira dessus. Le 28e le commandant vint à terre avec sa femme dans ce même port où il fit dire la messe

1595.

Hommes & femmes de la Christine.

I i iij

que les insulaires entenditent à genoux, paisiblement, & en grand silence, faisant tout ce qu'ils nous voyoient faire. Une jolie Indienne aborda de fort bonne grace Donna Isabelle, & voyant qu'elle avoit de beaux cheveux blons, lui fit signe d'en couper une boucle & de la lui donner; mais comme Isabelle reculoit, & se tenoit sur ses gardes, l'Indienne se retira de peur de lui déplaire. Le peuple est affable & paroît plus prévenant qu'aucune autre nation indienne. Mais à peine Mindaña fut-il de retour à son bord, que nos gens restés dans l'isle avec le mestre de camp, prirent querelle par leur mauvaise conduite avec les naturels. On en vint aux coups. Les Indiens jettèrent sur les Espagnols une grêle de pierres & de lances, dont il n'y eut néanmoins qu'un soldat blessé à la jambe; puis emmenant leurs femmes & leurs enfans, ils s'enfuirent vers la montagne, où ils se fortifièrent par des tranchées. Les nôtres les poursuivirent à coups d'arquebuse. Le soir & le matin ils jettoient tous à la fois une espèce de cri concerté qui retentissoit horriblement dans les roches. Ils se répondoient de troupes en troupes, & faisoient assez connoître l'envie qu'ils avoient de nous nuire: mais ce fut en vain. Le mestre de camp posa trois corps de gardes, pour la sureté des mariniers qui faisoient de l'eau, & des femmes de l'équipage qui se divertissoient sur le bord de la mer. Les Indiens voyant donc que leurs lances étoient des armes fort inégales contre nos mousquets, en revinrent à faire des signes de paix; abordant amicalement les soldats avec des racines de platanes & d'autres fruits. Ils paroissoient avoir besoin de certaines choses qu'ils n'avoient pas eu le loisir d'emporter de leurs cabanes, & supplioient par signe qu'on leur permit d'y aller. Au retour ils apportoient libéralement des vivres au corps de garde, & se lioient d'amitié avec les Espagnols. Un d'eux se mit si bien en liaison avec le chapelain, qu'on les appelloit *les camarades*. Celui-ci lui enseignoit à faire le signe de la croix, & à prononcer *Jésus Maria*. Les deux nations se prirent ainsi d'amitié: on voyoit de côté & d'autre un Espagnol & un Indien se promener tête-à-tête, s'entredemandant par signes comment on appelloit le soleil, la lune, la terre, la mer & le reste. On s'écoutoit avec grand plaisir, & les Indiens en se séparant ne manquoient pas de dire, *amigos*, *camaradas*. Les gens du corps de garde proposèrent par signes au camarade du chapelain, de le mener au vaisseau amiral, à quoi il répondit d'un air gai, *amigos*. Le commandant le reçut avec toutes sortes de caresses. On lui servit du vin & des confitures: mais il ne voulut ni boire ni manger. Il admira beaucoup nôtre gros bétail, & demanda comment s'appelloient ces bêtes en notre langue. Il regardoit avec étonnement le navire, les mâts, les voiles, les cordages. Il voulut aller par-tout entre les ponts, & considéroit chaque chose avec un soin qui n'avoit rien d'un sauvage. Il disoit *Jésus* quand on lui en faisoit signe. Au bout de quelque tems il demanda d'être remis à terre; mais il continua de nous porter tant d'affection qu'il se chagrina beaucoup en apprenant notre prochain départ, & qu'il demanda la liberté de nous suivre. Cette isle *Christina* située sous le 9.º parallèle, est bien peuplée, haute dans le milieu, pleines de roches & de vallées où les insulaires ont leurs habitations. Le port faisant face à l'ouest est en fer à cheval, étroit d'entrée, bon fond de sable sur 30 brasses au milieu, & 12 près du rivage; bonne source d'eau douce qui sort d'un rocher plus grosse que le bras. (*) Les naturels de cette isle sont plus basannés que ceux de la *Magdelaine*: d'ailleurs c'est à peu près le même parler, & les mêmes usages. L'habitation est disposée en équerre, sur deux lignes, bien pavées d'un côté; & de l'autre, disposée en place publique plantée d'arbres. Les maisons sont plus élevées que le sol, couvertes à deux eaux. Les portes sont basses & les fenêtres percées vis-à-vis dans le mur opposé; elles paroissent communes; du moins vîmes nous un grand nombre de places à coucher marquées dans chaque cabane. Les femmes ont le visage & la main très-jolis, la taille fine, le corsage bien fait, le teint passablement blanc: en un mot elles sont mieux que nos plus jolies femmes de Lima. Elles sont vêtues de la poitrine en bas d'un fin tissu d'écorce. Nous vîmes près de la bourgade une espèce de temple ou sanctuaire formé d'une enceinte de pallissades où étoient quelques figures de bois mal travaillées, auxquelles les insulaires présentent pour offrande diverses choses comestibles. Nos gens y prirent un cochon, & venoient pour emporter le reste, lorsque les naturels les arrêtèrent, en leur faisant signe de n'y pas toucher, & que c'étoit un lieu respectable. Leurs pirogues sont fort bien creusées d'une seule pièce, quille, poupe & proue, recouvertes de planches & amarées en cordages de cocotiers. Il y en a qui tiennent jusqu'à 30 & 40 rameurs. Ils les travaillent avec des doloires d'os de poissons, & d'arminettes de coquillages qu'ils éguisent sur de gros

_____

(*) L'auteur donne un grand détail des marques propres à reconnoître l'Isle, le port & l'aiguade. Il nomme le port *Mere de Dieu*.

cailloux.

cailloux. Les forces, la stature & l'air sain des insulaires sont de bons indices de la saine température du climât. Nous n'y sentîmes ni serein, ni rosée du matin. L'air y est si sec que les linges mouillés qu'on laissoit sur terre pendant la nuit se trouvoient secs le lendemain matin, sans qu'on eut pris la précaution de les étendre. Le soleil n'incommode pas beaucoup durant le jour, & la nuit on suporte bien une couverture. Les animaux les plus communs sont des poules & des cochons semblables à ceux de Castille. Il y a un fruit gros comme la tête d'un enfant, d'un verd foncé qui s'éclaircit en meurissant, marqué sur l'écorce de rayes qui se traversent, d'une figure oblongue plus étroite au bout qu'au pied. Il n'a ni noyau ni pépin; le dedans est une substance blanche de peu de suc mais fort délicate, saine & nourissante; nous le nommions *blanc manger*. Les feuilles de l'arbre sont grandes, très-dentelées, à peu près semblables à celles des papayes. Il y a un autre fruit hérissé de pointes comme les châtaignes, mais six fois plus gros. Un autre huileux, d'une écorce très-dure, assez semblable à la noix, sinon qu'il n'y a point de zest qui le partage dans le milieu. Les citrouilles sont comme en Espagne, si ce n'est que certaines espèces ont de très-belles fleurs sans odeur. Je ne puis rien dire de l'intérieur de l'isle que nous n'avons pas visité. On éleva quatre croix sur le rivage, au bas desquelles on grava la date de notre voyage.

Le 5 août nous remîmes à la voile faisant route à l'ouest, pour continuer la recherche des isles dont nous étions en quête. On fit environ 400 lieues à l'ouest, ou au nordouest. Un jour le sentinelle cria qu'il croyoit voir la terre cherchée: ce qui remplis tout l'équipage d'une joye

1595.

Tempéra-
ture & pro-
ductions.

à laquelle la tristesse succéda bientôt, quand on n'apperçût rien en regardant de plus près; car l'eau & les provisions commençans à manquer, la foiblesse & le découragement, compagnons ordinaires des entreprises incertaines & laborieuses, commençoient à se glisser parmi nous.

Isles saint Bernard.

Le 20 août jour de S. Bernard, les vaisseaux se trouvèrent à vûe de quatre petites isles basses, sablonneuses, couvertes d'arbres, disposées comme un quadre en quarré d'environ 8 lieues de circuit. Nous ne sçûmes pas si elles sont habitées. Quelques gens dirent cependant qu'ils avoient apperçû deux canots; mais c'est par l'envie qu'ils avoient de prendre terre. Le général nomma ces isles, *S. Bernard*; elles sont à 10°. 20'. *lat. sud* à 1400 lieues à l'ouest de Lima (219°. *long.*)

Après les avoir passées, le vent fut sud, mêlé de pluyes & de grands & épais nuages de formes bisarres qu'on soupçonna venir de terre, d'autant mieux qu'ils se montroient régulièrement du côté inconnu. Nous navigions toujours entre le 8e & le 12e parallèle, sans nous en écarter, selon nos instructions. Le 29 on découvrit une isle basse, ronde, plantée d'arbres & environnée de chauffées à ce qu'il paroissoit. Elle étoit seule; aussi la

Isle Solitaire.

nommâmes-nous la *Solitaire*, à 10°. 40'. *lat.* & 1535 lieues de Lima (210°. *long.*) Nos petits bâtimens y allèrent faire de l'eau & du bois; mais ils crièrent à l'amiral de s'éloigner, à cause des roches cachées sous l'eau. Nous regagnâmes au plus vîte la haute mer, tout épouvantés de nous voir environnés d'écueils. On naviga jusqu'au 7e septembre avec vent arrière de sud-est. Le soir on crut appercevoir la terre, c'étoit un gros nuage noir qui couvrit tout le ciel, & produisit une pluye affreuse avec une telle obscurité qu'on n'apperçevoit plus les fanaux. Le matin quand elle fut dissipée, on apperçut la terre: mais l'on fut très-inquiet de ne plus voir le vaisseau amiral. La terre étoit environnée de rochers, toute séche, montueuse & crevassée. Le pic étoit un volcan qui ne cessoit de mugir & de lancer des étincelles. Cette pointe ou pic sauta peu de jours après avec un bruit effroyable, en donnant une telle secousse à la terre que nous la sentîmes fortement sur nos vaisseaux à dix lieues de-là.

Le général avoit envoyé une frégate à la recherche de l'amiral. Cependant, comme nous approchions de terre, nous en vîmes venir à nous une cinquantaine de canots pleins de gens qui crioient & remuoient les mains. Ils étoient les uns basanés, les autres d'un noir vif. Tous avoient les cheveux frisés, blancs, rouges ou d'autres couleurs; (car ils étoient peints,) les dents de même teintes en rouge; la tête à demi rasée: le corps nud à l'exception des parties naturelles couvertes d'un voile de toile fine: le visage & les bras peints en noir reluisant, rayés de diverses couleurs: le col & les membres chargés de plusieurs tours de cordons en petits grains d'or ou de bois noir, en dents de poissons, en espèce de médailles de nacre de perles. Leurs canots étoient petits, attachés deux à deux. Ils portoient pour armes des arcs, des fléches empennées, à pointe aiguë endurcie au feu, ou armées d'os & trempées dans un sucre d'herbe, de grosses pierres, des épées de bois lourd, des dards d'un bois roide avec trois pointes d'harpons de plus d'un palme chacune. Ils avoient en bandoulière des havre-sacs

1595.
Isles Salomon.
Isle sainte Croix.

Volcan;

Habitans. Leurs mœurs

de feuilles de palmites fort bien travaillés, remplis de biscuits qu'ils font de certaines racines dont ils se nourrissent.

Dès que le général les apperçut, il dit qu'il les reconnoissoit pour les habitans du pays dont on étoit en quête. Il nommoit les isles à la vûe desquelles nous nous trouvions : cependant quand il leur parla en la langue qu'il avoit apprise à son premier voyage, il ne put ni les entendre ni se faire entendre d'eux. Ils s'arrêterent long-tems à considérer la flotte au tour de laquelle ils alloient en croisant. Quelqu'invitation qu'on leur fit d'y monter, ils n'en voulurent rien faire. Après s'être parlé entr'eux, ils prirent tout d'un coup les armes par le conseil, à ce qu'il nous parut, d'un vieil Indien fort maigre qui étoit à leur tête. A mesure que celui-ci parloit, la parole couroit par tout : ils agissoient ou s'arrêtoient tout court. Enfin ils jetterent un grand cri & déchargèrent sur la flotte une nuée de flèches qui ne blessèrent personne. Nos soldats se tenoient tous prêts. Ils firent feu à l'instant. Les Indiens, l'un desquels fut tué & plusieurs blessés, prirent la fuite pleins d'épouvante. Sitôt que nous en fûmes délivrés, on se hâta d'approcher de terre. C'étoit l'objet des vœux de tout l'équipage, qui croyoit en sautant à terre, trouver du remede à ses souffrances. Les trois vaisseaux donnèrent fond à l'entrée d'une baye peu profonde & de mauvaise tenue. La marée en montant fit chasser le gallion sur ses ancres : il pensa échouer, & ne regagna le large qu'à grande peine. Cependant la frégate revint sans avoir trouvé l'amiral : ce qui redoubla notre chagrin.

Le lendemain matin le général monta sur la galliotte

pour aller chercher un port; on en trouva un petit au nord-ouest du volcan sur un fond de 12 brasses, près d'un village & d'une rivière. On posta un sergent & 12 soldats pour s'en assurer, mais les Indiens vinrent les attaquer avec tant d'impétuosité qu'ils furent forcés de se retrancher dans une cabane où la barque les alla rechercher, après que le canon des vaisseaux eut écarté les barbares. Le général trouva le jour suivant un meilleur port, bon abri sur 15 brasses de fond, près d'une rivière & de plusieurs villages, d'où nous entendîmes toute la nuit les chants & les danses des Indiens au son d'un tambour & de deux bâtons qu'ils frappoient en mesure l'un sur l'autre.

A notre arrivée il en vint un grand nombre ayant la tête & les narines parées de fleurs rouges. Quelques-uns se laissèrent persuader de monter à bord de la capitane, laissant leurs armes dans leurs canots. Il vint un homme de bonne mine, assez beau de visage, un peu basanné, maigre, les cheveux blancs, âgé d'environ 60 ans, coiffé de plumes bleues, rouges & jaunes, armé d'un arc avec des flèches à pointes d'os. Deux personnes qui paroissoient supérieures aux autres, se tenoient à ses côtés. On vit bien à sa parure & au respect qu'on lui rendoit, que c'étoit un homme de distinction. Il demanda aussitôt par signes où étoit le chef des étrangers: le général courut à lui à bras ouverts. Alors l'Indien dit qu'il s'appelloit *Malope*. Notre général répliqua qu'il s'appelloit *Mindaña*. Aussitôt l'Indien s'efforça de faire entendre qu'il falloit troquer de nom, qu'il s'appelleroit *Mindaña*, & que le général se nommeroit *Malope*. Il parut fort satisfait de cet échange; car lorsque dans le discours on le nommoit *Malope*, il faisoit signe du doigt, en montrant le général, que c'étoit-là *Malope*, & que pour lui, il étoit *Mindaña*. Il nous dit aussi qu'il s'appelloit *Taurique* ; ce que nous prîmes pour un titre équivalent à celui de chef ou de cacique. Le général lui donna une chemise & quelques autres effets de peu de valeur. Nos soldats donnèrent à ses compagnons des plumes, des grélots, des colliers de verre, des épingles, des morceaux de toile & de taffetas. Ils pendirent tout cela à leur col. On leur enseigna à dire *amigos*, à toucher dans la main, à s'embrasser ; ce qu'ils recommencèrent souvent après l'avoir appris. On leur montra des épées, des miroirs : on leur rasa la tête ; on leur coupa les ongles des pieds & des mains : ce qui les réjouissoit beaucoup. Ils voulurent aussitôt avoir les rasoirs & les ciseaux. Ils regardèrent sous nos habits, & voyant qu'ils ne faisoient pas partie de notre corps, ils se mirent à faire les mêmes contorsions que ceux de la première isle. Ceci dura quatre jours pendant lesquels ils nous apportèrent des vivres. *Malope* venoit souvent, & paroissoit fort de nos amis. Un jour il vint avec 50 canots, au fond desquels on avoit caché des armes. Il monta sur la capitane, mais voyant un soldat prendre par hasard un fusil, il s'enfuit à terre sans qu'on pût le retenir. Les siens le reçurent sur le rivage avec de grandes démonstrations de joye. Ils parurent se consulter ensemble, & le même soir ils retirèrent tous leurs effets des maisons voisines du port. Toute la nuit on vit des feux allumés de l'autre côté de la baye, les canots aller & venir d'un village à l'autre, comme entre gens qui se donnent des avis, & qui se préparent à quelque chose. Le matin l'équipage de la galliote étant allé à l'aiguade de la rivière, tomba dans une embuscade d'Indiens qui le poursuivirent à coups de fléches. On fit feu des vaisseaux sur eux pour les contraindre à se retirer. Après que les blessés furent pansés, le général envoya le mestre de camp à la tête de 30 hommes pour tout mettre à feu & à sang. Les Indiens firent tête, & ne prirent la fuite qu'après qu'on leur eut tué 5 hommes. Nous ne perdîmes personne dans ce choc. On leur brûla quelques canots & quelques maisons, & l'on coupa les palmiers d'alentour. Le capitaine Dom Lorenço fut renvoyé avec la frégate à la recherche de l'amiral, & le mestre de camp avec 40 hommes à l'attaque d'un village indien; on voulut essayer si en leur faisant un peu de mal, on ne pourroit pas se dispenser de leur en faire d'avantage. Les Indiens ne s'y attendoient pas. Sept d'entr'eux surpris dans les maisons où l'on avoit mis le feu, après s'être vaillamment défendus, se jettèrent au milieu des nôtres sans faire cas de leur vie, & périrent tous à l'exception d'un seul qui fut blessé en prenant la fuite. Le mestre de camp revint avec sa troupe & deux soldats blessés. Le village appartenoit à *Malope*, qui vint le soir au rivage en se frappant la poitrine & appellant le général par le nom de *Malope*, tandis qu'il se donnoit celui de *Mindaña*. Il faisoit signe qu'on lui avoit fait injustice: que ce n'étoient pas ses gens qui avoient attaqué les nôtres: que c'étoient d'autres Indiens demeurant de l'autre côté de la baye: & bandant son arc, il donnoit à entendre qu'il se joindroit à nous pour en tirer vengeance, si nous le voulions. Le général tâcha de lui donner quelque satisfaction; & l'on se fit de nouvelles protestations d'amitié des deux parts.

1595.

Le jour de saint Matthieu (21 septembre) la flotte alla mouiller dans un meilleur port placé dans la même baye. Dom Lorenço revint sans avoir encore vû l'amiral. Il nous dit qu'en faisant le tour de l'isle, il avoit trouvé à la bande du nord une baye plus peuplée & mieux fournie que celle où nous étions : qu'un peu au-delà il avoit vû deux isles moyennes fort peuplées : qu'à huit lieues, à la bande du sud-ouest, il en avoit decouvert une autre d'environ huit lieues de circuit : qu'à dix lieues au nord-ouest, il y en avoit trois autres peuplées de mulâtres de couleur claire, pleine de palmiers, & coupée de tant de chaussées avec leurs entrées & canots, qu'on n'en pouvoit voir le bout.

Autres Isles.

L'escadre vint à cette autre baye. Les sauvages passèrent la nuit à mugir & à faire des risées, criant d'une voix distincte *amigos*. Au point du jour ils lancèrent des traits & des pierres. Mais étant trop éloignés pour atteindre, ils se jettèrent à la nage à grands cris, & accrochèrent les bouées des vaisseaux qu'ils croyoient d'entrainer à terre. Lorenço marcha contre eux dans la chaloupe. Une partie de la troupe prit des boucliers pour couvrir l'autre. Cependant les flèches des insulaires les percèrent de part en part, & blessèrent deux Espagnols. Ces barbares se battoient épars çà & là, sautans, & se montrant lestes & si courageux, que nous vîmes bien qu'on ne brûleroit pas leurs maisons impunément. Je pense qu'ils croyoient d'abord que nos armes ne faisoient point de mal : mais quand la chûte de trois d'entr'eux les eut détrompés, ils quittèrent la place emportant leurs morts. Le lendemain notre mestre de camp mena sa troupe sur un petit tertre, où il vouloit jetter les fondemens

Sauvages guerriers.

demens d'une habitation pour la colonie. Son projet ne fut pas du goût des soldats, surtout de ceux qui étoient mariés. Ils vinrent dire au général qu'on choisissoit un lieu mal-sain; qu'il valoit mieux s'établir dans un village des Indiens, où l'on trouveroit les maisons toutes bâties, & plus saines, pour avoir déja été habitées. Le général, à leur prière, descendit à terre, où l'on assembla la troupe.

* * * * * * * * *

Lacune d'un cahier dans l'original.

* * * * * * * * *

On voyoit des Indiens sortir d'entre ces isles dans leurs canots, à voiles & sans voiles. Ne pouvant passer par-dessus les chaussées, ils sautoient dessus, & nous appelloient de là en gesticulant des mains. Sur le soir un Indien sortit des bayes seul dans un canot. Il passa sur le vent trop loin de nous, pour que nous puissions voir s'il avoit de la barbe; (car on étoit dans le passage des insulaires barbus.) Il nous parut être de bonne taille, nud, à longs cheveux volans. Il mangeoit quelque chose de blanc, & portoit à sa bouche une coque de coco, dans laquelle il buvoit selon l'apparence. Il ne voulut pas venir à nous, quelques signes que nous lui fissions. Cette isle est à *6° latitude nord*, ronde, couverte d'arbres, les côtes garnies de rosiers. A trois lieues vers l'ouest, il y en a quatre autres, outre quantité de petites toutes environnées de chaussées. Elle paroît plus dégagée à la bande du sud.

On continua de naviger sur le rumb nord nord-ouest. Le lundi 1ᵉʳ janvier à 14° latitude, on porta droit à l'ouest avec vent frais : si bien que le 3 au matin nous découvrîmes les isles *Larrones* où nous voulions aller. Nous passâmes entre *Guam* & la *Serpane*. Il sortit de Guam un grand nombre de canots aussi légers que du liége. Il n'y tient qu'un seul homme quoique la pirogue porte un mât, sa voile, antenne, dresses, écoutes & timon. L'homme gouverne d'une main ; de l'autre il hausse, améne, vire de bord, lâche ou serre la voile, menant à chaque pied une écoute. Il vire la voile & se trouve à route sans tourner, la barque étant à deux proues. Si elle verse, le conducteur se jette à l'eau comme un poisson, & la retourne avec l'épaule. A terre, il porte sa barque au pied d'un arbre, sur lequel il fait son habitation comme dans un nid, & vit de sa pêche. Ces insulaires apportèrent à bord une abondance de fruits, & poissons qu'ils attrapent dans les creux des rochers. Il n'y en a point qui leur échapent, si ce n'est le *cayman*, le *tiburon* & la *caëlla*, que n'osant prendre, ils ont pris le parti d'adorer comme des divinités. Ils leur payent une dixme des fruits de la terre, qu'ils lancent à l'eau dans un bateau où il n'y a personne. Le bateau en moins de rien tourne & s'abyme. Ces insulaires sont de couleur truitée : ils vont tous nuds, hommes & femmes. Ils sont forts & courageux. Tous nuds & sans chaussure, ils se foutent dans les ronces : ils sautent de rochers en rochers comme des cerfs. Nous étions d'abord assez embarrassés de commercer avec eux. Ils ne voulurent ni de notre or, ni de notre argent, mais ils avoient une grande cupidité pour notre fer ; sur tout pour les hâches & les couteaux, parce qu'avec du fer on coupe les arbres, & on travaille le bois. Nos soldats allant à terre virent plusieurs fois de ces habitations nichées sur les arbres. Les chaumieres de la plaine n'étoient que des sépultures contenant des squélettes entrelacés les uns avec les autres. Ce sont les os de leurs ancêtres qu'ils adorent comme les divinités, & dont ils croyent que les ames passent après la mort dans le corps des *tiburons* & autres poissons ci-dessus nommés. Ils adorent aussi la lune & le soleil. Ils desossent les cadavres de leurs parens, brûlent les chairs & avalent la cendre mêlée avec du *tuba*, qui est un vin de cocos. Ils pleurent les défunts tous les ans pendant une semaine entière. Il y a grand nombre de pleureuses que l'on loue exprès. Outre cela tous les voisins viennent pleurer dans la maison du défunt : on leur rend la pareille, quand le tour vient de faire la fête chez eux. Ces anniversaires sont fort fréquentés, parce qu'on y régale copieusement les assistans. On pleure toute la nuit, & l'on s'enivre tout le jour. On récite au milieu des pleurs la vie & les faits du mort, à prendre dès le moment de sa naissance, durant tout le cours de son âge, racontant sa force, sa taille, sa beauté, en un mot tout ce qui peut lui faire honneur. S'il se rencontre dans le narré quelqu'action plaisante, la compagnie se met à rire à gorge déployée ; puis subitement on boit un coup, & l'on se remet à pleurer à chaudes larmes. Il se trouve quelquefois 200 personnes à ces ridicules anniversaires.

En 1568. *Lopez d'Aguire* & *Laurent Chacon* passèrent ici, allant aux Philippines. Un soldat qui s'étoit écarté de l'aiguade, fit rencontre d'un petit sauvage, d'une quinzaine d'années. L'Espagnol voyant un enfant nud & sans armes, n'en eut aucune peur. Il s'approcha quoique dé-

1596.

Leur religion.

Voyage de Lopez d'Aguire & de Laurent Chacon en 1568

sarmé lui-même. L'enfant l'embraſſa & lui fit ſigne de venir cueillir des fruits qu'on voyoit au bord du bois. Quand ils y furent, l'enfant l'embraſſa de nouveau, l'enleva de terre agilement, & le retournant tout d'un coup les pieds en haut, le mit ſous ſon bras, & l'emporta fuyant à travers le bois, ſans que l'Eſpagnol put ſe débarraſſer, ni qu'il oſa crier de peur d'attirer d'autres ſauvages. Le jeune homme ne faiſoit que rire, comme s'il eut badiné. Par bonheur quatre Eſpagnols de l'équipage qui chaſſoient dans la forêt, entendant du bruit dans le fort du bois, y coururent croyant que c'étoit quelque bête fauve. L'inſulaire en les voyant lâcha priſe & s'enfuit. Cinq ans après, *D. Martin de Henriquez* vice-roi du Mexique, renvoyant Lopez d'Aiguire aux Philippines, lui donna charge d'enlever quelques habitans des iſles Larrones pour leur faire embraſſer le chriſtianiſme, & leur faire apprendre l'Eſpagnol, afin de les renvoyer enſuite dans leurs pays, où ils inſtruiroient leurs compatriotes, & ſerviroient d'interprètes à nos vaiſſeaux. Lopez d'Aiguire n'en put attraper qu'un qui fut baptiſé à Manille : c'étoit le même jeune homme. Il retrouva ſon ſoldat eſpagnol à Manille. Cette avanture produiſit entr'eux une grande liaiſon. L'inſulaire avoua à ſon camarade, que ſon deſſein étoit de lui manger la cervelle, de boire ſes cendres après avoir brulé ſa chair, & de tapiſſer une cabane avec ſes os. (*)

Iſles Philippines.

Le navire pourſuivit ſa route à l'oueſt ſous le 13ᵉ parallèle nord. Notre premier pilote à qui ces parages étoient inconnus, marchoit par conjecture en cherchant le cap

(*) Cette avanture eſt bien romaneſque ; auſſi l'auteur ne la donne que comme un oui dire.

S. Esprit des Philippines. Le 14 janvier on entrevit le sommet d'une montagne. La joye fut si grande qu'on auroit dit qu'il n'y avoit plus qu'à prendre terre le même jour. La plus grande partie de l'équipage ne pouvoit plus se tenir sur pied : ce n'étoit plus qu'une troupe de squélettes qui ne pouvoient monter sur le pont sans se soutenir les uns les autres. Cependant le vaisseau ne navigeoit que fort lentement, le pilote n'allant que la sonde à la main au milieu de quantité de chaussées & de bas fonds: mais ses bonnes raisons pour ne rien précipiter, ne lui servoient guères auprès de gens perdus de misère & d'ennuy. La mer étoit grosse : les cordages du vaisseau pourris. Quand on vouloit hausser la vergue, les palans se rompoient, & la voile tomboit. L'équipage désespéré se jettoit dans le découragement & vouloit tout laisser aller à l'avanture; il ne vouloit pas seulement mettre la main à l'œuvre pour y apporter remède. Il ne restoit plus qu'un auban de chaque côté du mât; de sorte que nous crûmes qu'il alloit se casser à la première secousse ; ce qui auroit tout fini : par bonheur il tint bon. Enfin, nous entrâmes dans une baye par un canal environné de basses. Trois Indiens vinrent nous montrer l'ancrage. L'un d'eux étoit chrétien, & parloit un peu latin. L'autre étoit le même que le capitaine anglois Thomas Candish avoit amené pour le guider dans ce labyrinthe. Ils répandirent une grande joye dans l'équipage en nous apprenant que nous étions au cap *Saint-Esprit*. On fournit ici en abondance les vivres si nécessaires à des gens affamés, qui en usèrent avec si peu de discrétion que plusieurs en moururent, & que d'autres retombèrent dans la disette, peu de tems après ; car il fallut long-tems errer à travers ces dé-

1596.

Cap Espiritu santo.

troits où nous devions nous perdre cent fois sur les bas fonds.

Le premier février la gouvernante envoya la barque à terre avec ses deux freres & sept de ses gens, sous prétexte d'acheter des vivres; mais nous sçûmes qu'ils étoient allés en droiture par terre à Manille, donner avis de notre arrivée. Nous ne pouvions trouver d'issue au milieu de tant de canaux. Les vivres manquoient, & les pirogues indiennes s'enfuyoient au plus vite à notre vûe, nous prenant pour un vaisseau anglois. Nous vinmes presque jusqu'à la vûe de Manille, mais le vent étoit contraire; le vaisseau dépourvu d'agreils, & l'équipage tellement accablé de fatigue, qu'on n'avançoit plus que peu ou point. Les matelots vouloient absolument que le pilote fit échouer le vaisseau, & que tout le monde se jettât à terre, disant qu'il valloit mieux perdre le navire que de pâtir plus long-tems. Le pilote ne voulut jamais s'entendre avec eux dans un si lâche dessein, à la vûe des cheminées de Manille, & après être échappé aux périls d'une si extraordinaire navigation. Il leur représenta l'infamie d'abandonner tant de femmes & de malades qui ne manqueroient pas de périr avant que d'être secourus, & de se sauver seul parce que l'on avoit le bonheur de sçavoir nager, & de se porter un peu mieux. Il leur déclara qu'il ne consentiroit jamais à perdre dans le port même le fruit & la gloire de tant de travaux, & de nouvelles découvertes.

Sur ces entrefaites on vit arriver, dans une chaloupe, le maître d'hôtel du gouverneur des Philippines suivi de quelques domestiques. Son maître, averti par une sentinelle de la côte, l'envoyoit faire des complimens

AUX TERRES AUSTRALES. LIV. II. 271

1596.

de condoléance à Donna Beatrix sur son malheur (*a*). Tous les gens du vaisseau se mirent à pleurer de joye, & à tendre les mains en voyant des Espagnols. Ceux-ci restèrent consternés & muets de saisissement, à la vûe de tant de malades, & de tant de squelettes nuds & misérables, qui crioient, surtout les femmes, *nous mourons de faim & de soif; apportez-nous dequoi manger*. Les Espagnols n'avoient la force de dire autre chose, sinon *gracias a Dios, gracias a Dios*. Ils annoncèrent la prochaine arrivée d'un bateau chargé de vivres, commandé par l'alcade Mayor, qui vint en effet avec les deux frères de la gouvernante. Dès que les provisions furent dans le vaisseau, chacun se jetta dessus sans humanité, sans égard, ni subordination : les plus sains ravissans par force tout ce qu'ils pouvoient emporter à ceux qui en avoient le plus de besoin. Un second bateau chargé de provisions fut reparti avec plus d'égalité. Il en arriva un troisième, monté par des matelots habillés de soye de toutes sortes de couleurs, qui venoient aider à la manœuvre : de sorte que nous mouillâmes bientôt & prînies terre à deux lieues de Manille le 11e février 1596. Notre équipage avoit perdu cinquante personnes dans le trajet, depuis *Sainte Croix* (*b*).

Manille.

(*a*) Nous ne pouvons sçavoir quel étoit ce malheur à cause des lacunes qui sont dans l'original. Peut-être Donna Beatrix est-elle la femme de l'amiral. On lit dans la relation, qu'il s'étoit égaré du reste de la flotte avec son vaisseau ; & l'on ne voit pas s'il a été retrouvé. La flotte étoit de quatre vaisseaux, sçavoir, un na-

vire, un galion, une frégate, & une galiote. La narration rend compte par la suite de trois de ces bâtimens, & ne dit rien du galion sur lequel sans doute étoit l'amiral, & qui probablement fut perdu.

(*b*) Ceci nous apprend que l'isle inconnue, dont la dernière lacune nous a dérobé le nom, ainsi que la suite

Dès que nous eûmes mis pied à terre, un nombre infini de personnes poussées de charité ou de curiosité coururent pour nous voir, apportant des vivres en si grande abondance qu'il y en eut de reste. Donna Isabelle fit son entrée dans Manille au bruit du canon & de la mousqueterie des troupes qui avoient pris les armes. Elle reçût dans la maison royale les harangues de tous les corps. Les femmes, & tous les gens de l'équipage furent logés au frais du public. Les femmes se marièrent presque toutes à Manille, excepté quatre ou cinq qui entrèrent en religion.

Nous ne revîmes jamais la frégate, nous sçûmes qu'on l'avoit trouvée échouée sur une côte, les voiles tendues & tout l'équipage mort dedans. La galliote aborda à Mindanao, où les gens s'étant égarés sur la côte, & mourans de faim (car ils n'avoient trouvé à terre pour tout vivre qu'un chien qu'ils mangèrent,) ils firent rencontre par hasard de quelques Indiens, qui les menèrent à un hospice de Jésuites. Le corrégidor du lieu en-

---

du narré dans l'endroit le plus intéressant, fut nommée par Mindaña l'isle sainte Croix. Elle est voisine de l'isle Isabelle, ainsi nommée, sans doute, du nom de cette Dame, qui étoit alors sur la flotte. Ces deux isles sont les principales des vrayes isles Salomon que Mindaña avoit découvertes dans son premier voyage avec Alvar de Mendoce en 1568. la lacune qui se trouve dans nos exemplaires, nous empêche de voir au juste pourquoi la colonie qu'on y conduisoit ne put y être établie. Mais sa route de Mindaña est tracée en entier dans les cartes de Guillaume de Lisle. Sans doute que ce sçavant géographe a vû un exemplaire complet de la relation espagnole. Il conduit notre navigateur depuis l'isle Solitaire au port Graciosa de l'isle sainte Croix (11° latitude sud 192 longitude) d'ici jusqu'à la vûe d'une côte, que la flotte, à ce qu'il dit, crut être celle de la nouvelle Guinée : de-là jusqu'à son passage entre l'isle de Guam & la Serpana des Larrones, où reprend l'exemplaire que j'ai sous les yeux.

voya cinq hommes de ce vaisseau prisonniers à Manille, sur les plaintes de leur capitaine qu'ils avoient voulu pendre. Il écrivit à Dom Antoine de Morga la lettre suivante. » Il est arrivé ici une galliote espagnole commandée par un capitaine, homme aussi étrange que les choses qu'il raconte. Il prétend qu'il étoit d'un voyage du général Dom Alvar de Mendaña, parti du Pérou pour les isles Salomon ; & que la flotte étoit de quatre vaisseaux. Vous serez peut-être à portée de sçavoir ce qui en est. » Les soldats prisonniers déclarèrent que la galliote ne s'étoit séparée du général, que parce que le capitaine avoit voulu absolument faire une autre route.

Telle fut l'issue de ce prodigieux voyage, plus considérable sans doute, & plus curieux que ceux d'Ulysse & de Gama, qui ont mérité d'être chantés par les plus fameux poëtes de la Grèce & du Portugal. Quoique l'on n'aye pas fait dans ce voyage tout ce que l'on désiroit de faire, le succès n'en fut cependant rien moins qu'inutile. *Quiros* après avoir reconduit de Manille au Méxique *Donna Isabelle Baretto* vint à Lima, où il remit à Dom Louis de Vélasque, successeur du marquis de Mendoce, des mémoires instructifs, en conséquence desquels il fit, par ordre de la cour, de nouvelles découvertes dans ces parages avec l'amiral Louis Paz de Torres.

XX.

SIMON DE CORDES et SEBALD DE WERT.

En Magellanique.

Le journal de ce voyage si pénible & si malheureux, dont il ne revint en Europe que le seul navire de Sebald de Wert, fut écrit en allemand, par *Bernard Janszon*, chirurgien de vaisseau. Théodore de Bry en fit imprimer une bonne traduction latine à *Francfort* 1602. dans la neuvième partie de sa collection, *fol.* On en trouve une traduction françoise, moins étendue & moins exacte, dans le recueil de la compagnie des Indes, imprimé à *Rouen* 1725. *in-*12. Tome 2. Mais il faut consulter aussi trois autres pièces; sçavoir, un extrait donné par Jean de Laët, dans son amérique *Lugd. Bat. Elzevir*, 1633. *fol.* sur les lettres que Sebald écrivit à son pere : un autre mauvais extrait contenu dans le recueil latin traduit d'Herrera par Barlay, *Amstel.* 1622. *fol.* dans lequel on trouve néanmoins des circonstances omises dans les autres relations : & surtout la relation angloise des avantures de *William Adams* au Japon, contenue dans le recueil de Purchas. Adams étoit pilote du vaisseau amiral de la flotte hollandoise. A lire cette relation angloise, on ne devineroit pas d'abord qu'il fut question du même voyage ; il n'y a pas un nom propre qui se ressemble : mais la date du départ de Hollande, & celle de l'entrée dans le détroit de Magellan ne laissent aucun doute à cet égard.

Le désir d'acquérir des richesses aux Indes, comme avoient fait les Espagnols & les Portugais, depuis la découverte des passages au sud de l'Afrique & de l'Amérique, & plus encore celui d'affoiblir en Europe les forces d'une puissance dont les Provinces-unies travailloient alors à secouer le joug, porta les Hollandois à chercher un passage pour y parvenir aussi par le nord de l'Europe & de l'Asie : mais les difficultés qu'ils y rencontrèrent leur firent prendre l'exemple récent des Anglois, qui venoient de traverser les mers australes de Magellan, dans l'espérance de faire, chemin faisant, un butin considérable sur les Espagnols de la mer du sud. Ils équipèrent à Rotterdam une flotte de cinq navires, commandées par *Jacob Mahu*, qui, bien-tôt après, par sa mort arrivée en route, laissa la place à *Simon de Cordes*. Les quatre autres capitaines étoient ce même *de Cordes*, remplacé ensuite par *Balthazar* son frere, *Girard Van-Beuningue*, *Jurieu Van-Bokolt*, auquel succéda *Dirik Guerick*, & *Sebald de Wert*.

La flotte mit à la voile le 27° juin 1598. Le 12 mars de l'année suivante ayant passé *Rio de la Plata*, la mer parut aussi rouge que du sang. L'eau qu'on y puisa se trouva pleine de petits vers rouges (*) qui, en les prenant, sautoient des mains comme des puces. Quelques-uns crurent, sans en avoir de preuve, que les baleines en certaines saisons jettent cette espèce de vers. Il y a plus d'apparence que ce sont les semences des petites écrevisses rouges, dont l'équipage de M. de Gênes trouva cent ans après la mer pleine sur les côtes du Brésil. La brume fut grande pendant plusieurs jours sur la

1598.

Départ de Rotterdam.

Mer teinte en rouge.

_____

(*). On en trouve de pareils dans le grand golfe de Californie, qui lui ont fait donner le nom de mer rouge. Voyez ci-après, liv. III. art. 13.

1598.

Rivière Sainte Croix. Isles Pinguins du détroit.

fin de mars. Le 3e avril on étoit vers *Porto santo* (probablement la rivière *Sainte Croix*) & le 6 l'escadre emboqua le détroit & vint mouiller aux isles *Pinguins*. L'amiral envoya cinquante hommes sur la côte, afin de voir s'il y avoit des hommes ou des bêtes. Ils marchèrent bien trois lieues le long du rivage, & s'en retournèrent sans avoir rien découvert. Le 13 on entra dans une belle baye, qui étoit à vingt-une lieues de la bouque. Les Anglois l'appellent *Mosselbaye* ou *baye des moules*, à cause de la grande quantité de moules qu'on y trouve. On y fit de l'eau & du bois, y ayant abondance de l'un & de l'autre.

Baye des moules.

Le 17 on navigea entre deux côtes si élevées, qu'il sembloit qu'on n'alloit point trouver de passage, tant les rochers étoient serrés de chaque côtés, & s'approchoient les uns des autres par le haut. Ils étoient presque par tout couverts de neige.

Grande baye.

Le 18 on laissa tomber l'ancre dans une baye qui étoit au nord, par les 54 degrés, & qui se nommoit la *grande Baye*, ainsi qu'on l'apprit dans la suite. On y trouve quantité de moules longues d'un empan; quand elles sont cuites la chair des trois plus grandes pèse une livre. On y voit aussi des oyes & des canards. Il croît dans ces lieux quantité d'arbres semblables au laurier, mais beaucoup plus hauts; l'écorce en est amère & d'un goût aussi fort que le poivre. C'est improprement, dit Sebald dans une de ses lettres, que nous les comparons au laurier; ils n'ont rien de semblable que l'odeur. Hawkins en compare la feuille à celle du peuplier noir, mais plus verdoyante. L'arbre est toujours verd ainsi que la plûpart de ceux de ce détroit. Il s'élève beaucoup. Le tronc est assez

Grosses moules.

Arbres d'épicerie.

gros pour en tirer des planches larges de deux pieds & demi. Le bois en est très-cassant : il ne porte aucun fruit, du moins n'est-il pas possible que s'il en portoit, nous n'eussions vû sur l'arbre des fleurs ou des fruits durant les neuf mois de séjour que nous fûmes obligés de faire dans le détroit. Cependant Hawkins, si ce n'est pas d'un autre arbre qu'il a voulu parler, rapporte qu'il lui a vû des fruits verds de la forme du fruit de l'épine-vinette, contenant au-dedans des grains ou petits noyaux blancs plus piquans que le poivre dont on mangeoit avec les moules. Ces moules dont le coquillage est long d'une palme, sont les plus grosses que l'on connoisse au monde.

On perdit ici plus de cent hommes. Les équipages souffroient beaucoup de la saison de l'hiver. Les tempêtes étoient fort fréquentes. A peine l'une avoit cessé que l'autre recommençoit. Il y en eut de si violentes, que quelques vaisseaux chassèrent sur quatre ancres, si bien que les équipages étoient toujours en mouvement, & avoient assez d'affaires à se maintenir : mais il leur falloit encore aller tous les jours à terre par la pluye, par la neige, par la grêle, soit pour faire du bois ou de l'eau, soit pour chercher des moules ou d'autres vivres tels qu'ils en pouvoient trouver : exercices qui les fatiguoient extrêmement. De plus la faim les tourmentoit aussi. Ils étoient dans un climat froid, où les estomachs demandoient plus de vivres qu'ailleurs ; ils étoient devenus presque insatiables, dévorant les moules & les herbes toutes crues, sans vouloir attendre qu'on les fît cuire. Il falloit que chaque capitaine sur son bord prît la peine de se tenir auprès des matelots, le bâton à la main, pendant qu'ils mangeoient, parce qu'ils vendoient leurs rations si cher, que quelqu'uns aimoient mieux s'en passer, & remplir ensuite de moules & d'herbes leurs estomachs affamés; ce qui les jettoit dans l'hydropisie, & les faisoit mourir en langueur, quoi qu'ils eussent saines toutes des parties internes.

Au mois de mai, le vice-amiral rencontra près de la *baye verte*, sept canots avec des sauvages, qui avoient dix ou onze pieds de haut, autant qu'on le pouvoit remarquer, étant de couleur rousse & ayant des cheveux longs. Dès qu'ils virent les chaloupes ils s'enfuirent à terre, d'où ils jettèrent une si grande quantité de pierres, que les Hollandois n'osèrent approcher d'avantage. Quand ils remarquèrent qu'on ne s'avançoit plus, ils se rembarquèrent tous dans leurs canots, & les firent nager vers les chaloupes avec des grands cris. Le vice-amiral les laissa venir jusqu'à la portée du fusil, puis ayant commandé à ses gens de faire une décharge sur eux : on en tua quatre ou cinq, de quoi les autres épouvantés reprirent la fuite vers terre. Là ils arrachèrent de leur propres mains quelques arbres, qui de loin paroissoient être de l'épaisseur d'un empan, & en firent des retranchemens, amassant auprès d'eux toutes sortes de choses propres à être jettées. Mais le vice-amiral abandonna ces hommes sanguinaires à leur propre fureur, & aima mieux s'en retourner à bord que d'aller les combattre. Un autre jour quelques matelots s'étant écartés en cherchant des vivres, une troupe de sauvages sortant d'un bois, les attaqua inopinément, en tua trois, & en blessa deux dangereusement. Ils déchirèrent inhumainement ceux à qui ils ôtèrent la vie, & ils auroient traité de même ceux qu'ils blessèrent, s'ils n'eussent été dégagés par le capitaine de Cordes. Tous ces sauvages étoient entièrement nuds, hormis un qui avoit une peau de chien marin attachée au tour du col, qui lui couvroit le dos & les épaules. Leurs armes étoient des fléches d'un bois fort dur, qu'ils lançoient vigoureusement & fort droit avec la main. La pointe étoit faite comme un harpon, & demeuroit dans le corps de ceux qu'elle atteignoit, n'étant attachée au bout de ce long bois qu'avec des boyaux de chiens marins; & ce n'étoit qu'avec beaucoup de peine qu'on la pouvoit retirer, parce qu'elle entroit fort avant.

L'hiver & la tempête retinrent la flotte dans les souffrances, jusqu'au 23° août dans cette baye verte, que l'on a nommée la *baye de Cordes*. (*) Les vaisseaux passèrent plus loin dans une autre où l'amiral institua un ordre de chevalerie relatif à son entreprise. Le but de cet ordre étoit de faire une guerre éternelle aux Espagnols de la mer du sud; à peu près comme l'ordre de Malthe la fait au Turc dans la méditerranée. On le nomma *l'ordre du lion déchaîné*, par allusion au lion belgique sorti des chaînes de l'Espagne. La baye fut nommée la *baye des chevaliers* (*Ridders bay*). On y éleva un monument accompagné d'une inscription contenant l'institution de l'ordre & la liste de ceux qu'on y venoit de recevoir. Mais ce monument fut de peu de durée; une des chaloupes apperçut, peu après que l'on fut sorti de la baye, 80 sauvages à terre, ayant auprès d'eux 8 ou 10 hioles ou canots. Lorsqu'ils virent la chaloupe, ils firent de

1599.

Baye de Cordes.

Ordre institué dans la baye des Chevaliers.

Sauvages féroces.

(*) Adam prétend au contraire, que l'escadre hiverna dans la baye Sainte Elizabeth: il soutient que malgré le mauvais temps il y eut à deux reprises pendant plusieurs jours des vents favorables qui auroient mené la flotte hors du détroit, si l'amiral en eut voulu profiter.

grands cris & des signaux pour inviter les matelots à descendre à terre. Le capitaine qui ne se trouvoit pas assez fort de monde, aima mieux s'en retourner à bord.

Les sauvages le voyant prendre cette route, passèrent avec une vitesse extrême au travers des collines, des vallons, des halliers tout le long du rivage pour le suivre, criant toujours & faisans des signes pour attirer l'équipage. Le général, informé de cette avanture, fit incontinent armer trois chaloupes, qui ayant navigé au rivage ne trouvèrent plus rien, les sauvages ayant pris la fuite. Mais s'ils ne trouvèrent plus ces hommes cruels, ou plutôt ces bêtes brutes, ils virent des marques de leur brutalité, dans les cadavres des Hollandois, qui avoient été enterrés en ce lieu-là, & qu'ils avoient tirés de leur sépulture, & inhumainement défigurés. Entre autres, ils avoient fait une grande entaille dans la joue, du corps du chirurgien général, & lui avoient écrasé la tête avec une massuë, lancé une flèche, par le côté, jusqu'au cœur, coupé les parties, & l'avoient ainsi traîné dans l'eau, d'où on le tira pour le remettre en terre. Le maître valet d'eau avoit aussi été enlevé de sa sépulture, mais son corps ne fut point trouvé. Quant à l'inscription, les sauvages l'avoient mise en pièces.

Je passe sous le silence le détail, importun pour le lecteur, s'il étoit trop répété, des coups de vents, des raffaces, de la dérive, de la perte des anchres, des chaloupes brisées, des vaisseaux entr'ouverts, enfin de toutes les misères que la flotte essuya dans le détroit. Nulle autre n'y a jamais été si maltraitée & le vaisseau de *Wert*, lorsqu'il y fut rejetté, éprouva pis que jamais

les

les mêmes infortunes. L'escadre en sortit enfin le 3ᵉ septembre. (*)

1599.
Sortie du détroit.

L'amiral voguoit le premier sous le 54ᵉ parallèle dans le grand océan du sud par la brume & par une mer très-grosse. Il ne vit pas qu'un accident avoit obligé le reste de l'escadre à mettre en panne, & il continua son chemin. Bien-tôt la tempête jetta les vaisseaux de *Baltazar de Cordes* & de *Sebald de Wert*, sur la côte d'Amérique, où ce ne fut que par un hasard miraculeux qu'ils doublèrent les rochers sans y périr. Mais leur douleur ne fut pas moindre lorsque, la brume étant dissipée, ils se revirent seuls séparés du reste de la flotte, & privés de leurs charpentiers qu'ils venoient d'envoyer sur un autre navire pour un besoin pressant. La mer continuoit d'être terrible. Un vent d'ouest violent empêchoit d'avancer. Les matelots mouroient de faim, non qu'ils n'eussent une ration de vivres assez suffisante : mais parce qu'à force de s'être accoutumés à manger des coquil-

Dispersion de la flotte.

(*) On voit par cette date que la flotte fut contrainte de passer tout l'hiver & le tems des longues nuits dans le détroit, depuis le commencement d'avril jusqu'au commencement de septembre; ce qui est rarement arrivé à d'autres. En cette saison les aurores boréales sont très-fréquentes vers le pole du nord. Il y a quelqu'apparence qu'il en est de même vers le pole du sud : & si nos voyageurs ont apperçû ce phénomène si frappant, si peu connu pour lors, & qui a même quelque chose d'assez terrible, on peut être surpris que ni Bernard Janson leur historien, homme exact, ni Sebald de Wert dans ses lettres n'en fassent aucune mention. Il est vrai que le détroit n'est pas à une latitude bien haute en comparaison de celle où l'on est parvenu vers le nord. D. Antoine de Ulloa capitaine espagnol, fort connu pour avoir fait le voyage de l'équateur dans les montagnes du Pérou avec les académiciens de Paris, passant au-delà du cap Horn en 1745. dit avoir entrevû vers le pole du sud une aurore australe, que la brume qui offusquoit sans cesse le ciel, & qui ne se dissipoit que pour des instans, ne lui laissoit appercevoir que par courts intervales. *Voyez* la nouvelle édition du traité de M. de Mairan sur l'aurore boréale.

1599.

Cordes & Wert retournèrent dans le détroit. Leurs infortunes.

Baye des Soucis.

lages à foison dans ces détroits, leurs estomachs ne pouvoient plus se contenter de peu. Il fallut donc retourner chercher une rade dans le détroit en attendant l'approche de l'été. Ils la trouvèrent le premier octobre dans une baye à 7 lieues de l'embouchure qu'ils nommèrent *baye des Soucis*, parce qu'ils y passèrent 21 jours dans un chagrin & dans une peine extrême, étant obligés d'aller à terre incessamment, pour y chercher d'assez mauvaise nourriture, qui, hormis quelques oiseaux, n'étoit que de moules & de limaçons qu'ils trouvèrent colés contre les rochers. Malgré le renouvellement des saisons le tems ne devenoit pas plus beau. Les matelots n'eurent jamais le loisir de se sécher, quoiqu'ils eussent du feu jour & nuit. Ils ne pûrent même, pendant près de neuf mois qu'ils passèrent dans le détroit, trouver l'occasion d'oter les voiles des vergues ; car encore qu'ils les étendissent pour les faire sécher toutes les fois que le tems sembloit le vouloir permettre, le beau tems ne duroit jamais assez pour cet effet. Les courrans poussèrent une fois le vaisseau de *Cordés* si près de terre qu'un homme auroit pû tenir un de ses pieds sur la galerie & l'autre sur la terre. C'étoit fait du navire, si la mer eut été agitée ce jour-là. *Wert* plein de courage, fit les derniers efforts pour calmer les murmures des deux équipages, & pour leur persuader de ne pas abandonner le projet de suivre les traces de leurs compagnons vers les Indes orientales. Mais il pensa succomber à sa tristesse, lorsqu'après avoir long-tems dérivé, étant venu à bout de regagner un peu de terrain, & de doubler une pointe derrière laquelle il croyoit trouver le vaisseau de *Cordes*, il ne le vit plus. Il l'apperçut néanmoins peu-à-peu-près, mais ce fut pour le perdre de vûe de nouveau, & pour jamais. Ce fut près de cette pointe que ces gens virent trois canots conduits par des sauvages, qui ayant découvert la chaloupe sautèrent à terre, & s'en allèrent grimper comme des singes contre les montagnes. On ne trouva dans les canots que des jeunes plongeons, des harpons de bois, de petites peaux de bêtes sauvages & d'autres bagatelles qu'ils y laissèrent.

Ensuite ils allèrent à terre afin de voir si les sauvages n'y avoient rien caché. Ils apperçurent au pied de la montagne une femme accompagnée de deux petits enfans, qui faisoit tous ses efforts pour se sauver; mais elle fut prise avec ses deux enfans, & conduite dans un canot & ensuite à bord, sans qu'on remarqua sur son visage aucun air de tristesse ou d'émotion. C'étoit une femme d'une taille médiocre, qui avoit un grand ventre pendant, de couleur rousse, ayant un air farouche, des cheveux courts qu'elle s'étoit coupés jusqu'aux oreilles, selon leur coûtume, avec des coquilles de moules au lieu de couteau ou de ciseaux. Pour les hommes, ils se laissent croître les cheveux & ne les coupent point. Pour ornement, elle avoit des coquilles de limaçons pendues au col, & par derrière une peau de chien marin qui lui couvroit les épaules, & qui étoit attachée sous sa gorge avec des cordes de boyaux. Le reste de son corps étoit nud. Les mamelles lui pendoient comme des pis de vache. Elle avoit la bouche grande, les jambes tortues & les talons fort longs. Comme elle ne voulut point manger de viande cuite, on lui donna des oiseaux qui étoient dans les canots, qu'elle prit, & en ayant tiré les plus grandes plumes, elle les ouvrit avec des coquilles de

1599.

Description d'une femme sauvage.

Nn ij

moules, commençant à les couper derrière l'aile droite, puis au-dessus de l'estomach, & entre les deux cuisses jusqu'au derrière. Ensuite elle les vuida & jetta le fiel, les entrailles & le cœur; mais elle passa le foie sur le feu & le mangea encore si crû, que le sang lui couloit le long des lèvres. Après cela elle vuida le gisier, & lui ayant tourné le dedans en-de-hors, elle en mit un bout dans sa bouche, & tînt l'autre en sa main gauche, le nettoyant deux ou trois fois de sa main droite, où elle avoit un peu de raclure de bois, dont il y a toujours provision dans les canots, & ayant un peu chauffé le gisier, elle le mangea. Elle déchira de ses dents le reste du corps, mordant dedans de façon que le sang lui couloit sur le sein. Ses enfans firent de même, & mangèrent des oiseaux tous crus. L'un étoit une fille âgée de quatre ans, & l'autre n'avoit pas plus de six mois : néanmoins il avoit beaucoup de dents, & pouvoit déja marcher seul. Cet étrange repas se faisoit d'un air fort sérieux, sans que la femme fît jamais le moindre souris, quelques éclats de rire que fissent les matelots. Quand elle eut mangé, elle se mit sur ses talons en la posture d'une guenon, regardant à peu près de même. Pour dormir elle se replia toute en un monceau, si bien que les génoux lui touchoient au menton, & elle avoit son plus jeune enfant entre ses bras avec sa bouche à la mamelle.

On retint cette femme deux jours à bord, mais le 14 lorsque le gros tems cessa, le capitaine la fit ramener à terre, après lui avoir fait donner une robe qui avoit des demi-manches & qui lui descendoit aux génoux, avec un bonnet sur sa tête, & quelques grains de verroterie au tour du col & des bras ; outre cela, il lui fit présent d'un petit miroir, d'un petit couteau, d'un clou, d'une halene, & de quelques autres bagatelles dont elle fut fort contente. On vêtit aussi son plus jeune enfant d'une robe verte, & on l'orna de grains de verroterie. A l'égard de sa fille de quatre ans, on la retint pour l'amener à Amsterdam où elle est morte. Cette circonstance ne plut pas à la mere, & elle parut en être fâchée : néanmoins elle s'embarqua volontairement dans la chaloupe sans faire de résistance, ni d'autres efforts pour amener son enfant. On alla la mettre à terre à une lieue du vaisseau, à l'ouest, qui étoit l'endroit qu'elle indiquoit. Les matelots y trouverent du feu, des armes, & quelques ustenciles ; ce qui fit connoître que les sauvages ayant découvert la chaloupe s'étoient enfuis. *Wert* seul dans le détroit rentra dans la baye de *Cordes* où la joye fut extrême de découvrir le 16 décembre une chaloupe qui navigeoit vers le bâtiment, dans l'espérance que c'étoit celle du vaisseau de conserve. La surprise fut encore plus grande en apprenant que c'étoit celle de l'amiral *Olivier de Noort* qui arrivoit d'Hollande. On s'accabla de caresses de part & d'autre. L'équipage de *Wert* admiroit l'embonpoint & le teint frais de ces nouveaux venus. Ceuxci leur firent grande chère en pinguins dont ils avoient pris plus de deux mille aux isles de ce nom. A ces mots l'équipage de *Wert* vouloit y aller mouiller sans délai ; mais le capitaine ranimant par cette rencontre l'espérance de faire enfin sa route avec sa nouvelle escadre de *Noort*, ne voulut jamais s'en séparer. Il fallut néanmoins s'y résoudre malgré lui. Son vaisseau tout rompu, sale & mauvais voilier, ne pût jamais suivre. Dans les endroits serrés les autres navires faisoient leurs bordées,

1599.

Enfant sauvage emmené en Hollande.

tandis que le sien étoit rejetté. Il fut donc obligé de rester en arrière sans avoir même pû obtenir de l'amiral une provision de biscuit dont celui-ci craignoit de manquer lui-même. L'amiral lui raconta dans leur entrevûe qu'il s'étoit battu près des isles pinguins, contre une troupe de 25 sauvages qui avoient tués trois de ses gens : que ces barbares combattoient avec tant d'acharnement, qu'une femme de leur troupe blessée au pied d'un coup de mousquet, n'avoit pas cessé de lancer des traits, accroupie sur les génoux jusqu'à ce qu'elle eut été tuée d'un second coup. Que les sauvages sans lâcher le pied étoient tous morts sur la place jusqu'au dernier, à l'exception de six enfans qu'il emmenoit prisonniers sur son bord.

Wert revint dans la baye des *Chevaliers* au commencement de l'année 1600. en cette saison il y avoit encore des piles de glace de plusieurs brasses de haut, dont les morceaux étoient épais de trois à quatre pieds. Cependant on étoit au milieu de l'été, & les sauvages alloient tout nuds. De-là, il fit voile vers la petite isle *Pinguins*, où, pendant qu'on faisoit une provision de ces oiseaux, un terrible coup de mer brisa presque entièrement l'unique chaloupe qui restoit au vaisseau ; laissant tous les gens de l'équipage (car il n'étoit resté que trois mousses à la garde du vaisseau) dans l'affreuse crainte de passer le reste de leurs jours sur cette isle déserte. Cependant à force de travail & d'industrie, on vint à bout de la réparer. En chassant aux oiseaux, sur cette isle, les matelots trouvèrent dans un terrier de pinguins, une femme sauvage qui s'y étoit tenue cachée depuis le tems que l'équipage étoit dans l'isle. Lorsque le général *Olivier* avoit fait sa descente en certe isle; les sauvages qui y étoient ayant tué deux de ses hommes, ils les avoient tous exterminés hormis cette femme, qui avoit pourtant été blessée, & qui faisoit voir les cicatrices de ses playes. Elle avoit le visage peint, & autour de son corps une espèce de manteau fait de peau de bêtes & d'oiseaux, assez artistement cousues les unes aux autres, qui lui descendoit jusqu'aux genoux. Ses parties naturelles étoient aussi couvertes d'une petite peau: si bien que les sauvages de la partie septentrionale du détroit paroissent être un peu plus modestes & plus traitables, que ceux de la partie méridionale. Elle étoit de grande taille & puissante à proportion. Elle avoit les cheveux coupés courts, au lieu que les hommes, tant au nord qu'au sud, les ont d'une longueur effroyable, ainsi qu'on le vit au cadavre d'un de ceux qui avoient été tués, qui avoit encore de belles plumes sur la tête & autour du corps. Leurs armes sont des arcs & des flèches, au bout desquelles il y a une pierre à fusil bien dure, & qui est jointe avec beaucoup d'adresse. Le capitaine fit donner un couteau à cette femme, qui, par reconnoissance, lui fit entendre qu'il y avoit encore beaucoup plus d'oiseaux dans la plus grande des deux isles. On la laissa dans celle où elle étoit, quoiqu'elle eût bien voulu être transportée au continent.

1600.

Les *pinguins* sont ainsi nommez à cause de leur graisse (*propter pinguedinem*). (*) Les vieux pèsent depuis

Description du pinguin, étymologie de ce mot.

(*) Le collecteur des voyages de la compagnie des Indes reprend Janson d'avoir tiré du latin *pinguis*, l'origine du nom de ces oiseaux. Il dit que le mot *pinguin* est anglois, & qu'ils furent ainsi nommés par Thomas Candish à cause de leur tête blanche. En effet ce nom a été tiré, non pas de l'anglois, car le mot n'est point anglois, mais de l'ancien Celtique ou

douze jusqu'à seize livres, & les jeunes, depuis huit jusqu'à douze. Ils sont noirs sur le dos, & blancs sous le ventre. Quelques-uns ont autour du col une lizière blanche en forme de collier, si bien qu'ils sont à-peu-près demi-blancs & demi-noirs. Ils ont la peau presque semblable à celle des chiens marins, & aussi épaisse que celle d'un sanglier. Leur bec est aussi grand que celui d'un corbeau, mais non pas si crochu. Ils ont le col fort épais & le corps aussi long que celui d'une oye grasse, mais moins large. Au lieu d'ailes, ils ont deux nageoires pendantes & couvertes de plumes, avec quoi ils nagent d'une grande force. Ils sont le plus souvent dans l'eau, & viennent rarement à terre, si ce n'est dans le temps qu'ils veulent couver. Ils se tiennent ordinairement trois ou quatre ensemble dans un creux. Leurs pieds sont noirs, & faits comme ceux des oyes, quoique moins larges. Ils marchent debout, laissant pendre leurs nageoires comme si c'étoit des bras ; ensorte que de loin on les prendroit pour des pigmées. Ces oiseaux

---

de la langue du pays de Galles, dans laquelle *pen* signifie tête, & *gwyn* blanc. De-là viennent les mots latins *pinna*, *apenninus*, *accipenser*, à cause de sa tête aigue, &c. En celtique *plenglar*, c'est-à-dire tête noire ou gros bleu : c'est le nom de la Mezange, *Pen-huand*, c'est-à-dire tête de canard, est celui du brochet de mer. L'hirondelle est aussi nommée *gwyn-fol*, ventre blanc de *gwyn* blanc, *bol*, ventre. *Gwynnec* est le merlan, ou le poisson blanc. Il n'est pas rare de voir les marins imposer aux objets des noms tirés de la langue celtique ou cimbraëque : comme lorsqu'ils appellent *goëlans oyes de mer*, certains oiseaux, de *gwar* oye, *len* mer, & *guoëmon* l'algue marine, parce que cette plante croît & rampe sous l'eau, de *gwo* dessous & *mont* aller. Les provinces de Galles & de Bretagne qui fournissent des matelots, plus que nulles autres, à l'Angleterre & à la France, ont imposé à grand nombre d'objets marins, des noms tirés de leur langue.

ne vivent que de poisson, & cependant quand ils sont cuits ils n'en ont point du tout le goût; ils sont excellens à manger. Ils font leurs creux dans les dunes, fort avant en terre, de même que les lapins. Le terrein est par tout si rempli de ces trous, que souvent en marchant on y enfonce jusqu'aux genoux, & quand il s'y trouve des pinguins, ils vous mordent aux talons.

1600.

Enfin, le 21 Janvier *Sebald de Wert*, après avoir encore perdu dans la tempête, sa dernière chaloupe & sa pénultième ancre, fut contraint de sortir du détroit de Magellan, qu'il est tenté de nommer *le détroit orageux*. Aucun marin, de son temps, ne l'a si bien connu que lui, ni n'a donné de meilleurs détails pour en dresser des cartes. Trois jours après être rentré dans la mer du nord, il découvrit le premier trois petites isles, jusqu'alors inconnues dans la *Terre australe*, qu'il nomma *isles Sebaldes*. Elles gissent à 60 lieues du continent par la hauteur de 50°. 40'. *latitude*, 319°. *longitude*. On y vit des pinguins, que l'on auroit fort désiré d'aller prendre. Mais on n'avoit plus ni canots, ni chaloupe. Le 14 juillet 1600. le capitaine rentrant dans la Meuse ramena en Hollande 36 hommes de 105. qu'il avoit en partant, après vingt-cinq mois de fatigues & de périls infinis.

Wert rentre dans la mer du nord.

Isles Sebaldes.

Retour en Hollande.

Revenons aux quatre vaisseaux de l'escadre. *Baltazard de Cordes*, repoussé dans le détroit, avec *Wert*, fut plus heureux que lui. Il vint à bout d'en sortir une seconde fois par l'embouchure occidentale, d'où il alla ravager les possessions espagnoles sur les côtes du Chili. Les naturels du pays charmez de se voir remis en liberté, lui défèrèrent le titre de roi. Il courut les côtes

Baltazar de Cordes passe dans la mer du sud.

du Pérou, & après avoir fait un grand nombre de prises sur les Espagnols, voyant qu'il ne trouvoit point ses vaisseaux de conserve, il navigea seul aux Moluques, vint à l'isle Tidor, où les Portugais lui enlevèrent son bâtiment & le menèrent prisonnier à Malacca. La même tempête, qui avoit fait perdre la flotte aux deux précédens, dispersa de même les trois autres navires. Elle jetta *Théodoric de Guerick* jusqu'à 64°. de latitude australe. On ne nous dit pas la longitude qui seroit très-nécessaire à sçavoir : car peut-être personne n'a jamais été si loin vers l'antarctique. Il y découvrit une côte d'un aspect semblable à celle de Norwege, monstrueuse, couverte de neige, s'étendant, à ce qu'il paroissoit, du côté des isles *Salomon*. Il revint aux côtes du Chili, dans l'espérance de retrouver la flotte à l'*isle sainte Marie*, où l'on s'étoit donné rendez-vous au cas de séparation. Mais il se trompa de route, & vint surgir au port de *Val Paraise*, où les Espagnols lui refusèrent toutes sortes de secours, tellement que la misère l'obligea de se livrer volontairement lui-même aux mains de ses ennemis. On conduisit son bâtiment à *Callao* port de *Lima*, où *Guerick* vivoit assez malheureux, à ce que l'on apprit depuis par Ollivier de Noort.

Le vaisseau amiral séparé des autres par la tempête, alla les chercher sur les côtes du Chili jusqu'à Baldivia, puis à l'isle *Mocha*, où l'on vit près du cap le rivage couvert de monde, sans qu'on pût deviner qu'elle étoit leur intention. On jetta l'ancre sur 15 brasses, dans une baye d'excellent fond. (*) On envoya la chaloupe à terre pour lier commerce avec les habitans, qui ne s'étoient pas as-

(*) Voyez le nouveau recueil de voyages, Tom. II.

semblés avec moins de promptitude qu'aux environs du cap. Mais ils reçurent les Hollandois à coups de flèches, & dans la première surprise ils en blessèrent plusieurs. Cependant comme les vivres recommençoient à manquer, l'amiral fit débarquer 30 hommes bien armés qui écartèrent bientôt les sauvages. Les signes d'amitié & les témoignages de paix furent employés pour leur faire comprendre qu'on n'en vouloit ni à leur bien, ni à leur liberté. On leur montra de loin du fer, de l'argent & du drap. Ils comprirent enfin ce qu'on leur demandoit, & la plûpart apportèrent au rivage du vin, des patates & des fruits. Ensuite s'expliquant à leur tour par des signes, ils promirent de revenir le lendemain avec des vivres & d'autres provisions. Comme il étoit fort tard, les Hollandois retournèrent à bord; & quoiqu'il y en eut peu qui fussent exems de blessures, la joye d'avoir parlé aux habitans, & l'espérance des rafraîchissemens servirent à les consoler. Le lendemain qui étoit le 9 novembre, plusieurs officiers du vaisseau se mirent dans la chaloupe avec les plus braves gens de l'équipage : ils étoient convenus de s'approcher du rivage, mais de n'y débarquer que deux ou trois hommes, parce que les habitans étant en grand nombre, il y avoit de justes raisons de s'en défier. Lorsqu'ils furent proches de la terre, ils furent invités à descendre par des signes. Leur chef déclara d'abord par les siens qu'il ne venoit pas avec cette intention. Mais alors quelques habitans s'avancèrent dans l'eau jusqu'à la chaloupe, avec un visage riant & des vases remplis d'une espèce de vin, en le pressant de se fier à leur nation, & lui faisant entendre qu'ils avoient à peu de distance plusieurs sortes de bestiaux.

1600.

L'amiral tenté par l'espérance des provisions que les besoins du vaisseau lui auroient fait préférer à tout l'or du monde, oublia ses résolutions, & fit débarquer 23 hommes armés de sabres & de mousquets. Cette petite troupe marcha vers quelques maisons qui n'étoient pas éloignées. Mais à peine eurent-ils fait 200 pas que plus de 1000 sauvages sortant d'une embuscade tombèrent sur eux avec les armes dont ils ont l'usage, & les massacrèrent jusqu'au dernier. Ceux qui étoient restés dans la chaloupe n'eurent rien de plus pressé à faire que de retourner promptement porter à bord cette triste nouvelle.

L'amiral retrouve le vice-amiral à sainte Marie.

Dès le lendemain l'amiral leva l'ancre & vint au rendez-vous de *l'isle sainte Marie*, où il trouva le vaisseau du vice-amiral qui, étant parti de Mocha un jour avant l'arrivée de l'amiral de *Cordes*, n'y avoit pas été reçu avec plus de faveur. Le capitaine & ses officiers y avoient été blessés à terre. Cependant les deux bâtimens se consolèrent par le bonheur de s'être retrouvés. Ce fut en ce lieu

Ils vont au Japon.

que *William Adams* Anglois de naissance quitta le vaisseau de Cordes dont il étoit premier pilote, pour passer à celui du vice-amiral *Beuningue* qu'il nomme *Hudcope*. (*) On fit voile pour le Japon le 27 novembre 1599. Dans une si longue course à travers la mer du sud, on tomba vers le 16°. lat. nord, au milieu de certaines isles

Tués habités par les Anthropophages.

dont les habitans sont anthropophages. Sept ou huit hommes de l'équipage s'étant approchés de terre dans un esquif, furent surpris & mangés, (comme on le suppose).

(*) On ne sçait d'où peuvent provenir ces erreurs de noms, de la part des gens même de l'équipage & de leurs contemporains. *Huydcope* étoit capitaine de vaisseau dans la flotte d'Olivier de Nort. Il mourut de maladie dans le détroit de Magellan. Nort appelle aussi *Verhagen* l'amiral *Simon de Cordes*.

par les barbares ; sans pouvoir être délivrés de leurs mains. On prit néanmoins un insulaire, qui fut conduit à bord de l'amiral, mais on ne lui trouva qu'une stupidité féroce qui ne permit d'en tirer aucune lumière. Dans toute l'étendue du 27 & 28ᵉ degrés les vents étoient variables, & la mer fort orageuse. Le 24 février 1600, le vaisseau amiral fut perdu de vûe, & n'a jamais été revû depuis. L'autre au bout d'un mois découvrit une isle nommée *Colona*. A peine restoit-il alors une dixaine d'hommes sur le navire en état de remuer les jambes. Il n'y en avoit plus que six qui fissent le service, lorsque le 19 avril le vaisseau mouilla dans le port de *Bungo* au Japon. Incontinent selon l'usage le bâtiment fut saisi par les Japonois, & les Hollandois mis en prison jusqu'à ce que l'on eut reçû des nouvelles de la cour. On leur fit venir de *Nangasaki* pour interprête un jésuite portugais, à la vûe duquel, disent-ils, ils ne s'attendirent à autre chose qu'à être incessamment crucifiés. Cependant le capitaine ayant obtenu permission d'envoyer un de ses gens à la cour, y députa le pilote *Adams*, qui eut de fréquentes conférences avec l'empereur, dont il reçut mille marques de bontés, quoique toujours retenu en prison. Il obtint un bon traitement pour l'équipage, & cinquante mille pièces de huit en dédommagement de la charge du vaisseau. Enfin sa faveur devint si grande que l'empereur lui fit une fortune considérable, en lui déclarant qu'il ne pouvoit se passer de lui, & qu'ainsi il devoit perdre la pensée de jamais revoir sa patrie. L'empereur avoit de même formé le dessein de retenir tous les Hollandois, dont il tiroit de bons services pour des arts inconnus dans son royaume. Cependant au bout de cinq

1600.

Perte de l'amiral.

Isle Colona.

Le vice-amiral arrive au Japon ; ses aventures & celles d'Adams son pilote.

ans il accorda leur retour aux prières du pilote. Ce fut durant ce séjour que les Hollandois jettèrent les premiers fondemens de ce grand commerce exclusif qu'ils ont depuis établi au Japon, sur les ruines des Portugais. Ils ne parloient de leur état que comme d'un royaume fort au-dessus de l'Espagne & du Portugal, & de leur prince d'Orange, que comme du plus puissant empereur de l'Europe. Ainsi cette expédition si malheureuse en apparence, eut par l'événement un succès bien supérieur aux vûes qui l'avoient fait entreprendre.

Le vice-amiral *Beuningue* partit au bout de cinq ans, ainsi que je le viens de dire, sur une jonque japonoise. Il trouva dans les Moluques une flotte de sa nation, sur laquelle on lui donna le commandement d'un navire. Mais peu-à-près il fut tué près de Malacca dans un combat naval contre les Portugais. On reçut ensuite en Angleterre une lettre d'Adams, en date du 22 octobre 1611. avec cette suscription: (*) *A mes amis & mes compatriotes inconnus que je prie de faire tenir cette lettre ou une copie, ou seulement les nouvelles qu'elle contient, à ma femme, à mes enfans, ou à quelque personne de ma connoissance, soit à Lime-house, soit à Gillingham.* On a sçû par un vaisseau de la compagnie angloise, qu'il étoit mort à *Firando*, dans le Japon, environ l'an 1620.

(*) Voyez le nouveau recueil des voyages, Tom. II.

XXI.
OLIVIER DU NORT,
En Magellanique & en Polynésie.

L'ORIGINAL est écrit en flamand : on en imprima une traduction latine à *Francfort* 1602. *fol.* & une traduction françoise à *Amsterdam* 1610. *fol.* & un extrait en langue angloise, dans le recueil de Purchas, *tom. I. liv. 2. chap. 5.*

Olivier du Nort, amiral hollandois, que rencontra Sebald de Wert, étoit parti de Rotterdam, le 2 juillet 1598. avec quatre vaisseaux & 248 hommes d'équipage, menant avec lui un pilote qui avoit servi *Thomas Candish*, pour faire le tour de la terre en passant par le détroit de Magellan. Le 20 septembre 1599. il entra au *port désiré* dans le pays des Patagons, 47°. 40′. lat. sud, où ayant pris terre, il trouva le pays nud, sans arbres. Les autruches y étoient en nombre infini & fort sauvages. On en trouva une sur son nid dont elle s'enfuit. Elle couvroit 19 œufs que les matelots prirent, ils virent aussi quelques cerfs & buffles sauvages, & dans une isle voisine, une incroyable quantité de pingouins. Ils sont de la grosseur d'une oye, incapables de voler, n'ayant que deux courts ailerons aux côtés, comme des savates de cuir. Ils se nourrissent à la mer, mais lorsqu'ils viennent à terre, il est facile de les attraper à milliers. Les gens de l'équipage en tuèrent plusieurs à coups de bâton. C'étoit alors la saison de la ponte. On se fournit abondamment d'œufs autant qu'on eut besoin pour la

Départ de Rotterdam.

Port désiré.

Autruches.

provision des vaisseaux. Il eut été facile si l'on eut voulu d'en ramasser plus de cinquante mille. Au bout d'un mois de séjour en cette baye, *du Norr* étant un jour allé à la découverte à deux lieues dans les terres, où il ne rencontra personne, avoit laissé cinq hommes près du rivage à la garde d'un bateau. Ceux-ci, contre la défense que l'amiral leur avoit faite d'aller à terre, débarquèrent & furent attaqués par une trentaine de sauvages cachés qui en tuèrent trois à coups de flèches, & percèrent la jambe au quatrième. Ces Patagons étoient de grande stature, d'un regard terrible, la chevelure longue, le visage peint, & de couleur tannée, armés d'arcs & flèches de roseaux très-minces, auxquels de petits morceaux de pierre aigue fort artistement ajustés tenoient lieu de fer. Ils en tiroient avec autant de force que de justesse. Les chirurgiens du vaisseau trouvèrent les morts percés de part en part à travers du cœur ou du foye. Ce fut la seule fois qu'on apperçut les habitans dans cette baye. Mais on vit diverses sépultures sur le sommet des rochers, couvertes de tas de pierres peintes en rouge, ornées de dards & de pennaches, & certaines coquilles fines qu'on trouve sur le rivage. On les pose sous la tête des morts, après les avoir taillées en quarré. Ils trouvèrent sur l'une de ces tombes deux grosses barres de fer qui leur parut être du fer d'Espagne.

L'amiral fit voile au *cap Vierge*, à l'entrée du détroit de Magellan, d'où l'on appercevoit la *terre de Feu*. Ce cap est à deux sommets blancs, haut, élevé comme celui de Douvres : le reste de la côte ressemblant assez à celle d'Angleterre. Le 22 novembre à 14 lieues dans le détroit, on apperçut du côté du sud un homme courant vers

vers le vaisseau, vêtu, à ce que l'on crut de loin, d'un manteau à l'européenne. On envoya promptement la barque vers le rivage. Mais les gens de la barque le reconnurent de plus près pour un sauvage, couvert d'une robe de poil en-dehors. Il dansoit & sautoit. Il avoit le visage peint, & n'étoit pas d'une taille au-dessus de la stature ordinaire des hommes. Malgré tous les signes que l'on lui fit, il ne voulut pas approcher. Alors on vit plus loin divers autres sauvages, sur qui les gens de la barque tirèrent cinq ou six coups de mousquets, pour lesquels le premier sauvage ne bougea, ne sçachant ce que c'étoit. A la fin cependant il se retira dans les terres au petit pas. Le 25 du même mois, l'escadre, après avoir été rejettée à cinq fois différentes dans la mer du nord, vint enfin dans le détroit jusqu'au cap qu'elle nomma le cap *Nassau* ou *Forland*. Les Hollandois débarquèrent à deux lieues de-là sur deux petites isles, où nous vîmes, dit la rélation, des habitans nous faire signe » que partissions » de-là, jettant quelques pinguins du haut en bas. Mais » ainsi que nous nous approchions plus près, ils nous ti-» rèrent quelques flèches : puis entrant plus avant sur » l'isle, nous vîmes qu'ils étoient environ 40 auxquels » nous tirâmes; mais ils s'enfuirent & se cachèrent: nous » trouvâmes une caverne au penchant du pays, en la-» quelle on ne pouvoit entrer par le haut, & le bas étoit » fort serré. Là étoient assis une troupe de gens qui se » défendirent longuement à coups de traits, tellement » que trois ou quatre de nous en furent blessés; & com-» bien qu'entrassions de force, ils ne se voulurent néan-» moins rendre, jusqu'à ce que les hommes fussent tués » à coups de traits; alors nous sommes venus auprès de

1599.

Cap Nassau ou Forland.

» quelques femmes & enfans qui étoient entassés l'un sur
» l'autre, vieux & jeunes, pensant se sauver des traits
» en cette manière. Il y en avoit aussi plusieurs morts &
» blessés. Nous prîmes quatre garçons & deux filles que
» nous menâmes à bord : puis ayant entendu d'un, qui
» apprit notre langue, les circonstances du pays qui
» étoient de cette façon. Cette race se nomme *Enoo*,

Diverses races de sauvages.

» habitant un pays d'eux nommé *Coffi* : mais cette petite
» isle se nomme *Talke*; l'autre grande se nomme *Caslem-*
» *me*, où il y a quantité de pinguins, de la plûpart des-
» quels ils s'alimentent, étant leur viande ; de la peau
» ils en font des manteaux qu'ils ont autour du corps,
» étant du reste nuds, habitant des cavernes creusées en
» terre. A notre avis ils étoient venus de terre ferme en
» cette isle ; car nous vîmes encore un grand nombre
» de gens sur la pointe du pays, à la distance de près d'u-
» ne demi-lieue, venant quérir des pinguins pour leur
» nourriture : il y a en terre ferme quantité d'autruches

Autruches & cerfs.

» qu'ils nomment *Talke*, qu'ils mangent. Il y a aussi une
» autre sorte d'animaux par eux nommés *Coffini* : nous
» conjecturions que ce sont des cerfs. Ces gens-ci s'as-
» semblent par lignées, desquelles conjecturâmes qu'il y
» en avoit plusieurs, & chaque lignée tient sa demeure
» à part : car ils en comptoient parmi eux de quatre sor-
» tes ; sçavoir des *Kemenettes*, habitans d'un lieu nom-
» mé *Karay*: *Kennekas* habitans de *Karamay*. *Karai-*
» *ke* habitans dans un autre lieu nommé *Morine*. Ceux-
» ci sont tous de stature comme ceux d'*Enoo* qui sont de
» la grandeur d'une commune personne de notre pays,
» mais ils sont larges & hauts de poitrine, colorant leurs
» visages & fronts avec certaines couleurs. Les hommes

« avoient le bout de la verge noué d'un fil, & les fem-
« mes se couvrent les parties naturelles d'un morceau de
« peau de pinguins, la chevelure pendante aux hommes
« par-dessus le front, & coupée aux femmes. Ils vont
« tous nuds, n'ayant qu'une peau de pinguin ou de quel-
« qu'autre oiseau qu'ils nomment *oripogre*, & les pin-
« guins *compogre*, tout autour si bien cousue que si un
« pelletier l'eut fait. Il y a encore une race plus au-de-
« dans du pays, nommé *Tirémenen*, habitans d'un ter-
« ritoire nommé *Coin*. Ceux-ci sont grands comme des
« géans, ayant 10 à 11 pieds de haut, qui viennent fai-
« re la guerre à ces autres lignées, leur reprochant qu'ils
« sont mangeurs d'autruches, & il semble qu'ils ayent
« de la meilleure viande que les autres, mais nous con-
« jecturâmes que tous sont mangeurs de chair humaine. »
L'une de ces isles fut nommée l'isle *Pinguins*, l'autre
plus voisine du continent d'Amérique, l'isle *Patagons*.
Plus loin dans le détroit ils trouvèrent une baye de bon
ancrage, bon flux, une jolie rivière, la terre couverte
de beaux arbres sur lesquels on voyoit percher de petits
perroquets. Tout ce lieu étoit fort agréable; on le nomma la *baye d'Eté*, (summer-bay). Ils cherchèrent vers
la *port Famine*, les ruines de *Philippeville* que les Espagnols y avoient ci-devant bâtie; mais on n'en put appercevoir aucun vestige. Tout est perdu ou anéanti. Les
Espagnols n'ont pû vivre dans un climat si froid. Les
montagnes des deux côtés du détroit, large de quatre
lieues en cet endroit, quoique toujours couvertes de neige au milieu de l'été, sont remplies de bocages & d'arbres, dont l'écorce est aussi forte que les épiceries. On
en prit pour échantillon. Une belle rivière d'eau douce

coule de la montagne des Patagons. Les Hollandois bâtirent ici une pinasse dans une baye qu'ils appellèrent du nom de leur général Olivier, *la baye d'Olivier*. Vers le cap *Frouart* le plus méridional du continent de l'Amérique, les matelots mangèrent d'une herbe qui les jetta dans une violente frénésie de peu de durée. Le 25 décembre Olivier du Nort trouva près du *cap Galant* dans une belle rade, la meilleure du détroit, le vaisseau du capitaine hollandois, *Sebald de Wert*, (*) qui lui raconta tout ce qu'il avoit souffert dans ce détroit, où il étoit arrêté depuis 5 mois à son retour de la mer du sud. Il y a dans cette baye trois petites isles, les seules que l'on rencontre depuis les isles des pinguins. On y trouve des moules, des coquillages ronds meilleurs que les moules, & beaucoup de groseilles rouges fort rafraîchissantes pour l'équipage. On s'avança vers une autre baye à laquelle on donna le nom du prince *Maurice*. Les marées y étoient fort variables, quelquefois de douze, quelquefois d'une heure de durée, puis tout au contraire; & dans ces mouvemens inégaux il se formoit divers raz de marées. Il y a quelqu'apparence que c'est ici que se fait la rencontre des deux grands océans. On jugea que les terres plus loin au sud de la baye *Maurice*, n'étoient qu'un ramas d'isles, quoique les hautes montagnes dont elle est formée, en fissent à la vûe un terrain contigu. Bien que l'on fut alors au milieu de l'été, car c'étoit au commencement de janvier 1600, les glaces étoient en

---

(*) Je ne sçais pourquoi du Nort & autres disent toujours que le vaisseau de Sébald étoit de la suite d'Hagen. J'ai lû soigneusement les deux voyages de Wander Hagen qui n'a jamais été qu'aux Indes orientales par la route ordinaire du cap.

monceaux, plongeans en haute mer de plus de dix brasses. (*a*) On voulut en cet endroit aller chercher des moules vers le rivage: mais les sauvages tuèrent deux hommes de l'équipage à coups de longues zagaïes de bois, & de lourdes masses attachées au bout d'une corde, qu'ils lancent & retirent, gardant à la main l'autre bout de la corde. Ils emportèrent les corps morts pour les manger, à ce que l'on crut. On courut après eux, mais il ne fut pas possible de les retrouver. On en trouva d'autres près de la baye des *Memnistes*, découverte par un pilote memnoniste (*b*) voguant dans trois canots, dont on voulut s'emparer. Ils les défendirent si bien depuis le rivage à coups de frondes, dont ils étoient armés outre leurs masses & leurs zagaïes, se mettant à couvert de la mousqueterie derrière des rochers, qu'il fallut s'en retourner sans rien prendre, après avoir eu beaucoup d'hommes blessés. Ici le vice-amiral de l'escadre convaincu de rébellion & d'avoir voulu ramener son vaisseau en Europe, fut déserté sur le rivage avec quelques petites provisions. Sévère mais juste exemple de subordination que l'on doit sur-tout faire observer en de telles entreprises si l'on ne veut les voir échouer.

Enfin après avoir essuyé toutes les raffales, les coups de vents descendus des montagnes, les courans, les tempêtes, les orages dont on ne manque pas d'être traversé au passage de ce long détroit. La flotte contre son espérance atteignit le *cap désiré*, dans la terre de *Feu*, vers l'embouchure occidentale, large d'environ sept lieues, ayant le côté septentrional garni des petites isles *Anne-*

1600.

Armes des sauvages.

Baye Memniste.

Punition du vice-amiral.

Cap désiré, Isle Annegadas.

(*a*) Le latin dit plus de 10 pas, ce qui est beaucoup moins.

(*b*) C'est une secte de religion en Hollande.

gadas (isles noyées); & sortant du détroit le 25 février, alla par la mer du sud se rafraîchir à l'isle *Mocha* sur les côtes du Chili. Il lui restoit alors trois navires & 147 personnes. Il avoit été obligé d'en brûler une à l'isle *sainte Claire*, sur les côtes du Brézil. Il en perdit le 12 mars, par une grande brume, un second que l'on n'a pas revû depuis. Olivier du Nort cinglant à l'est à travers la mer du sud, arriva le 16 septembre de la même année à l'une des isles *Larrones*, qu'il jugea être *Guam* à 250 lieues des Philippines, & dont il fait la curieuse description suivante. » Nous approchâmes près de l'isle
» au côté est, & ainsi qu'en étions bien encore à demi-
» lieue distans, nous aborda un canot, puis plusieurs au-
» tres, apportant quelques fruits & poissons, à sçavoir,
» *coquos, bonanes, cannes de sucre*, ce que troquâmes
» à vieil fer, car ils l'appettent fort, le sçachant nom-
» mer en espagnol *hierro*, à cause que les Espagnols y
» abordent annuellement. Nous cinglions aussi cotoyans
» l'isle laquelle s'étend sud & nord bien 7 ou 8 lieues
» selon notre conjecture: nous courrûmes au-tour du
» cap sud, duquel vîmes sortir une pointe basse où nous
» pensions ancrer, & les canots venoient à nous de tous
» côtés pour troquer. Il y avoit bien passé 200 canots &
» dedans chacun, 2, 3, 4 & 5 hommes, faisant une
» grande presse & huée, criant *hiero, hiero*, qui veut
» dire *fer, fer*, & par la presse en enfonçâmes bien 2
» ou 3 par dessous la quille; mais ils ne s'en soucient
» guères, car ils sont fort bons nageurs, sçavent radresser
» leurs canots & rapporter dedans tout ce qui y étoit.

» Ces isles ont leur vrai nom *Larrones*, car toute la
» gent y est inclinée au larcin, & fort subtile en cela

» voire a merveille, à cause qu'ils nous trompèrent en
» divers façons en négociant avec eux ; mettant une poi-
» gnée de ris au-dessus d'un corbillon fait de feuilles de
» coquos ; il semble qu'il y a beaucoup dedans, mais à
» l'ouverture on n'y trouve que feuilles ou autres cho-
» ses, car au troc ils se mettent avec leurs canots derrière
» ou à côté des navires sans y entrer, & il faut attacher
» une pièce de fer à une corde, & prendre à l'encontre
» ce qu'ils donnent. Quelqu'uns venoient dedans la na-
» vire, où leur donnâmes à boire & à manger, & un
» d'eux voyant un de nos gens qui avoit une épée en
» main, faisant la garde à son tour, la lui arracha sautant
» avec elle en mer, se plongeant dessous l'eau. Nous ti-
» râmes quelques coups aux autres qui avoient aussi dé-
» robé quelques choses : mais ils sautèrent tous en mer
» pour n'être pas atteints, & les autres qui étoient incul-
» pables ne s'en soucioient point. Ces gens vivent aussi-
» bien dans l'eau comme en terre, à notre avis pour ce
» qu'ils sçavent si adextrèment plonger tant femmes
» qu'hommes, ce qu'avons remarqué, jettant cinq piè-
» ces de fer en mer qu'un seul homme alla querir toutes
» dessous l'eau, de quoi étions fort émerveillés. Leurs
» canots sont forts jolis & gentiment faits, voir comme
» aucuns qu'avons vûes aux Indes, étant longs environ
» 15 ou 20 pieds, & large d'un pied & demi : ils les sça-
» vent bien manier, cinglans vent derrière assez dextre-
» ment sans se tourner, en boutant en loo ; mais ils cin-
» glent lors avec l'autre bout devant, laissant la voile en
» son être, lequel est fait de roseaux comme en basane.
» Aucunes femmes nous vinrent aussi à bord toutes nues
» comme les hommes, hormis qu'elles avoient une feuil-

1600.

Leurs ca-
nots.

304 HISTOIRE DES NAVIGATIONS

» le verte au-devant du milieu. Elles portent longs che-
» veux & les hommes courts, proprement comme on
» voit chez nous Adam & Eve en peinture.

» Ces *larrons* sont d'une couleur tannée & semblent
» être fort luxurieux & sans loix, se mêlant avec les
» femmes en-commun ; car il y en avoit plusieurs qui
» étoient mal en ordre aux outils ; aucuns avoient la vé-
» role mangé le visage & le nez, tellement qu'ils n'a-
» voient qu'un petit pertuis en la bouche, & nous mon-
» troient du doigt que cela leur venoit de la vérole. (*)

Peuple peint de l'Isle Capul.

Deux jours après la flotte emboqua le détroit des Philippines, & vint mouiller à la petite isle *Capul*, l'une des isles de ce nom entre *Samar* & *Ticao*. Elle y trouva les sauvages armés d'arcs & de flèches, ayant toute la peau du corps brodée en piquures à rayes & à fleurs. A voir la figure d'un de ces sauvages que l'on a jointe à la rélation, on le croiroit réellement vêtu d'u-ne toile des Indes.

Retour en Europe.

Les expéditions militaires de la flotte en ces parrages & le reste de sa route jusqu'au retour en Europe, par Borneo, les Moluques & le cap de bonne-Espérance ne sont plus de mon sujet. L'amiral rentra dans le port de Rotterdam le 26 août 1601, ne ramenant de ses quatre navires que le seul vaisseau qu'il montoit, ayant perdu l'autre aux Manilles dans un combat contre deux galions du Mexique, où il coula lui-même à fond l'un de ces bâtimens.

(*) L'extrait en langue françoise inséré dans le recueil de la compagnie des Indes, dit mal-à-propos qu'ils avoient ainsi le visage défiguré par la petite vérole. Le latin s'accorde avec la vieille traduction que je suis ici. *Facies exesa lue venerea.*

» Le

« Le fleau de la guerre qui défoloit nos provinces, dit
» un auteur hollandois à l'occasion du voyage d'Olivier,
» a servi dans la suite à leur procurer des biens auxquels
» on ne se seroit jamais attendu. Il a contraint nos ci-
» toyens d'aller dans les pays reculés chercher des voyes
» de subsister que le roi d'Espagne leur ôtoit. Il n'y a pas
» d'apparence qu'ils fussent jamais devenus si riches ni si
» puissans, si les Espagnols n'eussent pas voulu désoler
» leur pays, & soumettre leurs personnes aux rigueurs
» de l'inquisition; si le désir d'obtenir du repos, n'eut
» fait faire à notre nation les plus grands efforts pour en-
» lever à ses ennemis les sources de tant de richesses qui
» lui servoient à perpétuer contre nous une guerre cruel-
» le. Olivier du Nort ne fit pas à la vérité un grand gain
» pour ses marchands, mais il s'acquit beaucoup d'hon-
» neur à lui-même & à son pays, dont le crédit devint
» plus grand dans l'Europe, lorsque l'on connut ce qu'il
» étoit capable de faire : car alors les Provinces-unies
» eurent cette gloire commune avec les Portugais & les
» Anglois, qu'un de leurs habitans avoit fait le tour du
» monde par le détroit de Magellan.

Fin du second Livre.

Tom. I. Qq

HISTOIRE DES NAVIGATIONS AUX TERRES AUSTRALES.

LIVRE TROISIEME.

CONTENANT *les découvertes faites durant le cours du dix-septième siècle.*

XXII.

FERNAND DE QUIROS, EN M. D. CVI.

En Polynésie & en Australasie.

TIRÉ tant des mémoires présentés à la cour d'Espagne, imprimés en latin à *Francfort, chez Mérian* 1634. que de la monarchie Indienne de Jean Torquemada, définiteur général de l'ordre de S. François au Mexique, imprimée en espagnol à *Sé-*

ville 1615. 3 vol. fol. Voyez liv. 5, chap. 44 & suivans. Le premier de ces mémoires se trouve aussi dans la dixième partie de l'Asie de Théodore de Bry, autrement nommée *les petits voyages*, imprimé chez *Matthias Becker*; 1613. fol. Purchas a inséré dans la collection les originaux espagnols précédés d'une traduction angloise, *tom. IV. liv.* 7. *chap.* 10. & Vassingham Gresley en a donné un petit abrégé.

L'AN 1606. *Fernand de Quiros*, Portugais de nation, qui avoit déjà fait en 1595 le voyage de la mer pacifique avec Mindaña, partit de Lima capitale du Pérou, sur la flotte de *Louis Paz de Torres*, sur laquelle il servoit en qualité de pilote, & découvrit les isles de son nom à 20°. lat. 240°. long. De-là, continuant sa route toujours entre le 20°. & le 10°. parallèles, il parcourut diverses autres isles inconnues dont il donne la description. Sa relation, l'une des plus curieuses que l'on puisse avoir sur ces parages si peu fréquentés, doit être comparée avec celle de *Guill. Schouten* & celle de l'amiral *Rogwin*, les deux seuls navigateurs qui après lui ayent bien vû le même canton de la mer du sud. Rogwin lui rend la justice de dire qu'il a reconnu par sa propre expérience combien le récit de Quiros étoit fidele. Notre navigateur fit ensuite rencontre à 187°. long. d'un vaste continent qu'il nomma la *Terre australe*, ou la *terre du S. Esprit*. C'est ici la première fois que l'on trouve le nom de *Terre australe*; & c'est à cette époque qu'il nous faut fixer la seconde découverte du continent, ou du moins d'une longue étendue de terre continue : car il n'est pas entièrement certain que ce soit la nouvelle Guinée qu'Alvar de Saavedra vit en 1524; & long-tems auparavant

1606.

Tom. I.

1606.

Paulmier de Gonneville avoit fait dans ces mers la découverte dont on a lû l'histoire dans le livre précédent. Le pays, quoiqu'assez mal peuplé est fertile, & produit surtout des bois & des racines propres à faire de très-belles teintures. Les habitans sont dociles & vont à demi-nuds. On crut d'abord que toute cette étendue de côtes, qui n'est réellement qu'un amas de grandes isles, ne formoit qu'un même continent avec la terre de Feu au sud du détroit de Magellan. Soit que Quiros ait été ou non dans cette idée, il persistoit à croire, ainsi qu'on va le voir, que cette terre n'avoit pas moins d'étendue, qu'il y en a de l'Espagne à la grande Tartarie. C'étoit en comprenant dans la même plage toute la surface du globe contenue depuis les isles S. Bernard jusqu'à la terre du S. Esprit; peut-être même aussi la nouvelle Bretagne, la nouvelle Guinée, la Carpentarie, la nouvelle Hollande, la terre de Diemen, la nouvelle Zélande, la terre australe proprement dite dont nous allons parler ci-dessous, & les isles de Salomon. Mais il est très-douteux qu'il ait eu connoissance de toutes ces terres; & il y a grande apparence que ces grandes terres, qu'on croyoit ne former qu'un continent, sont séparées les unes des autres par des bras de mer. Du moins l'on n'en peut douter à l'égard de la Zélande depuis qu'*Abel Tasman* l'a laissée à gauche en traversant du midi au septentrion un large bras de mer qui la sépare des autres terres. Fernando de Quiros prit terre dans un golfe à l'embouchure de deux rivières. Il nomma ce golfe *S. Jacques* & *S. Philippe*, & les deux rivières *Jourdain* & *S. Sauveur*. Le golfe entre dans les terres jusqu'à vingt lieues, & les vaisseaux y sont fort bien à l'abri des tempêtes. Louis de Torrés & Quiros à leur retour présentèrent de grands mémoires à la cour d'Espagne au sujet d'une colonie qu'ils proposoient de conduire en ces contrées. Mais le nombre d'affaires dont le gouvernement d'Espagne étoit surchargé sous le regne de Philippe III. rendit toutes leurs instances inutiles. Sans leur donner de refus en forme, l'affaire fut traînée en longueur jusqu'à la mort de Quiros, après laquelle on la perdit totalement de vûe. Comme c'est ici la première relation que nous ayons d'un canton de l'*Australasie* dont la position soit déterminée, je ne craindrai pas de donner quelque étendue à l'extrait suivant du mémoire de Quiros; sans dissimuler néanmoins que les choses m'y paroissent un peu exagérées & peintes de couleurs plus belles qu'elles ne le sont en réalité. Je vais faire précéder un abrégé de la relation même de tout le voyage insérée par *Torquemada* dans sa grande histoire des Indes. Cet historien a eu entre ses mains l'original des journaux soit de Quiros, soit de Torrez. Car dans la suite du récit il s'exprime souvent à la première personne, comme avoit fait l'auteur même du journal. Je le dégage ici de quantité de circonstances peu utiles, aussi-bien que du style empoulé dont l'avoit chargé Torquemada.

* * * * * * * *

Le roi d'Espagne Philippe III. curieux de perfectionner les découvertes faites dans les mers pacifiques par Ferdinand Gallego & par Alvar de Mendaña sous le regne de Philippe II. son pere, envoya dans ce dessein au Pérou *Fernand de Quiros* qui avoit déja couru ces parages avec *Gallego*. La cour de Rome & le conseil d'Espagne lui donnèrent les dépêches les plus honnorables, avec un ordre adressé au comte de Monterey viceroy du Pérou pour faire armer deux navires aussi forts & aussi bien pourvus qu'on en eut jamais équipé pour la mer du sud. Quiros, perdant le souvenir des cruels travaux qu'il avoit déja essuyés durant 11 années en de pareilles recherches, partit le 21 décembre 1605. faisant voile sur la route de nouvelle Guinée. Le 26 janvier 1606. les deux navires découvrirent à leur sud-ouest à mille lieues du Pérou vers le 25ᵉ degré de latitude une petite isle rase d'environ 4 lieues de circuit, où l'on appercevoit de l'eau & quelque verdure : mais on ne vit aucun lieu d'abordage, & la mer y étoit sans fond, même dans une espece d'anse. Deux jours après ils en découvrirent encore une autre autour de laquelle on voyoit voler beaucoup d'oiseaux. Elle est haute & en plaine au sommet. La côte est tellement en précipice, que le vaisseau, n'ayant que 20 brasse de sonde à la proue, ne pouvoit trouver le fond à la poupe avec 200 brasses. Une grande tempête accueillit ici l'escadre ; après qu'elle fut dissipée on vit une autre isle d'environ 30 lieues de circuit, noyée au milieu, & entourée comme d'un mur de chaussée couvert de corail (*). On n'y put trouver ni fond ni port, & il fallut renoncer à l'espérance de faire ici de l'eau & du bois dont on avoit grand besoin. A la suite de cette isle on en vit cinq

Départ du Pérou.

Isles saint Bernard.

───────

(*) Il y a dans l'isle Ternate un quay naturel fait d'une sorte de pierre qui se change en corail, lequel après avoir jetté ensuite plusieurs branches se convertit de rechef en pierre en vieillissant, & de cette pierre on en fait de très-bonne chaux. *Argensol.* *Hist. des Moluq. Liv. II.* Les naturalistes jugeront si ce fait favorise, ou non, l'opinion presque généralement reçue aujourd'hui que le corail n'est point une plante marine, mais l'ouvrage de certains insectes aquatiques.

ou six vers 18° 40′ lat. (nos cartes les placent plus loin de la ligne & plus près du continent.) C'étoit le neuvième février. La joie fut grande peu de jours après d'apercevoir une côte où la terre paroissoit nouvellement remuée, signe certain qu'elle avoit des habitans. Le petit vaisseau mouilla sur dix brasses fond de roches sans abri & mal assuré. On mit quarante hommes dans ces canots pour aller au rivage sur lequel une centaine d'Indiens nous faisoient des signes. Mais la mer battoit contre la côte d'une si terrible manière, qu'il ne fut jamais possible de prendre terre quelque risque qu'on se fut déterminé de courir pour en venir à bout ; les canots ayant manqué d'être plusieurs fois submergés par le coup de la vague, & la quantité d'eau qu'elle jettoit dedans.

Nos gens étoient prêts à s'en retourner fort tristes pour eux & pour nous à qui ils alloient raporter de si mauvaises nouvelles, dans le besoin où nous étions d'avoir de l'eau & dans les bonnes dispositions où les insulaires paroissoient être à notre égard ; lorsqu'un jeune homme nommé *François Ponce*, se leva d'un air audacieux, criant qu'en une telle extrémité il seroit honteux de retourner vers la flotte sans y porter du secours, & d'être arrêté par le péril présent après en avoir bravé tant d'autres ; qu'il alloit se jetter à la nage, & tenter de gagner le rivage au hazard d'être brisé contre les écueils. En disant ces mots il se deshabilloit à la hâte, & se jetta dans la mer, gagnant à la nage l'endroit où la mer battoit avec tant de fureur contre la côte. Les Sauvages montrèrent par leur geste quelqu'inquiétude de son sort, qui sans doute eut été malheureux, si ceux-ci charmés de son courage ne se fussent avancés dans l'eau pour lui aider.

1606.
Mœurs des insulaires.

Ils l'amenèrent à ce rivage avec de grandes marques d'amitié en le baisant sur le front à diverses reprises, & recevant de bonne grace les caresses qu'il leur rendoit de son côté. Trois des nôtres voyant ceci, se jettèrent à la mer & arrivèrent de même. Les insulaires étoient armés les uns de gros bâtons, les autres de lances brûlées par le bout, longues de 25 à 30 palmes. Ils ont leur habitation près du rivage dans des cabannes de palissades entre des palmiers dont le fruit fait leur nourriture ordinaire avec du poisson de mer. Ils vont nuds. Ils sont de couleur olivâtre, d'assez bonne mine, & bien proportionnés. Nos gens firent leur possible pour les déterminer par signes à venir au vaisseau : n'en ayant pû venir à bout, ils regagnèrent assez tristement les canots, & se mirent à la rame. Neuf ou dix des insulaires les voyant s'éloigner, s'avancèrent en se mettant dans l'eau. Nous nous arrêtâmes. On leur fit de nouvelles caresses : on leur donna de petits présens qu'ils reçurent avec grande joye ; mais quand il fallut les faire monter dans la barque, ils ne purent jamais s'y résoudre, & ils s'en retournèrent à terre. Nous allâmes donc 8 lieues plus loin chercher quelques secours. Les chaloupes n'abordèrent qu'avec les mêmes risques, la côte étant garnie de brisans que la mer couvroit d'écume. Il y avoit près du rivage un petit bois dans lequel nos gens entrèrent cherchant de l'eau & quelqu'habitation. Le bois étoit si épais que les Espagnols étoient obligés de se frayer un chemin en coupant les branches avec leurs épées. Ils trouvèrent au milieu une place ronde entourée de petites pierres, avec un tas de plus grosses pierres de bout en forme d'autel, d'une coudée & demi de haut, appuyé contre un grand

Leur culte.

grand arbre. De grosses touffes de feuilles de palmiers attachées au tronc de l'arbre pendoient sur cet autel. C'étoit sans doute un lieu sacré où ces barbares alloient rendre leurs hommages au prince des ténèbres. Nos gens sous de meilleurs auspices coupèrent un arbre, & y plantèrent l'étendart de la croix. Au-delà de ce bois ils en trouvèrent une autre, & des prairies humides arrosées de quelques flaques d'eau saumache qui ne valoit rien à boire. Ils étanchèrent leur soif avec des noix de cocos, & ne trouvant point d'eau, ils se chargèrent de ces noix pour en porter à leurs camarades, marchant le long du rivage dans l'eau jusqu'aux génouils. Quelqu'uns d'eux qui s'étoient séparés de la troupe trouvèrent une femme si vieille qu'il y avoit de quoi s'étonner qu'elle pût se tenir sur ses pieds ; cependant sa taille encore assez bien prise : son air passablement dispos ; son visage, quoique sec & ridé à l'excès, montroit qu'elle avoit eu d'assez beaux traits dans sa jeunesse. Nous lui fimes signe de venir avec nous aux navires, ce qu'elle exécuta tout de suite sans aucune marque de crainte ni d'inquiétude. Le capitaine après qu'elle eut bû & mangé d'un air assez gai, la fit habiller, lui fit signe d'aller dire à ses compatriotes que nous voulions être leurs amis, & donna ordre à nos gens de la ramener sur le rivage où elle les conduisit du côté opposé à celui qu'ils avoient pris d'abord ; leur montrant de la main que les habitations étoient de ce côté-là. Sur ces entrefaites on découvrit cinq ou six pirogues étroites, voguant au moyen de leurs voiles latines d'un tissu de palmettes recousues avec du fil de même arbre, & fabriquées à peu près comme les nattes de même étoffe, dont les femmes du pays se couvrent de

R r

1606.

Chef des Indiens.

la ceinture en bas. Les Indiens sautèrent de leurs *almadies* sur le rivage, & vinrent à la troupe des Espagnols, où dès qu'ils apperçurent la vieille femme parmi eux, ils coururent l'embrasser s'émerveillant de la voir ainsi vêtue, & firent de grandes caresses à nos gens. Notre sergent *Pedro* s'adressa au chef des Indiens, homme robuste, de belle taille bien proportionnée, le front & les épaules larges, portant sur la tête une espèce de couronne de petites plumes noires aussi douces & fines que de la soye. Ses cheveux rouges & crépus lui tomboient à moitié des épaules. Nos gens furent si étonnés de voir un homme qui n'étoit pas blanc avec une chevelure si rouge, qu'ils crurent que c'étoit des cheveux de femme qu'il avoit mis sur sa tête. *Pedro* lui fit signe de venir aux vaisseaux où il seroit régalé. L'Indien monta dans nos chaloupes avec quelqu'uns des siens : mais à peine fut-on embarqué que ceux-ci saisis tout-à-coup d'une épouvante subite, se jettèrent à l'eau fuyant vers le rivage. Leur chef en alloit faire autant si les nôtres ne l'eussent retenu par force en l'embrassant par le milieu du corps, & voguant au vaisseau le plus vîte qu'ils pûrent. Le barbare s'agitoit comme un furieux, remuant les bras avec une grande vigueur ; mais ses efforts furent inutiles. On l'amena au vaisseau, où après l'avoir régalé & habillé, on le remit à terre en liberté. On fit bien de ne pas perdre de tems pour le retour ; car les Indiens voyant emmener de force leur chef, s'étoient assemblés au nombre d'une centaine de gens armés de lances & de bâtons, & étoient prêts à faire un mauvais parti à quatre ou cinq Espagnols restés sur la côte : mais quand ils apperçurent leur chef qui revenoit, ils abandonnè-

AUX TERRES AUSTRALES. LIV. III. 315

rent la poursuite des Espagnols pour venir à lui. Sans doute qu'il leur fit part du bon traitement qu'il avoit reçu, car l'entrevue se passa en caresses réciproques; après lesquelles ils firent signe qu'ils alloient se rembarquer sur leurs *almadies* pour retourner dans leur canton. Les nôtres après avoir appris d'eux que nous devions trouver de grandes terres sur notre route, les saluèrent en se séparant d'une décharge d'arquebuse, faite assez hors de propos; car les gens du vaisseau la prirent pour une hostilité qui les inquiéta fort. Le chef en quittant *Pedro* lui donna sa couronne de plumes noires, faisant signe que c'étoit tout ce qu'il avoit de plus précieux. Les Indiens voguèrent vers une petite islote, & les nôtres revinrent à l'escadre où l'on avoit pris la hauteur de 17° 40′. On remit à la voile, & depuis le 14 février on découvrit quelques autres isles sans être propres à l'abordage : cependant les besoins de prendre terre étoient de plus en plus pressans. On envoya 50 hommes dans les chaloupes chercher un port. Ils trouvèrent tant de poissons & d'oiseaux sur la côte, qu'on les y prenoit à la main. Les palmiers y étoient aussi en abondance; mais l'eau-douce dont nous avions le plus grand besoin y manque : aussi la terre est-elle sans habitans. Elle peut avoir 8 ou 10 lieues de tour : elle a au milieu un grand lac d'eau salée. Il en est de même de plusieurs autres isles que nous abandonnâmes pour n'y avoir point trouvé d'eau douce, nous les nommâmes *S. Bernard*, latit. 10°. 30′. long. 229.

1606.

Productions du pays.

Le second mars on découvrit une nouvelle terre cultivée. Le petit bâtiment s'aprocha d'une habitation de cabannes palissadées dans un enfoncement du rivage, d'où

Aventures dans l'isle de la belle Nation.

Rr ij

il sortit une centaine d'Indiens bien plus méchans qu'ils ne le paroissoient : car ce sont les plus blancs, les plus beaux & les mieux faits que nous ayons trouvé en ce trajet. Ils étoient au nombre de quatre ou cinq dans de petites pirogues fort légeres faites d'un seul tronc d'arbre. Ils vinrent hardiment autour du vaisseau faisant des menaces & brandissans leur longues lances. On leur jetta du vaisseau quelques vivres & quelques vêtemens pour les apprivoiser. Là-dessus un de ces sauvages s'avança d'un air arrogant dans une petite pirogue, faisant des cris & des gestes furieux du bras & de la jambe. Il avoit un bonnet de palmette, & une espèce de camisole rouge de même tissu. Il s'aprocha de la galerie de poupe où nous étions à considérer ses bravades, & prenant sa lance à deux mains, il la jetta de toute sa force contre nous, s'éloignant ensuite d'une grande vitesse. Il fut heureux dans cette conjoncture que nous n'eussions point d'arquebuse prête à tirer. On le menaça tant qu'on put de la voix ; ce qui ne l'empêcha pas de revenir à la charge. Le capitaine qui ne vouloit pas effaroucher les Indiens, fit tirer un coup de mousquet sans bale, pour l'épouvanter seulement. Mais sans s'effrayer du bruit, il continua de brandir sa lance tournant tout au tour du navire dans sa pirogue avec une vitesse incroyable. On descendit soixante hommes dans la chaloupe pour leur donner la chasse. Ils se mirent à l'environner faisant leurs efforts pour l'enfoncer dans l'eau, tandis qu'une autre troupe nombreuse nouvellement survenue, jetta une corde sur la proue de la pinasse dans l'espérance de la tirer à bord.

Quand ils virent qu'on coupoit leur corde, ils tâcherent de l'attacher à nos cordages. En un mot on eut assez de peine à s'en défaire à coup d'arquebuze qui en blessèrent & tuèrent quelques-uns, entr'autres celui qui s'étoit si long-tems obstiné à nous attaquer. Le commandant donna ordre de se préparer à faire le lendemain une descente à terre pour y prendre une provision d'eau & de bois suffisante au dessein que nous avions de continuer la recherche du continent: car nous jugions qu'un si grand nombre d'isles ne pouvoient qu'être détachées de quelque grande terre voisine. Soixante hommes descendirent dans les chaloupes pour remarquer la pinasse jusqu'au près d'une chauffée naturelle contre laquelle la mer battoit avec fureur. C'étoit pourtant l'endroit où la descente étoit le plus praticable. Mais à peine quelqu'uns des nôtres eurent-ils mis pied à terre, que 150 insulaires vinrent tomber sur eux, lances baissées. Notre inquiétude fut d'autant plus grande à cette vue que le commandant *Pax de Torres* étoit du nombre de ceux qui avoient mis les premiers le pied sur le rivage en entrant dans l'eau jusqu'au col. Mais le feu de la mousqueterie des chaloupes ayant fait fuir les barbares plus vite qu'ils n'étoient venus, la descente se fit avec un peu moins de difficulté, quoique toujours avec grand danger, la violence du vent augmentant l'agitation & la vague. La troupe mise en ordre de bataille s'achemina vers une habitation d'où l'on vit sortir une douzaine de vieillards portant des torches allumées d'une espèce de bois résineux qui brule comme un flambeau. C'est parmi eux un signe de paix & d'amitié. Ils nous firent entendre que les hommes s'étoient enfuis dans un bois voisin, où ils avoient déja caché leurs femmes & leurs enfans, près d'une lagune salée dans les terres, que la mer inonde quand elle est haute. En effet nous vîmes sortir de ce bois un sauvage, qui à notre vue, s'exposant aux derniers périls pour sauver un de ses camarades blessé d'un coup de nos armes à feu, nous donna un exemple de courage & d'amitié digne des plus grands éloges. Ces pauvres vieillards pénétrés de frayeur se prosternèrent devant nous avec leurs torches & des rameaux verds, dont un d'entr'eux nous présenta un faisceau en tremblant. *Torrez* en fit revêtir un autre d'un habit de taffetas; & comme il paroissoit plus dispos que les autres, il lui fit signe de nous guider où il y avoit de l'eau. L'Indien marcha d'un air assez content du côté du lac vers lequel le gros des insulaires s'étoit retiré. La troupe qui le suivoit, fut bien joyeuse à la vue d'un ruisseau, & bien triste d'en trouver l'eau salée; car tout le monde mouroit de soif. On trouva là un insulaire qui avoit de l'eau douce plein une noix de coco. On lui demanda où il l'avoit prise, il fit signe que c'étoit de l'autre côté de la lagune. Torrez détacha sept soldats guidés par l'insulaire pour l'aller reconnoître. Ils passèrent à travers de certains jardins ou enclos dans lesquels les Indiens s'étoient tapis. Mais dès qu'ils virent les nôtres, ils se levèrent, & vinrent à eux en faisant des signes de paix; sur-tout les femmes, qui étoient d'une jolie figure & d'un air tout-à-fait agréable. On ne peut trop s'étonner de la blancheur extrême de ce peuple barbare, dans un climat où l'air, le soleil & le froid auxquels les naturels sont sans cesse exposés devroient les hâler & les noircir. Ces femmes sauvages effaceroient nos beautés Espagnoles si elles étoient parées & façonnées par le commerce du monde. Elles sont vêtues de la ceinture en bas de fines nattes de palmier bien tissues, & d'un petit manteau de même sur les épaules. Elles nous jettèrent d'abord un coup d'œil doux & soumis; puis vinrent nous embrasser avec les plus grandes marques d'amitié. Nos gens furent bien satisfaits de voir les choses tourner ainsi à la paix. L'insulaire qui les guidoit les mena près d'une source d'eau douce dont le filet étoit si petit, qu'il n'auroit pû suffire aux besoins de l'escadre. On envoya dire toutes ces nouvelles au commandant qui de son côté dépêcha un messager pour les aprendre à la troupe restée sur le rivage, & aux gens des navires. Cet homme repassant dans l'habitation sans autre arme que son épée nue à la main, fut attaqué par une dizaine de barbares, qui fondirent en troupe sur lui, armés de bâtons pointus, & de pieux brulés. Un d'entr'eux lui porta un coup de demi pique qu'il para de son épée. Mais il ne put s'en venger, ayant trop de gens sur ses bras. Les cris qu'il faisoit attirèrent bientôt les Espagnols de toutes parts, assez à tems pour lui sauver la vie, mais non pas pour l'empêcher d'être bien blessé au bras & à la tête. Une décharge faite sur ces barbares en tua quatre ou cinq, & en blessa d'autres. Parmi ceux qui périrent en cette occasion, on fut dans la plus grande surprise d'en voir un qui nud & mal armé défendit long-tems sa vie contre vingt soldats Espagnols armés d'épées & de rondaches; faisant le moulinet avec un gros bâton, d'une telle force qu'aucun des nôtres n'osoit l'aprocher. Il donnoit des coups furieux, & blessoit nos gens malgré leurs boucliers. Enfin épuisé de fatigue, accablé par le nombre, percé de coups, il ne cessa de se deffendre qu'en tombant roide mort, mordant la terre de rage, & laissant les nôtres dans l'admiration de sa valeur & dans le regret d'avoir ôté la vie à un homme qui avoit si bien sçû la deffendre.

Nous nous remimes à la poursuite du reste de la troupe Indienne. Tous avoient pris la fuite au loin. On ne vit plus qu'un vieux & une vieille, probablement le mari & la femme, qui se sauvoient le plus à la hâte que leur âge pouvoit le permettre. L'homme se voyant prêt d'être atteint par les nôtres, fit signe de le quitter & de se jetter à l'écart dans une broussaille voisine; l'homme fut pris. On l'emmenoit dans l'esperance de tirer de lui quelque connoissance sur le pays, lorsque la femme revint d'elle-même se mettre entre nos mains, disant à son mari, à ce que nous pûmes présumer, qu'elle aimoit mieux mourir avec lui, que de se sauver seule. On les conduisit tous deux aux chaloupes.

Le danger fut plus grand que jamais en quittant la côte, tant la lame étoit terrible sur les écueils. Les coups de mer pensèrent nous faire périr cent fois. Il fallut laisser à terre les jolies nattes, les noix de cocos & les autres rafraîchissemens que l'on devoit porter à la flotte, trop heureux de pouvoir sauver les armes & d'arriver aux navires bien tristes, mouillés de la tête aux pieds, meurtris par les brisans, mais assez contens de n'avoir eu personne de tué ni de noyé. Cette isle que nous nommâmes de *la belle nation* court nord & sud & peut avoir six lieues de tour. (*lat.* 13. *long.* 258.)

Isle sainte Croix.

Nous fimes voile vers l'isle sainte Croix que notre capitaine dans un précédent voyage avoit trouvée commode & fertile; bien que par un mal-entendu, il fut arrivé une querelle entre les insulaires & les Espagnols, où quelques hommes perdirent la vie de part & d'autre. La

Eclipse.

nuit du jeudy saint 22 mars 1606. il y eut une éclipse de lune

lune totale. Nous courûmes jusqu'au 7 avril laissant des terres à basbord & à stribord, autant que nous en pûmes juger par la quantité d'oiseaux & de rochers de pierre-ponces que nous appercevions. L'après midi le grand navire vit à l'ouest-nord-ouest une terre noire & brulée comme un volcan. On mit en panne durant la nuit, de crainte des basses. En s'avançant le lendemain matin vers la terre, on trouva 12 ou 15 brasses de fond pendant deux heures de route; puis une mer sans fond. Il fallut encore différer au lendemain 9. Torrez s'avança dans le petit vaisseau longeant la bande du sud-ouest dans un canal entre deux petites isles, où il apperçut non loin du rivage diverses cabannes parmi les arbres. On mouilla sur 25 brasses entre la grande isle & les deux islotes. Les barques allèrent à terre, d'où elles rapportèrent aux navires quelqu'eau douce, des patates, des cocos, des palmettes, des cannes douces & autres racines pour montre des productions du pays. On prit là-dessus le parti d'envoyer 50 ou 60 hommes traiter avec les insulaires. Les nôtres peu après leur départ découvrirent au milieu d'un islot entouré de chaussées un monticule de pierres vives, qui paroissoit fait à main d'hommes, au-dessus duquel il y avoit une soixantaine de cabanes couvertes de palmiers, & garnies de nattes en-dedans. Nous apprimes depuis que c'étoit une forteresse où les insulaires se retirent quand ils sont attaqués par leurs voisins, qu'ils attaquent souvent eux-mêmes, ayant de grandes & bonnes pirogues avec lesquelles ils font canal en toute sûreté. Nos gens prirent terre & commençoient à marcher vers ce lieu, lorsqu'ils apperçurent près de la côte quelques-unes de ces pirogues pleines d'Indiens. Ils appre-

Débarquement à l'isle Taumago.

Citadelle des Insulaires.

tèrent aussi-tôt leurs armes à feu, & se mirent sur la défensive, mais ce n'étoit pas le cas. Les insulaires avoient autant d'envie que nous d'avoir la paix : ils se mirent dans l'eau jusqu'à la ceinture, pour gagner plus promptement la terre, & vinrent de notre côté en nous saluant d'un air joyeux, & marchant vers l'habitation comme pour nous y guider; ayant à leur tête leur capitaine qui portoit un arc au lieu de bâton. La vûe de tant de gens robustes continuoit cependant à nous tenir en crainte. Nous nous raprochâmes du rivage, de peur sur-tout qu'ils ne vinssent à submerger notre canot, si nous nous en éloignions. Nous fîmes des signaux pour avoir du renfort à la barque de la capitane, & même à nos vaisseaux mouillés à portée de la vûe ; & quand nous nous vîmes en force, nous commençâmes à marcher vers l'habitation. Tous ces mouvemens de notre part avoient fait disparoître les Indiens. Nous marchâmes en bon ordre avec de grandes précautions, regardant de tous côtés s'il n'y avoit point d'embuscade auprès des cabanes, mais n'y trouvant pas une ame vivante, il fallut regagner le rivage, où nous élevâmes en l'air un linge blanc en signe de paix. Les Indiens revinrent alors à nous d'un air de gayeté. Leur chef tenoit en main un rameau de palmes qu'il offrit à Paz de Torres en l'embrassant. Ses compagnons en firent de même, & les nôtres ne se sentoient pas de joye de se voir si bien reçûs dans un pays, où l'on trouvoit de l'eau & du bois dont l'équipage avoit tant de besoin. Deux vieillards survenus dans ces entrefaites, posèrent leurs armes à terre sur le bord de la rivière, & nous saluèrent d'une manière soumise. Nous comprîmes par les gestes des insulaires, que l'un des deux étoit le pere ou l'oncle de leur chef, nommé *Taliquen*. Nous nous arrêtâmes ensemble sur une petite esplanade au-devant de la forteresse. Si les insulaires étoient dans l'admiration de nos armes & de nos vêtemens, nous n'y étions pas moins de les voir si bien bâtis, si agiles, si robustes.

Quand nous nous vîmes bien en sûreté, & que le chef des Indiens avoit dispersé son monde de côté & d'autre, ne gardant auprès de lui que deux insulaires & un petit garçon, nous résolûmes aussi de prendre un peu de repos après tant de fatigues. On posa deux corps de garde, l'un sur la côte, l'autre dans l'habitation, & le reste de nos gens s'étant desarmés, se répandirent par la forêt, où ils cueilloient des fruits, tandis que les sauvages amenoient dans leurs pirogues du bois & de l'eau pour l'escadre. C'étoit le jour de pâques fleuries (*), on célébra la messe dans une cabane, où la plûpart des gens de l'équipage firent leurs devotions. Nous restâmes ici sept jours. Le besoin qu'on avoit pour le reste de la route de quelques insulaires qui connussent les parages, & entendissent la langue, nous fit prendre la résolution d'en enlever quatre en partant. Leur chef au desespoir vint lui-même au vaisseau avec son fils pour les reclamer, n'ayant rien pû obtenir, il s'en retournoit fort triste, lorsqu'il apperçût le canot dans lequel on amenoit par force ces quatre malheureux, qui, dès qu'ils virent leur chef, se mirent à faire des cris lamentables. Celui-ci déterminé à risquer sa vie pour leur liberté donnoit d'un air hardi, le signal à ses

1606.
Taliquen chef des Insulaires.

(*) Il y a quelque erreur de date : en ce cas le 8 avril étoit le dimanche car il a dit que l'éclipse de lune étoit après la pâque de quasimodo. arrivée la nuit du jeudi saint 22 mars.

pirogues ; mais le bruit d'un coup de canon sans boulet que nous tirâmes du vaisseau, les effraya tellement, que le chef faisant un geste aux captifs pour marque qu'il n'étoit pas en son pouvoir de les délivrer, s'éloigna d'eux, la larme à l'œil. Le lendemain un de ces insulaires sauta dans la mer, ceci nous obligea de veiller sur l'autre que nous avions abord : car on en avoit mis deux sur chaque vaisseau. Cependant nous ne pûmes si bien faire que celui ci ne se jettât encore à la mer le 21 avril, comme nous étions à vûe d'une belle côte habitée au sud-est pleine de bois de verdure, de palmiers & de terres cultivées. C'étoit vers douze degrés de latitude (*long*. 191.) nous envoyâmes donner avis de notre perte au vaisseau amiral, ce qui n'empêcha pas qu'un de leurs prisonniers n'en fît autant ; & si le quatriéme ne suivit pas le même exemple, c'est qu'il étoit leur esclave, & qu'il se trouvoit mieux traité parmi nous, qu'il ne l'avoit été chez les maîtres de l'isle *Taumago* (*).

Torres n'ayant pas besoin de rafraîchissemens, ne s'arrêta pas sur cette côte. Il y alla seulement un moment parler aux naturels qui lui firent présent de quelques noix de cocos, & d'une mante de tissu de palmettes. Ils lui donnerent signe, qu'il y avoit dans ce parrage de grandes terres habitées par un peuple plus blanc que celui que nous venions de quitter. Nous navigeames faisant route au sud par des vents assez variables jusqu'au 25 avril que nous vimes par proue à 14°. 30′ (longit. 188.) une longue & haute côte que nous appellames *Nuestra señora de luze* (Notre-Dame de lumiere) puis un autre à l'ouest, puis une autre au sud est, garnie de hautes montagnes

(*) On place cette isle *Taumago*, lat. 13°. long. 201°.

dont on ne voyoit pas le bout. La côte étoit mauvaise, escarpée, pleine de grosses sources d'eau qui se précipitoient en ravines dans la mer. Nous discernâmes en approchant des jardins ou enclos semés, & des habitans qui crioient de notre côté en nous montrant des rameaux de palmiers. Les insulaires continuant de faire des signaux de paix par des fumées sur les montagnes, & s'approchans de nous sans armes dans leurs bateaux, on envoya vers eux un officier avec 20 soldats armés de rondaches & de mousquets. Ils entrèrent dans une grosse rivière qui couloit entre de belles roches vives, & dont la source paroissoit venir des montagnes voisines. Nos gens virent sur la plage une quantité de cochons semblables à ceux d'Espagne, & grand nombre d'habitans de trois couleurs; les uns tout noirs, les autres fort blancs à cheveux & barbe rouge, les autres mulâtres, ce qui les étonna fort, & leur parut un indice de la grande étendue que cette contrée devoit avoir. Ils furent encore plus étonnés sur ces entrefaites de voir, au milieu des signes de paix qu'on leur faisoit du rivage, un Indien sortir de derrière un rocher, se jetter dans la mer avec impétuosité, & nager jusqu'à la chaloupe où l'on se jetta sur lui, & on le prit prisonnier dans la crainte que son intention ne fut de faire du mal à quelqu'un des nôtres: car il étoit brave & robuste; ses gestes des bras, & ses contorsions du visage ne promettoient rien de bon. Il avoit des bracelets de dents de sanglier, raison pour laquelle on jugea que c'étoit un cacique; & nous sûmes depuis que nous ne nous étions pas trompés. D'un autre côté les gens de l'esquif avoient engagé par leurs caresses un Indien des pirogues à venir avec eux au navire où l'on vouloit le régaler, &

1606.

Description du pays.

Nations de trois couleurs.

Ss iij †

lui faire des préfens afin qu'il nous servît d'entremetteur pour traiter avec ses compatriotes. On lui mit un fer au pied, de peur qu'il ne se sauvât, mais il rompit un chaînon avec ses mains sans qu'on s'en apperçut, & sauta dans l'eau avec le cadenat & le reste de la chaîne pendue à son pied, nageant d'une grande vitesse du côté de la rive. Nos gens voyant que ce seroit tems perdu que de courir après lui dans l'obscurité de la nuit, poursuivirent leur chemin. Cependant on avoit amené l'autre Indien au capitaine qui fit de son mieux pour le rassurer, & après l'avoir fait bien habiller donna ordre qu'on le ramenât le lendemain matin vers les siens. On le tenoit néanmoins toujours aux ceps, de crainte qu'il ne s'échapât. Ceux de la proue en faisant voile par un fort petit vent, entendirent une voix dans la mer : on y courut. C'étoit l'Indien qui avoit rompu sa chaîne, & qui dans l'impossibilité de gagner la terre, accablé de lassitude, crioit au secours, aimant encore mieux tomber entre les mains de ses ennemis que de se noyer. On le tira de l'eau ; & on lui ôta la chaîne du pied ; on lui montra son compagnon pour le consoler. On leur donna à manger, & on les laissa ensemble le reste de la nuit. Le matin notre capitaine donna ordre qu'on leur taillât la barbe & les cheveux ; les fit habiller de taffetas rouge, & leur remit plusieurs pièces de même étoffe pour échanger contre des vivres : après quoi les ayant embrassé fort cordialement, il les fit reconduire chez eux. Le cacique en reconnoissance du bon traitement qu'il avoit reçu donna à nos gens des cochons, des plantains, des figues d'une espèce bien différente de celle des Indes. Celles-ci sont de belle couleur & d'une odeur agréable. Il leur donna aussi des patates & des racines d'ignames dont les nationaux font leur nourriture habituelle.

1606.

Ces bonnes gens ne nous virent pas partir fans regret. Nous continuames à courir le long de la côte dans la chaloupe à la vue d'une autre nation nombreuse, de haute taille, plus grifâtre que la précédente. Ces gens nous parurent être des ruftres de baffe condition. Peu après qu'ils nous eurent fait des fignes d'amitié, nous vimes leurs femmes fuir vers un bois, & auffi-tôt ils nous décochèrent une grêle de fléches dont un de nos Efpagnols fut légerement bleffé au vifage. Notre moufqueterie les fit repentir de leur malice; après quoi la nuit s'approchant, la chaloupe revint à la flotte raconter ce qui s'étoit paffé.

Autre station.

L'envie de connoître cette grande terre qu'on voyoit au fud-eft nous fit lever l'ancre. Ceux qu'on y envoya le 30 avril raportèrent qu'ils avoient trouvé une bonne baye, large, bien à l'abri, bon mouillage fur trente braffes: que la côte s'étendoit fort au loin en retour déclinant au fud fud-oueft; qu'on leur avoit fait des fignaux par des feux allumés fur les montagnes; que les peuples de cette côte étoient de haute ftature; qu'ils les avoient abordés dans une pirogue avec des marques d'amitié, quoique feintes comme nous l'éprouvâmes enfuite, & leur avoient fait préfent d'une belle aigrette de plumes de heron. Le raport combla de joye l'équipage qui fe voyoit parvenu au but de fes defirs par la découverte d'une grande terre & d'un bon port. L'efcadre entra le premier de mai dans la baye qu'elle nomma du nom de la fête *S. Jacques & S. Philippe*. L'ouverture d'environ huit lieues de large, court

B. S. Jacques & S. Philippe.

nord & sud la bande de l'est peut en avoir douze & celle de l'ouest quinze. (lat. 15. 40. long. 187.) Le 3 mai nous mouillames dans un bon port à l'embouchure de deux rivières, fond de sable net depuis quarante jusqu'à six brasses. Les Indiens qui nous entouroient dans leurs canots nous faisoient signe d'entrer plus avant. Mais nous ne jugeames pas à propos de le faire. C'étoit le jour de l'Invention de la Sainte Croix. Nous nommâmes le port *Vera Cruz* : tout le continent, *terre australe du S. Esprit* : & les deux rivières l'une *Jourdain*, & l'autre *S. Sauveur*. Les bords de ces deux rivières sont d'une beauté enchantée, garnis de fleurs & de verdure. La plage y est large & plaine, si bien à l'abri, que quelque vent qui souffle dans la baye, la mer reste calme & tranquille dans le retour ; le rivage jusqu'à la pente des montagnes est couvert d'arbres ; les montagnes aussi vertes que la plaine, sont séparées par de larges vallons, plats, fertiles, arrosés de rivières ; en un mot il n'y a point de contrée si belle en Amérique, & bien peu qui l'égalent en Europe. La terre y produit en abondance & presque sans culture des fruits de bon goût, des patates, des ignames, des papas, des plantains, des oranges, des limes, des amandes, des *obos* & divers autres fruits fort savoureux que nous ne connoissions pas. On y trouve de l'aloës (*), des noix muscades, de l'ébène, des poules, des cochons, & plus avant dans le pays, selon qu'on nous le fit entendre par signes, du gros bétail, des oiseaux qui chantent à merveille, des ramiers, des perdrix, des perroquets, des abeilles. Les habitans sont noirs, ils demeurent dans des cabannes basses couvertes de paille, le pays

P. Vera-Cruz.

R. Jourdain.

R. S. Sauveur.

Terroir de la Terre australe, & ses productions.

(*) Ou du guayac, aluahaca.

est

est sujet aux tremblemens de terre, signe d'un continent d'assez grande étendue.

Ces gens ci parurent assez mécontens de notre arrivée. Quand nous eûmes mis pied à terre, leur chef vint à nous avec sa troupe, & nous présenta quelques fruits en nous faisant signe de nous en aller; comme nous n'en tenions compte, le chef traça une raye sur la poussiere en nous faisant signe de ne pas la passer. A peine Torres se fut avancé au-delà qu'ils nous decochèrent quelques flèches, ce qui nous obligea de faire feu sur eux & d'en tuer quelques uns, du nombre desquels fut leur chef; les autres s'enfuirent vers les montagnes. Une seconde troupe des nôtres étoit allée d'un autre côté chercher des vivres, & tâcher de faire alliance avec les nationaux; mais ils sont d'un si mauvais caractère, qu'il n'y eut pas moyen d'entrer en conférence. Ils se mettoient toujours aux aguets sur notre passage: quoiqu'avec peu de succès: car les branches rompoient le coup de leurs flèches, au lieu qu'elles les paroient mal de nos balles de mousquets. Nous passâmes quelques jours en ce lieu à nous récréer, & à nous reposer des fatigues passées. On célébra le service divin dans une cabane de verdure précédée d'une belle allée d'arbres. On y fit la procession de la fête-Dieu. On éleva une croix. On prit possession du pays au nom du roi Philippe III. Une troupe des nôtres étant un jour allé chercher des fruits, découvrit du haut d'une montagne un beau vallon qu'elle traversa; puis du sommet d'une autre montagne à deux lieues du rivage, elle ouit un bruit de tambours qui lui donna la curiosité de l'approcher en grand silence. Les Espagnols arrivèrent à une habitation où les sauvages passoient nonobstant le tems à danser. Dès qu'ils se virent surpris, ils prirent la fuite vers la montagne, abandonnant leurs femmes & leurs enfans: mais on eut bientôt lieu de juger qu'ils ne s'étoient ainsi sauvés que pour avoir été surpris sans armes. Nos gens restés maîtres de l'habitation, entrèrent dans une cabane, d'où ils enlevèrent trois enfans & quatorze cochons, & s'en revinrent au plus vite de notre côté avant le retour des Indiens, étant loin de tout secours & accablés de lassitude. Ils repassoient dans le vallon, lorsqu'ils entendirent de nouveau les cris des barbares accompagnés du bruit de leurs tambours faits d'un tronc de bois creux. Nos gens prêts d'être assaillis, coururent de toute leur force jusqu'à la pente de la montagne, dont ils gagnèrent le sommet le plus vite qu'il leur fut possible, chargés comme ils étoient. La nécessité de reprendre haleine les obligea de s'y arrêter. Les barbares approchèrent, & faisant leurs cris ordinaires, lancèrent aux nôtres une grêle de flèches, qui par bonheur n'atteignirent personne. On leur répondit à coups de mousquets, qui en blessèrent quelques-uns & firent reculer leur troupe: mais elle ne tarda pas à revenir à la charge, poursuivant les nôtres à la descente jusqu'auprès du rivage; de sorte qu'ils étoient obligés de faire ferme de tems en tems pour recharger leurs mousquets & faire feu. Malgré ceci, la crainte de nos armes ne faisoit pas quitter prise aux barbares, qui, lorsqu'ils n'eurent plus de flèches, se campèrent sur des pointes de rochers, d'où ils nous lançoient du haut en bas de grosses pierres. Un de nos Espagnols en eut le bras cassé. Ils n'eurent pas d'autre mal dans cette retraite dangereuse, qu'ils exécutèrent avec une bravoure extrême, sans abandonner leur proye. Quand les Indiens ouïrent tirer le canon des vaisseaux, & virent qu'on couroit de toutes parts au secours des nôtres, ils abandonnèrent pour le coup la partie en fuyant vers la montagne.

Après quelque séjour en cette baye, les vaisseaux levèrent l'ancre, & nous en sortîmes: mais il y fallut bientôt rentrer. Nos gens tombèrent tout d'un coup malades en si grand nombre qu'il ne restoit plus personne en état de faire la manœuvre. On ne pouvoit attribuer cet accident à la nature même du poisson dont nous avions mangé en quantité durant notre séjour dans la baye : mais on soupçonna que le dernier qu'on avoit pêché pouvoit avoir avalé quelque poison, ou avoir été habillé & coupé en morceaux sur des herbes vénimeuses. En peu de tems les deux vaisseaux devinrent semblables à l'hôpital d'une ville pestiférée. Nos gens furent si malades que pas un d'eux ne crut en revenir : cependant nos chirurgiens quoique malades eux-mêmes, servirent les autres avec tant de zèle & d'habilité que les effets de cet accident furent bientôt passés, sans que personne en mourut. Durant ce second séjour, on fit aussi quelques descentes à terre ; & l'on relâcha les enfans enlevés de l'habitation, dans l'espérance qu'ils seroient les instrumens d'un traité de paix entre les naturels & nous: mais ceci n'ayant aucun effet, nous levâmes l'ancre une seconde fois. Le 5 juin empressés d'aller reconnoître des terres sur le vent, d'en prendre possession pour le roi, & d'y bâtir une ville, comme nous avions fait dans la baye, où nous en fondâmes une qu'on nomma *Jérusalem la neuve*, dans laquelle on établit des alcades, des corrégidors & autres

1606.

Jérusalem la neuve, ville bâtie

officiers du roi, (*) nous trouvâmes au large le vent contraire & la mer si agitée, que la proue des navires étoit quelquefois sous l'eau. On fut forcé de regagner la baye. Les deux vaisseaux & le petit bâtiment la coururent ensemble pendant deux jours non sans risque. Le 3ᵉ deux des trois gagnèrent la rivière, & se mouillèrent dans un bon abri, plus avancé que celui où nous avions fait notre premier débarquement. Mais la capitane n'en pût jamais venir à bout & courut tant de risque dans la baye, qu'elle fut forcée d'en sortir pour prendre le large, où elle dériva si bien, qu'elle ne pût jamais regagner la bouque. La saison s'avançoit & les vents d'aval régnoient depuis le mois d'avril. Le capitaine & les pilotes furent donc d'avis de faire route & d'aller par la hauteur de 10 degrés chercher l'isle *sainte Croix*, où étoit le rendez-vous des vaisseaux en cas de séparation. Le navire apperçut peu après une voile à laquelle on donna la chasse ; mais on la laissa quand on eut reconnu que c'étoit un bâtiment de ces Indiens des isles voisines. Nous cherchâmes l'isle sainte Croix vers 10°. 20′. sans la trouver, il y a grande apparence que nous laissâmes les terres sous le vent, & que nous avions beaucoup dérivé en sortant de la baye *S. Philippe*. En cette occurence le capitaine assembla tout le monde pour donner son avis sur ce qu'il falloit faire. Nous étions tous fort tristes. Il nous restoit de côté & d'autre un long trajet de mer, & un vaisseau fort peu en état de la faire, soit qu'on voulut aller à la Chine ou au Mexique. On se détermina pour le Mexi-

*1606.
par les Espagnols.*

(*) Les fonctions de ces officiers n'ont pas été de longue durée, non plus que la ville même où ils les exer- çoient. Ceci peut bien passer pour une rodomontade espagnole.

que. C'étoit tout au contraire de notre premier projet: mais dans l'incertitude, si les deux autres vaisseaux regagneroit jamais les pays de la domination d'Espagne, on ne voulut pas risquer de perdre toutes les nouvelles connoissances que nous venions d'acquérir en ce voyage. Je n'entrerai pas dans le détail de ce que les calmes, les vents, les chaleurs & la disette d'eau nous firent souffrir dans le trajet jusqu'au 3 octobre, où nous vîmes les côtes de la Californie. Nous eûmes pendant 14 jours de suite la vûe de cette terre sans pouvoir y toucher. Il arriva ici une chose fort extraordinaire: un des matelots, italien de naissance, jeune homme fort vigoureux, se jetta dans la mer. Nous sçûmes peu après qu'il avoit rempli d'une quantité de vivres suffisante pour gagner la terre éloignée d'environ 4 lieues, deux bouteilles bien bouchées de cire, & amarées à une large planche, sur laquelle il espéroit se tenir assis & gagner rivage. Nous restâmes étonnés d'une résolution si déterminée, laissant à Dieu à juger de son intention qui nous est inconnue: car il pouvoit attendre 3 ou 4 jours que nous fussions arrivés vers une côte habitée par des chrétiens; au lieu que celle où nous étions pour lors, n'étoit peuplée que de sauvages idolâtres. Au sortir d'ici le vaisseau fut assailli d'une terrible tempête, qui après avoir cent fois mis l'équipage au dernier moment de sa vie, nous jetta enfin à Zalagua, près du port de la Nativité au Mexique, où nous attendîmes le moment de faire voile pour Acapulco.

Retour en Mexique.

1606. *Extrait du Mémoire présenté au roi d'Espagne par Ferdinand de Quiros.*

Description de la Terre australe du S. Esprit.

SIRE, la grandeur des terres nouvellement découvertes, autant que j'en puis juger par mes propres yeux, égale celle de l'Europe entière & de l'Asie mineure jusqu'à la mer caspienne. Elles font une cinquième partie du globe terrestre, étendues fous les zones torride & tempérées dans les latitudes correspondantes à l'Europe & aux meilleures contrées de l'Afrique & de l'Asie, auxquelles elles font en quelque manière antipodes. La contrée que nous avons le mieux parcourue fous le quinzième parallèle, est préférable à l'Europe, par où l'on peut juger des autres.

Habitans.

Toute cette partie du monde est extrêmement peuplée d'hommes de diverses couleurs, blancs, noirs, olivâtres ou de couleurs mélangées, il y en a de rougeâtres, peut-être pour avoir été brûlés de l'ardeur du soleil. Les uns ont les cheveux noirs, longs & épars; d'autres les ont épais & crépus; d'autres aussi les ont jaunes & luisans : ce qui peut être un indice qu'il y a eu parmi eux du mélange dans les espèces. Ils ignorent les arts, n'ont ni villes, ni forteresses, ni loix, ni souverains. Dans cet état de pure nature, ils font souvent divisés entr'eux par de fréquentes querelles. Leurs armes font l'arc & des flèches sans venin, des bâtons, des lances & des zagayes de bois. Ils ne les quittent pas même en navigeant dans leurs canots, d'où l'on peut conjecturer qu'ils font ordinairement en guerre avec leurs voisins. Ils ne se couvrent le corps que de la ceinture au milieu des cuisses; du reste ils ont assez de soin de se tenir propres; ils font gais,

Leurs mœurs.

accessibles & fort reconnoissans des marques d'amitié 1606.
qu'on leur donne. J'en ai plus d'une fois fait l'épreuve,
& j'ai reconnu que lorsqu'on en usoit bien avec eux, on
les trouvoit doux & traitables. On trouve parmi eux
quelques sortes d'instrumens de musique. Ils aiment la
danse, & leur humeur paroit portée à la joye & aux di-
vertissemens. Ils ont des barques assez bien construites,
dont ils se servent pour aller d'une isle à l'autre. Quelques-uns ont des voiles d'un fil assez semblable au
chanvre mieux fabriquées que celle des Indes & de Java.
Ils habitent des maisons de bois couvertes de feuilles de
palmite. Ils ont des cimetières & des oratoires pour leur
culte d'idolâtrie, auquel ils paroissent fort adonnés, des
jardins potagers divisés en planches & assez bien culti-
vés. Ils savent polir le marbre, fabriquer des pots de
terre, des cuillères de bois & des tissus d'écorce. Ils sont
ainsi que nous, dans l'usage de châtrer les porcs & la vo-
laille. La nacre est de toutes les matieres la plus utile
pour eux. Ils en font des couteaux, des ciseaux, des
scies, des coutres de charues & autres ustenciles, quant
aux perles, ils les portent en colliers autour du col. Leur Leur nour-
pain se fait, sans aucun travail, de trois espèces de raci- riture.
nes que l'on ne fait que rôtir au feu, & qui sont un ali-
ment solide & d'assez bon goût. Il y a de ces racines longues de plus d'une coudée & grosses environ de la moitié. On trouve dans le pays des plantains & des aman-
diers de plusieurs espèces, des arbres qu'ils nomment
obis, dont le fruit ressemble au coin, des noyers,
des citronniers, de l'ébenne, & autres grands bois
de construction, du miel, des cannes de sucre, des
herbes potagères, comme citrouilles, bêtes, fèves, &c.

des palmiers à dattes & à chou, propres à faire du vin ou du vinaigre ; mais surtout un grand nombre de cocotiers, dont les usages pour toutes les nécessités de la vie sont si connus qu'il n'est pas besoin de les décrire ici.

Gaudron de cocos.

Je dirai seulement que de l'huile de cocos, ils en font du beaume pour les playes ; & du gaudron qu'ils appellent *galagalaa* pour espalmer les barques independamment d'une autre résine servant aussi au même usage ; que de l'écorce ils en filent de si bonnes cordes qu'on s'en pourroit servir à traîner des pièces d'artillerie, sans parler d'une espèce de chanvre qu'ils ont assez semblable au nôtre : & que les feuilles leur sont surtout de grand usage pour couvrir les toits & garnir en dedans les murailles des cabanes. Le pays nourrit aussi du gros & menu betail, du gibier & des oiseaux domestiques à peu près comme en Europe. La mer abonde en toute sorte de poisson, tellement que les vaisseaux d'Europe trouveroient ici de quoi se rafraichir à merveille, & que toutes les productions de nos climats, qu'une colonie y voudroit cultiver, y fructifieroient fort bien selon l'apparence.

Richesses du pays.

Les richesses que j'y ai vûes, sont de l'argent & des perles. Notre commandant m'assura qu'il y avoit vu de l'or un jour que j'étois allé plus loin reconnoître le pays. Nous y avons tous deux vu des noix muscades, du mastic, du gingembre, du poivre & de la canelle. Il est à croire que le clou de gérofle n'y manque pas, puisque la région n'est pas éloignée du parallèle des Moluques. On y trouve aussi de quoi faire des étoffes de soyes. On ne peut douter qu'il n'y ait des cuirs & du suif, dès qu'il y a des vaches & des chèvres. Les essains d'abeilles que j'y ai apperçus, sont une preuve qu'il y a de la cire & du miel.

niel. Voilà ce que j'y ai vu, sans m'être beaucoup avancé dans les terres. Il n'est pas aisé de tirer des habitans quelqu'enseignement sur le surplus. Outre la difficulté de se faire entendre, ce sont des gens simples, contens du peu qu'ils ont sous leur main, qui ne songent qu'à vivre sans travail & sans aucun souci des choses pour lesquelles on se donne tant de peine parmi nous.

L'air y est salubre & tempéré, le terroir fertile & agréable, partie montueux, partie de plaine. Il y a des bonnes rivières grandes & petites sur lesquelles on peut construire des usines de toutes espèces. On trouve au bord de quelques-unes des roseaux de 5 ou 6 palmes de tour. Le marbre, la pierre à bâtir, l'argile à pétrir de la brique, le bois de charpente n'y manquent pas non plus, enfin on y trouve des salines.

La baye de *S. Jacques & S. Philippe* s'enfonce environ 20 lieues dans les terres, les bords en sont remplis d'habitations. Le port que nous avons appellé *Vera cruz* à 15°. 40' lat., & où je propose d'établir la colonie peut contenir mille vaisseaux à l'ancre sur environ dix brasses, bon fond de sable noir. Il est formé par l'embouchure de deux rivières, l'une desquelles égale le Guadalquivir, l'autre est navigable aux chaloupes & donne une aiguade. Le chant des petits oiseaux est fort agréable sur la rive, ainsi que l'odeur des fleurs, surtout celle du citronnier & du basilic. Ces rivières ne sont infestées ni de serpens ni de crocodiles. Je n'ai vû sur les terres ni fourmis, ni chenilles, ni mosquites, ni tant d'autres insectes qui désolent certaines contrées. Ce que j'ai dit sur la salubrité, je le fonde sur ce que la chair & le poisson s'y conservoit deux jours sans se corrompre, sur ce que les naturels du pays ne tiennent point leurs cabanes élevées de terre, sur des pieux comme en d'autres endroits de l'isle; sur ce que couchans souvent à terre à la belle étoile, ils ne laissent pas de parvenir en un âge avancé; sur ce qu'aucun des gens de l'équipage n'y fut malade, quoiqu'ils travaillassent beaucoup, & qu'ils bussent de l'eau fraîche à jeun & baignés de sueur, qu'ils mangeassent des fruits que la terre produit & allassent également au serein & au soleil. La chaleur n'y est pas excessive, & ils avoient besoin après minuit d'une couverture de laine à cause de la fraîcheur du matin.

J'ai donné à toute cette région le nom de *Terre Australe du S. Esprit*, & j'ai imposé divers noms à une vingtaine d'isles nouvellement découvertes, j'ai pris possession de tout ce pays au nom de Votre Majesté en faisant ériger deux colones sur lesquelles on a gravé votre devise *plus ultra*, qui convenoit si bien ici (*), on a aussi dressé une croix sur le rivage & un autel en l'honneur de Notre-Dame de Lorette, sur lequel le sacrifice de la messe a été célébré plus d'une fois.

Au surplus, Sire, je suis prêt à donner sur la carte toutes plus amples instructions en présence des Mathématiciens de Votre Majesté.

Extrait d'un autre mémoire du même Quiros.

OUTRE les pays ci-dessus mentionnés, j'ai pris terre à l'isle *Taumaco*, distante selon notre estime d'environ 1250 lieues du Mexique. J'y séjournai 10 jours. Le roi

---

(*) La devise de Philippe II. faisoit allusion au *nec plus ultra* des colonnes d'Hercule au détroit de Gibraltar.

nommé *Tamay*, fit fournir des vivres dont l'équipage avoit grand besoin, & vint sur mon bord. C'étoit un homme de haute taille, d'une corpulence robuste; le tein plus qu'olivâtre, les yeux brillans, le nez aquilain, la barbe & les cheveux crêpus: il paroissoit avoir de l'entendement & même de la ruse: en un mot c'étoit un homme présentable. Je le reçus bien, & je lui fis voir le navire avec tout son appareil. On devinoit assez à son geste & à son étonnement qu'il n'avoit jamais rien vû de pareil. Nous nous entretinmes par signes. Un sécrétaire écrivoit à mesure ses réponses autant qu'on les pouvoit deviner. Je lui demandai s'il y avoit des isles habitées autour de celles-ci, soit dans le voisinage, soit plus loin, & de quel côté. Il me répondit qu'il y en avoit en quantité, & même une grande région qu'il appelloit *Manicolo*. Il traçoit des ronds avec son doigt sur la poussière, plus ou moins grands à mesure que l'isle dont il parloit, étoit plus grande ou moindre. Pour signifier que c'étoit un grand pays, il étendoit les bras tout de leur long. Il pointoit du doigt le nord, le sud ou l'est, selon le côté où la région étoit placée. Il nous fit entendre que le pays vers le sud étoit sous sa domination. Ces peuples selon l'apparence comptent le tems par nuits: car pour marquer la distance d'un lieu à un autre, il couchoit sa tête sous son bras comme pour dormir autant de fois qu'il y avoit de journées de chemin. Divers autres signes lui servirent à nous faire entendre quels peuples étoient blancs ou noirs; quels autres étoient ses ennemis ou ses alliés. Quand ils étoient antropophages, il mordoit son bras, ce qui signifioit aussi qu'il leur vouloit du mal. Nous lui fimes si long-tems répéter ces sortes de gestes, qu'il en

1606.
Conférence avec le roi Tamay.

Grande région appellée Manicolo.

V v ij

parut fatigué, & demanda de s'en aller. Ainsi nous le congédiâmes après lui avoir fait des présens. J'allai le lendemain moi-même lui faire visite.

J'ai touché depuis à ce pays qu'il appelle *Manicolo*, (*a*) où l'on trouve des bœufs, des buffles, des chiens qui aboyent, des poules, des cochons, & des coquillages à perles. En partant, j'enlevai quatre des naturels, dont trois s'échapèrent à la nage, & le quatrième qui nous resta fut baptisé & nommé Pierre. (*b*)

Rapport d'un autre Indien.

Isle Chicayna.

Nous l'interrogeames depuis fort au long sur son pays, il nous dit que sa profession étoit de faire des tissus & des flèches, qu'il étoit né dans l'isle *Chicayna*, plus grande que *Taumaco* dont elle est éloignée de quatre journées de navigation. Selon son rapport le terroir y est très fertile & abondant en toutes sortes de fruits. Les habitans sont les uns noirs, à cheveux longs & frisés; les autres blancs, à cheveux roux & crêpus. (*c*) Il y en a de taille de géant. Le rivage y est plein de coquillages à perles de diverse grandeur, que l'on ramasse à la main dans une eau peu profonde : on jette les perles quand elles sont petites : l'on mange la chair de l'huître qu'il appelle *canose*, & de la coquille qu'il appelle *totole*, on en fait des assiettes & des cuillières. Il nous parla d'un autre coquillage nommé *taquila*, dont les perles sont grandes & belles. Il nous disoit tout ceci d'un air de vérité, & sur

Perles.

(*a*) Le mémoire ne marque le gisement d'aucun de ces pays d'une manière satisfaisante. Je l'ai marqué de la manière la plus probable, dans la relation précédente.

(*b*) La relation précédente explique que c'est à *Taumaco*, non à *Manicolo* que les quatre Indiens furent enlevés.

(*c*) Remarquez cette circonstance extraordinaire & peu vraisemblable, ainsi que celle rapportée dans la relation précédente, sur les hommes noirs à cheveux rouges.

son rapport, je n'ai pas lieu de douter qu'on ne pût faire en ces contrées un commerce de perles fort avantageux. Il nous ajouta qu'en deux jours de trajet on passoit de *Chicayna* à l'isle *Guantopo* où les hommes sont aussi blancs que ceux d'Europe, à cheveux roux ou noirs, le corps peint en rouge jusqu'à la ceinture : les femmes très-belles & vêtues de soye de la tête aux pieds : que les habitans de celle-ci parlent la même langue, & sont alliés de ceux de l'isle *Taucalo* : qu'à deux journées de *Manicolo*, & à cinq de *Taumaco* étoit l'isle *Tucopio*, grande comme celle d'Acapulco sur les côtes du Mexique, habitée par une nation nègre & de petite taille, qui a un langage particulier, & qui néanmoins est alliée de son pays natal : que cette isle a une grande baye où se jettent quatre rivières non guéables, & qu'on y trouve beaucoup de perles. Il nous racontoit à peu près la même chose des isles *Pilen*, *Pupam*, *Fonsono* & autres adjacentes. Cette dernière n'est qu'à deux ou trois journées de *Taumaco*. Les habitans sont des nègres de haute taille, qui ont aussi leur langue particulière. Il nous parla d'une grande région nommée *Pouro*, qu'il disoit n'avoir pas vû, mais avoir appris d'un marinier expert, qu'elle étoit fort peuplée : que les habitans étoient presque noirs, vigoureux, peu traitables & guerriers : que néanmoins les homicides y étoient punis de mort & pendus : qu'il avoit vû de ses propres yeux une fléche telle que les fabriquent les gens du pays, garnie d'une pointe d'argent faite en lame de couteau : ce qu'il nous assura plusieurs fois. Pour moi je n'ai nulle peine à croire que la nature produise de ce métal en ces contrées ; car j'ai trouvé dans le golfe S. Jacques & S. Philippe, des pier-

1606.

Isle Guantopo.

Isle Taucalo.
Isle Tucopio.

Isles Pilen, Pupam, Fonsono.

Pouro, région.

342 HISTOIRE DES NAVIGATIONS

res qui reſſembloient fort à de la marcaſſite d'argent.

1606.
Marcaſſite d'argent.
Croyance de cet inſulaire.

Cet indien *Pierre* nous racontoit encore que dans ſon pays le démon qu'il appelloit *Terva*, & dont il ne parloit qu'avec un grand air de frayeur, apparoiſſoit aux gens pendant la nuit, ou converſoit avec eux, quoiqu'inviſible, durant le jour : que lorſqu'on vouloit en approcher, on ne trouvoit qu'un air impalpable : qu'il avoit prédit l'arrivée d'une nation éloignée, laquelle chercheroit à ſe rendre maîtreſſe de la vie & des biens des inſulaires. Mais depuis que notre ſauvage eut reçu le baptême, il fut peu à peu délivré de ces preſtiges. Il montroit un grand déſir de retourner vers ſes compatriotes pour leur faire embraſſer la foi chrétienne, & leur apprendre comment il avoit été bien traité par les Eſpagnols ; mais il mourut jeune à Mexico âgé de vingt-ſix ans.

* * * * * * * * *

Terminons cet article par une note d'Hackluyt. » Un » nommé Simon Fernand, pilote portugais m'a dit à » moi, Richard Hackluyt, ce jourd'hui 15 mars 1604, » que tandis qu'il étoit à Lima vers l'an 1606, on avoit » fait partir une flotte pour les Philippines, commandée » par un meſtif, fils d'un Eſpagnol & d'une Indienne : » qu'un vent de nord avoit jetté les vaiſſeaux bien loin » au ſud de la ligne où ils avoient découvert des iſles » non moins belles que les *iſles Salomon*. On nomma le » lieu principal *Monte di Plata*, (mont d'argent,) à » cauſe qu'on y trouve beaucoup de ce métal. Les Eſ-
» pagnols virent deux couronnes de ce métal qui va-
» loient un grand prix. Ils dirent auſſi qu'ils avoient vû » un petit monceau de poudre d'argent, d'environ deux

Iſle Monte di Plata, riche en argent.

« poignées. Les habitans prisent beaucoup le fer, & l'é-
» changeoient poids pour poids pour de l'argent. *Luis de*
» *Tribaldo*, gentilhomme de l'ambassadeur d'Espagne en
» Angleterre, m'a dit aussi qu'il avoit vû à Madrid un
» officier de marine qui demandoit la permission de faire
» la conquête de ces pays, & qui, à ce qu'il croit, l'a-
voit obtenue. «

XXIII.
GEORGE SPILBERG,
En Magellanique.

Son journal écrit en hollandois par *Jean Cornelits de Maye*, est imprimé en latin dans les grands voyages de Th. de Bry; en anglois dans Purchas, tom. I. liv. 2. chap. 6; en françois dans le VIII. tom. du recueil de la compagnie des Indes. *Rouen*. 1725. *in* 12.

Georges *Spilberg*, déja célèbre pour avoir conduit aux Indes orientales une flotte hollandoise en qualité d'amiral, fit voile de Zélande le 8 août 1614 avec six navires de la compagnie des Indes chargés pour les Moluques; donnant rendez-vous à ses vaisseaux, en cas de dispersion, dans la baye de *Cordes* du détroit de Magellan, ou dans l'isle *Mocha* de la mer pacifique.

Il entra le septième mars 1615 dans la rivière *Gallego*, puis le 25 dans le détroit près du *cap Vierge*; où il voulut inutilement mouiller, le fond étant si mol que les ancres n'y pouvoient mordre. Ses équipages n'avoient nulle envie de suivre cette route pour aller aux Indes, & lui proposèrent d'un ton de mutinerie de reprendre celle du cap de Bonne-Espérance; mais l'amiral tint ferme à suivre ses ordres, sur quoi l'un des petits vaisseaux se

1606.

1614.
Départ de Zélande.

Rivière Gallego. Cap Vierge.

1615.

Terre de Feu. Ses habitans.

révolta & s'enfuit secrètement. Il en avoit perdu un autre près du Rio de la Plata : si bien que son escadre se trouvoit réduite à quatre. On vit sur la terre de *Feu* un homme de très-grande taille, qui se montra plusieurs fois, montant quelquefois sur une colline ou sur une petite montagne pour nous voir. Proche du pas ou détroit, cette terre est un lieu fort sec, où il y a des dunes semblables à celles de Zélande. Sur la côte septentrionale, on n'apperçut point d'hommes, mais seulement deux autruches courant plus vîte qu'un cheval à la course, sur le bord d'une grande & large rivière bordée d'arbrisseaux portant des grains noirs de bon gout.

Autruches.

Cap de Viane. Sépultures des sauvages.

L'endroit fut alors nommé *cap de Viane*. Nous vîmes aux isles *Pingouins* deux corps morts enterrés sans doute à la manière de ce pays-là, n'ayant qu'un peu de terre sur eux & des flèches & des arcs tout autour. On les découvrit un peu, & on les vit ensevelis dans des peaux de pingouins : l'un étoit de la taille ordinaire d'un homme, & l'autre n'avoit pas plus de deux pieds & demi de long. Ils avoient au cou de petits colliers artistement faits de coquilles de limaçons, aussi lustrées que des perles. On remit ensuite sur eux toute la terre qu'on en avoit ôtée. Nous ne trouvâmes rien dans ces isles qui fut bon à manger ; le terrain en étant si infertile qu'il n'y croit qu'un peu d'herbe, que les pinguins mangent, à peu près comme il en croit sur les dunes en Hollande, où elle est aussi mangée par les lapins. Près des ruines de *Philippeville* le terrain étoit tout semé d'arbres, & fort uni en quelques endroits, avec des apparences que les Espagnols l'avoient autrefois cultivé. On ne trouvoit point de fond qu'on ne fut tout proche de terre. Vers le soir nous

Isles Pinguins du détroit.

Terroir de Philippeville.

nous remouillâmes sur trente brasses, si près du rivage qu'un coup de mousquet y auroit porté. Nous fûmes surpris de voir sur la côte méridionale à 54 degrés de beaux arbres, & des bois entiers bien verds, avec quantité de perroquets. Nous ne le fûmes pas moins de voir un passage par lequel on découvroit la pleine mer, & si le yacht eut été avec nous, l'amiral l'y auroit envoyé; car il croyoit que par-là on iroit bientôt dans la mer du Chili: mais le yacht s'étant écarté au premier pas du détroit, ce dessein ne put être exécuté. Enfin le 16 avril sur le soir notre navire entra dans la baye de *Cordes* où les autres vaisseaux étoient arrivés le même jour. C'est une grace de Dieu bien particulière que de si gros bâtimens contrariés par les vents, par les courans, les ras de marée, les passages si étroits, & par tant d'autres obstacles qu'on ne manque pas de trouver dans cette traversée, se soient ainsi rencontrés ensemble à point nommé au lieu du rendez-vous.

Un des capitaines nous conta qu'il avoit vû sur ce rivage plusieurs Indiens avec leurs femmes & leurs enfans, qui lui avoient parlé avec douceur, leur ayant fait présent de couteaux & d'autres merceries, & donné du vin d'Espagne, dont on pouvoit comprendre à leurs gestes qu'ils étoient contens. En récompense ils avoient donné à nos gens certaines perles faites de coquilles avec assez d'adresse & enfilées ensemble: mais ils ne revinrent plus pendant que nous fûmes mouillés là. Nous crûmes que c'étoit parce qu'ils avoient eu de la frayeur d'entendre tirer, ainsi qu'on faisoit tous les jours en allant à la chasse.

Les équipages eurent ici quantité de moules fort bonnes; une autre forte de coquillage à peu près du goût des huîtres, mais meilleure; du creffon; du perfil de Macédoine, & des grains rouges d'arbriffeaux. Sur le rivage oppofé quantité de gens avoient allumé un feu. Ils avoient des canots, l'un defquels s'avança vers nous faifant figne avec une pagaye: mais il n'ofa venir à bord.

Plus avant, l'amiral du haut d'une montagne revit diftinctement que l'ouverture qu'il avoit déja vue, étoit un vrai paffage pour aller dans la mer du fud. (*) Nous l'aurions pris fi nos inftructions n'avoient porté de fuivre le détroit de Magellan fans tenter d'autres paffages: car plufieurs marins tenoient déja cette opinion qu'il y a dans le détroit une ouverture allant droit au fud, par où l'on fe met promptement au large, & l'on gagne bientôt la mer du Chili. Nous perdîmes près d'ici deux hommes que les fauvages affommèrent à coups de maffues, lorfqu'ils étoient allé chaffer de très-beaux oifeaux de terre.

Sortie du détroit.

Le 6 mai nous vîmes le cap du fud fort reconnoiffable par fa hauteur en écore, & par quelques pointes qui font comme de petites tours. Ainfi nous débouquâmes le long de la côte méridionale, y ayant plufieurs dangereux écueils, & de petites ifles le long de la côte feptentrionale, & nous paffâmes dans la mer du fud. Nos vaiffeaux fe trouvèrent en grand péril à caufe de certaines ifles que nous nommâmes *Sorlingues*, parce qu'elles font au bout du canal, comme les vraies *Sorlingues* font au bout du canal de la manche. La fortie de ce canal eft affurément bien dangereufe par la quantité d'if-

Ifles Sorlingues.

(*) Ce doit être le canal appellé *Jelouchete*, qui rentre dans la mer du fud faifant face au pôle.

des & d'écueils fort élevés, n'y ayant aucun lieu où, en cas de besoin, on puisse ancrer & se mettre à l'abri. Le cap méridional qu'on nomme le cap *Désiré*, est d'une forme fort extraordinaire, ainsi qu'on le peut voir dans les cartes. Dès qu'on l'a doublé, on commence à trouver une mer agitée, & du gros tems ; de sorte qu'après les périls du détroit, on se trouve exposé à de nouvelles extrémités, ainsi qu'on le voit dans toutes les relations, & que nous le certifions ici. (*)

1615.

Cap Désiré.

* * * * * * * * * * * * *

Spilberg vint aux isles *Mocha* & *sainte Marie* dont on fera bien de voir la description & le narré des mœurs des insulaires, tant dans son journal que dans celui des autres navigateurs, puisque l'une & l'autre de ces isles peuvent servir d'entrepôt à l'établissement qu'une compagnie de commerce pourroit faire bien avant dans les terres ou isles australes de la mer pacifique, si l'on ne préféroit de choisir en cette vûe l'isle *Jean Fernand*. Pour moi, je ne dois point grossir mon recit de ce narré, ces trois isles voisines des côtes du Chili n'étant pas censées faire partie des contrées que mon histoire a pour objet.

L'amiral hollandois livra sur les côtes du Pérou un sanglant combat naval, contre la grande armade espagnole, composée de six gros gallions de guerre dont il coula bas les trois principaux. Après cette mémorable victoire, il courut les côtes de l'Amérique jusqu'au cap Cor-

Expédition dans la mer du sud par Spilberg.

(*) Demaye a joint au journal de Spilberg une carte du détroit assez bien détaillée. Schouten au rapport de Laët, en a aussi donné une bonne ; mais c'est plutôt une carte du détroit de le Maire.

X x ij

rientes dans le Méxique, où il mit le cap à l'ouest le 26 novembre, dans la résolution de courir droit aux Larrones.

Il fut surpris le 3 décembre d'avoir la vûe de deux isles, ne sçachant pas qu'il y en eut si avant en pleine mer, & plus encore le lendemain de voir sous le dix-neuvième parallèle nord un rocher isolé à plus de cinquante-cinq lieues au large sans aucune terre qui en fut proche. (*) Il toucha le 14 janvier 1616. aux isles des larrons, & n'est pas étonné, *dit-il*, » qu'on ait donné ce » nom aux habitans; car ils exercent le métier avec la der- » nière subtilité. Ils sont puissans & robustes, hommes & » femmes: mais ils n'en sont pas moins agiles, ni moins » adroits. Ils vont nuds, hormis qu'ils ont des chapeaux » de pailles & que les femmes couvrent de feuilles leurs » parties naturelles. Ils ont abondance de poules & d'autres » volailles & encore plus de poisson. Ils ont des idoles » qu'ils adorent, mais nous ne sçûmes point les particu- » larités de leur croyance. Nous fûmes aussi témoins de » ce que nous avions plusieurs fois oui dire que ces insu- » laires n'ont pas leurs pareils au monde dans l'art de na- » ger. » Spilberg arriva le 10 mars à Ternate, fit voile à l'isle de Java, où il vit arriver le célèbre *Jacques le Maire* qu'il fit arrêter & emprisonner. Nous verrons dans l'article suivant quels furent les prétextes d'un traitement si dur fait à un homme à qui ses compatriotes auroient dû ériger une statue. Les deux principaux vaisseaux de la

(*) Ces deux isles & le rocher peuvent être S. *Thomas*, *la Mudleda*, & *Rocca partida*, ci-devant mentionnées art. XI. pag. 170. dans le routier de Jean Gaëtan, sous le dix-neuvième parallèle, entre le 164 & le 251 méridien: cependant nos grandes cartes marines les distinguent, & placent les deux isles & le rocher de Spilberg plus près des côtes du Méxique.

flotte mouillèrent dans les ports d'Hollande le premier juillet 1617. après environ 3 ans & 4 mois de navigation.

XXIV.
JACQUES LE MAIRE, ET GUILLAUME SCHOUTEN,
En Magellanique, en Polynésie & en Australasie.

L'HISTOIRE de ce fameux voyage a été composée sur le journal écrit par *Aris Claessen*, c'est-à-dire *Adrien fils de Nicolas*, commis de la flotte, & sur le récit verbal de plusieurs personnes de l'équipage : on en a publié plusieurs traductions, soit en latin 1622. fol. 1648 in 4°. soit en anglois 1625. fol. soit en françois, dont la plus commune que je suis ici, se trouve dans le huitième tome du recueil de la compagnie des Indes. J'en retranche tout le détail d'une infinité de circonstances communes dans les journaux des marins, & très-ennuyeuses pour le lecteur : sans rien retoucher d'ailleurs au style de cette traduction, qui quoique plat & trivial ne laisse pas que de peindre assez bien la vérité, peut-être même plus fidèlement que s'il étoit mieux orné. Mais cette traduction manquant quelquefois d'exactitude en des points considérables, je l'ai conférée & rectifiée sur l'édition latine de 1622.

LES Provinces-unies embarassées de tant de compagnies de commerce qui se formoient de côté & d'autre en Hollande depuis la réussite des navigations, les réunirent toutes en une par l'édit exclusif & privilegié d'octroi, auquel leur compagnie si puissante aujourd'hui dans l'Europe & dans l'Asie, doit sa véritable origine. Il y avoit alors dans la ville d'Egmont un fameux négociant nommé *Isaac le Maire* homme plein de génie, de courage & de curiosité pour les nouvelles découvertes dans les pays éloignés ; il négocioit seul pour son compte sans être membre de la compagnie, & il avoit déja formé quel-

1615.

Projet de découverte formé par le Maire.

ques grandes entreprises à ses frais. S'entretenant un jour avec un habile marin nommé *Guillaume Schouten*, celui-ci, qui étoit fort curieux de faire des découvertes & des voyages de long cours, dit à le Maire qu'il ne doutoit pas qu'il n'y eût un autre chemin que celui de Magellan pour entrer dans la mer du sud, qui ne se trouveroit point compris dans la défense des états, & par lequel il devoit être permis de passer. Ils espéroient ensuite découvrir de grands & riches pays, où l'on pourroit faire un gros commerce, & charger des vaisseaux entiers de précieuses marchandises. Enfin ils résolurent d'aller faire une recherche dans la partie australe du monde qui étoit encore inconnue, au midi du détroit de Magellan, & de voir s'il y avoit quelque autre passage dans la mer du sud, à quoi ils trouvoient beaucoup d'apparence par diverses circonstances remarquées en divers tems proche de ce premier détroit. *Nous ne contrevenons pas*, disoient-ils entr'eux, *au privilège de la compagnie d'octroi, puisque nous passerons par une autre route*. Mais comme ils sentoient assez, malgré cet allegué, que le but de leur entreprise alloit aux mêmes fins, sçavoir à s'enrichir par le commerce des Indes orientales, ils convinrent de tenir fort secret le plan de leur entreprise. Ils s'engagèrent à faire par moitié les frais de l'expédition; Schouten fut chargé du soin des préparatifs, eut le commandement, & pour adjoint & premier commis *Jacques le Maire*, fils d'*Isaac*, qui n'avoit pas moins que son père de génie pour le commerce & de goût pour les nouvelles découvertes. Ils convinrent de proposer à leurs amis d'entrer dans l'entreprise; par ce moyen ils amassèrent de grosses sommes, sans déclarer aux associés quel étoit le commerce qu'ils vouloient faire, ni le voyage qu'ils avoient projetté; la chose demeurant secrette entre les directeurs, sçavoir le Maire, Schouten, Brower dont nous verrons ci-après la propre expédition & deux ou trois autres, ils ne negligèrent pas néantmoins de prendre des lettres patentes des Etats généraux & une commission du Prince Maurice de Nassau. Les lettres patentes signées *Olden Barnevelt* le 27 mars 1614. portent permission d'aller à la découverte des nouvelles terres & pays avec privilège exclusif pour faire quatre voyages aux lieux découverts, à la charge de rendre compte de la découverte aux Etats-généraux 14 jours après le retour, sans préjudice néantmoins, est-il dit, des autres privilèges précédemment concedés. La commission du prince Maurice est donnée pour les terres australes découvertes ou à découvrir pour les Indes orientales, le Japon, la Chine & la Tartarie. Je remarque en lisant cette commission que le *Maire* y est nommé le premier avec le titre de capitaine, *Præfectus* : Schouten à celui de *Navarchus*. Ils armèrent donc à Horn un grand vaisseau nommé *la Concorde* du port de 360 tonneaux & un yacht. Comme ils ne découvroient pas leur dessein, ainsi qu'il a été déja dit, ils engagèrent des officiers & des matelots, à condition d'aller partout où il plairoit au maître de les mener. Le peuple, selon la coûtume, parla fort diversement de ce dessein & du voyage que ces vaisseaux alloient faire, & enfin on leur donna généralement le nom de chercheurs d'or ; mais les directeurs se qualifièrent entr'eux du nom de compagnie australe. C'est la premiere compagnie qui se soit nommément faite pour les terres australes ; mais, ainsi que je l'ai dit, les directeurs ne se bornoient pas à cette seule vûe.

1615.

Départ du Texel.

Les deux vaisseaux firent voile du Texel le 14 juin 1615 & navigèrent jusqu'au 25 octobre sans que personne que Schouten & le Maire sçussent où l'on vouloit aller. Mais alors on en donna publiquement avis, & l'on fit lecture de l'ordre qui portoit qu'on chercheroit un autre passage que celui de Magellan pour aller dans la mer du sud, afin d'y découvrir certains pays méridionaux où l'on esperoit faire de grands profits ; & que si l'on ne pouvoit y réussir, on iroit par cette même mer aux Indes orientales. L'équipage marqua beaucoup de joye d'avoir appris où il alloit, chacun esperant qu'il auroit quelque petite part aux avantages qu'on pouvoit retirer d'un tel voyage. Vers 35° & demi nous apperçûmes ces insectes dont nous avoit parlé Sebald de Vert, qui rendent la mer toute rouge. Ce sont des poux cornus, blancs comme du cristal, marqués sur la tête d'une tache couleur de feu. Le 6 decembre on eût la vûe d'une côte blancheâtre de peu de hauteur qui se trouva justement le port Désiré. En y carénant les vaisseaux, on s'apperçut de la cause d'un accident arrivé près de la ligne & causé par un monstre marin d'une espèce inconnue dans ces mers équinoxiales. Le pilote étant à l'arrière dans la gallerie, entendit un grand bruit à l'avant du vaisseau, & crût que quelqu'un étoit tombé de l'éperon du beaupré dans l'eau. Il regarda donc promptement à côté de lui, & il vit l'eau toute rouge de sang, comme s'il y en avoit eu une grande quantité de répandu, de quoi il fut fort étonné. On découvrit ensuite que c'étoit un gros poisson ou monstre à corne, dont la corne

Mer de couleur rouge.

Port Désiré.

Licorne de mer.

avoit

avoit donné dans le vaisseau d'une si grande force, qu'elle s'y étoit rompue: car quand on fut au port de *Désir* & qu'on eut mis le vaisseau en carêne, on vit à l'avant à sept pieds sous l'eau, une corne fichée dans le corps du bâtiment, à peu près de la figure & de l'épaisseur du bout d'une dent d'éléphant commune, qui n'étoit point creuse, mais bien remplie & d'un os fort dur. Elle avoit passé tout à travers des trois bordages, sçavoir le doublage, le franc bordage & le serrage, & le bout en étoit entré jusques dans l'eguillette. Ce fut un grand bonheur qu'elle eut donné droit dans l'éguillette qui étoit sur le serrage, car si elle eut passé entre deux éguillettes, & qu'elle n'eut rencontré que les trois bordages, dont celui du milieu étoit de chêne & les deux autres de sapin, elle y eût apparemment fait un grand trou qui auroit mis le vaisseau en danger de périr. Elle étoit entrée de l'épaisseur de plus d'un demi pied dans le bâtiment & sortoit encore à peu près un demi pied en dehors. Ce fut le sang qui sortoit de la playe où la rupture s'étoit faite qui ensanglantoit ainsi l'eau.

La réparation de carêner fut fatale au yacht. En lui donnant le feu, la flamme y prit à l'improviste, & gagna si vite les manœuvres & les haubans, que les équipages le virent brûler sous leurs yeux sans pouvoir le sauver. On n'en retira que l'artillerie, la serrure, environ 1400 liv. de plomb, 40 d'étain & 35 d'argent fondu en masses. La poudre en sautant avoit jetté bien loin tout le reste. Le grand navire, après avoir aussi pensé périr peu après à Spiring Bay (baye des Eperlans) par un coup de vent si furieux, & qui fit chasser les ancres d'une telle violence, que le frottement de la corde enflamma le trou du bois par lequel elle paſſoit, vint aux *iſles des Oiſeaux* où il y en a tant qu'un homme, ſans ſortir de ſa place, pouvoit mettre ſa main dans quarante-cinq nids de chacun deſquels on tiroit trois ou quatre œufs un peu plus gros que les œufs de vanneau. On y tua auſſi certaines bêtes très-farouches ſemblables à des cerfs dont le col eſt auſſi long que le reſte du corps; & quelques lions marins de la groſſeur d'un petit cheval, à qui l'on donnoit quelquefois cent coups de levier de fer, juſqu'à leur faire rendre le ſang par la gueule & par le nez, ſans pouvoir les empêcher de s'enfuir dans la mer. Un ſoir les matelots faiſant ici un grand feu dans la petite iſle que *du Nort* nomme l'*iſle du Roi*, mirent le feu à l'iſle, & nous jettèrent dans la crainte que les ſauvages à la vue de cet incendie ne vinſſent fondre ſur nous de toutes parts: mais il n'en parut aucun, quoique durant le jour nous euſſions apperçû des feux & de la fumée ſur le continent. Nous ne trouvâmes que leurs ſépulcres, tels qu'ils ſont décrits dans les journaux de nos prédéceſſeurs. Les oſſemens que nous déterrâmes nous montrèrent que les habitans devoient avoir 10 à 11 pieds de haut.

Nous laiſſâmes au ſud-eſt les iſles *Sébaldes*: & le 24 janvier 1616. nous revîmes à ſtribord par 54°. 46. lat. une autre côte de hautes montagnes, blanches de neiges; puis à l'eſt une autre côte auſſi fort haute. Elles paroiſſoient diſtantes à peu près de 8 lieues l'une de l'autre. Les courans portoient au ſud entre deux avec rapidité; ſi bien que nous jugeâmes qu'il devoit y avoir là un paſſage. On courut vers cette ouverture. Les baleines & autres monſtres marins y ſont en tel nombre, qu'ils embaraſſent ce paſſage. Au plus étroit la ſonde fit voir 50 brasses de profondeur. Le courant entroit si fort dans la mer du nord, que le vaisseau quoique poussé par un bon vent, ne le surmontoit qu'à peine, & ne silloit guères vîte. La terre à gauche que nous nommâmes *terre des Etats*, étoit herbue & verdoyante: mais celle à droite qui reçut le nom de *Maurice de Nassau*, n'offroit que des roches couvertes de neiges. Il paroissoit y avoir de côté & d'autre sur-tout à gauche, de bonnes rades & des bayes de sable, car on voyoit des deux côtés, des rivages sabloneux & un beau fond de sable. Il y a là du poisson, des pinguins & des chiens marins en abondance, beaucoup d'oiseaux & de bonne eau; mais point d'arbres. Nous y vinres aussi des *Jean de Genten* d'une grandeur extraordinaire, c'est-à-dire des mouettes de mer qui avoient le corps aussi gros que des cignes, & dont les ailes étendues avoient chacune une brasse de long. Elles venoient se percher sur le navire, & se laissoient prendre & tuer par les matelots. (*)

Le lendemain la mer devint fort bleue, les lames fortes; le vent du nord nous poussoit bien au sud-sud-ouest, si bien que l'on ne douta presque plus d'être entré dans la mer du sud, & d'avoir heureusement trouvé

1616.

Terre des Etats. Terre de Nassau.

Grosses mouettes.

(*). J'ai vû un oiseau volant tout seul, & qui a les pieds larges. Cet oiseau est fort beau, & l'on l'a nommé, je ne sçais pourquoi, *Jan van ghem*, ou *Jean de Gand*. Il est au moins aussi gros qu'une cigogne, & en a la figure. Ses plumes sont blanches & noires: il fend l'air sans presque remuer les ailes, & dès qu'il approche de la glace, il s'en retourne. C'est une espèce d'oiseau de leurre & de fauconnerie. Il se jette tout d'un coup & de fort haut dans l'eau, & cela me fait croire qu'il doit avoir la vue fort perçante. On dit que la cervelle de cet oiseau est fort estimable, mais je n'en sçais pas la raison. On voit aussi de ces oiseaux dans la mer d'Espagne, & presque par-tout dans la mer du nord, principalement dans les endroits où l'on pêche le hareng. *Martens*, *hist. du Spitzberg*.

un nouveau passage, ce qui remplit de joye tout l'équipage.

Nous vinmes au sud jusqu'à 57 degrés. Le ciel étoit très clair ; le froid extrême. Il n'y avoit plus ici ni baleines ni pinguins. On apperçut deux isles distantes l'une de l'autre, d'environ deux milles, & trois autres plus petites. Le capitaine les nomma *Barnevelt*, du nom du pensionnaire de Hollande. Ce sont des rochers gris & arides. Le 29 sur le midi, on doubla un cap formé de deux montagnes pointues & d'une hauteur extrême. C'est la pointe ultérieure de la terre de *Feu*. Le capitaine lui donna le nom de la ville de *Horn*. Il gît à 57°. 48'. (*a*.) Depuis nous n'eumes plus de terre par proue, ni plus de doute que nous fussions dans le grand océan pacifique. La fête de cette importante découverte fut célébrée par une triple ration de vin distribuée à l'équipage. On remit le cap au nord, l'embouchure du détroit de Magellan nous restant à l'est. *Le Maire* sollicita & obtint du conseil assemblé, l'honneur d'imposer son nom au nouveau détroit, dont on dressa l'acte autentique. (*b*)

Le conseil résolut en même temps d'aller rafraichir

Isle Barnevelt.

C Horn. Entrée dans la mer du sud.

Isle Jean Ernand.

(*a*) Les meilleurs cartes modernes ne mettent qu'à 56°.

(*b*) On ne peut douter à la lecture de cet acte qui n'est pas dans les relations, mais qui se trouve inséré en entier dans le journal d'Aris Claer, que le Maire ne fut le véritable chef de l'expédition. Il est nommé le premier dans le corps de l'acte avec le titre de *præfectus*, avant Schouten qui n'a que celui de *Navarchus*. Il signe le premier comme capitaine de la concorde, & Guillaume Schouten, (non Jean son frere, ainsi que l'écrit Constantin qui attribue le premier rang à Guillaume) signe le second comme capitaine du yacht. Les autres officiers signent après eux. Ainsi l'on n'a point fait d'injustice à celui-ci, comme le disent tant d'auteurs, en lui préférant le *Maire* pour donner le nom au détroit. Aris dans son journal fait plus d'honneur à le Maire qu'à Schouten. Il rapporte que Schouten dégouté, avant que d'avoir trouvé ce passage, depuis que son yacht eut été brûlé par accident, vouloit aller aux Indes par le cap de bonne-Espérance, tâchant:

l'équipage à *Jean Fernand*: ce qui fut exécuté, quoiqu'avec peu de soulagement, parce que l'on manqua la
rade pour l'avoir cherché à l'occident, au lieu qu'elle est
à la côte orientale. On trouve dans la rélation l'une des
plus anciennes descriptions de cette isle, je la passe ici
sous le silence, & j'en userai de même dans les extraits des
voyages plus modernes, où il est amplement parlé de
ce beau lieu, trop souvent frequenté aujourd'hui par
tous ceux qui vont dans la mer du sud, pour qu'on doive le mettre au nombre des terres presqu'inconnues, outre qu'il appartient en quelques manières aux côtes du
Chili dont il n'est pas à un fort grand éloignement. Notre vaisseau, continue le journal d'Aris, repassa le tropique le 11 mars cherchant les isles *Salomon*. Vers 17
degrés nous vîmes quantité d'oiseaux entr'autres *des
queues de flêches*, qui sont des oiseaux blancs comme neige, ayant le bec rouge, la tête rougeâtre avec des queues
blanches, fendues ou echancrées au milieu & de deux
pieds ou deux pieds & demi de long. Ils sont de la grosseur des mouettes de mer ordinaires. Il est à remarquer
que lorsque l'on fut à 16°. 12′. l'eguille aimantée demeura justement nord & sud sans varier, on étoit alors
à 720 lieues des côtes du Pérou.

Le 10 avril on découvrit la terre. C'étoit une isle basse & de peu d'étendue, on y trouva beaucoup de poisson, de serpens de mer, des mouettes, des chiens semblables à ceux d'Espagne, mais qui n'aboyent point, &
du cresson âcre & très-piquant qui fut d'un grand sou-

1646.

Queues de flêches. Oi-
seaux.

A 16°. 12′. lat. S.
l'eguille tourne droit
au nord.

Isle des Chiens.

d'inspirer à l'équipage les mêmes sentimens : & que ce projet ... é en
Hollande ne réussit que par la ...rmeté

de le Maire, dont il loue ailleurs les
soins & l'habilité.

1616.

lagement à nos malades attaqués du scorbut ; mais on n'y rencontra point d'eau douce. La haute mer inonde l'isle au milieu. Il y avoit d'un côté une bordure d'arbres verds allignés comme au long d'une digue, faisant un bel aspect. L'isle peut avoir trois lieues de circuit. Elle gît par les 15 degrés à 925 lieues de la côte du Pérou selon l'estime (long. 238.) nous la nommâmes *isles des Chiens*. C'est une de celles que Magellan, au rapport de Jérôme Benzon, appella les *infortunées*. Quatre jours après on découvrit une autre isle grande, mais basse, d'où l'on vit venir un canot avec quatre Indiens tout nuds & tout rouges, hormis leurs cheveux qui étoient noirs & fort longs. Ils se tinrent assez loin du vaisseau, crians & faisans des signes pour inviter les gens à descendre à terre, mais personne ne put les entendre, & ils ne nous entendirent point non plus, quoiqu'on leur parlât espagnol, malais, javanois & flamand. Bientôt il revint un autre canot qui ne voulut point non plus aborder le vaisseau. On se parla encore, & l'on ne put s'entendre. Le canot tourna sans dessus dessous, mais les Indiens le retournèrent promptement avec beaucoup d'agilité & d'adresse & se remirent dedans. Ils faisoient des signes pour inviter à descendre à terre, & on leur en faisoit pour les inviter à venir à bord. L'isle n'est pas large, mais fort longue. Il y a quantité d'arbres qui paroissoient être des palmiers & des cocos. Elle gît par les 15°. 15'. & son rivage est de sable blanc. On y vit la nuit des feux allumés en divers endroits. Le lendemain matin on vit encore proche de la côte plusieurs hommes nuds, qui crioient de maniere à faire croire qu'ils désiroient qu'on allât à eux. Il vint aussi un canot vers le

aux Terres Australes. Liv. III. 359

vaisseau, avec trois Indiens qui crioient de même, & qui ne voulurent point aborder, mais ils nagèrent vers la chaloupe, & s'en approchant, les matelots leur marquèrent beaucoup de douceur, & leur firent present de couteaux & de verroteries, sans qu'on entendit un seul mot de ce qui se disoit de part & d'autre. Un peu après qu'ils eurent quitté la chaloupe, ils s'approchèrent du navire, & on leur jetta une petite corde, qu'ils saisirent, mais ils ne voulurent pas passer à bord. Ensuite la chaloupe revint du rivage sans avoir rien avancé. Cependant quand les Indiens eurent été assez long-tems proche du vaisseau, il y en eut un qui hasarda jusqu'à monter dans la galerie, où il tira les clous des petites fenêtres qui étoient aux cabanes du commis & du maitre, & les cacha dans ses longs cheveux.

On remarqua que ce qu'ils estimoient le plus, étoit le fer. Ils tiroient de toute leur force les chevilles du corps du vaisseau, & faisoient de grands efforts pour les arracher. Ils consentoient qu'un d'entr'eux demeurât à bord pourvu qu'un des matelots se mit dans leur canot, pour aller à terre ; ce qui leur fut refusé. C'étoient de grands larrons qui alloient tous nuds, n'ayant qu'un petit morceau de natte sur leurs parties naturelles. Ils étoient peints du haut jusqu'au bas de diverses figures ; comme des serpens, de dragons & d'autres choses monstrueuses. Le fond de la couleur étoit un bleu tel que cause la poudre à canon, quand en brûlant elle a touché quelques parties du corps. On leur versa du vin dans leur canot ; mais ils ne voulurent pas rendre la coupe.

On renvoya encore une fois la chaloupe au rivage avec huit mousquetaires & six autres hommes armés de sabres

1616.

Isle sans fond. Description & habitans.

Dès qu'ils eurent traversé le refrein, & que les matelots furent proche de terre, ils virent sortir environ trente hommes d'un bois avec de grosses massues, qui leur voulurent arracher leurs armes, & hâter la chaloupe sur le sec, en ayant déja tiré dehors deux hommes qu'ils croyoient traîner dans le bois; mais les mousquetaires dont les mousquets étoient bien secs, tirèrent trois coups dans la troupe, & en tuèrent sans doute ou en blessèrent à mort.

Ces sauvages étoient aussi armés de grands bâtons & d'une autre arme au bout de laquelle il y avoit comme des branches ou des épines, qu'on crut être des épées d'Emperadors. Ils avoient encore des frondes dont ils jettoient des pierres; mais ils ne blessèrent personne. Pour des arcs & des flèches on ne leur en vit point. On vit des femmes, qui vinrent prendre les hommes à la gorge, en faisant de grands cris, & l'on ne sçavoit d'abord ce que cela vouloit dire : mais enfin on crut que c'étoit qu'elles les vouloient faire retirer.

On nomma cette isle *isle sans fonds*; parce qu'on n'y en trouva point. Il y avoit sur le bord de la mer une lisière semée de palmiers au milieu, couverte d'eau; de sorte que voyant une terre ingrate & des habitans sauvages, avec qui il n'y avoit que des coups à gagner, on remit le cap au large par un vent d'est. L'isle gît à 15°. à peu près 100 lieues de l'isle des Chiens (long. 229.) le capitaine nous dit qu'il avoit apperçu quelques-uns de ces insulaires à demi-vêtus. Les femmes l'étoient d'une espece de voile descendant des reins aux talons. Elles paroissoient prendre plaisir à nous voir & trouver mauvais que les hommes en usassent mal avec nous. Il
y

AUX TERRES AUSTRALES. LIV. III. 361

1616.

y en avoit cependant parmi eux qui nous montroient un visage caressant. Nous les voyons sourire d'admiration en considérant la masse étonnante de notre vaisseau. Ils avoient l'air de vouloir se parler & se dire mille choses là-dessus. Nous donnâmes à ceux-ci un pain & un fromage dont ils ne firent pas grand cas : mais à la vue d'un morceau de fer, ils ouvroient la bouche & écartoient les mains. Le sentiment d'avidité pour ce précieux métal perçoit dans tous leurs gestes. Ceux qui saisirent par force nos gens de la chaloupe, commencèrent par fouiller au plus vite dans leurs poches, pour voir s'il n'y avoit point de fer. Tout ce peuple est gros & grand, membru, bien bâti. Ils ont le nez camard & écrasé, & les oreilles percées. Dès que l'on leur donnoit des clous, ils se les mettoient en pendans d'oreilles.

Le matin du 16, à 15 lieues plus loin, (14°. 46'. lat.) on vit une autre isle où il n'y avoit point de fond, non plus qu'à la précédente. Le milieu en étoit submergé, mais tout le tour étoit garni d'arbres, quoiqu'il n'y eut ni palmier ni cocos. On lui donna le nom de *Water lande*, (terre d'eau douce), parce qu'on y en avoit un peu trouvé. On fit cuire une pleine chaudière de cresson dont les malades se trouvèrent tout rafraîchis. On n'y avoit vû aucun habitant.

Ifle Water.

Le 18 nous vîmes une autre isle basse à 20 lieues de la précédente. Dès que l'ebe fut venu on y envoya la chaloupe y chercher de l'eau. Ceux qui navigeoient la laissèrent sur le grapin au-delà des brisans, & se tirèrent encore les uns les autres avec des cordes au travers de la mer jusqu'à terre. Ils passèrent assez avant dans un bois, mais n'ayant point porté d'armes, & voyant un sauvage

Isle des Mouches.

Z z

qui leur parut avoir un arc, ils allèrent vite se rembarquer & recoucher à bord. Lorsqu'ils furent un peu éloignés du rivage, ils y virent venir 5 ou 6 sauvages, qui les voyant déja si loin rentrèrent dans le bois.

Il y avoit dans cette isle quantité d'arbres sauvages fort verds, & elle étoit aussi inondée d'eau salée en plusieurs endroits. Quand les matelots y eurent passé, ils se virent couverts de mouches, & elles les suivirent jusqu'au navire. Leurs visages, leurs mains, tout en étoit garni, & l'on avoit de la peine à les reconnoître. La chaloupe même & les rames dans ce qui en paroissoit hors de l'eau en étoient toutes noires, de sorte que c'étoit une chose étonnante. Celles qui vinrent à bord sur des matelots & sur la chaloupe, voloient par essain sur le visage & sur le corps des gens, & les tourmentoient si fort, qu'ils ne sçavoient comment faire pour s'en délivrer. A peine pouvoient-ils boire & manger. Tout ce qui se mettoit à l'air en étoit aussi rempli. On avoit beau se frotter le visage & les mains, batre des mains l'une dans l'autre, se fraper dans les endroits où elles étoient, cela n'y faisoit rien. Ce tourment ayant duré 2 jours, il vint un tems frais qui contribua beaucoup à dissiper ces insectes, avec le soin qu'on en prit; si bien qu'au bout de 4 jours on n'en vit plus du tout. On donna à cette isle le nom d'*Isle des Mouches*.

Après le retour de la chaloupe on se remit au large, & l'on eut beaucoup de pluies dont on assembla les eaux avec des linceuls & avec des voiles. Pendant la nuit on mit petites voiles afin de n'aller pas échouer sur quelqu'unes de ces basses isles.

Cherchant alors le golfe de *Quiros*, dont nous

croyions n'être pas éloignés, nous continuâmes à voguer pendant toute la fin d'avril & le commencement de mai, sous le 15e. parallele dans une grosse mer, où les lames souloient du sud. L'équipage vit ici pour la première fois des dorades dans la mer du sud. Nous eumes de grandes pluies dont on assembla les eaux dans les linceuls & dans les voiles.

Le 9 mai étant selon notre estime à 1510 lieues des côtes d'Amérique, une barque du pays passa par le travers du navire, allant droit du sud au nord. On fit feu deux fois dessus sans qu'elle parut s'en mettre en peine. On envoya après elle 12 mousquetaires dans la chaloupe, qui ne l'atteignit pas sans peine, car elle manœuvroit très-bien. Nos gens l'ayant enfin presque jointe, tirèrent alors quatre coups de mousquets : alors il y eut des hommes qui de frayeur se jettèrent dans la mer, après s'être, avant que de sauter dans l'eau, saupoudré le visage d'une espèce de cendre. Entr'autres il s'y en jetta un avec un petit enfant & un autre qui avoit trois petites blessures au dos : mais on les retira. Ils jettèrent aussi plusieurs choses dans l'eau particulierement des nates & trois poules. (*)

(*) Voici comment s'exprime là-dessus un autre extrait de Guillaume Schouten. En navigant dans les parages où Quiros avoit fait ses découvertes, Schouten trouva quantité d'isles, dont chacune a son roi. Il fut bien reçu de plusieurs d'entr'eux, qui pour lui faire honneur ôtoient leurs bonnets de plumes de toutes couleurs, faits en guise de couronne, & les posoient sur la tête des gens de l'équipage. Il dit encore qu'étant dans les mauvaises eaux, à la distance d'environ 100 lieues des isles de Salomon, il vit un bâtiment, qui aussi-tôt qu'il fut apperçu, tâcha de s'échaper : mais après avoir fait feu dessus, blessé & tué quelques-uns de ceux qui y étoient, les autres sautèrent dans l'eau, & se sauvèrent à la nage. S'étant rendu maitre de ce navire, il y avoit trouvé quelques femmes & enfans, avec

1616.

Les gens de la chaloupe ayant amené le petit bâtiment à bord, sans qu'il eut fait aucune résistance, comme n'y ayant point d'armes, on en fit sortir deux hommes qui y étoient demeurés, & qui se jettèrent aux pieds des officiers, leur baisant les pieds & les mains. L'un de ces hommes étoit vieux & tout gris, l'autre étoit jeune. On n'entendit point ce qu'ils disoient: mais on les traita fort humainement.

La chaloupe étant promptement retournée, pour tâcher de sauver ceux qui s'étoient jettés à la mer, elle n'en put prendre que deux qui flottoient encore sur une rame, montrant de la main le fond de la mer où ils vouloient faire entendre que les autres étoient enfoncés. Un de ces deux-là étoit celui qui avoit été blessé, & on le pensa. Il avoit de longs cheveux jaunes. Il demeura dans le bâtiment huit femmes avec trois enfans à la mamelle, & quelqu'autres qui avoient 9 ou 10 ans, si bien qu'il y avoit eu environ 25 personnes. Les hommes étoient tous nuds, & les femmes n'avoient rien qu'une petite couverture sur leur sexe.

Sur le soir, on remit les hommes dans leur bâtiment, où leurs femmes qui les avoient crû perdus, se jettèrent à leur col. On leur donna des grains de verroteries qu'elles se pendirent au col, & quelques couteaux, & on leur témoigna autant de douceur que l'on put. En reconnoissance, ils firent présent de deux nattes belles & fines, & de deux noix de cocos, parce qu'ils n'en avoient

des provisions de vivres qui consistoient en poules. Il dit que ce petit bâtiment ressembloit beaucoup à un gents gallain de Java. C'est une espèce de bateau fait en forme de ceux dont on se sert sur les rivières du Mein & du Rhin.

que très-peu, & qu'elles leur devoient fournir à boire & à manger; mais ils firent voir qu'ils en avoient déja bû toute l'eau, & marquèrent n'avoir plus aucuns breuvages. En effet, on les vit boire de l'eau de la mer, & ils en donnoient à leurs enfans; dont on fut fort étonné.

Ils avoient des petits morceaux d'étoffe comme des mouchoirs de toile, dont ils se couvroient leurs parties naturelles ainsi qu'il a été déja dit, au moins les femmes & même quelques-uns des hommes. Ils s'en couvroient aussi le corps par la grande ardeur du soleil. Ils étoient tout rouges, & oints d'huile. Les femmes avoient les cheveux aussi courts que les hommes les ont en Hollande, & ceux des hommes étoient longs & teints d'un beau noir.

Le bâtiment qu'ils navigeoient étoit fort singulier. Il leur étoit fait de deux longs & beaux canots, entre lesquels il y avoit assez d'espace. Il y avoit sur chaque canot à peu près au milieu, deux planches d'un beau bois rouge, fort larges, pour que l'eau coulât dessus; & il y avoit d'autres planches qui alloient du bord d'un des canots sur le bord de l'autre pour les joindre. Elles y étoient attachées bien ferme & bien liées ensemble; mais il n'y en avoit pas jusqu'aux bouts; car à l'avant & à l'arrière de chaque canot il y avoit de longues pointes ou de longs becs, qui avançoient & étoient si bien couverts que l'eau n'y pouvoit entrer. A l'avant d'un des canots, à stribord, il y avoit un mât au bout duquel étoit un taquet, avec une voile d'artimon & sa vergue. Cette voile étoit de nattes; & de quelque côté que le vent vînt, ils sçavoient le prendre, & navigeoient sans boussole & sans aucun autre instrument, hormis des hameçons pour pêcher, dont le haut étoit de pierre, & le bas d'un os noir, ou d'écaille de tortuë: il y en avoit même de nacre de perle. Leurs cordages étoient bons & aussi épais qu'un cable, faits d'une matière à peu près semblable aux cabas de figues qui viennent d'Espagne. La cabane du canot où se tenoient les femmes & les enfans, étoit bâtie en chaume sur les planches du pont de jonction. Je remarquai qu'ils avoient une hâche de pierre de touche noire, dont ils faisoient un cas infini. Quand ils se séparèrent du navire, ils prirent leur cours au sud-est.

Le lendemain matin nous vîmes des terres fort hautes tirant sur le bleu vers le sud-est. On mit le cap sur la côte vers des terres mentionnées dans le routier de Quiros qui nous faisoient juger que le continent de ce même Quiros n'étoit pas loin. L'on navigea tout le jour, presque toujours par un bon frais, sans en pouvoir approcher. Sur le soir, on vit une voile bien loin sous le vent, & on les prit toutes deux pour des barques de pêcheurs, parce qu'elles couroient plusieurs bordées, & que la nuit elles mirent des feux, & se joignirent. Pendant la brune le navire ne fit aussi que louvoyer.

Autres Indiens trouvés en mer.

Le matin du 11. on se trouva proche d'une isle qui étoit fort haute, à deux lieues de laquelle au sud, il y en avoit encore une autre basse & longue. On passa sur un banc où il y avoit quatorze brasses de profondeur, fond pierreux, qui étoit à deux lieues de terre, & dès qu'on l'eut passé, on ne trouva plus de fond. Une des deux petites voiles, qu'on avoit vûes le soir précédent, s'étant avancée vers le navire, on attacha un baril de galère à une corde, & on le laissa par l'arrière à la traînée, afin que les Indiens du petit bâtiment le vissent & qu'ils allassent prendre la corde pour se faire haler à bord; mais comme ils ne pouvoient la saisir, un matelot s'étant jetté à la mer, la poussa jusqu'à eux. Ils détachèrent le baril, & attachèrent en sa place deux noix de cocos & quatre ou cinq poissons volans, puis crièrent vers le navire. Comme on ne les pouvoit entendre, on crut qu'ils vouloient qu'on retirât la corde.

Ils avoient dans leur bâtiment un petit canot, pour le mettre à la mer en cas de besoin. Ces gens sont bons mariniers à leur manière. Leurs bâtimens ressembloient à celui dont on a déja fait la description. Ils sont bons voiliers, & peu de ceux d'Hollande vont plus vîte qu'eux. Ils gouvernent par le moyen de deux rames, y ayant un homme pour cet effet à l'arrière de chaque canot, & lorsqu'ils veulent virer de bord, ils vont avec leurs rames à l'avant. Quelquefois aussi les bâtimens virent d'eux-mêmes, quand les pilotes retirent leurs rames, & ils voient fort bien quand il y a lieu de virer ainsi, sans aller à l'avant. Ils virent aussi en laissant seulement le cap de bout au vent. Les sauvages voyant par notre manœuvre que nous voulions jetter l'ancre ici, nous firent signe, & se mirent à nous guider vers l'autre isle, où l'on mouilla sur 25 brasses fond de sable à une petite portée du canon du rivage. Aussitôt les canots se mirent à faire le tour du navire. Quelques-uns mirent une bannière blanche, & le navire fit la même chose. Il y avoit trois ou quatre hommes dans chaque canot qui étoit arrondi à l'avant & aigu à l'arrière. Ils étoient tous faits d'une seule pièce de bois rouge, & nageoient d'une vitesse extrême. Lorsqu'ils approchoient du vaisseau, les Indiens sautoient à la mer, & venoient à bord à la nage, les mains pleines de noix de cocos & de racine d'*obos*, qu'ils troquoient pour des cloux & de la verroterie, deux marchandises qu'ils paroissoient estimer beaucoup. Ils donnoient quatre ou cinq noix pour un clou ou pour un petit chapelet de grains de verroterie, & l'on eût 180 noix ce jour-là. Enfin ils vinrent à bord en si grand nombre qu'on ne sçavoit presque plus de quel côté se tourner.

Isle des Cocos & des Traîtres.
Mœurs des habitans.

On envoya la chaloupe sonder le long de l'autre isle, & voir s'il n'y avoit point de meilleur mouillage, celui où l'on étoit n'ayant aucun abri. Lorsqu'elle fut à une assez grande distance du navire, le long de la côte où elle navigeoit, elle se vit environnée de douze ou treize canots de cette autre isle, auxquels il s'en joignit encore d'autres. Les gens qui les navigeoient, avoient un air furieux, ayant dans les mains de gros bâtons d'un certain bois très-dur, faits comme des assagaies, dont la pointe étoit tranchante & un peu brûlée. Ils abordèrent la chaloupe, croyant s'en rendre maîtres fort facilement. Les matelots se voyant dans la nécessité de se défendre, tirèrent trois coups de mousquet au milieu d'eux, dont ils ne firent d'abord que rire & se moquer, regardant cela comme jeux d'enfans, mais le troisième coup en ayant percé un dans la poitrine, & la balle étant sortie par le dos, ses compagnons le voyant defaillir, nagèrent vers lui pour le secourir. Voyant sa blessure, ils s'alarguèrent bien vîte de la chaloupe; ils s'approchèrent d'un de leurs bâtimens, lui criant d'aborder la chaloupe & de la couler bas, du moins autant que les matelots le purent comprendre; mais les Indiens qui navigeoient ces bâtimens, ne voulurent pas le faire, sachant que les canots qui avoient été à bord du navire, avoient été bien reçus,

reçus, & que leurs gens en étoient fort contens.

Ce peuple étoit fort larron. Ils derobèrent à la vûe de l'équipage un plomb de fonde, pendant qu'un pilote fondoit. Ils tâchoient de prendre tout ce qu'ils voyoient, & de se sauver à la nage. Il y en eût qui volèrent à un matelot son oreiller, sa couverture & son habit de bord. Un autre déroba une écritoire de bronze; un autre le coûteau du cuisinier qu'il blessa bien fort en le lui arrachant par surprise; enfin tout ce qu'ils purent trouver; sautans à la mer dès qu'ils avoient quelques choses entre les mains. Ils se cachoient jusques dans les lits en attendant l'occasion de voler: il falloit avoir des yeux d'Argus pour s'en défendre. Ainsi on hala sur le soir la chaloupe à bord, de peur qu'ils ne vinssent la nuit en couper la hansiere & l'emmener.

Ce qu'ils recherchoient le plus étoit le fer. Ils faisoient de grands efforts pour tirer les cloux & les chevilles du vaisseau. Ils étoient hauts, puissans, robustes & proportionnés dans leur taille. Ils étoient sans armes & nuds, hormis leurs parties naturelles, sur quoi il y avoit quelque chose qui les couvroit. Ils portoient les cheveux de différentes manières, les uns les ayant courts & les autres fort bien frisés par artifice, d'autres les ayant tressés & liés diversement. Ils portoient au col une ganse fine, d'où pendoient des coquilles, des escargots & des pigeons. Ils étoient fort bons nageurs. Leurs canots voguoient avec des pagayes; & sur la voile étoit peinte une grossière figure de coq. Nous ne nous apperçûmes pas qu'ils eussent ni loix, ni gouvernement. L'isle étoit fort peuplée. Nous voyions de longues files de cahutes, dans lesquelles on allumoit du feu fur le foir à l'heure du souper. Cette *isle des cocos* gît par les 16 degrés 10 minutes.

Le matin 12 du même mois de mai 1616. on vit revenir plusieurs canots à bord avec des noix de cocos, des bananes, des racines d'ubas, quelques petits pourceaux & des pots pleins d'eau douce. On eut d'eux en troc ce jour là 1020 noix de cocos, & comme il y avoit 85 personnes dans le vaisseau, chacun en eût 12. Chaque Indien voulant être le premier à bord, sautoit hors de son canot qui ne pouvoit s'en approcher, & plongeoit au travers des autres au-dessous pour y être plutôt, & vendre mieux ce qu'il y portoit dans sa bouche & dans ses mains. Enfin ils montoient avec tant d'empressement & en si grand nombre qu'on fut obligé de s'y opposer, & de leur présenter le bâton pour les frapper. Dès qu'ils avoient fait leur marché, ils sautoient de nouveau à la mer, & rentroient dans leurs canots.

Ils ne pouvoient se lasser d'admirer la force & la grandeur du navire. Il y en avoit qui se glissoient à l'arriere en bas le long du gouvernail, & alloient frapper avec une pierre contre le bordage fort avant sous l'eau, afin de voir sa force en ces endroits là. Il vint un canot de l'autre isle, qui amena un sanglier noir, & en fit présent de la part du roi. On voulut faire des présens à ceux qui étoient dans le canot, mais ils refusèrent, marquant par signe que le roi leur avoit défendu d'en recevoir. Après midi, le roi vint lui-même dans une grande pirogue à voiles, construite comme les autres bâtimens dont il a été parlé, mais de la forme d'un de ces grands traînaux dont on se sert en Hollande pour glisser sur la glace, & qui étoit escortée de 25 canots. Le nom de sa dignité

Leur roi on sou.

étoit *latou*. On le reçut au son des trompettes & des tambours ; ce qui ne lui causa pas peu de surprise, n'ayant jamais rien vû ni ouï de semblable. Les Indiens firent beaucoup d'honneur & d'amitié à l'équipage du navire, au moins extérieurement & à leur manière : car ils inclinoient souvent la tête, frappoient dessus avec leurs poings & faisoient plusieurs autres postures qu'on ne pouvoit prendre que pour des civilités. Lorsque la flotte fut assez proche du vaisseau, le roi commença de crier de toute sa force, & en se tourmentant beaucoup à peu près comme quand il fait sa prière à sa mode, & tous ses gens firent de même. On s'imagina que c'étoit des complimens de bien venue qu'ils faisoient.

Quand ils eurent cessé, le roi en envoya trois à bord, avec une natte qu'on reçut, & l'on lui fit présent d'une vieille hâche, de grains de verroterie, de quelques vieux cloux, & d'un morceau de toile, dont il parut satisfait, inclinant la tête par trois fois, & mettant chaque fois le présent dessus, ce qu'on prit pour un remerciment. Ceux qui étoient entrés dans le navire s'étant jettés à génoux, baisèrent les pieds des officiers, admirant tout ce qu'ils voyoient.

Le roi n'avoit rien qui le distinguât des autres Indiens ; car il étoit tout nud comme eux. On ne s'appercevoit de sa royauté qu'en ce qu'il leur commandoit, & qu'ils lui obéissoient avec beaucoup de soumission. Les canots qui nous importunoient beaucoup s'éloignèrent dès qu'il eut crié deux fois *fanou, fanou*. Ceux à qui nous remîmes les présens pour le roi, sçavoir un morceau de drap, une hâche & deux paquets de corail, dès qu'ils les eurent reçus, sautèrent à la mer pour les aller présenter au roi, qui étoit assis sous une espèce dé-dais ou de pavillon de nattes. Il parut avoir aussi grande envie d'un portrait du prince Maurice & d'une ceinture brodée qu'on lui fit voir, en place on lui donna un peigne & un miroir. Les gens faisoient tous leurs efforts pour nous donner à entendre de quelles isles il étoit roi. Ils parloient tant qu'ils pouvoient, mais nous n'y pouvions rien entendre. Ils avoient le corps marqueté de diverses tâches faites exprès; le bout des oreilles fendues, pendant jusques sur les épaules; les cheveux de diverses couleurs; la moustache & le menton rasé. On fit des signes au roi pour l'inviter à passer à bord, & son fils y ayant passé, on le régala; mais pour lui il n'osa ou ne voulut pas s'y hasarder. Cependant ils faisoient tous connoître par des signes qu'ils souhaitoient que le vaisseau allât sur leur côte & qu'on y trouveroit de quoi troquer.

On eut d'eux trois hameçons qui pendoient à des roseaux, un peu plus gros que ceux dont on se sert en Hollande, dont les crocs étoient de nacres de perles. Le fils du roi étant rentré dans son canot, à bas bord duquel il y avoit un gros bois qui le tenoit en assiette; ils s'en retournèrent dans leur isle. Il y avoit toujours sur ce bois un hameçon prêt à pêcher.

Le matin du 23 on vit venir près de 45 canots à bord, avec une flotte de 23 petits bâtimens à voiles, semblables aux traîneaux qui glissent sur les glaces; ils étoient navigés chacun par 25 hommes ou environ, & les canots par 4 ou 5. Sous prétexte de chercher à trafiquer, les gens des canots troquèrent encore des noix de cocos pour des clous, & continuèrent à faire des amitiés aux

Hollandois, quoiqu'on reconnut bien-tôt après que ce n'étoit que dissimulation & perfidie. Ils sollicitoient toujours qu'on allât à d'autre isle, & enfin par complaisance on leva l'ancre après déjeuné, & on y alla.

Le roi, qui le jour précédent étoit venu proche du navire, y revint aussi dans un de ces petits bâtimens, & ils crièrent tous d'une grande force, ce qu'on prit encore pour un salut. On eût beau l'inviter de passer à bord, il n'en voulut rien faire, ce qui fit naître de mauvais soupçons, vû que les canots & les autres bâtimens se tenoient toujours autour du vaisseau, & que le roi quitta son bord, & se mit dans un canot & son fils dans un autre. Après cela on battit une espèce de caisse qui étoit demeurée dans le bâtiment qu'il avoit quitté, surquoi tous les Indiens firent un grand cris, qu'on prit pour un signal de donner l'assaut.

En effet, le bâtiment que le roi avoit quitté, aborda le navire courant sur lui avec autant de force que s'il avoit voulu le couler en bas & passer par dessus. Mais ce grand choc ne lui fut pas favorable; car les deux étraves des deux canots qui soutenoient la machine de ce bâtiment, qui avoient un assez grand élancement, se brisèrent, & les gens qui étoient dessus, parmi lesquels il y avoit quelques femmes, sautèrent à la mer, & nagèrent au vent. Les autres Indiens commencèrent en même-tems à jetter quantité de pierres, croyant épouvanter l'équipage du navire, qui ayant fait sur eux une décharge de mousqueterie & de trois pierriers chargés de balles de mousquet & de vieux cloux, tous ceux qui étoient demeurés dans le bâtiment dont les étraves étoient brisés, se jettèrent à la mer.

1616.

Perfidie des insulaires.

A a a iij

On ne douta point qu'il n'y en eut une partie de tués & de blessés. Ainsi les Indiens reculèrent ne s'étant pas attendus à de telles salves, dont ils n'avoient jamais ouï parler, & qui avoient fait périr d'une manière si étrange quelques-uns de leurs gens, desorte qu'ils se tinrent hors de la portée des coups du vaisseau. Apar... ment que le roi avoit assemblé toutes ses forces pour c tte entreprise; car il y avoit là plus de 1000 hommes, entre lesquels on en vit un qui étoit tout blanc, cette isle fut n...mée *isle des Traîtres*. Le 14 à 50 lieues plus loin on découvrit une isle où l'on espera trouver de l'eau, dès lors les matelots la nommèrent *Esperance*. Dix ou douze canots nous approchèrent sans que l'on voulut recevoir les Indiens à bord. On se contenta de leur marquer de la douceur, & on leur donna de petits paquets de verroterie pour quatre poissons volans, qu'on tira par l'arrière avec une corde. Cependant la chaloupe sondoit toujours le long du rivage. Les Indiens qui étoient dans les canots l'ayant vûe, nagèrent à elle, & ayant commencé par des paroles qu'on n'entendoit point, ils l'environnèrent avec leurs canots qui étoient alors au nombre de quatorze, & il y en eut quelques-uns qui sautèrent à la mer, croyant aller s'en rendre maîtres, ou la faire tourner sans dessus dessous.

Parmi l'équipage de la chaloupe il y avoit huit mousquetaires, & les autres étoient bien armés de piques & & de sabres. Les mousquetaires tuèrent deux hommes dans leurs canots, dont l'un tomba dans le même moment, & l'autre demeura encore un peu à son séant, essuyant de ses mains le sang qui lui sortoit de la poitrine; mais bientôt après il tomba aussi à la mer. Ces morts si imprévûes effrayèrent les autres, qui se retirèrent au plus vîte. On vit aussi beaucoup de gens sur le rivage, qui crioient & hurloient de toute leur force, en criant *bou, bou, bou*. Le capitaine leur avoit précédemment demandé des cochons & des poules, en leur disant *Wacka en omo*. Mais il parut qu'ils ne sçavoient ce que c'étoit, ou qu'ils n'entendoient pas ce langage. Comme on n'avoit point trouvé de bon mouillage, on remit la chaloupe dedans, & l'on fit le sud-ouest, pour gagner plus facilement au sud, où l'on esperoit faire des découvertes. D'ailleurs la mer brisoit si fort contre cette isle, qu'il n'auroit presque pas été possible d'aller au rivage, où l'on ne voyoit que des rochers bruns, verds par le haut & des terres noires avec des cocos & de la verdure. Il y avoit sur la côte des maisons en divers endroits & un gros bourg. L'isle étoit montueuse, mais les montagnes n'étoient pas fort hautes.

Le 18 le conseil s'étant assemblé, le capitaine Schouten remontra qu'on avoit déja couru environ 1600 lieues à l'est des côtes du Perou & du Chili, sans découvrir la terre australe qu'on cherchoit, & qu'il n'y avoit aucune apparence de la découvrir : que même on s'étoit bien plus avancé à l'ouest qu'il n'en avoit eu intention : qu'en continuant cette même route on se trouveroit sans doute au sud de la nouvelle Guinée : que si l'on n'y trouvoit point de passage, comme on n'avoit aucune certitude d'en trouver, ni aucune connoissance qu'il y en eût, le vaisseau & l'équipage périroient infailliblement, puisqu'il seroit impossible de retourner à l'est à cause des vents d'est qui regnent toujours dans ces mers là : que de plus il ne restoit que peu de vivres, & qu'on ne voyoit aucun

1616.

moyen d'en recouvrer. Par toutes ces raisons Schouten concluoit, que sans différer, on devoit changer de route & mettre le cap au nord de la nouvelle Guinée & aller aux Moluques. le conseil ayant fait de sérieuses réflexions sur cet avis, jugea qu'il falloit le suivre, & à l'heure même on commença de couvrir la bande de nord nord-ouest.

Isle de Horn. Sa description. Mœurs des habitans.

Le 19 on se trouva à une lieue de deux isles. Il vint alors près de 20 canots à bord, marquant de la franchise & de la douceur. Cependant un des Indiens, ayant à la main une assagaie aiguë à la pointe, menaça un des matelots de l'en frapper. Ils crièrent aussi avec beaucoup de force, & leurs cris furent pris pour un signal d'attaquer le navire, sur quoi on leur tira deux coups de petits canons & quelques coups de mousquets, qui en ayant blessé deux, les autres hâgèrent de force pour s'éloigner, jettant à la mer une chemise qu'ils avoient volée dans la galerie.

Le vaisseau s'étant approché de terre, parce qu'on ne trouvoit point de fond, on mit la chaloupe à la mer avec huit mousquetaires, pour aller sonder, & elle n'en trouva point aussi. Quand elle voulut revenir à bord, six ou sept canots l'ayant environnée, les Indiens voulurent y entrer & arracher les armes aux matelots. Cette violence ayant obligé ceux-ci à tirer sur eux, ils en tuèrent six & en blessèrent beaucoup, sans en sçavoir précisément le nombre; car la chaloupe aborda un des canots, où il n'y avoit plus qu'un corps mort, dont la moitié du corps étoit dehors, & l'autre moitié du côté des jambes étoit encore dedans. Il fut jetté à la mer, & les matelots amenèrent le canot à bord. On y vit une massue & un bâton de la grandeur d'une demi-pique.

que. Comme on n'avoit point trouvé de fond, le navire courut des bordées toute la nuit proche de la côte. Le capitaine alla lui-même chercher un ancrage qu'il trouva bon dans une baye proche d'une rivière. La mer y étoit unie, & le ruisseau d'eau douce qui couloit de la montagne venoit s'y degorger, de sorte que le navire étoit par le travers de son embouchure, & que, lorsque les matelots alloient faire de l'eau, ou qu'ils alloient sur le rivage, le canon les mettoit à couvert des insultes des sauvages indiens.

Le même jour on vit venir des canots à bord, qui apportèrent des noix de cocos & des racines d'*ubas*, avec un pourceau en vie & deux rotis. On leur donna en troc des clous, ces petits couteaux & de la verroterie. Ils étoient f[ort] larrons, aussi bien que ceux qu'on avoit déja vûs dans [le]s autres isles, & n'étoient pas moins à droits à nâger & plonger. Leurs maisons étoient bâties proche du rivage, couvertes & closes de feuilles d'arbres, rondes & se terminant presqu'en pointe par le haut pour faciliter l'égoût des eaux. Elles avoient près de 25 pieds de tour & 10 ou 12 de hauteur, avec un trou pour porte par lequel on passoit le ventre presque contre terre. On n'y trouva rien que quelques herbes seches sur quoi ces gens-là se couchent avec un ou deux hameçons & leur verge, & dans quelques-uns une massue de bois. C'étoient là tous leurs meubles, le roi même n'en ayant pas davantage. Le 22 les canots revinrent apporter des cocos. On vit aussi une grande quantité de gens assemblés sur le rivage, qui sembloient tenir conseil pour se défendre ou pour attaquer le vaisseau ; car ils étoient tous armés d'assagaies ou de bâtons. Il y avoit aussi assez

Bbb

proche d'eux près de 50 canots ensemble, où l'on voyoit des pierres & des assagaies ; & qui apparemment y étoient venus de divers quartiers de l'Isle ; car il y en avoit qui paroissoient étonnés de voir un tel vaisseau. Mais quelques caresses que les matelots leur pussent faire, ils ne purent les engager à passer à bord.

Le 24 Aris Claesz, Reinier Simonsz, assistant, & Cournelis Schoutsz, garçon de la chambre du capitaine, furent à terre pour demeurer en ôtage, & il demeura six des principaux Indiens dans le vaisseau, où on leur fit bonne chère & des présens. Les insulaires n'en usoient pas moins bien pour les trois ôtages qu'ils avoient, leur donnant à manger des noix de cocos, des racines d'ubas & de l'eau à boire.

Leur roi ou héréler.

Le roi leur fit beaucoup d'honneur, il tint près de demi-heure ses deux mains l'une contre l'autre & son visage dessus, se baissant presque jusqu'à terre, & demeurant dans cette posture jusqu'à ce qu'Aris lui fit une pareille révérence : alors il se releva & baisa les pieds & les mains d'Aris. Un autre homme assis auprès du roi, pleuroit comme un enfant, & disoit beaucoup de choses à Aris qui n'en entendoit rien. Enfin il retira ses pieds de dessous son derrière, sur quoi il étoit assis, & se les mit sur le col, s'humiliant & se roulant comme un ver de terre.

Les présens qu'on leur fit, leur furent fort agréables; néantmoins le roi marquoit avoir si grande envie d'une chemise blanche qu'Aris avoit sur le corps, que celui-ci en envoya querir une autre pour la lui donner. En reconnoissance il donna aux ôtages quatre petits pourceaux. On traita aussi pour pouvoir faire de l'eau, & il fut resolu d'y envoyer deux chaloupes, dont l'une seroit armée pour la défense de ceux qui iroient à l'aiguade en cas de besoin.

Pendant qu'ils y étoient, il s'y rendit tant de sauvages qu'à peine les matelots pouvoient-ils travailler, tant ils en étoient embarrassés. On fit cinq tours ce jour-là, & tout se passa sans insulte. Dès que quelqu'uns des sauvages vouloit aller à bord de la chaloupe, le roi alloit les chasser ou y envoyoit quelques-uns de ses domestiques; car il se fait fort bien obéir. On vit aussi quantité de canots autour du navire, les uns pour y porter des rafraichissemens, & les autres par curiosité, les Indiens ayant envie de le voir. Il y en eut un qui étant monté dans le vaisseau par l'arrière, entra dans la chambre, en emporta un sabre & se mit à la nage pour se sauver. On fit nager un canot après lui, mais n'ayant pû le joindre, on alla s'en plaindre à un de ceux qui avoient le plus de crédit auprès du roi, & il donna ordre à un autre de faire rendre le sabre : à l'heure même on alla chercher celui qui l'avoit dérobé, & quoiqu'il fut déja loin, on le poursuivit si bien qu'on le joignit & l'emmena. On mit le sabre aux pieds de ceux à qui il appartenoit, & on châtia de coups de bâtons celui qui l'avoit pris. Ils montroient avec les doigts qu'ils lui passoient sous la gorge, que si le hereler ou le roi sçavoit ce qu'il avoit fait, il lui feroit couper la tête. Depuis ce tems-là on ne s'apperçut pas qu'il eut été rien volé, ni dans le vaisseau ni à terre. Ils étoient accoutumés à être tenus en bride, & n'osoient pas même détourner un seul poisson de la pêche qu'ils faisoient.

Ils avoient une frayeur extrême des armes à feu. Une décharge de mousquets les faisoit trembler & fuir de

1616.

toute leur force : mais on les épouventa bien d'avantage, quand on leur fit entendre par signes que ces grosses pièces, qu'ils voyoient, tiroient aussi. Le roi désira qu'on les fît tirer une fois devant lui : mais quand on le fit, ils furent tous saisis d'un si grand effroi, que les deux rois mêmes, nonobstant tous les avis & toutes les assurances qu'on leur avoit données ne purent se contenir, & tous s'enfuirent dans les bois, laissant là les Hollandois. Ils revinrent pourtant quelque tems après, mais il n'y avoit pas moyen de les rassûrer & de les remettre de leur frayeur. Sur le midi les Indiens qu'on avoit en ôtage furent renvoyés à terre, & nos gens qui avoient été auprès du roi revinrent à bord, fort satisfaits de ce qui s'étoit passé.

Le 25 on renvoya trois hommes dans l'isle pour troquer des pourceaux, mais on ne leur en voulut point donner. Le roi après avoir fait sa prière, ainsi qu'il la faisoit chaque fois que quelqu'un des Hollandois débarquoit, leur fit encore beaucoup d'amitié.

Le même jour quelques-uns des principaux de l'isle vinrent de nouveau avec des femmes pour visiter le vaisseau. C'étoient des hommes puissans & robustes qui avoient des feuilles vertes de cocos pendues autour du col, & attachées ensemble par derrière, ce qui étoit une marque de noblesse & de grandeur. Ils avoient aussi dans les mains des branches vertes, où voltigeoit une banderole blanche, pour signe de paix. Ils firent toutes les révérences dont il a été parlé ci-dessus, & témoignèrent qu'ils voudroient bien voir la chambre du capitaine. On les y mena, & on leur montra une dent d'éléphant, une montre, une sonnette, un miroir & des pistolets. On leur fit des présens de bagatelles & d'une cuillère d'étain pour porter au roi, qui en récompense envoya deux pourceaux & un oiseau presque semblable à un pigeon, qui étoit perché sur un bâton & beaucoup estimé parmi eux. Vers le soir on alla pêcher à la seine, & l'on prit entr'autres deux rayes extraordinaires, fort épaisses, & qui avoient la tête fort grosse, la peau tachetée comme un épervier, des yeux blancs, deux ailes ou grandes nageoires, une queue étroite & fort longue, & deux petites sonnettes aux deux côtés. Elles ressembloient fort aux chauves-souris, hormis par la queue.

Le 26 les commis le Maire & Aris retournèrent de l'isle suivis des trompettes, & portant un petit miroir avec d'autres bagatelles pour le roi. Ils trouvèrent sur le rivage un homme tout courbé sur des pierres, les mains jointes ensemble, le visage contre terre, comme s'il eut voulut prier à la turque. C'étoit le roi qui leur faisoit ainsi la révérence. Ils le relevèrent, & ils allèrent ensemble dans sa maison ou *bélai*, parce qu'il pleuvoit. Elle étoit pleine de gens qui étendoient devant eux deux petites nattes pour s'asséoir, & le roi s'assit auprès d'eux.

Les trompettes ayant alors commencé à sonner, il parut autant d'étonnement que de frayeur sur tous les visages, & ils se prirent tous à crier, *awo*, *awo* : cependant le vice-roi ou le second roi, entra le visage tourné vers les étrangers, quoiqu'il marchât le côté tourné vers eux. Quand il fut devant eux, il courut vite derrière, prononçant tout haut & avec rapidité quelques paroles d'un ton d'autorité. En même tems il fit un grand saut en l'air, & se laissa tomber tout d'un coup sur son derrière, les jambes croisées sous lui, & comme c'étoit sur des pierres, les Hollandois s'étonnèrent de ce qu'il ne s'étoit pas cassé les jambes ; mais ces gens-là sont agiles & robustes plus qu'on ne peut se l'imaginer. Après cela il fit une harangue ou une prière avec beaucoup de gravité, & quand elle fut finie, on commença de manger d'une sorte de fruit dont un domestique fit distribution à tout le monde. C'étoit une espèce de limon à peu près du gout des limons d'eau, étant écaillés comme des pommes de pin. Le breuvage étoit fait de racines d'athona bouillies.

Parmi les honneurs qu'on fit aux étrangers, on leur étendit partout des nattes pour marcher dessus. Le roi & le vieux roi leur firent présent de leurs couronnes qu'ils ôtèrent de dessus leurs têtes & mirent sur celles de le Maire & d'Aris. Le Maire leur fit aussi quelques présens de très-peu de valeur qui devinrent des choses très-précieuses pour eux. Il leur donna surtout un petit miroir rond en globe, leur faisant entendre que c'étoit la figure du soleil & de la lune qui étoient ainsi ronds & luisans ; & que dans ce miroir on pouvoit voir toutes les choses qui lui étoient opposées, de quoi ils témoignèrent beaucoup de surprise. Ils firent entendre qu'ils le suspendroient à la poutre de leur maison, & ils le firent bientôt après. Ces couronnes étoient de plumes blanches, longues & étroites, ornées par-dessus & par-dessous de quelqu'autres petites plumes rouges & vertes, venues de perroquets, y en ayant dans leur isle où il y a aussi une sorte de pigeons qui y sont fort estimés, car chacun des conseillers du roi en avoit un perché auprès de lui sur un bâton. Ils sont blancs jusqu'aux ailes, puis le reste est noir, hormis des plumes rougeâtres qu'ils ont sous le ventre. Ce jour-là on fit encore beaucoup d'eau,

Pigeons singuliers.

& l'on eut par troc des noix de cocos avec des racines d'*ubas*: mais on ne pût avoir de pourceaux, parce qu'il n'y en avoit pas trop pour les habitans qui n'avoient pour nourriture que ces trois sortes de vivres & quelques bananes. Ils nous firent entendre en se serrant le ventre qu'ils n'avoient pas de quoi se rassasier eux-mêmes, & que nous leur ferions plaisir de leur donner des vivres. Le capitaine Schouten vint à terre avec les trompettes que le roi prenoit beaucoup de plaisir à entendre sonner. Les insulaires se prirent à rire à gorge déployée en voyant nos gens danser au son des instrumens. Mais rien ne les réjouit davantage que l'escrime qu'Aris Clacsz & Nicolas Jénsz se mirent à faire l'un contre l'autre l'épée à la main. Nous leurs avions porté du pain & du vin pour les régaler, mais ils n'en firent pas grand cas, car ils aimoient bien mieux le poisson tout crud. Le roi de l'autre isle étant venu le même jour visiter celui-ci, ils se firent beaucoup de révérences, de gesticulations, & se régalèrent de racines; mais enfin il y eut un grand démêlé entre eux, & il se fit un bruit terrible. Le roi de l'isle voisine vouloit que l'autre retint ce qu'il y avoit d'Hollandois entre ses mains, & qu'on tâcha de s'emparer de leur navire, & celui-ci n'y vouloit pas consentir, craignant après tout ce qu'il avoit vû, qu'il ne lui en arrivât du mal.

Le vice-roi ou fils du roi ayant passé à bord, & visité le vaisseau, ne fut pas moins surpris qu'il l'avoit été de le voir extérieurement. Vers le soir on alla pêcher avec la seine. Comme on prit beaucoup de bons poissons, on en fit présent d'une partie au roi, qui en mangea sur l'heure de tout crud, têtes, entrailles, queue sans en rien jetter. On ne sçauroit croire quel appétit ces gens-là ont, & avec combien de gourmandiſe ou plutôt de voracité ils mangent le poiſſon. Quand la lune fut levée, les matelots allèrent danſer ſur le bord de la mer avec les ſauvages qui y prirent un grand plaiſir. Ce fut une joye à l'équipage d'avoir enfin trouvé des gens avec qui ils puſſent être ſans appréhenſion, & avec qui ils ſe trouvoient auſſi familiers que s'ils euſſent été dans leur pays.

Le 29, le commis, le ſous-commis, & un des pilotes étant retourné dans l'iſle, allèrent la viſiter, & montèrent ſur une montagne afin de voir ce qui y croiſſoit, & comment étoit le dedans du pays.

Comme ils y montoient le roi & ſon frere les joignirent pour les accompagner. Ils ne virent que des lieux ſauvages & quelques valées ſtériles par l'inondation des eaux de pluyes qui les ſubmergeoient ſouvent. Ils trouvèrent une certaine terre rouge dont les femmes du pays font une teinture pour s'en frotter autour de la tête & des joues.

Lorſque le roi vit que les Hollandois étoient fatigués, il leur fit ſigne de retourner à leur vaiſſeau, & les mena par un chemin aiſé où ils trouvèrent des cocos chargés de noix. Là il les fit aſſéoir ſous les arbres, & ſon frere ayant attaché un petit lien à ſes pieds ou à ſes jambes, monta juſqu'à la cime d'un des plus hauts & des plus droits avec une agilité ſurprenante, & y cueillit dix noix qu'il apporta au bas, où il les ouvrit par le moyen d'un petit bois, en les prenant dans un certain ſens; ce qu'il fit ſi facilement que les étrangers en furent étonnés.

Ils firent entendre qu'ils avoient ſouvent la guerre contre les habitans de l'autre iſle, montrant des cavernes nies dans la montagne, & des bois ou des hallers le long des chemins où ils se mettoient en embuscade pour se surprendre les uns les autres. Ils auroient bien souhaité que le vaisseau fut allé à cette autre isle, & qu'on eut voulu faire la guerre à ceux qui y étoient; mais comme il n'y avoit aucun avantage à espérer d'une pareille expédition, on n'y voulut point entendre.

Sur le midi, les Hollandois se rendirent à bord, amenant avec eux le jeune roi & son frere, à qui l'on ne manqua pas de donner à diner. Pendant qu'ils étoient à table, on leur fit entendre qu'on vouloit partir dans deux jours; de quoi le jeune roi marqua tant de joye, qu'il sortit de table, courut dans la gallerie, & cria vers le rivage, que dans deux jours le vaisseau feroit voile; ce qui fit encore plus connoître qu'il craignoit qu'on n'envahit leur pays, quoique cette crainte né les empècha pas d'en user amiablement. Ce roi promit que si l'on vouloit partir dans deux jours il feroit présent de dix pourceaux, & de quantité de noix qu'il nommoit *ali*.

Le repas fini, le grand roi ou premier souverain vint aussi à bord. Il paroissoit âgé de 60 ans. Il avoit bonne mine vis-à-vis des autres eu égard à la manière dont ils sont tous faits. Il étoit suivi de 16 personnes qui composoient son conseil. On les reçut avec toute la civilité possible. En entrant dans le vaisseau il se coucha sur le visage & fit sa prière; puis on le mena dans les dedans, où il recommença de prier. Il paroissoit dans la surprise & dans l'admiration de tout ce qu'il voyoit, & les Hollandois n'étoient pas moins surpris de ses manières. Ses gens leur voulant baiser les pieds, ils les relevèrent les prenant par la main. Ensuite ils se mirent les mains sur la tête & sur la gorge pour marquer qu'ils étoient sujets. Le roi visita tous les endroits du navire, les hauts, les bas, l'arrière, l'avant, & paroissoit extasié comme s'il eut fait un rêve. Ce qu'il admiroit le plus étoit le gros canon, dont il avoit ouï le bruit à son honneur deux jours auparavant. Lorsqu'il eut été par-tout, il désira de s'en retourner promptement, & il fit beaucoup de civilités en se retirant. Les commis le reconduisirent jusqu'à l'entrée de sa demeure où il étoit ordinairement assis: ensuite ils allèrent se promener avec le jeune roi jusqu'au soir qu'ils se rembarquèrent.

Aris ayant fait une bonne pêche au clair de la lune, en porta une partie au roi, auprès de qui il trouva une troupe de jeunes filles nues qui dansoient, jouant sur un bois creux comme un pompe, qui rendoit quelque son, sur lequel les jeunes filles se régloient pour danser. Les Hollandois étoient assez surpris de voir toutes ces choses pratiquées par des sauvages, n'ayant pas encore ouï dire qu'on en eut trouvé qui parussent si civilisés.

Le matin du 30 du même mois de mai, le roi envoya par présent deux petits pourceaux, quantité de noix de cocos & d'autres fruits, dans l'espérance que le vaisseau partiroit. Le même jour le roi de l'autre isle le revint visiter, & lui amena 16 pourceaux avec 300 hommes, qui avoient tous autour de la ceinture certaines herbes vertes dont ils font du breuvage. Dès qu'il découvrit celui qu'il alloit voir, il lui fit un grand nombre d'inclinations, & se mit la face contre terre, priant d'une voix fort haute & approchant fort d'un grand cri, mais paroissant prier avec beaucoup d'ardeur.

Le roi qui recevoit la visite alla au-devant de l'autre,

& en l'abordant ne fit pas moins de geftes & de poftures; enfin s'étant relevés, ils s'en allèrent dans le bélai du roi vifité, où il s'affembla environ 900 hommes, autour d'eux. Quand ils furent affis, ils recommencèrent leurs prières, joignant les mains & fe baiffant la tête jufqu'à terre.

Aris étant allé avant midi dans l'ifle, & après midi il envoya querir le Maire & Ban, qui ménèrent avec eux quatre trompêtes & un tambour que les rois ouïrent avec un plaifir fingulier. Enfuite il vint une troupe de payfans de la plus petite ifle, qui apportèrent quantité d'herbes vertes qu'ils nommoient *Cava*, femblables à celles que les 300 hommes avoient autour du corps, & ils commencèrent tous à les mâcher. Quand ils les eurent mâchées, ils les retirèrent de leurs bouches, & ayant tout mis enfemble dans un grand vaiffeau de bois, ils jettèrent de l'eau deffus, la mêlèrent & la pêtrirent avec les herbes, & en préfentèrent aux rois & à leurs officiers qui en bûrent. Ils en offrirent auffi aux Hollandois, mais ils étoient trop dégoûtés de ce qu'ils avoient vû. On fervit encore devant les rois quantité de racines d'ubas rôties, & 16 pourceaux, à qui pour apprêt, on avoit tiré les entrailles du corps, & qui étoient encore tous fanglans, n'ayant point été lavés. Il n'y avoit que la foye qu'on avoit fait brûler en les flambant; & on leur avoit mis des pierres ardentes dans le corps. C'étoit là le rôt dont ils fe régaloient, & la manière dont ils rôtiffoient.

Les cérémonies de ce feftin furent, qu'ils fervirent d'abord des racines de cava qu'ils mirent en monçeaux par rangs, danfant & chantant, devant les *ariquis*, ou

Cava, herbe dont ils font leur boiffon.

rois. Puis le roi étranger s'assit, & ses femmes & les gens de sa cour s'étant assis derrière lui en cercle, on mit à manger au milieu d'eux, & chacun en prit. Après ces mets on apporta de grandes civières de 20 à 30 pieds de long chargées d'ubas, ou oubos, & d'autres racines crues & roties, qui furent aussi distribuées. Enfin vinrent les pourceaux rotis remplis d'herbes, les foyes y étant attachés avec de petites chevilles. Ils furent mangés non-seulement avec beaucoup d'apétit, mais avec autant d'avidité, que s'ils avoient été admirablement bouillis ou rotis. Tout ce qui se servoit devant le *kereier* ou roi, y étoit porté sur la tête par respect, & l'on se m'étoit à genoux pour le poser devant lui. De ces 16 pourceaux chaque roi en fit présent d'un aux Hollandois qui furent tous apportés sur la tête de ceux qui en étoient chargés, & ils se mirent à genoux pour les leur poser aux pieds. Avec cela les rois leur firent encore présent d'onze petits pourceaux en vie, & de quelques autres d'une moyenne grandeur. D'un autre côté les Hollandois leur donnèrent trois petits gobelets de cuivre, quatre couteaux, douze vieux clous, & quelque verroterie qu'ils avoient avec eux. Ils se firent beaucoup de plaisir de voir cette fête, & vers le soir ils se rendirent à bord.

Le dernier de mai les deux rois allèrent ensemble visiter le vaisseau & menèrent presque toute la cour. Les principaux avoient des feuilles de cocos vertes autour du cou, pour marque de dignité & aussi de paix. On les reçut avec autant de cérémonie qu'il fut possible, pour répondre aux honneurs qu'ils avoient faits; on les mena dans la chambre du capitaine, & par-tout ailleurs; puis

Ils firent préfent de fix pourceaux dont chaque roi en apporta lui-même un fur fa tête, qu'ils mirent aux pieds du capitaine & du commis, s'inclinant jufqu'à terre avec beaucoup de refpect. On fit emporter les pourceaux & l'on remena les rois dans la chambre. On fit fonner les trompettes dont le grand bruit & l'harmonie les rempliffoient d'admiration. Ce fut bien autre chofe quand ils ouirent les décharges de la groffe artillerie rétentir dans les vallons. Nous leur montrâmes un portrait du prince Maurice armé de pied en cap en leur faifant entendre que c'étoit la nôtre *hereier*. Le principal de ces deux rois fe nommoit le *Granklay*. On leur donna à chacun deux couteaux, & un clou à chacune des principales perfonnes de leur fuite ; puis ils s'en retournèrent. L'un des rois voyant un de fes gens voler une tarière en fa préfence lui déchargea de colère un fi grand coup fur la tête qu'il penfa le tuer. Le Maire alla les reconduire. Ils lui firent encore préfent de trois pourceaux, & quand ils furent à bord, on appareilla au grand contentement des infulaires, qui craignoient toujours qu'on ne les tuât, & qu'on ne voulût s'emparer de leur ifle.

Ils étoient hauts & puiffans. Les gens de la taille ordinaire étoient auffi grands que les plus grands des Hollandois, mais les plus grands étoient d'une taille bien plus avantageufe. Ils étoient vigoureux & bien proportionnés, legers à la courfe ; & nageoient & plongeoient fort bien. Leur peau étoit d'un brun jaunâtre. Ils étoient affez ingenieux, & aimoient à parer leurs cheveux & à les accommoder en diverfes manières. Les uns les ayant crépus & les autres bien frifés, & d'autres en 5 ou 6 treſſes nouées adroitement enſemble; & d'autres heriſ-ſés & droits ſur le haut de la tête, de la longueur d'un quart d'aune de hollande, comme ſi ç'avoit été des broſſes, ou des vergettes de crin de pourceau.

Le roi avoit au côté gauche de ſa tête une longue treſſe, pendante ſur le côté gauche de ſon corps juſqu'à la hanche, & le reſte étoit noué d'un ou deux nœuds. Ses courtiſans avoient deux treſſes aux deux côtés. En général tout étoit nud, hommes, femmes, roi & ſujets, hormis le peu de couverture qui cachoit leurs parties naturelles.

Les femmes étoient fort laides de viſage, mal-faites de corps, de petite taille & avoient les cheveux courts, comme les hommes les portent en hollande. Elles avoient de longues mammelles, qui leur pendoient comme des ſacs de cuir juſques ſur le ventre, étoient fort luxurieuſes, & ſe mêloient ſans honte avec les hommes publiquement, même tout proche du roi.

On ne put remarquer s'ils adoroient un Dieu, ou des dieux, & s'ils pratiquoient quelque autre culte que la prière qu'on leur avoit vû faire: mais on remarqua bien qu'ils vivoient ſans ſouci comme des oiſeaux dans un bois. Ils ne ſçavoient ce que c'étoit que de commercer, de vendre ou d'acheter. Ce qu'ils donnèrent aux Hollandois ne fut point par forme de trafic & de troq, cela ſe fit par boutades & par ſaillies, ſelon qu'il leur venoit dans l'eſprit de donner, & les Hollandois régloient leurs préſens à proportion de ceux qu'ils recevoient.

Ils ne ſément ni ne moiſſonnent, ni font aucun ouvrage. Ils recueillent ce que la terre produit d'elle-même, pour l'entretien de leur vie; ce qui ne conſiſte presque qu'en noix de cocos, en ubas, en bananes, & en peu d'autre fruits. Lorsque la mer se retire, les femmes vont quelquefois chercher sur le rivage, dans des creux de petits poissons qui y demeurent : ou bien lorsqu'elles ont grande envie d'en manger, elle vont pêcher avec de petits hameçons & les mangent tout cruds : de sorte que l'on vit là comme dans le premier âge dont les poëtes ont tant parlé. Car on peut dire en vérité que l'on trouve encore ici les premices de l'homme tout simple & tout brute tel qu'il est sorti des mains de la nature. En partant on nomma ces isles, les isles de *Hoorn* du nom de la Ville, où le vaisseau avoit été équipé, la patrie de la plupart des gens de l'équipage. La baye fut nommée de la *Concorde*, du nom du navire. Tout le jour fut presque employé à lever les ancres & sortir de la baye. Le fond étant si aigu, qu'un des cables s'étant rayé peu à peu rompit en virant, & l'on perdit l'ancre. On jetta une ancre de toue, dont la hansière s'étant entortillée à un rocher, rompit aussi & l'ancre fut perdue. La baye est au côté méridional de l'isle dans un golfe. D'un côté il y a un banc qui asséche en basse eau, de l'autre est la côte, qui est sale le long du rivage. Le vaisseau étoit affourché sur quatre ancres, à une portée de mousquet de l'endroit où se déchargeoit la petite rivière d'eau douce, on auroit pû même ancrer sans péril à son embouchure.

On mit à la voile après midy, & la course fut à l'ouest-sud-ouest jusqu'au soir, pour se mettre au large. Ensuite on fit l'ouest par un vent d'est, l'équipage étant fort content de s'être si bien rafraîchi, & sur-tout d'avoir fait de l'eau. Le parage où le vaisseau avoit ancré est à 14°. 56′.

1616.

Baye de la Concorde.

1616.

Opinion sur les isles Salomon, & sur la terre de Quiros.

Le Maire étoit dans l'opinion que ces isles de *Hoorn* & de l'*Esperance* étoient les mêmes que l'on a nommées *isles de Salomon*. Quoiqu'il en soit ce que nous en vîmes s'accorde avec la relation de *Quiros* : & il n'y a guère de doute que l'on ne doive trouver quelque grande *Terre australe* dans leur voisinage.

Isles Vertes.

Après plusieurs jours de navigation sans voir des terres, dans l'inquiétude si on n'auroit pas passé les côtes de la nouvelle Guinée, car les pointages des pilotes ne s'accordoient pas trop bien, le 20 juin sur le soir on eut la vûe d'une côte à 14°. 50'. C'étoit 5 ou 6 isles fort petites couvertes d'arbres. On vit incontinent venir à bord deux canots, faits comme ceux des isles où l'on avoit été, hormis qu'ils étoient un peu plus grands, & qu'il y pouvoit tenir cinq ou six hommes. Ces gens-là étoient comme ceux qu'on avoit aussi déja vûs, & sembloient parler le même langage, mais ils étoient de couleur un peu plus noire, n'ayant non plus rien de couvert que les parties naturelles. Ils avoient pour armes des arcs & des flêches : ce furent les premiers arcs que nous vîmes dans la mer du sud. On leur fit présent de verroterie & de clous. Ils montroient l'ouest, & l'on comprenoit par leurs signes, qu'il y avoit d'autres isles, que leur roi résidoit & qu'on y pourroit trouver les choses dont on auroit besoin ; ainsi l'on remit le cap à l'ouest ne voyant-là aucun bon mouillage. Nous ne reçûmes point de vivres d'eux, non qu'ils n'entendissent les mots *ousi, lieu, sontii, povacca* : mais ils nous répondirent *ajouta ne ay*, c'est-à-dire, *nous n'en avons point*. Quoique plus noirs que ceux des terres précédentes, ils ont de même les cheveux jaunes. Un vieillard parmi eux les avoit tout blancs.

Leurs

Leurs bras & leur poitrine étoient tout piqués de petites figures. On decouvrit encore 12 à 13 isles gissant tout proche les unes des autres sans aucun courant dans ce parage : puis le 24 trois basses isles toutes verdoyantes & remplies d'arbres. Il y en avoit deux chacune de deux lieues de long, & la troisième étoit petite, les côtes en étoient hérissées de rochers & l'on n'y pût trouver de mouillage. On les nomma les *isles Vertes*. On vit aussi par proue une autre isle fort haute, qui avoit 7 ou 8 collines. La nuit on courut des bordées en attendant le jour.

Le matin du 25 pendant qu'on faisoit des efforts pour s'approcher de l'isle, on vit par proue d'autres terres au sud-ouest, qui étoient fort hautes, & qu'on présuma être le cap de la nouvelle Guinée ; sur lequel on gouverna, laissant l'autre isle à l'ouest. On lui donna le nom d'isle de *S. Jean*.

Sur le midi on fut proche de la côte, & on la rangea par un vent d'est-sud-est ; mais on ne trouva point de fond, la chaloupe étant allée sonder entre le navire & le rivage dont elle s'approcha beaucoup. Deux ou trois canots ou pirogues navigés par des hommes fort noirs, nagèrent à son bord. Ces gens étoient nuds, n'ayant rien de couvert que leurs parties naturelles, & ils commencèrent à jetter des pierres de toute leur force avec des frondes contre les matelots qui ayant lâché quelques coups de mousquets sur eux les firent retirer.

La chaloupe étant de retour, on apprit qu'elle n'avoit point trouvé de fond, & que les noirs qui avoient paru, parloient un tout autre langage que ceux qu'on avoit vûs auparavant. On continua donc à raser la côte qui étoit toujours haute, verdoyante & agréable, & l'on vit des terres qui paroissoient avoir été cultivées. Vers le soir après avoir doublé le cap on entra dans une baye, où l'on mouilla sur 45 brasses, fond inégal & de mauvaise tenue, la mer unie & l'eau bleue. Dès le soir même on vit venir deux pirogues au clair de la lune, naviguées par des noirs, qui crièrent & parlèrent sans qu'on les pût entendre. Pendant la nuit les habitans firent garde tout le long de la côte. Le navire étoit à l'ancre à une portée de petit canon du rivage, proche d'une rivière qui se déchargeoit dans la mer. Vers la fin de la nuit, le tems étant serein & le clair de la lune fort beau, par une petite fraîcheur qui venoit de la terre, quelques pirogues s'avancèrent jusques sous la galerie: on y jetta des grains de rassade, en parlant fort doucement aux sauvages, leur faisant des caresses de gestes & de signes, & tâchant de leur faire entendre qu'ils amenassent des noix de cocos, des pourceaux, des bœufs ou des boucs, s'ils en avoient. C'étoient des hommes véritablement sauvages & brutaux. Cette côte étoit selon l'estime, à environ 1840 lieues du Pérou.

Le matin du 26 du même mois de juin, on vit venir 8. pirogues, dans l'une desquelles il y avoit 11. hommes, & dans les autres il y en avoit 4. 5. 6. ou 7. Ils firent plusieurs tours autour du vaisseau étant armés d'assagaies, de pierres & de massues de bois, de sabres & de frondes. On leur parla toujours d'un ton amiable, & on leur distribua quelques merceries leur faisant entendre qu'ils amenassent des pourceaux, des poules, des noix de cocos, &c.

Ce n'étoit pourtant pas là ce qu'ils cherchoient ; car

pour réponse ils commencèrent à se servir de leurs frondes, & à lancer des assagaies, espérant se rendre maîtres du navire. Cette attaque ayant reveillé l'équipage, on fit jouer le gros canon avec la mousqueterie, & l'on en tua 10 ou 12. Leur grande pirogue fut coulée à fond avec trois autres, ceux qui étoient dedans se sauvèrent à la nage. Cependant on mit à la mer la chaloupe à rames, qui passant au travers de ceux qui nageoient, en firent périr encore quelques-uns. On en fit prisonniers trois qui étoient fort blessés, & pris quatre pirogues qui furent dépecées pour servir de bois de chauffages. Un des trois blessez mourut, & les autres furent pensés.

Sur le midi la chaloupe étant retournée le long du rivage, les deux prisonniers crièrent à leurs compatriotes qu'ils amenassent des fruits: Sur quoi un canot vint présenter un petit pourceau & un paquet de bananes. On renvoya un des prisonniers qui étoit fort blessé, & l'autre fut mis à 10 pourceaux de rançon. Le blessé ayant été laissé sur le rivage, une troupe de sauvages armés sortit d'un bois, le vint prendre par dessus les bras & l'emmena vers le bois, où ils s'assirent tous autour de lui, & parurent fort empressés à le secourir.

Ils avoient les deux oreilles & les deux narines percées, & quelques-uns avoient aussi un trou au diaphragme du nez. Dans tous ces trous il y avoit des anneaux. Ils avoient passablement de barbe, sans moustaches, & des bracelets de nacre de perle au-dessus des coudes & aux poignets. Presque tous vont nuds; n'y en ayant que quelques-uns qui couvrent leurs parties naturelles d'une feuille d'arbre tenue par une ceinture d'écorce d'arbre. Ils sont puissans & bien proportionnés dans leur taille, ayant les dents noires & les cheveux de la même couleur, courts & crépus; mais ils n'approchent pas tant de la laine que ceux des Ethiopiens. Ils portent des bonnets d'écorces d'arbres peintes, en mettant deux ou trois l'une sur l'autre, qu'ils joignent par une espèce de corde dont ils les lacent, & ils se les mettent autour de la tête presque comme une coëffure de femme. Il y en a qui ont une petite corbeille de jonc pendue à côté d'eux, où il y a de la chaux pour saupoudrer le pignang qu'ils mangent.

Les civilités qu'ils font & les respects qu'ils rendent, consistent à ôter leur bonnet & à se mettre les mains sur la tête: ils s'y mettent aussi des feuilles d'arbres pour marquer de l'amitié. En venant à bord ils chantoient tous ensembles d'une manière assez concordante. Leurs armes sont des frondes, des assagaies d'un bois dur où il n'y a point de fer, des massues & des sabres de bois, aux poignées desquels il y a des ornemens. Ils sont agiles à la course, & mordent rudement; leur coutume étant de mordre comme des chiens. Tous leurs canots ne sont pas égaux; y ayant 17 couples de rameurs sur les grands, & depuis 2 jusqu'à 10 sur les petits. Ils navigent également de l'avant & de l'arrière, & ont des châteaux comme les galions ou les cocores, mais pas plus grands que ceux des champans. Leur largeur n'est que pour faire asseoir deux hommes, sans qu'il y ait aux côtés aucun élancement de rozeaux. On vit une de ces grandes pirogues, dont les pièces étoient jointes ensemble par des coutures bien goldronnées, ou frotées de térébantine. On eut encore la vûe d'une autre isle qui gissoit au nord de cette grande isle, sur la côte de laquelle on étoit.

Le 27 on fit de l'eau, on reçut un pourceau, & on vit de certains oiseaux rouges. Le 28 quelques canots étant venus à bord sans rien amener, & sans vouloir payer la rançon du prisonnier, on le mit à terre. On prit ce peuple-là pour des Papous; car ils avoient les cheveux courts, & ils mangeoient de la betelle avec de la chaux. Ils ont les dents si tranchantes & sont si accoutumés à mordre, qu'ils coupoient nos cordages avec les dents. On trouve ici des perroquets verds, semblables à ceux d'Amérique.

1616.

Payens.

Le 29. sans avoir encore pû trouver le bout de cette isle-ci, quoiqu'on navigeât terre à terre par le travers de plusieurs bayes & golfes, nous eûmes la vûe de deux autres hautes isles qui étoient aussi au nord de la grande, à 5 ou 6 lieues. On étoit alors à 3 degrés 20 minuttes.

Le matin du 30. comme on demeuroit toujours pris de calme, on vit venir à bord plusieurs canots dont les noirs, qui les navigeoient, rompirent leurs assagaies sur leurs têtes, en signe de paix. Mais pour la bien établir, ils ne se crurent pas obligés de rien apporter, quoiqu'ils demandassent tout ce qu'ils voyoient. Ils paroissoient pourtant un peu plus civilisés que ceux qu'on avoit vûs le jour précédent. Ils avoient les parties naturelles couvertes de quelques feuilles. Leurs canots étoient aussi mieux construits que les autres, ayant quelques ouvrages de sculpture à l'avant & à l'arrière.

Ils sont fort entêtés de leur barbe, & en font une grande parade, la poudrant de chaux, aussi bien que leurs cheveux. Ces canots étoient venus de 3 ou 4 isles, où il y avoit quantité de cocos. Mais ils n'amenèrent ja-

1616.

mais rien, quelque peine que l'on prît pour leur faire entendre qu'on avoit besoin de vivres. Ils demeurèrent jusqu'au soir sans rien faire que tourner autour du navire, puis ils s'en allèrent.

Isle Moyse.

La nuit du premier juillet 1616. le calme continuant toujours, les courans firent dériver le navire, qui se trouva le matin entre une isle de deux lieues de long & la nouvelle Guinée.

Après dejeuné on vit venir de cette isle près de 25 pirogues bien pleines de gens. C'étoient en partie les mêmes hommes qu'on avoit vûs les jours précédens, & qui avoient rompu leurs assagaies sur leurs têtes. Il y avoit à l'avant du vaisseau, deux ancres à pied & parées pour mouiller, sur chacune desquelles un nègre alla s'asseoir, avec une de leurs pangaies ou rames à la main, s'imaginant qu'ils alloient nager le vaisseau jusqu'au sec. Les autres tournoient tout autour, cherchant occasion de faire quelque surprise. Enfin s'étant approchés ils commencèrent à jetter leurs pierres & à lancer leurs assagaies. Les pierres étoient poussées d'une si grande vigueur, qu'elles se rompoient & faisoient des bosses aux mâts, ou en faisoient voler de petits éclats, de sorte qu'on ne pouvoit demeurer sur le pont, tout le monde se retirant dans la chambre, ou ailleurs. Il y eut même un matelot de blessé, & ce fut le premier qui l'eût été durant le voyage. Au plus fort de leur fureur, lorsque les sauvages crioient qu'on ne pouvoit leur résister, on leur envoya les bordées du haut pont, & l'on fit feu de la mousqueterie. Cette manœuvre en ayant emporté 12 ou 13 & blessé beaucoup d'autres; ils prirent la fuite. La chaloupe les suivit bien armée, & prit un canot où il y avoit trois hommes, un mort qui fut jetté à la mer, & les deux autres y sautèrent pour se sauver à la nage. Mais l'un ayant été tué, l'autre se rendit prisonnier. C'étoit un jeune homme de dix-huit ans qu'on nomma *Moyse*, du nom de ce matelot qui avoit été blessé le premier de tout l'équipage, & l'isle fut aussi nommée l'isle de *Moyse*. Ces insulaires mangeoient une sorte de pain qu'ils faisoient de racines d'arbres. Depuis ce jour jusqu'au sixième juillet nous eumes tant à bas bord qu'à stribord une infinité d'isles, où l'on ne s'arrêta guéres. Après avoir doublé un cap, on apperçut à l'est & à l'ouest une si grande étendue de pays, qu'on n'en appercevoit point la fin de côté ni d'autre. Il étoit haut en partie, & en partie assez bas, & comme il s'étendoit à l'est-sud-est, on crut enfin que c'étoit la *nouvelle Guinée*.

Le 27 avant jour, on mit le cap sur la montagne, qui jettoit de sa cime des flammes, de la fumée & des cendres, & on lui donna le nom de *Vulcain*. L'isle où elle étoit se trouva bien peuplée & remplie de cocos. Les habitans envoyèrent quelques pirogues, dans chacune il y avoit 5 ou 6 hommes, avec une espèce d'échaffaudage élevé sur des bâtons qui couvroient chaque bâtiment. On ne sçavoit point à quelle fin ils étoient ainsi faits, & l'on eut quelque frayeur. On voulut raisonner avec eux par le moyen du nègre *Moyse*, qu'ils ne purent entendre. Ils étoient aussi tous nuds, hormis leurs parties naturelles qui étoient couvertes. Les uns avoient les cheveux courts, les autres les avoient longs. Ils étoient plus jaunes & parloient une autre langue que les sauvages de l'isle où *Moyse* avoit été pris. On ne put

1616.

Volcan.

1616.

trouver de mouillage; & l'on vit plusieurs autres isles au nord & au nord-ouest. On courut donc au nord-ouest quart à l'ouest sur un cap uni qu'on voyoit par proue, & vers le soir on s'en approcha; mais on serra les voiles & l'on ne fit que courir de petites bordées toute la nuit. L'eau étoit de diverses couleurs: il y en avoit de verte, de blanche, de jaune, & comme avec cela elle étoit plus douce que celle de la mer, on présuma qu'elle venoit d'une rivière qui devoit s'y dégorger proche de cet endroit-là. On voyoit aussi flotter des arbres, des branches & des feuilles sur quoi il y avoit quelquefois des oiseaux & des écrevices. Les canots qui vinrent à bord étoient navigés par des hommes tout singuliers, qui étoient encore des Papous. Ils avoient des cheveux courts & frisés, des anneaux passés dans le nez & dans les oreilles, de petites plumes sur la tête & sur les bras, des dents de pourceaux autour du cou & sur la poitrine.

Papous.

Les femmes étoient presque affreuses. Elles avoient de longues mammelles, faites presque comme de gros boyaux, qui leur tomboient jusques sur le nombril: des ventres gros comme des tonneaux, la plupart portant des enfans sur leurs dos, qui étoient comme des bosses; des jambes fort menues, & des bras de même, des phisionomies de singes, de vilains traits de visage, les parties naturelles médiocrement couvertes, & le derrière nud comme le reste du corps, des cheveux courts, si bien qu'elles ne différoient des hommes, qu'en ce qu'on voyoit les mammelles. Elles mangeoient aussi de la betelle, & avoient chacune quelque défaut particulier. L'une étoit louche, l'autre avoit de grosses jambes mal saines, l'autre de gros

gros bras enflés; ce qui fit présumer que l'air étoit mal sain, d'autant plus que les maisons étoient élevées sur des pieux à 8 ou 9 pieds du sol. C'étoit à 3 degrés 44 minutes.

Les sauvages nous firent voir une petite montre de gingembre. On voyoit assez proche deux villages, dont les habitans envoyèrent à bord deux canots, avec quelques noix de cocos qu'ils voulurent vendre fort cher, demandant pour quatre noix une brasse de toile, qui étoit la marchandise qu'ils désiroient le plus. Ils avoient aussi quelques pourceaux, qu'ils ne vouloient pas vendre moins cher à proportion. On ne sçavoit point du tout où l'on étoit, si l'on étoit près ou loin des isles des Indes; ni quels étoient les pays le long desquels on navigeoit tous les jours, si c'étoit la nouvelle Guinée ou non. On n'avoit là-dessus que de foibles conjectures; toutes les cartes dont on étoit pourvu ne marquant rien qui eût quelque rapport aux pays qu'on voyoit: mais c'étoit en effet les côtes de la *nouvelle Guinée*. La chaloupe & le canot ayant été bien armés, le patron qui les commandoit fit ramer vers le rivage, pour aller faire une bonne provision de noix de cocos: car il y en avoit en abondance dans cette isle, & l'on en auroit eu autant qu'on auroit voulu, si l'on n'avoit pas eu l'imprudence de faire des bravades aux Indiens, & de se les rendre ennemis. Ils étoient sur leurs gardes, & lorsqu'on voulut debarquer sans assez de précaution, ils tirèrent une multitude de flêches & blessèrent seize hommes, entre lesquels étoit Aris, commis du yacht, qui avoit péri, & qui eut la main traversée d'une flêche. Le patron qui étoit la cause de ce malheur, se cacha sous le traverser de la chaloupe, sur lequel étoient les matelots.

Cette manœuvre, qu'il fit pour se mettre à couvert des flèches, ne lui fut point honorable, mais elle lui fut utile; car elle le garantit des coups à quoi furent exposés ceux qui étoient assez au-dessus de lui, dont l'un eut le bras percé, un autre la jambe, un autre le cou, un autre encore la main, &c.

Les matelots ne manquèrent pas de faire feu de leurs mousquets & de leurs pierriers; mais les Indiens les accablèrent d'une si grande quantité de flèches qu'ils furent contraints de céder & se retirer. On étoit alors à un degré 56. minutes.

Isles d'Insou, de Moa, & d'Arimoa.

Le matin du 16 on navigea entre les deux isles, & l'on mouilla sur 9 brasses dans un bon mouillage. Après midi la chaloupe & le canot nagèrent encore vers la plus petite isle, pour tâcher d'avoir des noix. On y mit le feu à deux ou trois huttes, de quoi les sauvages de l'autre isle parurent furieux, criant & faisant des bruits horribles. Cependant ils n'osoient traverser à cause de quelques pièces du gros canon du vaisseau, qui battoient le long du rivage, & dans le bois où les boulets passoient & pénétroient avec un terrible fracas, de sorte que les habitans effrayés n'osoient plus se montrer.

Sur le soir, les chaloupes étant retournées à bord, la distribution fut faite de trois noix à chaque homme. Un peu plus tard, un homme vint de la part des insulaires demander la paix, rapportant un chapeau qu'un matelot avoit laissé tomber dans l'eau à l'attaque qui avoit été faite: ces gens-là vont entièrement nuds, n'ayant aucune partie du corps couverte.

Le 17. il vint encore deux ou trois canots qui s'étant

mis au-dessus du vaisseau, jettèrent à la mer des noix de cocos afin que le courant les apportât vers le navire, & que les matelots allassent les prendre, voulant par-là donner des marques de reconciliation. On leur fit aussi des signes pour les inviter de venir à bord, & en effet à la fin ils s'enhardirent & ils apportèrent autant de noix & de bananes qu'on en désiroit. On les tiroit avec de petites cordes dans la gallerie, & on leur donnoit en troc de la verroterie, de vieux clous & des couteaux rouillés. Ils apportèrent aussi un peu de gingembre verd, & des racines jaunes dont on se sert au lieu de safran, & ils donnèrent aussi quelques-uns de leurs arcs avec des flèches, si bien que de part & d'autre, on fut bien-tôt bons amis.

Le 18. on troqua encore des noix & des bananes pour un peu de cassave & de patates, dont on trouve aussi beaucoup dans les Indes orientales. On vit entre leurs mains quelques pots de fer, qu'on jugea être venus des Espagnols. Une autre marque qu'ils en avoient vû, étoit qu'ils ne paroissoient pas surpris de voir un navire, ni curieux de le visiter comme l'avoient été les autres sauvages. Ils faisoient même comprendre qu'ils sçavoient bien ce que c'étoit que de tirer du gros canon, & ils donnoient à leur isle qui étoit la plus orientale, le nom de *Moa*; à celle qui gissoit par son travers, le nom d'*Insou*, à la dernière & la plus haute, gissant à 5 ou 6 lieues de la nouvelle Guinée, le nom d'*Arimoa*.

Le 19. on alla pêcher le long de la plus grande isle. Les sauvages parurent non-seulement fort traitables;

mais ils allèrent aider à tirer la seine, & donnèrent autant de noix qu'on en voulut. On vit alors venir plusieurs pirogues de l'est, c'est-à-dire, des autres isles qui étoient plus à l'est, & il y en avoit qui étoient assez grandes, sur quoi on rappella les pêcheurs.

Les noirs qui étoient proche du vaisseau excitoient à tirer sur ces pirogues : mais on leur fit entendre qu'on ne le feroit pas à moins que les pirogues ne fissent quelque acte d'hostilité. Enfin il se fit une nouvelle distribution de noix à l'équipage, & chaque homme en eut 50 avec deux paquets de bananes. La cassave dont ces gens-là font leur pain n'est pas comparable à celle des Indes occidentales : ils en font aussi des galettes rondes.

Le 23, passant près d'une autre isle, le vaisseau fut suivi de six grands canots qui avoient des aîles, ou des élancemens aux deux côtés, & de la castillage à l'avant & à l'arrière à peu près comme les bâtimens de Ternate. Ils nous parurent d'abord timides. Ils s'approchoient en criant *sano*, & versant de l'eau sur leurs têtes : ce qui est un signe d'amitié. Leur chef qui portoit au col un collier d'écorce fort bien travaillé, leur commanda de tirer sur nous. Mais ils n'en voulurent rien faire : raison pour laquelle l'un d'eux fut bien battu par le chef. Leur langage n'est pas le même que celui de l'isle de *Moa*. Ils ont un trou au diaphragme du nez, où ils portent une boucle d'étain & des bracelets de nacre au poignet. Ils ont des fruits dont le noyau est noir & poli, du poisson sec qui paroissoit être des brèmes, des noix de cocos, des bananes, du tabac, & un petit fruit assez semblable à des prunes. Il en vint encore d'une autre isle qui amenèrent aussi quelques vivres & une montre de porcelaine de la Chine, dont ils donnèrent en troc deux petits plats. Ils ne parurent pas non plus curieux de visiter le navire; ce qui fit conclure qu'ils avoient déja vû des chrétiens & leurs vaisseaux.

Ils étoient différens des autres noirs des grands canots, ayant la peau plus jaune, & étant de plus grande taille. Quelques-uns avoient les cheveux longs, & les autres courts. Ils se servoient d'arcs & de flêches, & l'on en eut d'eux quelques-uns en troc. Ils étoient curieux de verroterie & de ferrure. Ils avoient aux oreilles des bagues de verres bleuës, blanches ou vertes, qu'apparamment ils avoient eues des Espagnols.

Le 24 on fut à un demi degré, le tems étant presque calme. La course fut au nord-ouest & à l'ouest-sud-ouest, le long d'une belle & grande isle, verdoyante & agréable. On la nomma l'isle du capitaine *Willem*, ou *Guillaume Schouten*: & sa pointe occidentale fut nommée le *cap de bonne Espérance*, parce qu'on espéroit que de-là en gagneroit bientôt par le sud jusqu'à l'isle de Banda, présumant que ce cap étoit une pointe de quelques-unes des isles qui sont à l'est de celle-là. L'on vit quantité de lamies de bonites, de corconades; cette mer étant fort poissonneuse. On vit aussi flotter des feuilles & des herbes; mais on ne trouva point de fond le long de la côte. Entre les fruits de l'isle où l'on avoit été le 23 du mois il y en avoit un qui en dedans étoit jaune ou de couleur d'orange & verd en dehors; mais il étoit creux, rempli de pepins, & plus petit que le melon dont il avoit assez le goût. On en

1616.

Isle Schouten.

Cap de Bonne-Espérance.

mangea beaucoup avec du sel & du poivre, & l'on le trouva fort sain. (*)

Nous ne cessions point d'avoir la vûe de plusieurs isles ou de longues côtes de continent. Le 29 nous sentîmes les effets d'un grand tremblement de terre. Les matelots effrayés sautoient hors de leurs cabanes, ne sçachant d'où venoit ce qu'ils sentoient ; car le vaisseau se tourmenta beaucoup. Cependant la mer étoit ici sans fond. Le lendemain il fit des éclairs & des tonnères si épouventables, que le navire paroissoit tout en feu, & la pluie qui les suivit fut si extraordinaire, qu'on n'en avoit jamais vû de semblable.

Le vaisseau rencontre des pirogues des Moluques.

Le 4 Août après avoir repassé la ligne en nageant vers un rivage, on vit de dessus la chaloupe deux pirogues & ensuite trois qui démaroient pour venir à son bord. Comme elles arborèrent la bannière blanche, elle en mit une aussi, & elles la suivirent jusqu'au vaisseau. Elles ne portoient que des montres de féves & des pois des Indes avec du ris, du tabac, & trois oiseaux de paradis, dont un, qu'on eut par troc, étoit blanc & jaune.

On entendoit un peu ce que ces gens-là disoient, y ayant plusieurs mots ternatois mêlés dans leur langage. Il y en avoit un qui parloit assez bien malais, langue que le commis Aris entendoit. Ils avoient même quelques termes espagnols, & avec cela un chapeau à l'espagnol. Leurs vêtemens consistoient en quelques toiles assez belles, qui étoient nouées autour de leurs ceintures ; quelques-unes même ayant des calçons de soye

(*) Il paroît que c'est une espèce de pasteques ou de mélon d'eau, nommé *angouri*, fort commun à Veniſe.

de diverses couleurs, & des turbans sur la tête, & l'on disoit qu'ils étoient Turcs, ou plutôt Maures. Ils avoient des bagues d'argent & d'or aux doigts, & leurs cheveux étoient noirs comme du goldron.

Ils troquèrent quelques denrées pour de la verroterie, mais ils aimoient mieux des toiles. Cependant ils étoient timides & ne s'approchoient pas volontiers des Hollandois. On leur demanda le nom de leur pays, ce qu'ils ne voulurent pas dire, & fit présumer aussi bien que diverses autres circonstances, qu'on étoit au bout oriental de *Gilolo* à la langue de terre du milieu ; car Gilolo s'étend par trois langues de terre à l'est. Par conséquent ceux qui nous parloient devoient être des gens de Tidore, amis des Espagnols ; & en effet on sçut dans la suite que cette conjecture étoit véritable, de quoi tout l'équipage fut fort joyeux. Car après avoir tant erré & tant souffert, c'étoit une véritable consolation de se trouver enfin dans des lieux où la nation étoit connue, & l'on espéroit rencontrer des compatriotes. L'équipage fut bien réjoui de se voir encore fort de 85 hommes tous en santé ; au bout de leurs vivres à la vérité, mais dans un pays où ils sçavoient qu'on leur en fourniroit. Nous apprîmes bien-tôt des nouvelles de divers peuples d'Europe. Et le 17 septembre nous vîmes au lof un vaisseau qui couvroit sur Ternate. C'étoit *l'étoile du matin* de la flotte de l'amiral *Spilberg*.

Le vaisseau *la Concorde* après s'être quelque tems arrêté à *Ternate* vint à *Jacatra*, (aujourd'hui *Batavia*,) dans l'isle de Java, où *Jean Cohen* président du conseil des Indes ayant demandé le Maire & Schouten, leur

Isle Gilolo.

Arrivée à Batavia.

déclara au nom de la compagnie des Indes, qu'il les arrêtoit prisonniers, & qu'il confisquoit au profit de la compagnie le vaisseau la *Concorde*. Le capitaine eut beau alléguer ses raisons, & représenter le tort & l'injustice qu'on lui faisoit, comme il n'étoit pas le plus fort, il fut contraint de subir la loi qu'il plût au conseil de lui imposer, le président lui déclarant qu'il avoit ses ordres, & qu'il étoit obligé de les suivre; que s'il prétendoit qu'on lui fît tort, il pourroit se pourvoir en Hollande, & y poursuivre ses droits en justice. C'est ainsi qu'il fut dépossédé de son vaisseaux & de la cargaison, dont le président fit faire inventaire, & distribua les équipages sur toute la flotte de l'amiral *Spilberg*.

La vraie cause d'un si mauvais procédé, reçu pour payement d'un des plus fameux exploits qui se soit jamais fait en navigation, fut la jalousie qu'on eut de voir que le bâtiment étoit chargé pour le compte de quelques particuliers, non pour celui de la compagnie générale, & qu'il avoit fait le voyage sans sa participation. On colora cette ingratitude du prétexte que tout ce que le *Maire* & *Schouten* racontoient de leurs importantes découvertes n'étoient que des impostures. C'est ainsi qu'en parle de *Maye* dans son journal de *Spilberg*.

« Ces gens-là, dit-il, pendant leur longue navi-
» gation n'avoient découvert ni de nouvelles terres,
» ni de nouveaux peuples avec qui l'on pût trafiquer. Ils
» disoient seulement avoir trouvé un nouveau passage,
» autre que celui par où l'on passoit ordinairement; quoi-
» qu'il n'y eût pas d'apparence, puisqu'ils avoient em-
» ployé

» ployé justement quinze mois & trois jours dans leur
» voyage jusqu'à Ternate, & que de leur aveu ils
» avoient eu des vents favorables; outre que n'ayant
» qu'un vaisseau, ils n'avoient pas été sujets aux retar-
» demens où l'on est presque toujours exposé quand on
» est en compagnie, parce qu'il faut souvent s'attendre
» les uns les autres. Ces prétendus faiseurs de décou-
» vertes qui se vantoient d'avoir passé par un nouveau
» détroit, étoient fort étonnés de ce que la flotte de l'ami-
» ral Spilberg avoit terri à Ternate si long-tems avant
» eux, quoiqu'elle fût composée de six gros vaisseaux,
» qu'elle eut été si souvent retardée, qu'elle eut livré
» des combats, qu'elle eut relâché, séjourné & trafi-
» qué en tant de ports. Cependant ils n'étoient partis que
» huit mois après elle, & elle n'avoit employé qu'un
» an & sept mois dans toutes les expéditions qu'elle
» avoit faites jusqu'aux Moluques. »

1616.

Le Maire embarqué pour le retour en Europe sur le vaisseau amiral de la flotte hollandoise, n'eût pas le bonheur de jouir en Europe du fruit de ses travaux, ni de la gloire de son nom si célèbre aujourd'hui. Il mourut à la fleur de son âge, près de l'isle Maurice le 22 janvier 1617, semblable en sa mort comme dans sa vie, au fameux Magellan dont il a presqu'égalé la réputation. On peut voir dans *Aris* l'éloge de sa bonne conduite & de ses qualités personnelles. Spilberg qui avoit eu le tems de le mieux connoître lui rend la justice tardive de dire, » que l'affliction fut générale à sa » mort, & que la Hollande fit une perte considérable en » perdant un si grand marin plein de science & d'expé- » rience pour la navigation. » *Schouten* revit sa patrie, où

Retour en Europe.

Mort de le Maire.

il fut reçu avec tous les éloges qui lui étoient dûs: mais nous n'apprenons pas si l'on prit soin de le dédommager de la confiscation du navire. Il est à remarquer que dans toute cette longue navigation de deux ans & dix jours autour du monde, les équipages des deux vaisseaux *la Concorde* & *le Hoorn*, ne perdirent que quatre hommes.

VOCABULAILES

Tirés des langues barbares de divers peuples Austraux.

Des isles Salomon.

Un	Tacii.
Deux	Loua.
Trois	Tolou.
Quatre	Fa, d'fa.
Cinq	Lima.
Six	Houw.
Dix	Ongefoula.
Venez à la barque	Nutifoi.
Allez-vous-en	Fanou.
Se battre	Backela.
Femme	Herri.
Cochon	Wacka.
Poule	Omo.
Vent	Augin.
Poisson	Ica.
Ligne à pêcher	Ece.
Noix de cocos	Alicuw.
Bananas	Wafoudgy.
Obos, racine	Oubi, oufii.
Donnez-moi mes obos	Toma may oufi.
Matalle	Matali.

AUX TERRES AUSTRALES. LIV. III. 411

Noix fraîches de cocos	d'Mauta.
Corail	Lickasoa. Acachoa.
Clou	Hakoubea.
Fer	Hequii.
Hameçon	Matau.
Chef, prince	Latou.
Abordez à terre	Ajouta. Ajouda.
Retirez-vous	Alick-wi.
Bon fer	Moaii.
Oui	Da. of ilto.
★★★★★	Acoua. (*)

Des isles Cocos.

Soleil	La.
Lune	Massima.
Etoile	Fittou.
Yeux	Matta.
Oreilles	Talinga.
Langue	Alello.
Levres	Lamotou.
Joues	Calasou.
Gorge, gozier	Oua.
Mamelle	Chou.
Cœur	Fatta.
Os	Coloii.
Nes	Esou.
Barbe	Talaffa.
Dents	Nyfo. Lyfo.
Cheveux	Ourouck. Ourou.
Os	Waaii.
Pieds, mains	Fatinga. Lima.
Ongles	Maii ninia.
Ventre	Tinay.

(*) C'est le nom d'une fléche en forme de roseau à peau marquetée.

Fff ij

Dos	Toua.
Epaules	Touauma.
Fesses	Mouri.
Enfant, garçon	Lama.
Fille	Toubon.
Femme	Farri.
Dormir	Mooii.
Danser	Pipi.
Maison, hutte	Fare.
Pierre	Fattou.
Arbre	Talie. Talies.
Bois	Lachaii.
Fer	Hackoumea.
Corail	Cosoa.
Vaisseau	Wacha.
Cochon	Pouaeca.
Coq	Moa.
Eau	Waii.
Poule	Oufa.
Pluye	Oua.
Coignée, maillet	Tocki. Gelfii.
Terre	Kille.
Airain	Tatto.
Siége	Noffoa.
Ecuelle	Chienga.
Yvoire	Fatta.
Vent du midi	Massele.
Blesser d'un coup de couteau	Tuamo.
Habit	Caffou.
Natte	D'fau.
Huile de cocos	D'lolo.
S'embarquer, mettre au large	Foulau.
Montagne	Msoucha.
Mange	Tacki, nacki.
Eleve	Foudii. (*)

Bannannas	Fouti.
Obos racines	Oufi.
Eau	Waii.
Huile	Lolo.
Fromage	Poulacca.
Cifeaux, tenailles, pinces	Epouri.
Bague	Mamma.
Tambour	Naffa.
Bombarde	Leaii tifmogel nebvil.
* * * * *	Waiifogi. (*a*)
Couteau	Faffi.
Verre brulant	Leffi iloa.
Feuilles de cocotiers	Aes cifaro.
Eau de cocos	Wacki.
Sucre	Lolo.
* * * * *	Falafola. (*b*)
Coquillage à perles	Tiffa : teffa.
Clochette, fonnette	Taula.
Canelle	Kaii.
Cordeau	Wafauw.
Feu	Oumou.
Un	Taci.
Deux	Loua.
Trois	Toloy.
Quatre	Fa.
Cinq	Lima.
Six	Houno.
Sept	Fitou.
Huit	Walou.
Neuf	Ywou.
Dix	Ongefoula. (*c*)

(*a*) Le nom n'y est pas ; c'est quelque chose d'aquatique probablement.
(*b*) C'est le nom d'un fruit.
(*c*) Ils ne sçavoient compter que jufqu'à dix ; nous leur enfeignâmes à aller jufqu'à cent, en répliquant ainfi les mots:
Onze . . . . Ongefoula taci.
Douze . . . . . . Ongefoula lous, &c.

Ceci, cela	Equi.
Garçon	Manta.
Voyons	Matta may.
Il n'y a rien, ce n'eſt rien	Neay: Eay.
Non	Eay.
Oui	Yio: Yiouw.
Il n'y a plus rien	Eeuw.
Pigeon	Loupe.
Chant, chanſon	Adoua.
Bon jour, bien venu	Lolle.
Piquure en broderie ſur la peau	Tetau.
Poſture en danſant, geſtes baladins	Mon.
Nom d'un animal à corne	Niſo.
Sucre	Lolo.
Obos de la petite eſpèce	Talo.
Toile, écorce ou papier peint	Keaſiva.
Bœuf	Wagga: Waggabou.
* * * * *	Cava. Acava. Atova. (a)
Navire	Wacha.
Nom des ôtages donnés	Tamay. Foſa.
Corde ou ceinture d'habit	Caffa.
Bracelet	Tauwa pou.
Doigt	Fatinga.
* * * * *	Lolou. (b)
Pain comme on le fait en Europe	Maſi.
Foye	Adde.
Foye de cochon	Adde puacca.
Roi	Ariki.
Chef, commandant, prépoſé	Latou: Latau.

(a) Racine qui ſe mange, & du ſuc de laquelle on fait la boiſſon.

(b) Le nom d'un fruit, ou plutôt c'eſt le ſuc des fruits, comme l'huile de cocos, ou le ſucre des cannes. Voyez au vocabulaire précédent ; il eſt viſible que la langue des iſles Salomon & celle des iſles de Cocos ſont à peu près la même.

De la nouvelle Guinée.

Roi	Latiew.
Noix de cocos	Lamas.
Poule	Coocq. (a)
Cochon	Tembor.
Banannes	Tachouner.
Œufs de poule	Pasima coo.
Eau	Dan. Daan.
Poisson	Hissou.
Carabi	Corre cor.
Feuilles d'un arbre ou plante	Nomboug po.
Pinasse	Bou.
Chaux	Camban.
Huile	Poom.
Corail	Poutal.
Couteau	Coot.
Fer	Harees. (b)
* * * * *	Bouo. (c)
Tête	Ea.
Nez	Nisson.

(a) C'est une onomatopée ou imitation du cri de cet oiseau que les Celtes à l'autre extrémité du monde ont aussi nommé coq, par la même raison : preuve évidente que la nature conduit les hommes de tous les pays, à nommer les choses bruyantes par le son du bruit qu'elles font. Les exemples de ceci sont en grand nombre. On aura la vraie langue humaine primitive & ses racines. 1°. En rassemblant de toutes les langues ces sortes d'onomatopées ou termes imitatifs. 2°. En observant le langage des enfans qui nomment tous les objets extérieurs à leur portée, par les syllabes labiales ba, pa, ma, les seules que la nature leur mette encore en état de prononcer, puis peu à près, da, ta, la, na, gha; En observant aussi les interjections des enfans, qui sont le cri de la nature, la marque & le nom propre de leur bien ou de leur mal-être ; en un mot l'expression de leurs sentimens & de leurs affections intérieures. C'est de ces trois principes physiques & naturels que sortent les racines primordiales de toutes les langues de l'univers, qui toutes ont commencé par être pauvres & barbares, & qui se sont ensuite enrichies & altérées par une multiplication infinie de causes combinées, mais dont la première origine radicale revient toujours à celles-ci.

(b) Ce mot est visiblement tiré de l'Espagnol Hierro.

(c) Le mot n'y est pas. C'est peut-être le nom de la partie d'un sexe.

416 HISTOIRE DES NAVIGATIONS

1616.

Oreilles	Talingan.
Dents	Yſang.
Chignon	Poſſon Arong.
Cheveux	Nihouge.
Main	Limang.
Pieds	Kekelin.
Mamelles	Sou ſou.
Bras	Pong Liman.
Langue	Hermang.
Levres	Tabaing. Vouling.
Epaules	Haliyug.
Ventre	Balang.
Dos	Baheing.
Doigts	Kateling limang.
Feſſes	Poutong.
Barbe	Incam beſſer.
Joues	Paring.
Gozier	Con con hang.
Dormir	Helm.
Manger	Nam nam.
Boire	Anda.
Roſeau, canne	Daan.
Siége	Sou.
Pierre	Coore.
Feu	Eef.
Terre, à terre	Behoul.
Hameçon	Joaul.
Coquillage à perle	Corron. Tamborin.
Soleil	Naas.
Lune	Calangh.
Etoiles	Maemelia.
Maſſue de fer	Hereris.
* * * * *	Foun. (*)

(*) Le nom n'y eſt pas ; c'eſt peut-être la partie du ſexe, ou l'action d'engendrer.

Anneaux

Anneaux qui s'attachent au nez	Jaoull. (*)
Yvoire	Tembrombis.
Filets à pêcher	Calcoloun.
Mer	Taas.
Sabres de bois	Seel.
Terre rouge	Taar.
Sable	Coon.
Pluye	Ous.
Fronde	Gimmlo. Halla.
Lance de bois	Mareet.
Trait, flêche	Houvan.
Plumes des flêches	Tounsiet.
Sang humain	Daar aug.
Sang de cochon	Daar de rembos.
Bonnets	Naudikea.
Canot	Takoup.
Voguer à rames	Gemoe Hainoes.
Montagnes	Fasser.
Ce n'est pas, il n'y a pas	Capte andesingim neail.
Un	Tika.
Deux	Roa.
Trois	Tola.
Quatre	Fatta.
Cinq	Lima : liman.
Six	Wamma.
Sept	Fita.
Huit	Walla.
Neuf	Siwa.
Dix	Sangafoula.
Nom d'un certain fruit	Loongh.
Attendre	Attingham.
Nom d'un prisonnier	Tarhar lieuw.

(*) C'est le même mot qu'hameçon. On voit que ce mot est dérivé de la ressemblance de ces anneaux qui s'accrochent au nez comme un hameçon.

418 HISTOIRE DES NAVIGATIONS

1616. *Je ne sçais, je ne connois pas* . . . . Kim Kabbeling lougtée. (a)

De l'isle Moyse.

Oui	Llu.
Bois non écorcé	Sagu.
Pain	Pouhonnori. (b)
Epaules	Caracerreram.
Mamelles	Sou sou.
Genoux	Pou hanking.
Yeux	Mattauga.
Voyons, montrez	Marra may.
Gozier	Comie connon.
Langue	Caramme.
Barbe	Paore Wourou.
Nez	Wansrugo.
Banannes	Hiwoundi. Taboun.
Il va venir	Kirrekir.
Cochon	Cambour.
Cocos	Lamas.
Nous	Tata.
Attendez, tout-à-l'heure	Alop.
Un	Kaon.

(a) On voit ici que cette langue diffère des deux précédentes, à peu près comme l'Anglois du François, c'est-à-dire que le fond n'est pas le même, qu'il y a beaucoup de termes très-différens, & néanmoins quantité d'autres mots semblables dont la différence n'est que dans la diversité de prononciations d'un dialecte à l'autre, tels que ceux des nombres & plusieurs autres. Ces observations sont des preuves non équivoques de migrations & de commerce d'un pays à l'autre. Migrations difficiles aujourd'hui pour des nations barbares si fort isolées entr'elles, & qui n'ont que de petits canots; mais qui n'ont peut-être pas toujours été si difficiles, s'il est vrai que ces contrées n'ont pas toujours été aussi submergées par les eaux de la mer qu'elles le sont à présent. Observons encore que ces peuples sauvages de la nouvelle Guinée composent grossièrement, c'est-à-dire très naturellement leurs mots, en adaptant une seule idée simple à plusieurs objets différens qui s'en rapprochent : par exemple, ils disent le nombre cinq, *liman*, qui est le nom de la main, à cause des cinq doigts ; & ils composent le mot *bras*, de *pong liman*, & le mot *doigts*, de *Kereling liman*.

(b) Je soupçonne qu'il y a erreur ici dans le vocabulaire, & qu'on a fait une transposition à l'endroit de ces deux mots, car on sait que le pain de ces sauvages se fait avec la moëlle d'un arbre appellé *Sagu*.

AUX TERRES AUSTRALES. LIV. III. 419

1616.

Deux	Roa.
Trois	Tolou.
Quatre	Wati.
Cinq	Rima.
Six	Eno.
Sept	Lulitfou.
Huit	Ejalou.
Neuf	Siwa.
Dix	Sangapoula.
Poule	Mitoa.
Massue	Micoura.
Fer	Massirim. (*)

De l'isle Moa, près des côtes de la nouvelle Bretagne.

Cocos	Lieu.
Bannanes	Tandani.
Cochon	Paro.
Eau	Nanou.
Gingembre	Reaii.
Couteau	Ani.
Poisson	Kolima.
Chien	Aroue.
Corail	Saffera.
Corail blanc	Saffera poute.
Peigne d'os	Marmauw.
Clou	Bée.
Pain	Sagu.

(*) Cette isle *Moyse* est voisine des côtes de la nouvelle Guinée. *Voyez* la relation précédente. On trouve diverses marques de conformité entre les langages de ces deux pays, mais un plus grand nombre encore d'exemples de différence, même parmi les termes numéraux. Observons que quoique les isles des Cocos soient fort éloignées de l'isle Moyse, la langue de celles-là a beaucoup plus de rapport à celle-ci que la langue de la Guinée voisine. On y voit une conformité marquée & suivie, non seulement dans les mots numéraux, mais encore dans ceux-ci; par exemple,

Yam . . . . Matta. Mattange.
Voyons, montrez-moi . . Matta may.

G gg ij

420 HISTOIRE DES NAVIGATIONS

1616.
Pâte ou gateau de farine	Soome.
Habit de femme	Maile.
Bracelet	Sabre.
Arc	Partina.
Flêche	Bare.
Harponer le poisson	Tineanii.
Dormir	Maune.
Dents de cochon	Sona.
Quadrupède	Parl wou.
Cinq	Weer faut.
Soleil	Ardulo.
Oiseau blanc	Mavi kaketoua. (a)
Racine jaune	Aou.
Non ; rien	Taop ; tap.
Allez-vous-en	Hoiida.
Le nom de l'isle est	Arti. (b)

(a) Ne seroit-ce pas cette espèce de gros perroquet blanc que nous nommons, Katakoua, & qui a sur la tête une touffe de longues plumes couleur d'aurore en-dedans, qu'il redresse quand il vent en forme d'aigrette.

(b) Je ne sçais pourquoi ce dernier mot se trouve ainsi dans le vocabulaire. Aris Cleeu rapporte que les sauvages nomment eux-mêmes cette Isle Moa, & une autre voisine Arimoa. Moa peut signifier l'Isle du Coq, car cet oiseau se nomme Moa dans la langue des Isles Cocos.

XXV.
GARCIE DE NODAL,
En Magellanique.

On ne peut douter que la rélation de ce voyage n'ait été écrite par un Espagnol, & par un Hollandois, chacun dans leurs langues. J'ignore si ces journaux ont jamais été imprimés. On trouve un extrait des Hollandois dans les recueils de Barlay, & un autre de l'Espagnol dans l'Amérique de Laët. Ces deux narrations, sans se contrarier, ne se ressemblent guère, ce n'est qu'en les confrontant avec soin que je me suis assuré que c'étoit le même voyage. Voyez aussi *Ovalle* dans son histoire d'Amérique.

A peine le roi d'Espagne fut-il informé de la course *de le Maire*, que prenant plus de confiance aux nouvelles découvertes de cet habile homme, que n'en avoient eu ses compatriotes même, il attira dans ses états quelques bons marins hollandois du nombre desquels étoient *Jean de Moore* & *Jean de Witte*. Il fit équiper deux caravelles dont il donna le commandement à *Dom Garcie de Nodal*, avec ordre de visiter le nouveau passage de communication d'une mer à l'autre, & d'examiner s'il seroit possible de le garder en construisant des forteresses sur les deux rivages.

Les caravelles partirent du port de Lisbonne, ville alors sous la domination d'Espagne le 27 septembre 1618, & ayant touché à *Rio Janerio*, vinrent par le travers de 53°. 20′. *lat.* où elles découvrirent un nouveau détroit entre deux caps (*Espiritu santo* & *Arenas*,) que l'on nomma le canal S. Sébastien, & qui rentre, à

Départ de Lisbonne.
Cap S. Esprit.
Cap Arénas.
Canal S. Sébastien.

1618.
Cap Pennas.

ce que l'on conjectura, dans le grand canal de *Magellan* : puis un peu plus loin vers le sud-est, près d'un cap qu'ils appellèrent des *Pennas*, un autre nouveau détroit plein de rochers & de bas fonds. Toute cette côte est en écore garnie de hautes montagnes couvertes de neige jusqu'au 54°. degré. Mais un peu plus avant du côté du pole on la voit revêtue d'arbres & de verdures. Elle est toute découpée de bayes & de promontoires, sur-tout vers le 55°. parallèle sous lequel il y a deux petites isles qui ne sont que des rochers blancs rongés des vagues.

Sauvages de grande taille.

Or trouvé en Magellanique.

On prétend que *Moore* commerçant sur ce rivage avec les naturels du pays, qui sont plus hauts de toute la tête que nos Européens, avoit reçu d'eux en échange de quelques outils de fer, un lingot d'or long de plus d'un demi pied, sans qu'ils ayent pû lui faire entendre si ce métal venoit de leur propre terrein ou d'ailleurs ; sans qu'on ait même pû sçavoir le poids du lingot, la chose ayant été tenue fort secrète, par ce capitaine Hollandois.

Côte inconnue.

Nodal, parvenu à l'entrée du détroit, le trouva tel qu'il paroît représenté dans les cartes de le Maire. Mais quoiqu'aidé d'un vent favorable il ne pût l'embouquer alors, tant les courans le repoussoient avec force. Il passa 30 lieues plus loin vers le sud-est, le long d'une côte, que l'on jugea faire partie de quelque grand continent qui pouvoit s'étendre vers le sud de l'Afrique. (*) Enfin revenant sur ses pas, il entra dans le

(*) Si cette circonstance est véritable, il faut que les caravelles soient alors plus avancées dans la mer du nord qu'on ne semble le dire ici, à l'est des Patagons : car *Brower* a trouvé la mer ouverte à l'orient de la terre

détroit dont la longueur est d'environ sept milles, & ayant jetté l'ancre à un mille de l'embouchure dans une baye sablonneuse, il descendit sur la côte de l'ouest près d'une rivière d'eau douce, ombragée de beaux arbres, où l'équipage eut toute la commodité possible pour faire du bois & de l'eau. Quinze naturels du pays s'approchèrent de l'aiguade. Ils étoient nuds n'ayant pour tout vêtement sur les épaules qu'une peau de mouton peinte en rouge, ainsi que tout leur corps, à l'exception du visage qu'ils avoient frotté de craye blanche. Deux d'entr'eux plus grands que les autres portoient des fourures brunes d'un poil extrêmement doux, & sur la tête des bonnets de peaux de lares (sorte d'oiseaux de mer) écorchés dont ils avoient arraché les grosses plumes en laissant le duvet. Leurs armes étoient l'arc, des flèches garnies de cailloux aiguisés & des couteaux de pierre : leurs ornemens des ceintures de cuir, & des colliers de très jolies petites coquilles blanches & opales. Jamais les Espagnols ne pûrent rien comprendre à leur langage. Soit que les barbares fissent quelque demande ou quelque réponse, ils ne faisoient que répéter *hoo, hoo, hoo.* Ils témoignèrent une grande aversion pour tout ce qu'on leur offrit à boire & à manger. On ne leur vit manger que d'une herbe un peu amère, & d'une certaine fleur jaune assez semblable au souci qui croit en abondance sur cette rive. D'ailleurs ils ne se faisoient aucune peine de voir là des Espagnols, leur aidant même à puiser de l'eau, & à couper du bois, après avoir sans défiance posé leurs armes à terre. Ils avoient de l'autre côté de la

1615.
Passage dans le détroit de Le Maire.

Mœurs des habitans du détroit.

des Etats, & est entré par-là de la mer du nord dans celle du sud, sans passer ni à le Maire, ni à Magellan.

baye leur habitation composée d'une cinquantaine de cahutes en pieux couvertes de roseaux. Ces sauvages sont assez dociles & paroissent capables d'instructions : car en fort peu de tems ils avoient déja appris à réciter l'oraison dominicale.

Terre des Etats.

Quant au côté de l'est du détroit qu'on appelle *terre des Etats*, où la force des courans repoussèrent les caravelles lorsqu'elles étoient déja dans la mer du sud, la côte y a plus d'étendue, mais elle est inaccessible, n'offrant de toute part à la vûe que des précipices & des roches aigues. L'aspect en est assez semblable à celui de la Norvege ; & la mer y est sans fond près du rivage.

Les caravelles rentrées dans la mer du sud examinèrent, autant que les vents & les courans dont elles étoient tourmentées le purent permettre, s'il y avoit en ce parage quelque autre endroit. Mais elles ne trouvèrent d'autre embouchure que celle-ci & celle de Magellan plus anciennement connue, quoique Spelberg eut raconté en Hollande, qu'on en trouveroit une vers le cap *Prouvaert*. (*) Elles reconnurent les isles

Isles Barnevelt.
Cap Horn.

Barnevelt qui ne sont que de mauvais rochers sans herbes. Elles doublèrent le cap *Hoorn*, pointe la plus voisine du sud dans la terre Magellanique, derrière lequel on trouve un port assez commode, si ce n'est que les équipages y essuyèrent un froid excessif, accompagné de neige & de grêle affreuses. Ils s'avancèrent près du pôle jusqu'à 56°. & ⅓, d'où remontans un peu plus vers

---

(*) C'est apparemment le cap *Forward*. On trouve en effet presque vis-à-vis ce cap, un détroit peu fréquenté que les gens du pays nomment *Jelauchete*; mais ce canal ainsi que celui de S. Isidore, & celui de S. Sébastien rentrent tous les trois dans le grand canal de Magellan.

l'équateur,

l'équateur, & ne se trouvant pas assez de vivres pour s'arrêter au Chili, ils rentrèrent dans le détroit de Magellan ; prirent au *port Famine* de l'écorce aromatique de ces arbres à poivre, qu'ils vendirent 16 réales la livre en Espagne ; rentrèrent dans la mer du nord ; & ayant touché à *Pernambouc*, revinrent sans avoir perdu un seul homme à Séville le 9 juillet 1619. après neuf mois & demi de navigation. Le roi d'Espagne fut si content de l'heureux & prompt succès de ce voyage, qu'il ordonna que la flotte de huit vaisseaux préparée pour les Philippines, eut à prendre cette route. On comptoit alors que cette flotte ne devoit pas mettre plus de huit ou neuf mois à parvenir par cette voye au lieu de sa destination, puisque la traversée de la mer pacifique, malgré son immensité, n'exigeroit pas plus de deux mois, à cause qu'on y trouve toujours la mer & les vents d'est favorables : au lieu que par la route ordinaire où il faut aller chercher les vents & s'assujettir aux moussons, le trajet ne se peut faire qu'en 14. 15. ou 16 mois, & souvent avec perte de beaucoup de monde par les maladies qu'une longue navigation rend inévitables.

Telle est l'utilité qu'on jugea d'abord pouvoir tirer de la découverte de le Maire ; & peut-être avec raison. Car bien que l'usage de suivre la route du cap de bonne Espérance ait continué de prévaloir, l'opinion de quelques habiles navigateurs que l'on verra ci-après, est que l'on pensoit juste alors, & qu'il seroit plus commode & plus expéditif d'aller en orient par l'occident, que de prendre le chemin le plus court.

Hhh

1618.
Nodal rentre dans le détroit de Magellan par l'ouest.
Poivre de Magellan vendu en Espagne.
Retour à Séville.

Route commode pour aller aux Indes orientales.

XXVI.

DÉCOUVERTES DES HOLLANDOIS

Dans l'Australasie.

LA découverte de la plupart des grandes contrées de notre hémisphère au sud des isles Moluques est due aux flottes hollandoises, qui y ont navigé à diverses reprises durant trente années, soit par un dessein formel, soit au hazard en faisant voile vers leurs possessions des Indes orientales. Les journaux de ces navigateurs, quoiqu'ils n'ayent presque certainement visité que les côtes de ces régions australes, nous présenteroient sans doute des éclaircissemens désirables sur la géographie, & plusieurs autres objets de curiosité, si par quelque raison que ce puisse être, ceux entre les mains de qui ils sont tombés, n'avoient jusqu'à présent évité de les rendre publics. Nous n'avons presque rien à cet égard qu'une carte que Melkisedeck Thevenot fit graver à la suite de la relation de François Pelsart dans le premier volume de son excellent recueil. On voit dans sa préface qu'il a eu aussi entre les mains, quelques autres journaux relatifs au même objets. Voici comment il s'exprime dans sa préface, surtout ce grand canton de l'Australasie. « La Terre australe qui fait maintenant une cinquième partie du monde, a été découverte à plusieurs fois : la partie nommée de *Wit-lendt* en 1628. La côte que les Hollandois appellent *la terre de P. Nuyt*, le 16 janvier 1627; La terre de *Diemen* le 24 novembre 1642. Celle qu'ils ont nommée *la nouvelle Hollande* en 1644. Les

Premières découvertes de la nouvelle Hollande.

« Chinois en ont eu connoissance il y a long-tems; car
« l'on voit que Marco-Polo marque des grandes isles
« au sud-est de Sava; ce qu'il avoit apparamment appris
« des Chinois, avec ce qu'il dit de l'isle de Madagascar;
« car ces peuples ont fait autrefois, ce que font main-
« tenant les nations de l'Europe, & ont courus toutes
« les mers des Indes jusques au cap de bonne Espé-
« rance, pour le commerce & pour faire de nouvelles
« découvertes. Pelsart, dont on a mis ici la relation de
« la Terre australe, y fut jetté, plûtôt qu'il ne la
« découvrît; mais l'on donnera ensuite les voyages de
« Charpentier & de Diemen, à qui on doit le principal
« honneur de cette découverte : Diemen en rapporra de
« l'or, de la porcelaine, & mille autres richesses, qui
« firent croire d'abord que le pays produisoit toutes ces
« choses; l'on a sçu depuis, que ce qu'il en rapporta
« venoit d'une carraque qui avoit échoué sur ces côtes.
« Le mystère qu'en font les Hollandois, & la difficulté
« de permettre que l'on ne publie la connoissance que
« l'on en a, fait croire que ce pays est riche. Comment
« auroient-ils cette jalousie pour un pays qui ne produi-
« roit rien de ce qui mérite qu'on l'aille chercher si
« loin ? L'on sçait d'ailleurs qu'ils y envoyèrent des
« troupes pour s'y établir, & qu'ils trouvèrent des peu-
« ples fort résolus, qui se présentèrent aux Hollandois
« sur la grève où ils devoient débarquer, & les vinrent
« recevoir jusques dans l'eau, les attaquèrent dans leurs
« chaloupes, nonobstant l'inégalité de leurs armes. Les
« Hollandois disent qu'ils trouvèrent des hommes qui
« avoient huit pieds de haut; Pelsart ne marque point
« cette grandeur extraordinaire; & peut-être que la

1616-
1644.

Peuples
guerriers &
de grande
taille.

» peur qu'ils firent aux Hollandois, qui les obligea de
» se retirer, les fit paroître plus grands qu'ils ne sont en
» effet. Quoi qu'il en soit, presque toutes les côtes de
» ce pays-là ont été découvertes, & la carte que l'on
» en a mise ici, tire sa première origine de celle qu'on a
» fait tailler de pièces rapportées, sur le pavé de la
» nouvelle maison de ville d'Amsterdam. » Par malheur
Thevenot n'a point exécuté la promesse qu'il fait ici
sur la Carpentarie, pays assez étendu, & placé fort à
portée de la route ordinaire des flottes qui vont aux
Indes orientales. Ce sçavant collecteur préparoit lorsqu'il mourut un cinquième volume de son recueil, dont
on trouva dans son cabinet quelques cahiers incomplets
déja imprimés. C'est de-là que j'ai tiré le curieux fragment espagnol du voyage de Mindaña, qu'on a lû ci-dessus liv. II. art. 19. & le journal du capitaine Tasman qui découvrit la terre de *Van Diemen*, & qu'on
va lire art. XXIX. mais il ne s'y trouva rien sur la
course du capitaine *Carpenter*, ni sur celle du général
Diemen, au cas qu'il en ait fait une lui-même ; ou du
moins si les manuscrits y étoient, on ne sçait plus aujourd'hui ce qu'ils sont devenus. Les recherches que
j'ai faites pour y suppléer dans les principales bibliotéques, dans les cabinets & dans les livres imprimés de
géographie, ne m'ont procuré, sur-tout ce canton de
l'Australasie, que le peu qu'on va lire ci-dessous. Nous
n'avons rien là-dessus qui soit un peu détaillé que les
routiers de Pelsart & d'Abel Tasman. A la vérité on
rapporte dans la nouvelle histoire des voyages tom. XI.
liv. 3, qu'on a publié en 1718. à Amsterdam chez
Humbert, un assez bon mémoire sur la terre de *Nuitz*,

pour prouver qu'étant dans le cinquième climat entre les 34 & 36°. degrés de latitude, (*) elle doit être, comme tous les pays qui sont dans la même position, une des parties du monde les plus habitables, les plus riches, & les plus fertiles. On ajoute que ce mémoire paroît avoir été composé par l'ordre du célèbre *Jean Law* pour inspirer le goût des nouvelles colonies. Mais comme jusqu'à présent il ne m'est point tombé dans les mains, j'ignore quels éclaircissemens plus particuliers, il peut fournir au-delà de cette conséquence générale tirée de la position de cette terre sous le cinquième climat; conséquence qui paroît juste & conforme à ce que l'on sçait des régions situées sous les mêmes parallèles; si toutesfois la terre de Nuitz n'est pas une terre nouvellement abandonnée par l'océan, & qui dans ce cas ne seroit d'un grand nombre de siècles susceptible de culture & d'habitation. C'est ce que l'on a quelque lieu de soupçonner de plusieurs contrées, vûes dans ce parage de la mer australe.

La nouvelle Hollande est une vaste région qui s'étend depuis le 6°. jusqu'au 34°. degré de latitude, entre le 124°. & le 187°. degré de longitude. Elle a l'archipel des Moluques ou la mer de Lanchidol au nord: la mer des Indes à l'occident & au sud: le grand océan pacifique à l'orient. Mais, dans cette prodigieuse étendue, l'on ne connoît que quelques côtes, sans que l'on puisse dire si elles appartiennent toutes au même continent, ou si, comme il est plus vraisemblable, ce sont de grandes terres séparées entr'elles par des canaux de mer, dont les plus étroits ont été pris par les naviga-

Description géographique de la nouvelle Hollande.

(*) Elle est un peu plus voisine de l'équateur.

teurs pour des embouchures de rivières : sans qu'on sçache non plus si elle touche vers le nord à la nouvelle Guinée, & vers le sud à *Diemen*. Quand à la nouvelle Zélande qui gît dans un assez grand éloignement vers le sud-est, Tasman a vérifié par l'expérience qu'elle est séparée des isles ou continents plus voisins de l'équinoxe par une large plage de mer. Les principales contrées de *nouvelle Hollande* sont, au nord-est la *Carpentarie* dont la côte fait face à l'ouest au fond d'un grand golfe, à l'entrée duquel sont placées les isles Moluques : au nord *Arnhem* & *Diemen*, autre que le *Diemen* d'Abel Tasman : à la côte qui regarde le nord-ouest, *la terre de Wit* : vis-à-vis l'occident *Endracht* ou *la Concorde*, *Edels* & *Leuwin* ou *la Lione*. Cette dernière terre occupe la pointe à l'opposite du sud-ouest : au sud *Nuitz* ; & plus au sud encore, en tirant à l'est, *Diemen* ; si néanmoins cette dernière contrée doit être comprise dans les régions que nous décrivons ici. A la face orientale en remontant vers l'équateur, on trouve la *Terre australe du S. Esprit* découverte par Fernand de Quiros. Mais tout ce vaste intervalle entre *Leuwin* & *S. Esprit* est tellement inconnu, qu'on ne peut dire quel espace y occupent la mer ou la terre. Ceux qui ont fait voile aux Indes orientales, dit *Wischer*, ont souvent pris leur route du côté de ce nouveau monde, en allant droit à l'est après avoir doublé le cap de bonne Espérance, jusqu'à ce qu'ils ayent apperçu la nouvelle Hollande. Les navigateurs hollandois se sont contentés d'imposer des noms aux principaux caps, bayes & rivières. L'ardent désir de jouir, & de faire fructifier les richesses qu'ils avoient acquises dans l'Inde, ne leur a permis de s'arrêter en ces nouveaux pays qu'autant qu'ils y étoient forcés par le besoin des secours nécessaires pour la continuation de leur route : « secours que les » naturels du pays leur ont fournis, dit Jean Paulmier, » non moins libéralement qu'amiablement. Leurs navi- » res y ont souvent hiverné, & y ont fait assez de séjour » pour avoir pû faire des remarques sur les mœurs de ces » peuples, dont ils nous auroient pû donner des relations » fort particulières, si la compagnie de Hollande ne l'a- » voit empêché par des raisons plus intéressées qu'amies » de l'humanité ; » plus conformes aux vûes politiques d'un petit état tel que la Hollande, qu'elles ne le se- roient à celles du grand royaume tel que la France. Un Hollandois n'a pas fait difficulté d'avancer la même chose en ces termes dans le discours préliminaire du recueil des voyages au nord. Il est certain que les Hol- landois ont fait de très-grandes découvertes du côté » des Terres australes inconnues, quoiqu'ils ne les ayent » presque pas publiées jusqu'à présent. Ce silence mys- » térieux & ce que l'on dit des richesses de ces terres, » fait croire que les Hollandois n'ont pas à cœur la re- » cherche des Terres australes, craignant peut-être qu'il » ne prît envie à des étrangers de s'y établir au préju- » dice du négoce de leurs compagnies. » Pour être cer- tain que c'est là le véritable objet de leur crainte, il ne faut que lire la manière dont ils en usèrent avec Dampier dans l'isle de Timor, lorsqu'il alla faire une tentative de ce côté-là.

La première terre découverte en ces parages fut la côte de la *Concorde*, autrement d'*Endracht* où *Théodo- ric Hertoge* natif d'*Endracht*, aborda au mois d'octobre

1616-1644.

Concorde ou Endracht.

1616-1644.

1616. commandant le navire nommé *la Concorde*. Cette côte a conſervé le nom du vaiſſeau, & celui de la patrie du capitaine. La mer y abonde en chiens marins, d'où la principale baye a reçu le nom de *Scharps Bay*. On a donné aux écueils qui bordent le rivage vers la partie auſtrale celui d'*Albrolhos de Frederic Outhman*; & celui de *Jacob Remeſſens* à la rivière qui coule à la partie du Nord, qu'on a ſoupçonné depuis avec quelque raiſon être, non une rivière, mais un détroit ou bras de mer. Cette contrée a depuis été revûe par Pelſart & par Guillaume Dampier dont on lira les relations. *Zeachen* autre Hollandois probablement natif d'*Arnhem*, découvrit en 1618. ſur la côte du nord *Arnhem* & *Diemen*. Cette dernière a reçu ſon nom d'*Antoine Van Diemen*, alors général de la compagnie de Hollande dans les Indes, qui, à ſon retour en Europe en 1631, remporta ſur ſon vaiſſeau des tréſors incroyables en ſon pays. Sans doute que durant ſon ſéjour, il contribua beaucoup aux découvertes faites aux Terres auſtrales, puiſque les navigateurs ont à l'envi illuſtré ſon nom en l'impoſant à quantité de contrées, de bayes, de caps & de rivières: *Jean d'Edels* courut au ſud la côte occidentale en 1619. & donna ſon nom au rivage qu'il découvrit. En 1622. on découvrit l'extrémité de la terre qui tourne de l'oueſt au ſud & on l'appelle *Leuwin*, ſoit que le vaiſſeau qui l'apperçut porta le nom de *la Lione*, ſoit qu'on eut vû ſur la terre un animal de cette eſpèce. M. *du Queſne* s'approcha de cette côte en 1687. & l'on dit que le capitaine *Flamning* Hollandois y ayant touché en 1697. avec trois vaiſſeaux près de la petite *iſle des Filles* à 31°. 30'. y avoit trouvé de bons havres & des rivières fort poiſſonneuſes. *Pierre de*

Arnhem & Diemen.

Edels.

Leuvin.

Iſle des Filles. Nuits.

AUX TERRES AUSTRALES. LIV. III. 433

de Nuitz montant le vaisseau appellé le cheval d'or, continua dans le courant de janvier 1627. de cotoyer le rivage du sud, auquel il imposa son nom. Il ne paroît pas, dit l'abbé Prévost, que cette terre ait été visitée depuis. Guillaume de *Witt* donna de même son nom au pays qu'il reconnut en 1628. au nord de la rivière *Remessens*; & que *Viane* capitaine Hollandois avoit déja découvert pour son malheur au mois de janvier de la même année, lorsqu'étant allé à Batavia passer par le dangereux *détroit de Bali* à l'est de Java, il fut poussé sur cette côte de Witt à 21°. de lat. où il échoua & perdit toutes ses richesses. Cette même année encore (M. l'abbé Prévost n'auroit pas dû dire en 1662.) *la Carpentarie* fut ainsi nommée par *P. Carpenter* capitaine Hollandois qui en fit la découverte, tandis qu'il étoit général de la compagnie des Indes, d'où il revint en Europe au mois de juin 1628. avec cinq vaisseaux richement chargés; cette région se trouve plus au nord dans le fond du grand golfe des *Crocodiles*. Il faut que la côte ait été parcourue en entier par des navigateurs hollandois: car la carte hollandoise publiée par Thévenot, marque en cette langue les noms d'un assez grand nombre de gisemens & de rivières. Enfin toute la région reçut en 1644. le nom général de *nouvelle Hollande*.

Avant que de quitter ce parage, il n'est pas hors de propos de donner une première connoissance des régions adjacentes, dont on verra dans les narrations suivantes un détail plus circonstancié. On trouve du côté du sud-est, *Diemen* & la *Zélande* découvertes en 1642 par Tasman, qui étant parti de Batavia avec deux navires, le Hemskerk, & le Coq de mer, fit en moins d'une an-

1616-
1644.

Witt.

Carpentarie.

Golfe des Crocodiles.

Diemen.

née & sans danger tout le tour de l'Australasie. Sa course fut curieuse & bien dirigée. Il est facile aux nations de l'Europe qui possèdent des établissemens dans les Indes orientales, de la recommencer aussi souvent qu'ils le voudront, & qu'il leur sera nécessaire pour acquérir une entière connoissance du pays. Tasman prit terre à *Diemen* le 24 novembre. La partie qu'il reconnut s'étend du 41°. au 44°. parallèle, & du 166°. au 169°. méridien. La *Zélande* est plus étendue. Sa côte faisant face à l'ouest, court nord & sud entre le 33°. & le 44°. parallèle. Tasman ne fit que reconnoitre cette terre sans y descendre. M. l'abbé *Prevôt* rapporte que les Hollandois l'ont depuis visitée en 1654. sans nous apprendre le nom du navigateur, ni les remarques qu'on peut y avoir faites: au reste il ne faut pas s'arrêter à ce qu'il dit au même lieu que cette terre s'étend depuis le 44°. jusqu'au 64°. degré de latitude, c'est-à-dire presque jusques sous le cercle polaire.

On a lû dans le livre précédent, comment la *nouvelle Guinée* qu'on trouve au nord de la Carpontarie, fut découverte en 1527. par D. Alvar de Saavedra. C'est une longue isle ou presqu'isle (si elle touche à la nouvelle Hollande) obliquement étendue depuis la ligne équinoctiale jusqu'au 10°. parallèle. Son extrèmité voisine de l'équateur est, ainsi que quelques islotes qui l'environnent, habitée par un peuple nommé les *Papous*. Ce peuple a la réputation d'être brave & assez fidèle. On dit que les rois Mahométans des isles indiennes prennent quelquefois des gens de cette nation pour soldats. On dit dans la carte des Indes de Delisle les noms de quatre petits royaumes de cette contrée, *Mian*, *Missol*,

Oguco & *Notoni*. Le second livre de l'histoire des Moluques de Léonard Argensola nous transmet aussi les noms des quatre rois des isles Papoes, *Vaigamano*, *Vaigeo*, *Quibibio* & *Mincibio*, qui entrèrent dans une ligue faite par les souverains de cet archipel pour s'opposer à la tyrannie des Portugais. Le continuateur Hollandois de ce même historien parle au liv. XV. d'une guerre qui se fit dans l'isle de *Ceram*, où les peuples de la côte des *Papous*, prirent parti pour leurs voisins contre d'autres insulaires indiens. Tous ces faits prouvent que les Australiens, dans la partie de leur monde qui s'approche de l'équateur & des pays connus, sont plus disciplinés qu'ailleurs, & que leurs mœurs diffèrent peu de celles des insulaires indiens leurs voisins. Quant à l'origine de cette nation des *Papous*, la tradition des Moluques est qu'ils la tirent de l'isle Ternate. Argensola *liv.* I. raporte à ce sujet la fable suivante, comme ayant cours dans le pays. » Bicocigara roi de Ternate & de Tidor, na-
» vigeant un jour près de la petite isle *Bacham* voisine
» de Gilolo, aperçut de fort belles cannes qui avoient
» poussé sur la côte entre les pointes des rochers. Il don-
» na ordre qu'on allât les couper, & qu'on les aportât
» dans sa barque. Ses gens après avoir soigneusement
» cherché par-tout, ne trouvèrent rien de pareil, en sor-
» te que le roi qui les voyoit distinctement, prit le parti
» d'aller lui-même à terre. Alors les cannes devinrent
» visibles pour toute sa troupe. A peine eut-on commen-
» cé d'en couper, qu'on vit du sang couler des coupures.
» Le roi surpris d'un tel prodige & regardant avec atten-
» tion, apperçut près des racines quatre œufs semblab-
» bles à des œufs de couleuvre. On entendit en même

1616.
1644.

Origine fabuleuse des Papous.

1616.
1644.

» tems sortir du creux des cannes coupées, une voix
» qui lui disoit, *garde soigneusement ces œufs, parce
» qu'il en naîtra quatre excellens princes.* Bicocigara fit
» soigner avec respect & dévotion ces œufs mistérieux,
» dont il naquit peu après trois garçons & une fille. Le
» troisième fils alla regner dans le pays des *Papous*, à
» l'orient des Moluques. « Cette fable n'est pas sans
quelque ressemblance avec les plus anciennes fables des
Phéniciens, des Egyptiens & des Chaldéens sur l'œuf
primitif. Aussi est-ce de l'Inde & des contrées voisines
de l'équateur que ces peuples fameux ont, si je ne me
trompe, tiré leurs premières traditions; mais ce n'est
pas ici le lieu de discuter cette question, qu'on pourroit
appuyer d'un assez grand nombre de faits. (*)

(*) Je renvoye sur le peu que l'on sçait des langues de ces contrées, & de celles des isles de la mer pacifique aux vocabulaires que j'en ai dressé ci-dessus, & aux petites observations que j'y ai jointes. Nous devons, selon l'apparence, ces vocabulaires au rédacteur de la navigation de Schoutens. On les trouve à la suite d'une traduction latine de la description des Indes de D. Antonio de Herrera, imprimée en Allemagne.

SUITE DE L'ARTICLE XXVI.

Sur les découvertes des Hollandois dans l'Australasie.

MALGRÉ l'ordre des tems, je ne séparerai pas de l'article qu'on vient de lire quelques nouveaux éclaircissemens, que j'ai recouvrés depuis l'impression de cet ouvrage, sur ces mêmes contrées de l'Australasie. Je les tire d'un mélange de diverses pièces, tant sur l'astronomie que sur la géographie, publiées en langue hollandoise par *Nicolas Struyck*, membre de la Société royale de Londres, imprimé à *Amsterdam chez Isaac Tirion* 1753. in 4°. On y verra par les paroles mêmes de l'auteur, que ce n'est pas sans raison qu'on accuse les Hollandois de taire à cet égard beaucoup de choses qu'ils sçavent, & de laisser de dessein prémédité la géographie du globe fort imparfaite en cette partie. La carte jointe aux pièces apprend sur ceci quantité de choses qui jusqu'à ce jour nous restoient inconnues. C'est ce que l'ouvrage contient de meilleur. On n'y trouve presque rien sur les mœurs, ni sur l'histoire naturelle du pays, deux points sur lesquels Dampierre, dont on lira ci-après les deux relations, s'est curieusement étendu le plus qu'il lui a été possible. Mais où trouve-t-on des navigateurs comparables à Dampierre? Il a conjecturé juste lorsqu'il a pensé que tout ce canton n'étoit qu'un amas d'isles, & que, ce qu'on prenoit pour des rivières, étoit autant de détroits. Le fait a été mieux vérifié depuis, qu'il ne lui fut possible de le faire alors. La figure qu'il donne à la péninsule des *Papous* tenant à la *nouvelle Guinée*, étendue en long du sud-est au nord-ouest, telle qu'on la voit dans nos cartes ordinaires, est assez bonne, à l'exception que ce n'est, du moins à son bout nord-ouest, qu'une chaîne d'isles, au lieu d'être une presqu'isle du continent. Les pièces du nouveau recueil hollandois ne contiennent que des observations géographiques, très-essentielles à la vérité, mais déduites d'une manière obscure & embarrassée, plûtôt à ce que je présume, par la faute de l'original que par celle du traducteur que j'ai employé pour me les expliquer, n'entendant pas moi-même la langue hollandoise. Ces détails font trop secs pour qu'on en puisse supporter une lecture suivie. Je prends le parti de réduire en tables l'extrait que j'en vais donner ici : ce qui d'ailleurs peut y mettre un peu plus de clarté.

* * * * * * * *

ON a quelquefois en son pouvoir des cartes ou des relations de pays nouvellement découverts que l'on ne veut pas publier; soit parce qu'on voudroit posséder seul ces contrées, ou du moins n'en donner l'accès à personne autre; soit parce que la découverte est encore trop imparfaite : & souvent on ne se soucie pas de l'achever par plusieurs raisons ; sur-tout parce qu'on ne trouve pas son compte à équiper des vaisseaux pour une expédition éloignée, dont on est certain de ne pas retirer de grands profits actuels. Il n'y a rien à répondre aux raisons solides que les personnes peuvent avoir de se taire. On ne peut nier cependant que ce ne soit grand dommage de ne pas publier des choses qui peuvent servir à faire connoître le monde que nous habitons, & à perfectionner une science aussi utile aux hommes que l'est celle de la géographie.

Nouvelle Hollande. Le 3 mai 1697. trois vaisseaux Hollandois partirent du Texel avec ordre d'examiner la côte occidentale de *nouvelle Hollande*, qu'ils coururent depuis l'isle *Rottenest*, (nid de rats, ou nid pourri) jusqu'à la rivière Guillaume. On imprima une relation de ce voyage à Amsterdam en 1701. (*) mais sans y joindre de carte : cependant j'en

(*) Je n'ai pû recouvrer cette relation pour vérifier par moi-même si on pourroit tirer un extrait plus cu- rieux & plus intéressant que celui qu'on lit ici.

ai vû une bien faite. Ils arrivèrent le 29 décembre à la vûe des Terres australes, & y séjournèrent jusqu'au 21 février 1698. Selon leur rapport, c'est le plus misérable pays de l'Univers. Dampierre n'a pas eu tort de dire que les Hottentots étoient des seigneurs en comparaison des Australiens de la nouvelle Hollande. Il y a fait deux voyages dont le récit n'est pas non plus de grande utilité, & ne promet aucun profit. Il y a cependant de bons éclaircissemens sur la géographie, surtout sur le canton par lui appellé *nouvelle Bretagne*, qu'il reconnut être une isle séparée du continent de la *nouvelle Guinée*.

Le premier mars 1705. on envoya de Timor trois bâtimens Hollandois avec charge de reconnoître le côté septentrional de la nouvelle Hollande mieux qu'il ne l'avoit été ci-devant. Ils examinèrent soigneusement les côtes, les bancs de sables, les écueils. Ils ne trouvèrent sur la route aucune terre, mais seulement quelques roches au-dessus de l'eau à 11°. 52'. *lat. sud*. Ils virent la côte occidentale de nouvelle Hollande à 4°. au levant de la pointe orientale de *Timor*. Ils continuèrent de-là leur route vers le nord; passèrent une pointe devant laquelle il y avoit un banc de sable au-dessus de l'eau long de plus de 5 lieues d'Allemagne de quinze au degré: après quoi ils firent voile à l'est tout le long des côtes de nouvelle Hollande, remarquant tout avec exactitude, jusqu'à un golfe au bout duquel ils n'allèrent pas tout-à-fait. J'en ai vû une carte dessinée.

En la même année 1705. on envoya un yacht nommé *le Pinson jaune* à la découverte de la côte sud-est de la *nouvelle Guinée*, dont il trouva la situation bien différente de ce que l'on en voit sur les cartes connues. Je donne ci-après le catalogue des lieux mentionés dans le journal, selon les noms qui leur furent, à ce qu'il semble, imposés par l'équipage du yacht. Il y est parlé de quelques habitations de nègres naturels du pays: l'une à la *pointe rouge*; une autre appellée *Waba*; une autre au-delà d'une *pointe plate verte*, où il y a un mouillage & l'on peut faire aiguade; l'un des matelots du bâtiment y fut tué par un naturel du pays: deux autres, au pied du *petit mont Eglise*, & vers la baye du *grand mont Eglise*, d'où l'on enleva deux habitans, qui ont été amenés en Hollande, avec deux autres pris à l'habitation nommée *Jobie*. On avoit pris dans cette dernière quatre hommes & trois femmes. Deux des hommes s'échapèrent: on rendit la liberté aux femmes. C'est un de ces sauvages-ci que le Bruyn célèbre peintre & voyageur, Hollandois, a dessiné durant son séjour à Batavia, & dont on voit la figure dans son voyage des Indes. Il faut que le pays ne soit guères peuplé, puisque dans le parcours de plus de 100 lieues de côtes de toute cette grande baye, on n'a trouvé qu'un si petit nombre d'habitations.

Je joins ici le rapport même de Corneille le Bruyn dont l'écrivain Hollandois vient de faire mention. » Au mois de février 1706 » j'allai rendre visite à M. Roi major de la citadelle de Batavia. » J'y trouvai quatre hommes, que le vaisseau nommé le *Pinson* » avoit enlevés de la côte méridionale avec deux ou trois femmes » que l'on relâcha. Ces sauvages au nombre de six furent conduits » à Batavia, dont il s'en sauva deux; & les quatre autres restèrent » au service de la compagnie, qui les envoya sur ses vaisseaux pour » leur faire apprendre notre langue, & en tirer ensuite des lumières » par rapport à leur pays, où l'on résolut de les renvoyer après avoir

» tiré d'eux ce que l'on fouhaitoit de fçavoir, pour faire connoître
» l'humanité de la compagnie à leurs compatriotes, & tâcher d'en-
» trer en commerce avec eux: car jufqu'alors ils n'avoient jamais
» permis aux étrangers d'entrer dans leur pays; & le vaiffeau dont
» on vient de parler étoit le premier qui y eut abordé. L'air de ces
» fauvages me parut fi extraordinaire que j'en voulus peindre un
» l'arc & les flèches à la main à leur manière, comme on le voit
» N°. 197. Ils vont tout-nuds avec une petite ceinture de toile
» qui couvre leur fexe, & un petit cercle d'yvoire autour de la jam-
» be gauche. Je pris un de leurs arcs & plufieurs de leurs flèches que
» j'ai confervées. Ces flèches font de canne, les unes plus groffes
» que les autres & à plufieurs pointes; ce qui rend les bleffures
» qu'elles font très-dangereufes: mais comme elles font fort legères
» elles ne portent pas loin. « Le voyage de le Bruyn étant entre
les mains de tout le monde, je n'ai pas crû devoir faire graver ici de
nouveau la figure de ce nègre Auftralien. Il eft peint de profil de
la tête aux pieds, ayant en main fon arc fingulier & quelques flèches. Sa figure eft prefque entièrement femblable à celle des nègres
Africains, quoique les deux contrées foient féparées par un efpace
prodigieux de mer & de terres peuplées d'habitans d'une toute autre figure. Je parlerai dans la fuite des caufes probables de cette
reffemblance fi étonnante entre deux peuples tout-à-fait brutes, qui
n'ont certainement jamais eu de commerce enfemble, ni pratiqué
de grandes navigations, étant toujours reftés dans le premier état
fauvage de pure nature. J'ai déja remarqué que c'eft de cette reffemblance avec les Africains de Guinée, plutôt que d'aucune autre des raifons qu'on allégue, que ce canton-ci de l'Auftralafie, le
premier découvert par les navigateurs, peut avoir reçû le nom de
nouvelle Guinée.

Quant aux *ifles des Papous* près de la nouvelle Guinée, pourfuit le recueil Hollandois, elles appartiennent
au roi de *Tidor*. Valentin en parle affez confufément
dans fa defcription des Indes orientales, part. III. pag.

47. Il fait mention de quelques-unes en convenant qu'on n'en avoit alors que très-peu de connoissance. La carte qu'il donne des isles Papous à la pag. 2. de sa description des Moluques, est peu conforme à leur véritable situation. Il marque la partie occidentale du pays comme totalement inconnue : il met au nord la plûpart des noms qu'il falloit mettre au sud : ce que j'ai clairement apperçu tant par le routier du voyage que le sieur *Keyts* fit vers ce pays, qu'en voyant une carte qui représente le côté méridional de Guinée. Les cartes ordinaires représentent la terre des Papous comme une contrée contigue à la nouvelle Guinée : toutes se copient les unes les autres sur cette même erreur, & ne peuvent faire mieux, puisqu'on n'imprime pas les bonnes. Cependant on a reconnu que ce sont des isles dont la plus septentrionale s'avance jusques dans notre hémisphère boréal. J'en ai vû une carte faite en 1722. très-nettement dessinée. Je donnerai le catalogue des principaux objets qu'elle présente. Ces isles s'étendent dans la longueur de près de trois degrés de latitude, depuis le continent de *Guinée* jusqu'à l'isle *Halamahera*, vulgairement connue sous le nom de *Gilolo*, & qu'on appelle aussi *la mère des pays*, c'est-à-dire *la grande terre*, pour la distinguer des moindres isles adjacentes. Dampierre a passé au milieu par le détroit appellé *Neeuw* : mais sa carte n'est pas bonne dans la partie occidentale de la nouvelle Guinée, en ce qu'il y comprend les isles méridionales des Papous comme faisant partie du continent de la nouvelle Guinée.

Isles Arouw. Les isles *Arouw* appartiennent à *Banda*. Elles sont depuis 1623 sous la dépendance de la compagnie des Indes Hollandoise. *Valentin* dans sa description des Indes au chap. de Banda pag. 35. en a donné une carte qui ne s'accorde nullement avec celle que l'on fit en 1703. de la mer des Indes. Ces isles sont assez bien placées dans la carte d'Asie que Danville a publiée en France, en 1752, excepté qu'il n'en met que quatre au lieu de six. *Arouw* est un pays bas & plat, coupé par différentes fosses ou criques salées, sur les bords desquelles il provient des *Mangis*. Ces isles sont bien peuplées : on y comptoit autrefois 70 habitations de nègres. Leur principal produit est le *Sagu*, & des esclaves qu'ils enlevent en nouvelle Guinée & ailleurs, pour venir les vendre à Banda. (*) On trouve près du village *Ablinga*, habitation nègre, un banc où l'on pêche des perles, mais petites pour la plûpart. On trouve aussi dans ces isles des oiseaux de Paradis. En 1703. il y avoit dans Arouw environ 240 chrétiens.

(*) En apprenant que ces peuples se vendent ainsi pour esclaves, que penserons-nous de cette conformité de mœurs entre les nègres Papous & les nègres Africains si distans les uns des autres, jointe à la conformité de figure, & à cette singularité de manquer des deux dents de devant ? Il faut que cette race d'hommes soit bien ancienne dans la bande équinoxiale du globe. J'ai déja donné quelques conjectures sur les causes de sa destruction dans les Indes, en parlant des différentes espèces humaines. Voyez ci après liv. *V.* au chap. de l'Australasie.

Description géographique d'une côte de la nouvelle Guinée.

C'est la course faite par le vaisseau *Geelvink* (pinson jaune) sur la côte du sud-est. Il semble par les termes qui commencent & finissent le routier hollandois que ce soit le contour d'une grande baye ouverte au large qui soit ici décrit. Il est surprenant que la hauteur du pole, ni la longitude n'y soient pas rapportées.

Grande baye étendue de l'est ou l'ouest de 60 lieues d'Allemagne de 15 au degré. Elle entre au sud dans les terres d'environ 38 lieues ; la pointe orientale est d'un degré 30 minutes plus au sud que l'autre pointe.

Isle Brander (brulot) à l'entrée d'ouest de la *grande baye*, près de la *pointe verte*, longue d'une lieue, étroite, environnée de rochers.

Pointe basse & émoussée.

Pointe verte & occidentale de *Boompje*. Au-devant un banc de sable : deux brasses d'eau dessus.

Pointe orientale de Boompje. Au nord un banc de sable d'une lieue & demie entouré de rochers.

Habitation de nègres.

Pointe rouge.

Pointe escarpée.

Golfe salé.

Pointe Massoi.

Deux isles très-petites, environnées de rochers.

Waba village de nègres. Le pays s'étend du sud au nord : il est bordé de bancs de sable.

Isle Enganne à 3 lieues du rivage. Sa longueur, 3

lieues & demi du sud au nord : sa largeur 2 lieues.

Golfe de 13 lieues, étendu du sud-est au sud. Au côté du sud une *petite isle*.

Isles Gebroken (rompues), au-devant d'un rivage de 3 lieues de l'ouest à l'est.

Pointe Boeseroen . . . . . 8 lieues plus loin à l'est,

Isles Boompje environnées de rochers. Langue de terre du sud au nord de 5 à 6 lieues de long, 2 de largeur : profondeur 2 brasses à basse marée.

Hoogen Zuid-Hoek (pointe méridionale haute) & *Munniks-Hoek* (pointe du moine). Au côté septentrional de la première une *isle* de 2 lieues de long, un peu moins de large. Au fond de la baye, les *Brabants*, *Enkhuisen* &c: ce sont une douzaine d'îlots ou bancs restans à sec à basse marée.

Laagen Zuid-Hoek (pointe basse méridionale.)

Grœnen Vlakken-Hoek (pointe plate verte). Près de là, aiguade & mouillage.

Pinxter Bogh (baye Pentecôte), au-devant de laquelle on trouve les *isles de Harlem* dont les deux plus grandes peuvent avoir une lieue de long sur un quart de large.

Autre baye allant jusqu'à la *pointe de Kamps* de 7 lieues de large, & trois au moins de profondeur. Vis-à-vis sont les petites isles de *Schellings*. On peut mouiller au côté oriental de la plus grande à une lieue du rivage, & à une lieue & demie de la *pointe Pentecôte*. Quatre rivières se jettent dans la baye vers la *pointe Kamps* qui est garnie d'écueils.

Montagnes & rivières en suivant la côte au nord-est

pendant 6 lieues. *M. Doodkift* (cercueil) *M. Oliphant* (éléphant). Le rivage est garni de sable & de vase; mais à une lieue du rivage l'eau est passablement profonde, & l'on peut ancrer en quelques endroits.

Geelvink (pinson jaune) dont la pointe orientale est le lieu le plus oriental de la côte parcourue. Il y a là trois rivières, & de quoi faire de l'eau & du bois.

Kerkberg (M. Eglise). C'est une chaîne de montagnes longue au moins de 6 lieues, au bout de laquelle il y a une habitation de nègres.

Baye au-devant de laquelle est l'isle *Dwars in de weg* (en travers du chemin) d'une lieue & demie de long, à 3 lieues du rivage.

Autre baye un peu plus grande plantée d'arbres; & non loin de-là une habitation de nègres. La montagne dans le continent nommée *le grand Kerkberg* (grand mont Eglise) a deux sommets pointus. Il faut ancrer dans la baye à cinq quarts de lieue du rivage, dans une telle position que l'on voye le milieu du grand Kerkberg, au-dessus du village des nègres.

La pointe orientale du *Pinson jaune* est garnie d'un banc de sable d'une lieue & ½, qui se montre à basse marée. Au bout vers le nord-est, est le bout oriental de *langue Eiland* (longue isle.) Ici la côte s'étend 26 lieues de l'est à l'ouest, & l'on trouve à 5 lieues une habitation de nègres, près de laquelle sont 8 petites isles. Cette habitation se nomme *Jobie*, ainsi que la rivière de 5 lieues & demie de large qui coule le long de *l'isle Longue*. Cette isle a plus de 5 lieues de large au bout occidental: elle est en pointe vers l'est.

aux Terres Australes. Liv. III. 447*

Verraders Eilanden (isles des Traîtres.) Il y en a 19 dans l'espace de 11 lieues plus loin que l'habitation. A l'exception de trois du côté du nord, elles paroissent toutes se joindre par le moyen des roches. A leur bout vers le nord-ouest c'est un pays bas & rompu, de 5 lieues d'étendue : puis une pointe, & ensuite une même étendue de côtes pareilles allant de l'ouest au nord.

De Drie Gesusters (les trois Sœurs) trois petites isles à deux lieues & demie du bout occidental de *l'isle Longue.* Elles sont séparées par des bancs de sable..... Tout près de-là,

Het Bultig Eiland (l'isle Bossue) qui ressemble à un grand belier. Elle a plus de 6 lieues de l'est à l'ouest, & près de deux de large.

Autre isle élevé presque ronde à près de 5 lieues de la précédente, & d'environ 6 ou 7 lieues de circuit.

Entre l'occident de *l'isle Bossue* & le nord de *l'isle Enganne* vers le milieu, un peu plus à sud-est cependant, il y a neuf isles fort petites qu'on appella *Boeseroens Eilanden.*

1697.
1722.

Eclaircissemens géographiques sur les isles Papoas.

L'isle *Waigeeuw* la plus septentrionale de toutes, dont la côte nord s'étend sur environ 1°. de *latit.* nord à 26 lieues de l'ouest à l'est, & 10 dans sa plus grande largeur du sud au nord. J'entends toujours des lieues d'Allemagne de 15 au degré. A la côte du midi un golfe profond pénétre si avant dans les terres, qu'il les sépare presque en deux parties. Sur la côte d'occident on trouve trois habitations de négres près l'une de l'autre ; *Calamo*, *Ompay*, & *Sailloloa* ; puis à trois lieues de celle-ci vers le nord-est un autre village nommé *Kabilo*. Du côté méridional dans une presqu'isle un autre village nommé *Omko*.

Isle Mangyn, dans le golfe ci-dessus mentionné.

Pointe Mandanef entre l'isle & la pointe suivante. *Pointe Makerie* dans le golfe du côté septentrional. *Pointe Wartjouw* du côté oriental : toutes trois dans la même isle *Waigeeuw*.

Petites isles *Sebiat*, *Toye*, *Bocke*, *Lama*, &c. en grand nombre de roches & d'islots, au midi de l'isle *Waigeeuw* : & aussi l'isle *Gammen* de 9 lieues d'orient en occident, & de 4 du nord au sud. Un détroit fort courbe & fort serré la sépare de Waigeeuw. Elle est bornée au midi par un autre détroit plus large qui a au moins 4 lieues.

Dans ce détroit appellé *Neeuw*, une isle étroite de même nom, longue de 3 lieues de l'est à l'ouest.

Isle Patenta au sud du détroit, longue de 19 lieues du nord-est au sud-ouest large de 4. Elle se termine en pointe vers l'orient. Cette pointe-ci se nomme *Gagelola* : celle de l'occident *Monkaite*. [Selon l'apparence c'est cette dernière qui est connue des géographes sous le nom de *cap Mabo* ; il en est souvent parlé dans cette histoire. C'est aussi à l'isle *Patenta* que l'on a mal-à-propos fait commencer jusqu'à présent la partie septentrionale du continent de *nouvelle Guinée*.].......

En suivant au sud,

Détroit Sagewien allant du sud-ouest au nord-est. A

l'entrée une *isle* de même nom près de la *pointe Dandany* dans l'isle suivante. . . . . . Toujours allant au sud,

Isle *Sallawaty* de 10 lieues de côte dans une partie; le reste formé en demi-ovale: le circuit du total est d'une quarantaine de lieues; quoique Valentin, qui l'a d'ailleurs très-mal placée, lui en donne infiniment moins. Elle tire son nom d'une habitation de nègres ainsi nommée. Il y en a une autre appellée *Nimara*. Le sud de cette isle est à 30 lieues de l'est de l'isle *Céram* connue des géographes, qui lui reste vers le sud-ouest.

Détroit *Gallowa* d'environ une lieue de largeur. Il sépare *Sallawaty* de la *Guinée* proprement dite. En y entrant par le côté du sud-ouest on apperçoit à sa droite le cap occidental de Guinée appellé *Sabelo* ou *Onny*, situé au moins à 1°. 30′. *latit. sud* : le détroit est garni d'islots.

Aliena petite isle à la sortie nord-est du détroit vers la *pointe Wagen* de Guinée.

Revenons au nord de *Waigeeuw* que la mer sépare d'*Halamahera* ou *Gilolo*. Il y a 22 lieues de sa pointe occidentale à la pointe orientale de Gilolo appellée *Pattany*, allant du sud à l'ouest. Il y a 54 lieues de la pointe *Pattany* en Gilolo à la pointe *Sabelo* en Guinée vers 1°. 36′. *latit. sud* : mais le terrein de Guinée s'étend jusques sous la ligne même en remontant au nord, faisant face au nord-ouest : & depuis *Sabelo* la côte retourne faisant face au sud-sud-ouest jusqu'à la baye *Rycklosvan Goen* à 2°. 10′. *latit. sud*.

1657-
1722.

Isle *Gebey* la plus occidentale des Papous à 6 lieues à l'est de *Pattany*, longue de 5 lieues du nord-ouest au sud-est. Quelques navigateurs l'ont prise pour la nouvelle Guinée.

Au sud de *Gebey* & au sud-ouest des isles *Papous*, il y a aussi deux autres isles assez considérables : *Popo* où est le village *Sabaga* ; & *Mixoal* où sont trois villages nègres ; sçavoir, celui qui donne le nom à l'isle, & deux autres, *Waigamma* du nord & *Waigamma* du sud. Ces deux isles sont entre *Gebey* & *Céram*. *Mixoal* est environné de tout côté de bancs de rocs & d'islots.

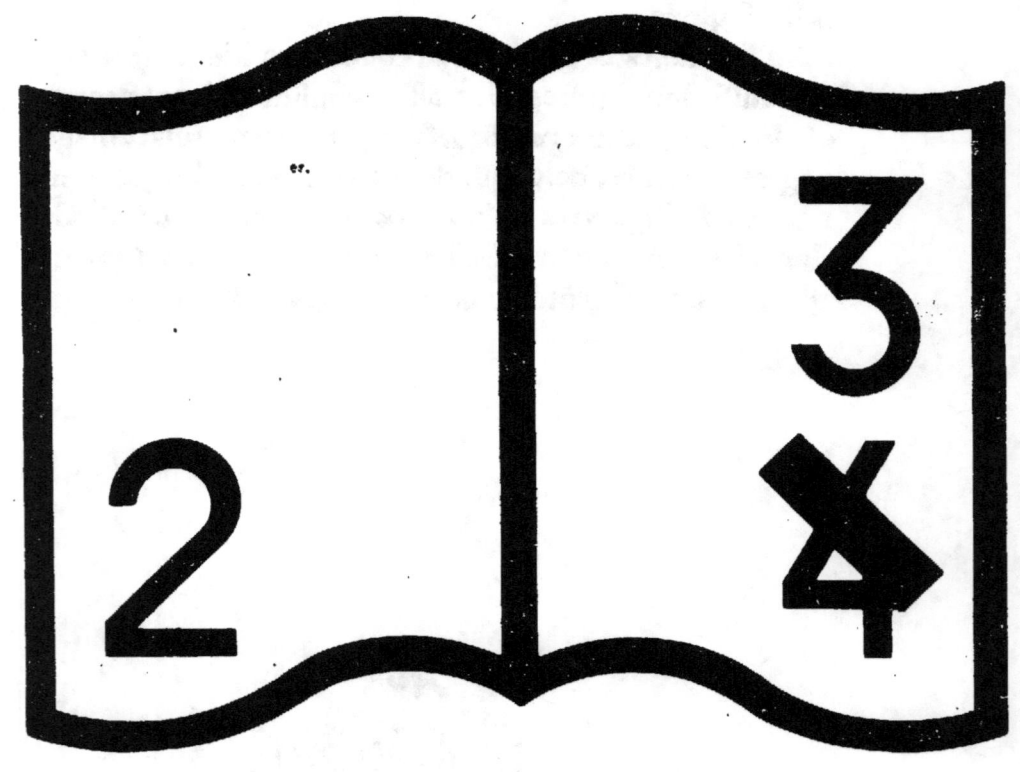

Pagination incorrecte — date incorrecte

NF Z 43-120-12

XXVII.
JACQUES L'HERMITE,

En Australasie, & en Polynesie.

L'AUTEUR de cette relation nommé *Adolphe Decker* natif de *Strasbourg*, étoit capitaine des troupes de débarquement sur le septième vaisseau de la flotte. C'est un homme intelligent, de bon sens, & qui écrit mieux que ne font d'ordinaire les mariniers. Son journal écrit en hollandois a été imprimé en latin à *Francfort*, d'abord *chez Fischer en 1628*, dans la douzième partie de la collection d'*Asie de Th. de Bry liv. II. cap. 9*. Puis dans la collection d'*Amérique, partie 13. art. 5. chez Merian 1634. fol.* avec d'assez bonnes figures. On en a une traduction françoise dans le neuvième tome du recueil de la compagnie des Indes, *Rouen 1725. in 12.* C'est un des meilleurs de ce recueil.

MALGRÉ le projet formé par les Hollandois de ruiner les établissemens de l'Espagne en Amérique, & de lui enlever les sources des richesses, par le secours desquelles elle continuoit à soutenir contr'eux la guerre en Europe, les difficultés qui se rencontroient dans la longue traversée du détroit de Magellan, pour porter la guerre dans la mer du sud, les incommodités qui suivoient les flottes en ce passage, commençoient à rebuter d'une entreprise si éloignée, & dont l'exécution souffroit tant de difficultés. Mais lorsqu'on eut bien vérifié que *la Maire* avoit en effet trouvé une nouvelle entrée plus courte & plus facile, les anciens projets furent remis sur le tapis. Le prince Maurice d'Orange donna ordre d'équiper une armée navale de onze vaisseaux, montés de seize à dix-sept hommes, & de près de trois cent pièces de canons. On la pourvut d'un bon pilote nommé *Valentin*, qui venoit de faire le voyage en 1619. avec Garcie de Nodal sur les caravelles espagnols. *Jacques l'Hermite* fut fait amiral, & *Hugues Schapenham* vice-amiral de cette flotte, qu'on ne destinoit pas à moins qu'à faire l'entière conquête du Pérou.

Départ de Gorée.

Nous partîmes de Gorée, *dit l'auteur*, le 29 avril 1623. Le 2 février de l'année suivante, nous nous trouvâmes devant la bouque du détroit de le Maire, où nous n'aurions pas soupçonné d'être, si le pilote Valentin ne l'eut reconnu aux hautes montagnes qui sont au bord occidental. Cette bouque a pourtant de bonnes connoissances, parce que les terres orientales qui sont le long du détroit,

Terre des Etats.

nommées *le pays des Etats*, sont hautes, montueuses & entrecoupées; & au côté occidental nommé *le pays de Maurice*, on voit quelques collines rondes tout proche du rivage. Les courans nous portoient avec rapidité dans le détroit sur cette côte. L'amiral vouloit al-

Baye Valentin.

ler ancrer dans la baye *Valentin*, où étoient deux de nos vaisseaux, lorsqu'une chaloupe vint nous faire signal de n'en rien faire. Sur quoi l'on mouilla au-dessus d'une pointe sur 15 brasses fond de roches. De ce mouillage, nous enfilâmes le milieu du détroit & le traversâmes. Avant midi le tems fut si embrumé, qu'étant au milieu du détroit, nous ne pouvions voir les terres ni de l'un ni de l'autre côté; ce qui fait que nous n'en pouvons presque rien dire. Sur le midi, la terre des Etats nous restoit à l'est.

Tems propre à passer le détroit.

Beaucoup de gens s'étonneront de ce que nous employâmes neuf mois à nous rendre d'Hollande au détroit de le Maire, & croiront que cette navigation est difficile

& presqu'impraticable : mais on connoîtra le contraire, si l'on se donne la peine d'y faire attention, & l'on trouvera qu'elle est facile, pourvû qu'on se mette en route dans le tems requis. En effet les caravelles espagnols qui passèrent par ce détroit l'an 1620. ne partirent de Lisbonne qu'au mois d'octobre, & nonobstant un assez long séjour qu'elles firent dans le Rio Janeiro, elles furent dans le détroit au mois de février suivant. Ainsi la raison qui fit si long-tems durer notre voyage, fut que nous nous mîmes trop-tôt à la mer, & que nous passames sous la ligne dans une saison qui n'étoit pas favorable. Ceux donc qui voudront à l'avenir faire cette route, doivent prendre leurs mesures pour passer sous la ligne à la fin d'octobre, ou en novembre : ça alors par le moyen des vents du nord, qui regnent entre les tropiques, leur voyage se pourra faire promptement & heureusement.

Le capitaine *Verschoot* qui avoit mouillé *sur la terre de Feu* dans la baye de son nom, & dans celle de *Valentin* rejoignit l'amiral vers 56. & lui fit le récit de ce qui lui étoit arrivé. Ces gens étoient entrés dans une petite rivière, & y avoit trouvé une rade propre pour de petits bâtimens où ils pouvoient être à l'abri de presque tous les vents, mais il n'y avoit pas assez d'eau pour les grands vaisseaux. Ils avoient trafiqué avec les habitans qui leur avoient donné des peaux de chiens marins, mais point de bétail ni d'autres rafraîchissemens. Ils avoient pêché à l'hameçon dans cette baye, & pris quantité de poissons de la figure & du goût du merlan : mais comme ils n'étoient pas à couvert du vent d'est, & que les houles étoient hautes, qu'elles incommodoient beaucoup, ils avoient levé l'ancre le plutôt qu'ils avoient pû.

Baye Verschoot.

Description de la terre de Feu.

1624.
Cap Horn.
Ses courans.

Irrégularités dans les boussoles.

Baye de Nassau.

Isle Ramirez ou Isle Barnevelt.

Baye Schapenham.
Trahison des Sauvages.

Le 6 février nous étions à trois lieues au-dessous du cap *Horn*; & ayant mis le cap au sud à cause que le vent nous empêchoit de monter, nous nous vîmes par les 58°. & demi où le froid étoit extrême. On fut fort surpris de voir ici les boussoles avoir de grandes & de fort différentes déclinaisons. Les courans portoient furieusement à l'est, au contraire de notre estime & de ce que *le Maire* en a écrit, car nous croyions selon nos pointages être bien loin à l'ouest du cap *Horn*, tandis que nous étions encore à l'est. Sur la côte occidentale du cap il y a un grand golfe qui entre dans les terres aussi avant que la vue peut s'étendre : cette baye où nous encrâmes fut nommée *baye de Nassau*; le mouillage y est bon sur 25 à 30 brasses, fond comme de la chaux. Il y a deux isles à 15 lieues à l'ouest qui ne sont pas marquées dans les cartes (apparemment les *isles Ramirez ou Barnevelt*.) Les capitaines allant par terre, trouvèrent une autre bonne baye voisine des bois & d'une aiguade commode : on la nomma *Schapenham* du nom du vice-amiral.

Les matelots étant à l'aiguade furent abordés par des sauvages, qui parlèrent & agirent amiablement. Là dessus survint un si terrible orage que 19 hommes de notre troupe furent contraints de demeurer à terre, n'ayant pu regagner les chaloupes. Le lendemain on ne retrouva plus en vie que deux hommes des 19. Les sauvages étoient venus sur la brune, & en avoient tué ou assommé 17 avec leurs frondes & leurs massues, ce qui ne leur avoit pas été difficile, les matelots n'ayant point d'armes. Cependant aucun de nos gens n'avoit fait le moindre tort ou la moindre insulte à ces barbares. On ne trouva sur le rivage que 5 corps, entre lesquels étoient ceux

ceux du premier pilote & de deux garçons de bord. Ceux-ci étoient coupés par quartiers, & celui-là étoit déchiré d'une étrange manière. Les sauvages avoient déja enlevé les autres pour les manger. On n'envoya plus de chaloupe qu'il n'y eut dans chacune 8 ou 10 soldats pour leur défense, mais il étoit trop tard : ces hommes brutaux ne parurent plus.

Le vice-amiral s'en vint à la côte, vers l'endroit où on avoit vû de la fumée dans une autre baye que nous nommâmes *Winthond* (Levrier); où il trouva quelques hutes de sauvages qui lui parlèrent ; puis il ancra dans un canal en dedans d'une isle appellée *Terhalten*, du nom du capitaine de nos troupes de débarquement. Il rapporta que la terre de *Feu*, ainsi qu'on la voit dans les cartes, est divisée en plusieurs isles ; que pour passer dans la mer du sud, il n'est point nécessaire de doubler le cap de *Hoorn* : qu'on le peut laisser au sud, en entrant par l'est dans la baye de *Nassau*, & gagner la haute mer par l'ouest de ce cap : que comme on voit partout des anses, des bayes & des golfes, dont la plupart s'enfoncent dans les terres, autant que la vûe peut s'étendre, il est à présumer qu'il y a des passages dans la grande baye, appellée *Golfe de Nassau*, par où les vaisseaux pourroient traverser dans le détroit de Magellan.

La plus grande partie de la terre de *Feu* est montueuse ; mais il y a quantité de belles vallées & de prairies arrosées d'agréables ruisseaux, qui coulent des montagnes. Entre les isles il a plusieurs bonnes rades où des flottes entières peuvent être à couvert. On y peut faire du bois par tout, & l'on y trouve de bon lest de pierres.

1624.

Baye Winthond.

Isle Terhalten.

Description de la terre de Feu.

Kkk

1624.

Les montagnes, qui à leur aspect du côté de la mer paroissent arides, sont toutes couvertes d'arbres qui panchent tous vers l'est, où les pousse la violence des vents d'ouest, qui soufflent ordinairement en ces pays-là. Le sol de ces montagnes est caverneux. La terre où tant d'arbres croissent, n'a que deux ou trois pieds de profondeur, ce qu'on mesure facilement avec un bâton, en faisant un creux jusqu'à la roche.

Vents qui y régnent, & que l'on peut éviter.

Les vents d'ouest y régnent presque toujours, & il y fait de fréquentes tempêtes, qui sont apparemment causées par les grandes exhalaisons qui sortent des eaux, & qui sont chassées avec impétuosité de l'ouest à l'est. Comme les vents d'ouest sont aussi impétueux dans tout ce climat de la terre de Feu qu'en aucun autre lieu du monde; qu'ils se lèvent si subitement, ainsi que nous l'éprouvions sans cesse dans la baye de Nassau, qu'à peine a-t-on le tems d'amener les voiles; qu'ils font chasser les vaisseaux, même quand ils sont affourchés sur deux ou trois ancres, & mouillés, à l'abri de la côte d'où le vent vient; qu'ils renversent les chaloupes qui sont à la toue ou amarées à bord; il faut que ceux qui veulent faire route à l'ouest, évitent cette terre autant qu'ils peuvent, & qu'ils courent au sud. Car par ce moyen, ils se trouveront délivrés des vents d'ouest, & selon que notre expérience nous donne lieu de conjecturer, ils rencontreront les vents du sud, qui les conduiront sans doute au lieu de leur destination.

Ses habitans.

Les habitans de cette terre sont aussi blancs que ceux de l'Europe, ainsi que nous le connûmes en voyant un jeune enfant. Mais ils se frottent le corps d'une couleur rouge, & se le peignent de diverses autres couleurs, &

en différentes manières. Les uns ont le visage, les bras, les mains, les jambes, ou d'autres membres peints de rouge & le reste du corps blanc, tout marqueté de peinture & de couleurs. Il y en a qui sont demi rouges, ou tout rouges d'un côté & tout blanc de l'autre; enfin ils se peignent chacun à sa fantaisie. Ils sont puissans & bien proportionnés dans leur taille, qui en général est à peu près comme celle des Européens. Ils ont des cheveux noirs, épais & longs qui les font paroître plus affreux; leurs dents sont aussi aigues que le tranchant d'un couteau. Les hommes vont tous nuds, mais les femmes couvrent d'un morceau de cuir leurs parties naturelles. Elles sont peintes comme les hommes, & ont autour du col des colliers de coquilles, ou de coques de limaçon. Il y en a quelques-unes qui mettent sur leurs épaules une peau de chien marin, ce qui ne les garantit guères du froid, qui est fort âpre en ce lieu-là, & c'est une chose surprenante qu'ils le puissent supporter; leurs maisons ou plûtôt leurs hutes, sont faites d'arbres, étant rondes par le bas, & se terminant à la manière des tentes, presque en pointes par le haut, où il y a une petite ouverture pour faire sortir la fumée. Elles ont en dedans deux ou trois pieds de profondeur dans la terre, & sont enduites de terre par-dehors. Tout les meubles de ces hutes consistent en quelques corbeilles de jonc, où sont les instrumens dont ils se servent pour la pêche, sçavoir, des lignes & des hameçons faits de pierres assez artistement travaillées à peu près comme les nôtres, ils y attachent des moules, & par ce moyen ils prennent autant de poissons qu'ils veulent. Ils sont armés différemment: quelques-uns ont des arcs & des flèches, au

1624.

leurs vêtemens & habitations.

Leurs meubles & armes.

1624.

bout desquelles il y a des harpons de pierres faits aussi avec assez d'art, d'autres ont de longs javelots, avec un os tranchant à la pointe, & garni de crochets pour mieux tenir dans la chair. Les autres ont des massuës, des frondes, & des couteaux de pierre fort tranchans. Ils ne sont jamais sans leurs armes, parce que selon que nous le pûmes comprendre, ils ont toujours la guerre avec un autre peuple qui est à quelques lieues de leur pays, à l'est de *Goerée* & vers l'isle de *Terhalten*. Ce peuple-ci est tout peint de noir, de même que celui de la baye de *Schapenham* & de celle du *Levrier* l'est presque tout de rouge.

Autres sauvages de Gorée.

Leurs canots sont fort singuliers. Ils dépouillent un des plus gros arbres de toute son écorce, & la courbent si adroitement, en ôtant des bandes de certains endroits, pour les recoudre en d'autres, qu'ils lui font prendre la figure des gondoles de Venise. Pour les fabriquer ainsi, ils mettent l'écorce sur un certain bois, à peu près comme en Hollande on met les vaisseaux sur les chantiers. Quand elle a pris la forme convenable, ils la garnissent dans le fond d'un bout à l'autre, des pièces de bois qui la traversent pour l'affermir, & couvrent encore ces bois d'une autre écorce, par le moyen de laquelle le bâtiment demeure étanché & franc d'eau. Les canots ont 10. 12. 14 & 16 pieds de longs, & à peu près deux pieds de large, sept ou huit hommes y peuvent tenir, sans qu'il soit besoin d'y mettre d'élancement aux côtés, & ils nagent aussi vîte que les chaloupes à rames.

Leurs canots.

Au regard de leurs manières & de leur naturel, ces gens-là ont plus de rapport avec les bêtes qu'avec les hommes. Car outre qu'ils déchirent les hommes & en dévorent la chair cruë & sanglante, on ne remarque pas

leur stupidité.

en eux la moindre étincelle de religion ni de police. Au contraire, ils vivent tellement comme des bêtes, que s'ils se trouvent proche les uns des autres, & qu'il leur prenne envie d'uriner, ils se lâchent leur eau sur le corps, à moins que celui qui se trouve à portée ne se retire. Ils ne connoissent point les armes des Européens, & ne croyent pas en voyant une épée ou un mousquet qu'ils puissent faire des blessures, si bien qu'ils ne craignent pas de prendre à poignée la lame d'un sabre; cependant ils ont assez d'adresse pour être méchans, rusés & infidèles. Ils paroissent amiables aux étrangers, & dans le même tems ils cherchent le moyen de les surprendre, de les attaquer & de les massacrer, ainsi qu'ils firent à l'égard des 17 matelots d'un de nos vaisseaux. En un mot, ceux qui entreront à l'avenir dans la baye de *Nassau*, peuvent faire leur compte d'y trouver de l'eau, du bois & du lest; mais nous n'avons trouvé ni bétail, ni poissons vers la baye de *Schapenham*: nous n'y avons vû que quantité de moules. Surtout ils doivent bien se donner de garde de se fier aux sauvages quelque beau semblant qu'ils fassent; ils doivent demeurer toujours armés, & ne se hazarder pas, pour avoir des bestiaux, à s'avancer dans les terres, où nous sçavions qu'il y en avoit, & d'autres rafraîchissemens aussi: car ce désir & la démarche qu'ils feroient pour se contenter, leur seroit apparemment funeste. Ce qui nous a donné lieu de croire, qu'il y avoit des bestiaux dans la terre *Del Fuego*, est que nous avons vû en plusieurs endroits de la fiente & des paissons de bêtes, & des nerfs de bœufs. Outre cela pendant que le *yachs* étoit à l'ancre à *Goerée*, un soldat qui s'étoit avancé dans le pays, fit rapport au vice-amiral qu'il avoit vû un grand nombre de bétail paître dans une prairie.

1624.

La flotte leva l'ancre, en grande peine sçavoir si elle pourroit venir à bout de doubler les terres, & de remonter dans la mer pacifique. L'amiral & le vice-amiral étoient tous deux si malades qu'il n'y avoit guères d'apparence que ni l'un ni l'autre revinssent envie de cette expédition. La plupart des navigateurs ont cru jusqu'à présent qu'on peut bien aller au Chili par le détroit de *le Maire*; mais qu'il n'est pas possible de venir du Chili & du Pérou, par ce détroit dans la mer du nord, s'imaginant que les vents du sud, qui régnent continuellement dans la mer du sud, ne le permettent pas. Mais la chose va tout autrement. Car les vents d'ouest & de nord-ouest que nous avons trouvés, marquent qu'il est incomparablement plus aisé de venir du Chili traverser ce détroit, en cotoyant la terre *Del Fuego*, qu'il ne l'est en allant par le détroit au Chili, de monter au sud, pour être délivré des vents d'ouest.

Facilité du passage plus grande pour rentrer dans la mer du nord.

Le 8 mars vers 61°. nous trouvâmes un vent de sud-sud-est assez frais, & qui nous étoit favorable. L'air fut aussi plus doux, de sorte qu'après tous les mauvais tems que nous avions essuyés, il nous sembla que nous avions passé dans un autre monde.

La flotte arrive à la mer du sud.

Le vent nous mena aux côtes du Chili & à *Jean Fernand*, où il y a tant de poissons, qu'à peine a-t-on laissé tomber l'hameçon d'un demi pied, qu'ils se battent pour y mordre. *Decker* continue ici la description de cette Isle, & le récit des entreprises guerrières de la flotte en Amérique. Les gallions chargés d'argent que

Jean Fernand.

Expéditions de la flotte au Pérou.

les Hollandois espéroient prendre, étoient déja partis pour Panama. On se résolut donc d'attaquer *Callao* port de *Lima*; de s'emparer de *Lima*, d'*Arica* & de *Guayaguil*, & de se rendre ensuite maître du *Potosi*. C'est ainsi qu'on raisonnoit de loin, dit l'auteur. Mais différentes tentatives sans succès des le premier point firent voir aux Hollandois que la conquête du Pérou étoit plus facile à projetter qu'à exécuter. On se rabatit à tenter de faire sauter avec des brulots un grand gallion resté à *Callao*. Mais ce dessein échoua pareillement. L'amiral regretta que ses ordres ne fussent pas plûtôt pour la conquête du Chili que pour celle du Pérou. Mais quoique celle-là fut beaucoup moins difficile, il y a grande apparence qu'il n'auroit pas eu une meilleure réussite, puisque les nègres & les Indiens, sur la révolte de qui l'on comptoit surtout, & qui devoient, à ce que l'on croyoit, se livrer au premier venu, ne remuèrent point. Nous apprenons ici une chose qu'on n'auroit pas facilement imaginée, sçavoir que si l'infanterie espagnole est meilleure que celle du Chili, en revanche la cavalerie de ce pays est au-dessus de celle d'Espagne. Car ces gens-ci sont, dit l'auteur, fort bien à cheval, & il n'y a point de cavalier espagnol qui ose faire tête à un cavalier chilois. Outre cela ces derniers paroissent fort souvent par corps de trois ou quatre mille hommes, & font bien vîte retirer leurs ennemis devant eux. Leur manière de faire la guerre aux Espagnols est d'aller gâter leurs campagnes, & fourager leurs fruits : ensuite ils vont bloquer leurs forteresses, & n'y laissent rien entrer Ainsi ils affament les garnisons, qui demeurent dans une extrême misère, en attendant que le gouverneur du Chili

1624.

Brave cavalerie chilienne.

amène de la *Conception* toutes ses forces pour les dégager.

Les Espagnols envoyent encore tous les ans 3 ou 4 drapeaux de soldats de Lima au Chili. Cette milice est composée de tous les malfaiteurs qui se trouvent avoir été mis en prison au Pérou, à cause de leurs crimes. Pour cet effet on les fait conduire à Lima : mais ce nombre de gens ne suffisant pas pour faire tête aux Chilois, on y a envoyé chacune des dernières années, un bon nombre de soldats qui y vont ordinairement de *Buenos-Aires* par terre, suivant les ordres venus de la cour d'Espagne. Dans cette année 1624 la disette & la misère des Espagnols avoit été si grande au Chili, qu'ils s'y étoient mutinés jusqu'à chercher & maltraiter leurs officiers, qui avoient eu beaucoup de peine à les remettre sous l'obéissance. Si l'on veut sçavoir par quelle raison le roi d'Espagne n'abandonne pas le Chili, puisqu'il n'en tire point de profit ; c'est qu'il craint que les Chilois ne s'en tinssent pas à la jouissance de la liberté qu'ils auroient recouvrée, y ayant beaucoup d'apparence qu'ils voudroient pénétrer dans le Pérou. D'ailleurs il a besoin des Indiens du quartier le plus méridional du Pérou, & de la partie la plus septentrionale du Chili, pour travailler aux mines dans le Potosi, parce qu'ils sont vigoureux & peuvent soutenir la grande fatigue qu'il faut supporter dans le fond de ces mines, au lieu que ceux du nord du Potosi n'y peuvent résister & meurent promptement. On ne parle point ici de la fertilité du Chili, ni de l'or qui s'y trouve, parce que le public en est assez informé par plusieurs relations qui en ont été faites.

Les entreprises de la flotte de Nassau se réduisirent donc à mettre

mettre le feu à quantité de petits bâtimens sur la côte du Pérou, à brûler quelques petites villes & à faire des prisonniers de guerre. Cette guerre se fit de part & d'autre avec grande inhumanité.

Le gouverneur du Pérou ayant refusé de traiter de la rançon des prisonniers, ils furent tous mis à mort de sang froid par ordre de *Schapenham*, qui venoit d'être fait amiral en place de l'*Hermite*, mort sur ces entrefaites : *Verschoor* eut la vice-amirauté. La flotte vint ensuite au Méxique à la vûe d'*Acapulco* dans l'espoir de s'indemniser par la prise des gallions de Manille. Elle tira d'ici aux *Larrons* & vint mouiller le 26ᵉ. janvier 1625. à l'isle de *Guahant*. Les *Larrons* sont plus grands que les *Ternatois* & que les autres Indiens, & sont bien proportionnés dans leur taille. Ils ont le teint rougeâtre & vont tous nuds, si ce n'est les femmes qui couvrent leurs parties naturelles d'une feuille d'arbre, leurs armes sont des assagaies & des frondes, dont ils sçavent fort bien se servir. Leurs canots sont bien faits & propres à pincer le vent, ils s'en servent pour aller jusqu'à deux ou trois lieues au large, quoique la mer soit grosse ; car quand les canots tournent, ils les retournent aisément & en vuident l'eau. D'abord on diroit que ces gens-là trafiquent avec quelque bonne foy ; mais on connoît bien-tôt que ce n'est pas sans raison qu'on leur a donné le nom de *Larrons*, il n'y eut pas une des balles de ris qu'ils nous vendirent, où l'on ne trouva du sable ou des petites pierres ou d'autres choses, & avec cela ils volent effectivement tout ce qu'ils peuvent attraper. Il ne faut pas débarquer dans leurs isles sans être bien pourvû d'armes, ni prendre la moindre confiance en eux ; car tous

1624.

Acapulco.

Insulaires des isles Larronnes.

L l l

450 HISTOIRE DES NAVIGATIONS

1634.

les matelots qui s'écartent de la troupe de leurs compagnons, ne manquent pas d'être massacrés ; au moins s'ils sont rencontrés par ces cruels insulaires, ainsi que nous en fîmes la triste expérience sur quelques-uns de nos gens. Le 14 du même mois de février 1625, nous fûmes par les 10 degrés & demi, & nous vîmes une isle

Isles Inconnues.

que nous crûmes être celle de *Sahavedra*, quoique cette estime ne s'accordât pas bien avec les cartes. Le 15 à 9 heures du matin, nous vîmes une autre isle que nous ne trouvâmes point dans les cartes, dont les habitans qui vinrent à nous dans des canots, étoient de la même taille que les *Larrons*. Ils avoient les cheveux noirs & longs, & quelques ornemens à leur mode autour du corps ; mais comme nous courions toujours, ils ne purent nous aborder ; leur pays paroissoit bien cultivé & assez peuplé. Il est par les 9 degrés 3 quarts.

Mindanao & Batavia.

Enfin la flotte arriva à *Mindanao* & d'isles en isles à *Batavia* où elle se sépara. Le vice-amiral en prit une partie destinée à une entreprise sur *Malacca*. Une autre fut envoyée sur la côte de *Coromandel*. L'amiral reprit avec le reste le chemin de l'Europe le 29e. d'octobre, si malade alors, qu'il mourut au bout de quatre jours avant que d'être sorti du détroit de *la Sonde*. Son

Retour au Texel.

vaisseau territ au *Texel* le 9e. juillet 1626. Pour *Adolphe Decker* on le laissa deux ans en garnison dans Batavia. Ce ne fut que le 27e. mai 1628. qu'il revint en Hollande. On peut voir dans la narration de son retour, diverses remarques curieuses sur l'isle *Sainte Helène*, & sur la température du climat équinoxial. Il faut pour cela consulter l'édition latine de Francfort : cet article ne se trouvant point dans les traductions françoises assez exactes d'ailleurs.

XXVIII.
FRANÇOIS PELSART,
En Australasie.

IMPRIMÉ dans la collection de Melchisedeck Thenevot *tome I. Paris Cramoisy* 1672, qui a lui-même traduit du Hollandois cette relation. La route de Pelsart n'est marquée dans aucune carte que dans la mappemonde publiée en 1700, par le sçavant Guillaume de l'Isle, dont on ne peut trop louer les recherches & l'exactitude.

CE fut près des terres de la *Concorde* sur les roches appellées *Frederic Outhman*, que le capitaine François Pelsart fit naufrage en 1629. La compagnie d'hollande excitée par la découverte que venoit de faire *Carpentier*, aussi-tôt après son retour, renvoya Pelsart dans la même contrée. Le vaisseau de Pelsart parti du Texel le 28°. octobre 1628. après s'être séparé des autres au-delà du cap de bonne Espérance vint par la négligence du pilote, ou plûtôt parce que l'on croyoit alors l'Asie beaucoup éloignée de l'Afrique, échouer la nuit du 4 juin 1629. à 28 degrés de latitude sud, sur certains écueils de l'espèce de ceux que les Portugais nomment *Abrolhos*, c'est-à-dire, *ouvre l'œil*. Le vaisseau s'entre-ouvrit. On se trouvoit dans un détroit du monde inconnu au pilote même de son propre aveu: on n'appercevoit point de terre que la mer ne couvrit à la réserve d'une petite isle distante d'environ trois lieues, & de deux rochers voisins. L'abord en étoit difficile, parce que la mer y

Départ du Texel.

Terre de la Concorde.

L l l ij

battoit rudement. Cependant le danger preſſant ne laiſ-
ſant pas d'autre reſſource ; car le vaiſſeau fut bien-tôt
entre-ouvert, on mit dans la chaloupe une partie de
l'équipage qui fût transportée dans l'iſle avec quelques
vivres. Le reſte de l'équipage gagna, comme il put, les
deux rochers ſur les débris du vaiſſeau ; mais dans ce
trouble affreux on avoit oublié de ſe fournir d'eau, n'i-
maginant pas que l'on n'en pût manquer à terre. Pelſart
prit le parti d'aller avec la chaloupe en chercher lui-
même en terre ferme, s'il la pouvoit découvrir ; tandis
que les matelots s'enyvroient ſur les rochers, où les bariques de vin étoient reſtées à l'abandon. Il alla dans un
bateau d'une iſle à l'autre communiquer ſa réſolution.
Mais la mer briſoit ſi fort contre les rochers qu'on ne
pouvoit aborder. Il voulut ſe jetter à la nage. Un pilote
l'arrêta, lui déclarant qu'on ne ſouffriroit pas qu'il ſortît
du bateau ni qu'il mît pied à terre, où l'autre troupe le
retiendroit : & qu'il n'avoit qu'à leur crier ce qu'il avoit
à dire. Pelſart écrivit donc ſur une tablette qu'il jetta,
qu'il alloit dans l'eſquif chercher de l'eau ſur les terres
qu'il pourroit découvrir. Le 8e. juin au ſoir il en eu la
vûe à ſix milles au nord-nord-oueſt de l'endroit où il
avoit fait naufrage.

Le lendemain 9, il étoit près de la côte qu'il trouva
baſſe ſans arbres & pleine de rochers, à peu près de même hauteur que la côte de Douvres en Angleterre. Il
apperçut une petite anſe avec un fond de ſable, dans laquelle il voulut entrer. Mais la mer y briſoit ſi rudement, qu'il fût obligé de s'éloigner ſans pouvoir approcher de terre. Il courut de même inutilement cette côte
pendant trois jours allant au nord, ſans pouvoir l'abor-

der, tant elle étoit escarpée, sans appercevoir aucune anse. Le 13 juin, il prit hauteur de 25 degrés 40 minutes vis-à-vis d'une côte escarpée des rochers rouges de la même élévation, contre laquelle la vague se rompoit fortement. La terre paroissoit de loin fertile & pleine d'herbe. Enfin le 14 à 24 degrés, il apperçut de la fumée. La chaloupe rama promptement dans cet endroit avec l'espérance d'y trouver des hommes, & par conséquent de l'eau. Mais elle y trouva la côte escarpée pleine de rochers & la mer assez grosse pour lui ôter tout moyen d'aborder. Dans cette extrêmité, six matelots se fiant sur leur adresse à nager, sautèrent hors du bord & gagnèrent la terre avec des peines infinies, la chaloupe demeurant à l'ancre. Les matelots cherchèrent de l'eau pendant tout le jour & apperçurent quatre sauvages qui s'approchoient d'eux marchans à quatre pattes. Un Hollandois ayant paru proche d'eux, ils s'élevèrent de bout & prirent la fuite, ensorte que ceux même qui étoient resté dans la baye les virent fort distinctement. Ils étoient noirs, tout-à-fait nuds, n'étant pas même couverts au-dessous de la ceinture. Les six matelots n'ayant point trouvé d'eau regagnèrent la chaloupe à la nage, blessés & meurtris des coups qu'ils s'étoient donné contre les rochers. Le 15. Pelsart découvrit entre deux caps un petit golfe qu'il prit pour une crique; mais ce n'étoit qu'un cul-de-sac formé par une chaîne de rochers escarpés. Plus loin il trouva d'autres ouvertures, où la mer moins agitée permit à ses gens de prendre terre près d'une longue plage de sable. On se mit aussitôt à creuser des puits dans cette avant-côte, sans succès néanmoins; car l'eau se trouva salée. Mais par bon-

1629.

Sauvages de la côte.

heur on trouva dans un creux de rocher quelque eau de pluye, qui sauva la vie aux gens de la chaloupe, lorsqu'ils étoient prêts à périr de soif; n'ayant eu depuis leur naufrage qu'un demi-septier d'eau chacun par jour. Ils trouvèrent aussi sur le sable au même endroit du bois brûlé, des cendres, & quelque reste d'écrevisses grillées.

Détroit. La terre au-delà des rochers de la côte étoit une raze campagne sans herbes ni arbres, où ils ne virent que des fourmillières si élevées & si grosses, qu'ils les prirent de loin pour des huttes d'Indiens. Les mouches y étoient aussi en si grand nombre, qu'ils ne sçavoient comment s'en défendre. Ils apperçurent huit sauvages *Sauvages.* chacun un bâton à la main, & qui prirent la fuite dès qu'on voulu marcher à leur rencontre. Ayant donc perdu l'espérance de trouver de l'eau, ils se rembarquèrent de nouveau dans le dessein d'aller chercher la rivière appellée *Jacob Remessens*, qui selon les cartes sépare la terre de la *Concorde* de la terre de *Witt*. Contrarié dans ce projet par le vent, se voyant à 22 degrés un quart de lat. éloigné de plus de 100 lieues de l'endroit du naufrage, Pelsart résolut de gagner au plus vîte Batavia, pour avertir le général de la compagnie de son malheur, & faire porter du secours à ceux qui étoient resté dans les isles. Il avoit ponté son bâtiment avec quelques planches : sans quoi le trajet auroit été impraticable. Après 17 jours de navigation, le 2e. juillet il rencontra dans le détroit de la Sonde, un bâtiment hollandois qui le conduisit à Batavia, où il repartit sur un autre vaisseau pour aller retrouver ses gens. Mais il s'étoit passé bien des choses en son absence. Des trois troupes partagées

Révolte de l'équipage.

dans les trois isles, la plus nombreuse étoit commandée par un apoticaire de Harlem, nommé *Jerôme Corneliz*. Celui-ci fit une conjuration avec le pilote & quelques autres pour se rendre maître des débris du navire & des richesses que l'on avoit pû sauver, pour se faire reconnoître capitaine de l'équipage, & pour surprendre le bâtiment de Pelsart à son retour. *Corneliz* & ses complices massacrèrent tous ceux de leur bande qu'ils n'avoient pas mis du complot. Ils voguèrent de-là vers l'une des deux petites isles où ils en firent autant, n'ayant épargné que quelques femmes & sept enfans. Mais ils ne purent s'emparer de la seconde isle qui étoit néanmoins la plus utile, parce que *Wibehais* chef de cette isle, avoit enfin trouvé de l'eau en terre ferme, après 20 jours de recherche. *Corneliz* de retour dans sa propre isle, ouvrit les caisses de marchandises & choisit des gardes, qu'il fit habiller d'écarlatte avec des dentelles d'or & d'argent; prit une femme pour lui; en donna une à son principal associé; & laissa les trois autres au public, après avoir fait un réglement sur la manière dont elles devoient servir. Il vint ensuite deux fois sans succès attaquer l'autre isle dont *Wibehais* le repoussa, & allant au-devant de ces furieux jusques dans l'eau, empêcha le débarquement, quoiqu'il n'eût pour toute arme que des bâtons garnis d'une pointe de fer. Enfin on fit un traité de paix portant qu'on se laisseroit en repos; qu'on rendroit à *Corneliz* un petit bateau: & que celui-ci donneroit de l'étoffe pour habiller les gens de l'autre isle. Mais au préjudice de cet accord, *Corneliz* ayant une troisième fois tenté de les surprendre, fût lui-même pris prisonnier par *Wibehais*. Sur ces entrefaites Pelsart

1629.

Eau douce.

arrivant, & voulant aller au-devant de ses gens dans une chaloupe, eût été surpris par les conjurés, sans la vigilance de ceux de l'autre isle, qui se tenoient sans cesse sur leurs gardes pour l'avertir à son retour, tant du complot formé pour le surprendre avec deux chaloupes, que du massacre précédent de 12 personnes de l'équipage. Il fit son débarquement dans l'isle des révoltés, les prit prisonniers & les fit pendre.

XXIX.

ABEL TASMAN,

En Australasie.

TASMAN a écrit lui-même le journal de sa route en langue hollandoise. On en a imprimé une traduction françoise dans un suplement fort rare que Melckisedech Thévenot préparoit pour faire une cinquième partie de son recueil; & une autre à *Amst. Bernard 1722. in 12.*

****

JE fis voile de Batavia le 14 août 1642. avec deux navires. J'allai mouiller à l'isle Maurice (l'isle Bourbon) d'où je fis route au sud, & le 24 novembre (à 42°. 25'. lat. sud. 163°. 50'. long.) Je découvris une terre à quatre lieues de moi, à laquelle je donnai le nom de *Van Diemen* général de notre compagnie des Indes. L'aiguille aimantée se tournoit alors droit vers cette terre. Un gros tems continua de me porter au sud.

Le premier décembre (à 43°. 10'. lat. 167°. 55'. long.) je mouillai dans une baye que je nommai *Frederic Henry*, du nom du P. d'Orange. J'entendis, ou crus entendre

entendre du bruit sur le rivage, comme s'il y eut eu du monde; mais je ne découvris personne. Je vis seulement deux arbres qui avoient deux brasses ou deux brasses & demie d'épaisseur, & 60 ou 65 pieds de haut au-dessous des branches. On avoit taillé dans l'écorce de ces arbres avec un caillou, des degrés pour pouvoir y monter & aller dénicher des oiseaux. Ces degrés étoient de cinq pieds de distance les uns des autres; de sorte qu'il faut, ou que les habitans de cette terre soient d'une taille excessive, ou qu'ils se servent de ces degrés d'une manière inconnue. Dans l'un de ces arbres les degrés paroissoient, comme s'ils n'eussent été taillés que depuis quatre jours. Le bruit que nous entendîmes ressembloit au son d'une espèce de trompette, qui n'étoit pas fort éloignée; mais cependant on ne vit personne. J'apperçus des traces de bêtes sauvages, dont les griffes devoient être comme celles d'un tigre ou de quelqu'autre pareil animal. Je trouvai encore de la gomme d'arbres & de la laque. La marée monte & descend dans cet endroit environ trois pieds. Les arbres n'y sont pas fort épais ni embarrassés de buissons ou de broussailles. Je vis aussi de la fumée en plusieurs endroits, & n'y fis autre chose que planter un poteau où chacun mit son nom ou sa marque, & où j'attachai un pavillon. Je trouvai à cet endroit trois degrés de variation vers le nord-est. On ne sçait si cette terre de Diémen située au sud-ouest de la nouvelle Hollande la touche ou non.

Mon dessein étoit d'aller de là chercher les isles Salomon. Le 13 décembre je vis la terre (42°. 10'. *lat.* 188°. 28'. *long.*) élevée & montueuse que nos cartes nomment aujourd'hui *nouvelle Zélande*. Je gouvernai nord-nord-est le long de la côte jusqu'au 18 décembre que je mouillai dans une baye (40°. 50'. *lat.* 191°. 41'. *long.*) où je trouvai neuf degrés de variation au nord-est.

Ses habitans.

Nous trouvâmes des habitans en cet endroit-là. Ils ont la voix rude, & la taille grosse. Ils n'osoient approcher du vaisseau qu'à la distance d'un jet de pierre, & ils jouoient très-souvent d'un instrument qui rendoit un son semblable à celui d'une trompette : à quoi ceux du vaisseau répondoient de leurs instrumens. Ils étoient d'une couleur entre le brun & le jaune, & avoient les cheveux noirs à peu près aussi longs & aussi épais que ceux des Japonois, attachés au sommet de la tête, avec une plume longue & épaisse au milieu, de la même façon que les Japonois attachent les leurs derrière la tête. Ils avoient le milieu du corps couvert, les uns de nates, les autres de toile de coton : mais le reste de leur corps étoit nud.

Le 19 décembre ces sauvages commencèrent à devenir plus hardis & plus familiers, jusques-là qu'ils osèrent venir à bord du *Heemskerk* pour y faire des échanges. M'en étant apperçu & craignant quelque surprise de ces gens-là, j'envoyai ma chaloupe avec sept hommes, pour avertir ceux du *Heemskerk* de ne se pas trop fier à eux. Mes sept hommes qui étoient sans armes, furent attaqués par ces sauvages qui en tuèrent trois de sept, & forcèrent les autres à se sauver à la nage : ce qui me

Baye des Assassins.

fit nommer cet endroit *baye des Meurtriers*. Ceux de nos vaisseaux vouloient en tirer vengeance ; mais le gros tems les en empêcha. De cette baye nous fîmes route à l'est, & nous nous trouvâmes entourés de la terre de tous côtés. Cette terre nous parut bonne, fertile & bien situde; mais à cause du mauvais tems & du vent d'ouest, nous eumes beaucoup de peine à sortir de cet endroit-là.

Le 4 janvier 1643. nous fimes voile jusqu'au cap qui est au nord-ouest (34°. 35'. *lat.* 191°. 9'. *long.*) où nous trouvâmes de grosses houles qui venoient du nord-est: ce qui nous fit juger qu'il devoit y avoir une grande mer au nord-est, & par conséquent que nous avions trouvé le passage, dont nous fûmes fort joyeux. Il y a dans cet endroit-là une isle qu'on nomma l'isle des *trois Rois*, sur laquelle nous mimes le cap à dessein de nous y rafraîchir. Nous en étant donc approchés, nous apperçûmes sur la montagne trente ou trente-cinq personnes qui étoient d'une taille fort haute, autant que nous en pûmes juger de loin, & qui avoient de gros bâtons. Ils crioient d'une voix haute & forte; mais on ne pût comprendre ce qu'ils vouloient dire. On remarqua que ces insulaires faisoient de fort grands pas en marchant. On fit le tour de cette isle sans y découvrir que peu d'habitans, mais point de terre cultivée. Nous y trouvâmes une rivière d'eau douce, & résolûmes ensuite de porter à l'est jusqu'à 220 degrés de longitude, & après au nord jusqu'au 17 degrés de latitude sud: de-là à l'ouest jusqu'aux isles des *Cocos* & de *Horn*, qui furent découvertes par Guillaume *Schouten*, où nous avions dessein de nous rafraîchir, en cas qu'on ne pût le faire auparavant: car nous avions bien abordé à la terre de *Van Diemen*; mais on n'y avoit rien trouvé, & pour la nouvelle *Zélande* on n'y avoit pas été une seule fois à terre.

Le 19 janvier on découvrit une isle (22°. 35'. *lat.* 204°. 15'. *long.* 7°. 30'. *var. E.*) d'environ deux ou trois

1643.

Découverte du passage entre Diemen & Zélande.

Insulaires des trois Rois.

Isle Pylstaert.

milles de circonférence, élevée, escarpée & stérile, autant qu'on en pût juger. Nous aurions fort souhaité d'en approcher, mais les vents de sud-est & sud-sud-est ne nous le permirent pas. On la nomme l'isle de *Pylstaart* ou des *Plongeons*, à cause du grand nombre de ces oiseaux qu'on y voit. Le lendemain nous découvrîmes deux autres isles. La plus septentrionale & la plus grande (21°. 20'. *lat.* 205°. 29'. *long.* 7°. 15'. *var.* E.) Nous en approchâmes, on nomma l'une *Amsterdam* & l'autre *Rotterdam*. Sur celle d'*Amsterdam* nous y trouvâmes quantité de cochons, de poules & de toutes sortes de fruits. Les insulaires n'avoient point d'armes, & parurent assez doux & bienfaisans, excepté qu'ils prirent la liberté de nous voler. On ne fait de l'eau qu'avec peine en cet endroit.

I. d'Amsterdam & de Rotterdam.

Les insulaires de *Rotterdam* ressemblent à ceux de la précédente. Ils sont doux & n'ont point d'armes; mais ils sont grands voleurs. On y fit de l'eau & l'on y trouva quelques autres rafraîchissemens. Nous fûmes d'un bout à l'autre de cette isle & y vîmes quantité de cocotiers, plantés fort régulièrement les uns auprès des autres, & de très-beaux jardins bien ordonnés, & garnis de toutes sortes d'arbres fruitiers, tous plantés en droite ligne, ce qui faisoit un très-bel effet. Après avoir quitté cette isle de *Rotterdam*, on découvrit quelques autres isles, & l'on résolut, suivant le premier dessein, de filer au nord, jusqu'au 17° degré de latitude du sud, & ensuite à l'ouest, sans passer près de l'isle des *Traîtres* & celle de *Horn*. De-là nous nous trouvâmes engagés entre dix-neuf ou vingt isles, toutes entourées de sables, de bas fonds, de bancs & de rochers. On les nomma dans les cartes, les isles *du Prince Guillaume* & les *Bas-fonds de Heemskerk*. (6. fév. 19°. 19'. *lat.* 201°. 35'. *long.*) Nous courûmes la mer par un gros tems pluvieux & vent variable jusqu'à ce que nous eussions la terre à 4 milles à notre ouest. C'étoit une vingtaine d'isles nommées dans les cartes, *Anthong Java*. Elles sont à 90 milles de la côte de la *nouvelle Guinée*, (22. mars 5°. 2 *lat.* 178°. 32 *long.*) Puis nous vînmes aux isles de *Mark* toutes découvertes par Guillaume Schouten & Jean le Maire : il y en a quatorze ou quinze. Les habitans sont des sauvages qui ont les cheveux noirs, & attachés comme ceux de la baye des *Meurtriers* dans la nouvelle Zélande. (25 mars 4°. 35. *lat.* 170°. 10'. *long.* 9°. 30'. *var.*) Les deux derniers jours du mois nous passâmes à l'isle *Verte* (Green Island) & à celle de *S. Jean*. Nous gagnâmes la côte de la nouvelle Guinée (1. avr. 4°. 30'. *lat.* 171°. 2'. *long.* 8°. 45' *var.*) vers le cap que les Espagnols appellent *Cabo santa Maria*, & faisant voile le long de la côte qui gît nord-ouest, nous passâmes les isles d'*Antoine Cains*, de *Gardener* & de *Vischer*, vers le promontoire appellé *Struis Hoek*, où la côte court sud & sud-est. Nous la suivîmes & fîmes route au sud, jusqu'à ce qu'on pût trouver un passage au sud. Le 12 avril nous eûmes un tremblement de terre, qui réveilla ceux qui dormoient. On monta sur le tillac, dans la croyance que le vaisseau avoit touché sur quelque rocher ; mais ayant jetté la sonde, on ne trouva point de fond. Nous sentîmes encore plusieurs secousses, mais non pas si violentes que la première. Nous avions doublé alors le *Struis Hoek*, & nous étions dans la baye de *Bonne Espérance*. Nous cherchâmes un

1643.
Isle du prince Guillaume.
Bas fonds de Heemskerk.

Anthong Java.

Isles Mark.

Isle Verte.
Isle S. Jean.
Nouvelle Guinée.

Isles Cains, Gardener & Vischer.
Cap Struis Hoek.

Baye de Bonne-Espérance.

1643.

Volcan de l'isle Brulante.

passage un peu plus à l'ouest. Mais nous trouvâmes que ce n'étoit qu'une même côte & nous y fûmes pris de plusieurs calmes.

La nuit du 20. nous approchâmes de l'isle Brulante, (5°. 4′. *lat.* 164°. 27′. *long.* 8°. 30′. *var. E.*) & apperçûmes une grande flamme qui sortoit du haut d'une montagne dont Schouten a fait mention. Nous vîmes grand nombre de feux près du rivage & sur la hauteur, d'où nous jugeâmes que ce pays est fort peuplé. Le long de cette côte de la nouvelle Guinée, on eut plusieurs calmes & l'on y vit souvent du bois flottant, comme des petits arbres, des bamboes & autres broussailles que les rivières emportoient de la côte dans la mer, d'où l'on conjecture qu'il doit y avoir un grand nombre de rivières, & qu'il faut que le pays soit bon. Nous crûmes

Langage de l'isle Jama.

ensuite avoir la vûe de l'isle de *Moa*; mais c'étoit *Jama*, qui est un peu plus à l'est que *Moa*. Nous y trouvâmes quantité de noix de cacao & autres choses. Les habitans sont tout-à-fait noirs, & peuvent répéter facilement toutes les paroles qu'ils entendent dire aux autres, ce qui est une marque évidente que leur langage est fort abondant. Il est aussi fort difficile à prononcer, parce qu'ils se servent beaucoup de la lettre *R* & même deux ou trois fois dans une seule parole. Le lendemain on

Isle Moa.

mouilla devant l'isle de *Moa*, où l'on trouva beaucoup de rafraîchissement, & où les vents contraires nous obli-

Commerce avec les habitans.

gèrent de rester jusqu'au 6°. mai. On y fit des échanges pour environ 6000 noix de cacao & 100 paquets de pysangh. On ne fut pas plutôt en traite avec les habitans de cette isle, qu'un matelot fût blessé d'une flèche qu'un insulaire lâcha, soit par malice ou autrement,

Dans le tems que ceci arriva, nous travaillions à aborder la terre avec nos vaisseaux, ce qui épouvanta si fort les insulaires, que de leur propre mouvement ils amenèrent à bord l'homme qui avoit fait le coup, afin qu'on fît de lui ce qu'on voudroit. Après cela ils furent de plus facile abord, soit pour le commerce, soit pour autres choses. Nos équipages prirent des cercles de fer, dont ils firent des couteaux qu'ils leur donnèrent en échange pour leur denrées. On n'avoit pas oublié ce qui étoit arrivé à nos gens le 16 juillet 1616, du tems de Guillaume Schouten. Ces sauvages agirent fort mal alors avec Schouten : mais Jacob le Maire fit avancer son vaisseau tout près de terre entre les isles ; & tira quelques bordées de canon le long du rivage & entre les bois ; ensorte que les boulets siffloient à travers les arbres : ce qui épouvanta si fort ces nègres, qu'ils prirent tous la fuite & n'osèrent montrer le nez, jusqu'à ce qu'ils devinssent plus traitables. De-là nous fimes voile à l'isle *Schouten*. Elle est bien peuplée, & les insulaires y sont actifs. Elle a 16 ou 19 milles de longueur. De-là ayant passé à la pointe occidentale de la nouvelle Guinée nous vinmes à l'isle *Ceram*, & retournâmes ensuite à Batavia, où nous arrivâmes le 15 juin après dix mois de voyage.

Fin du premier Tome.

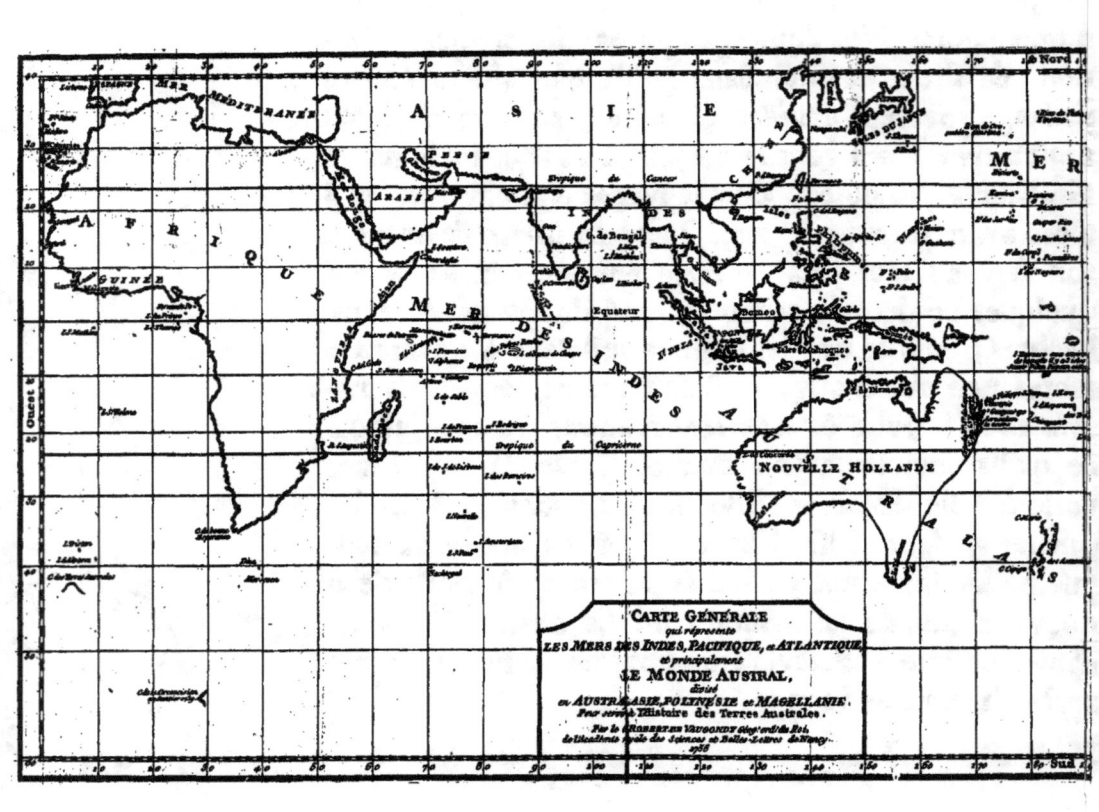

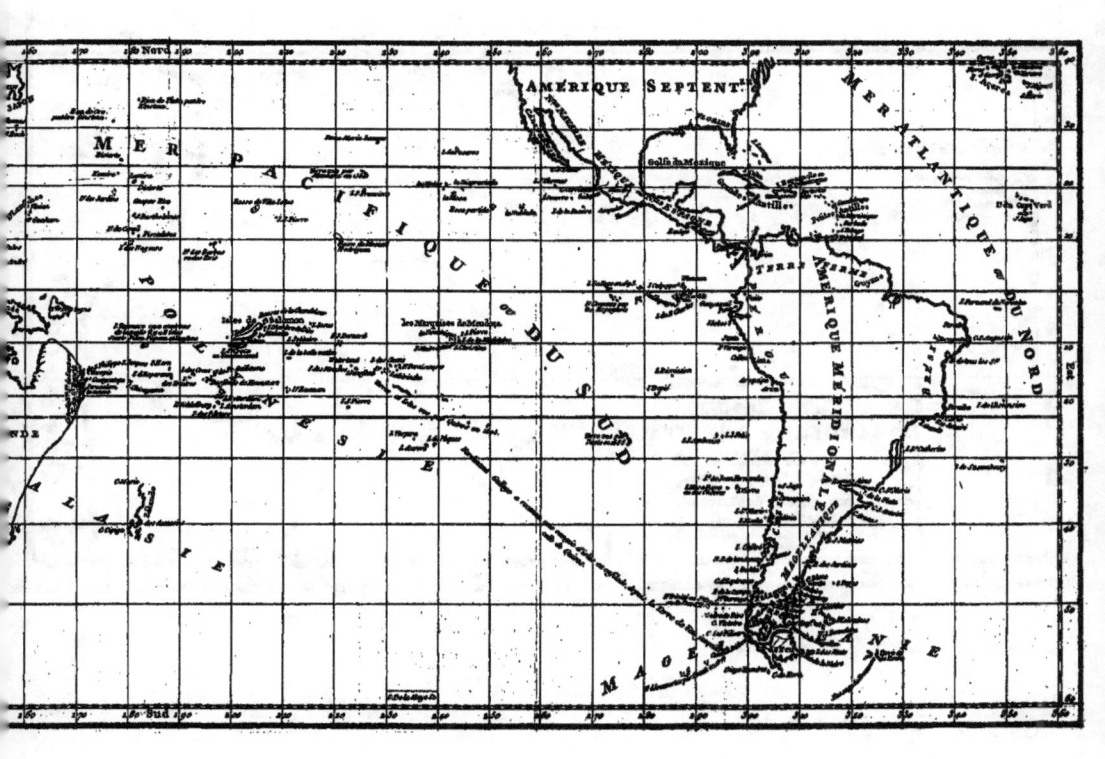

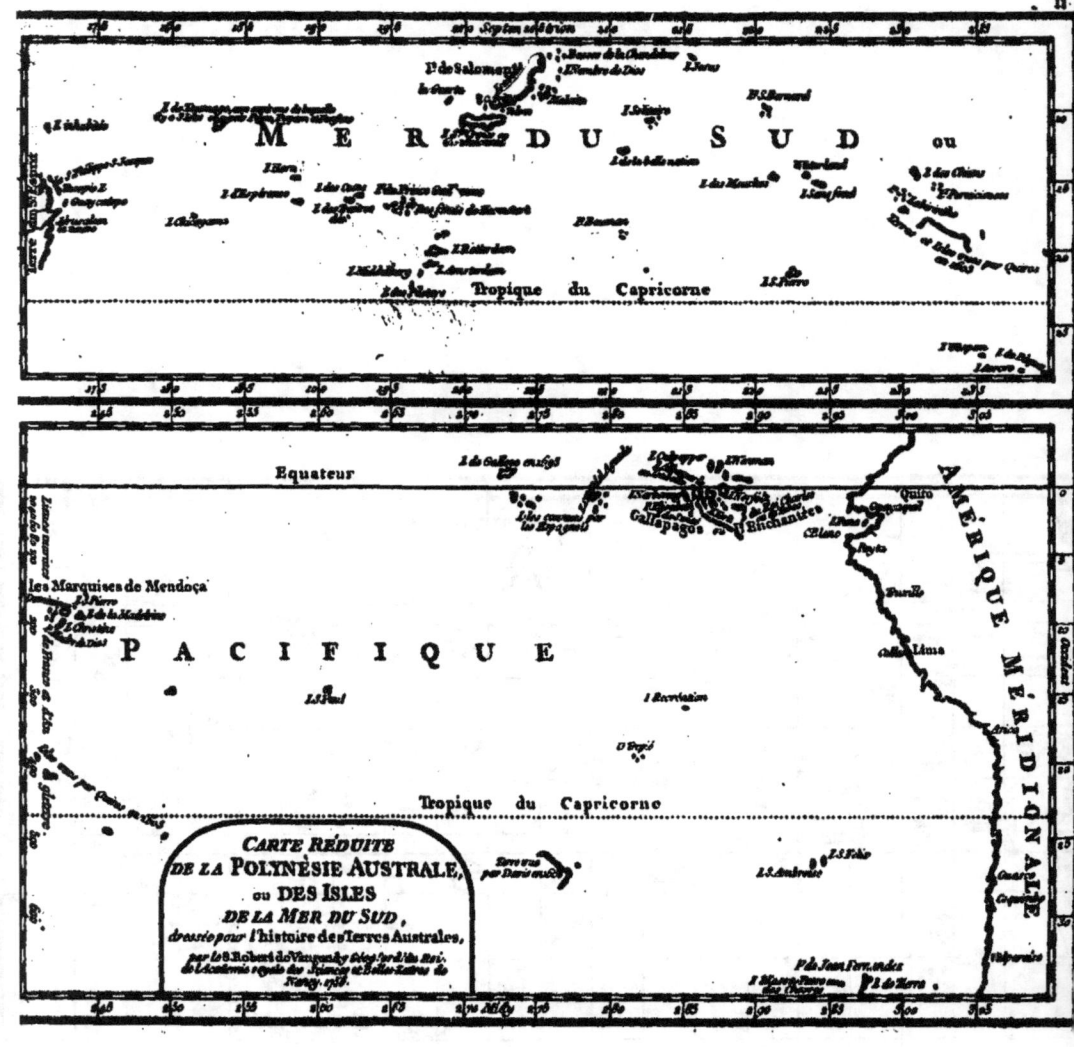

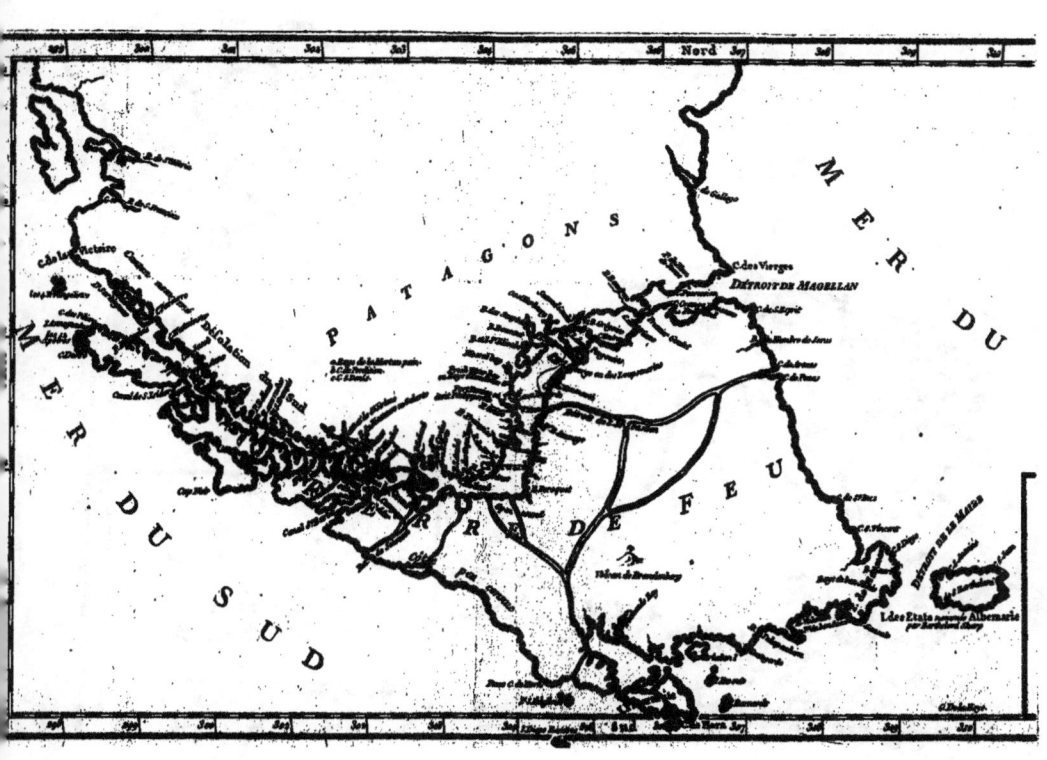

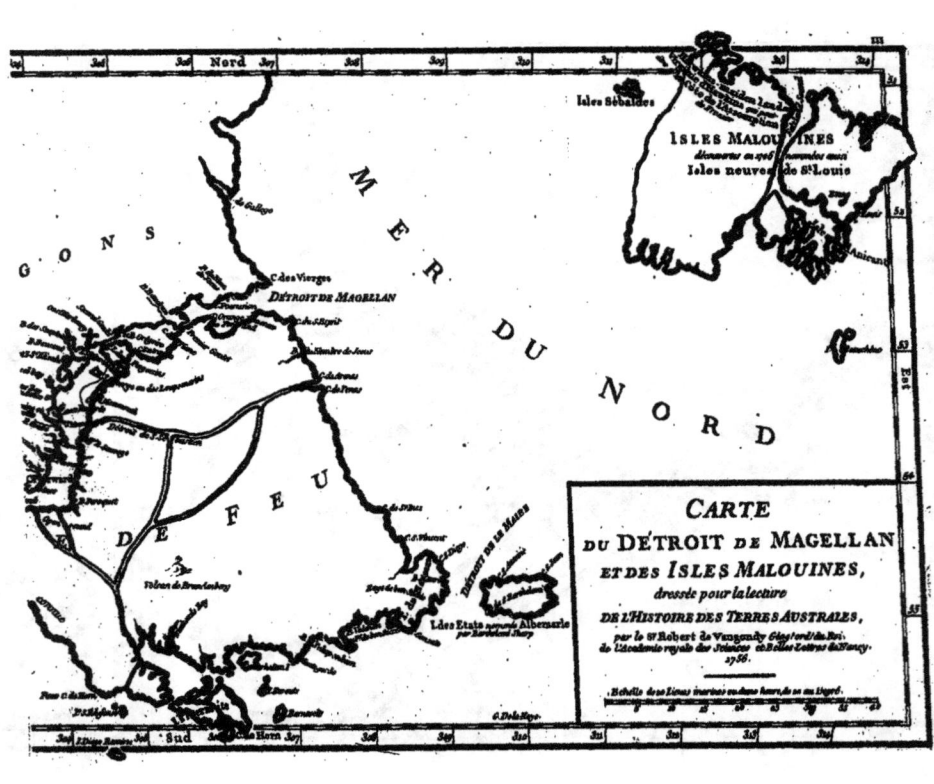

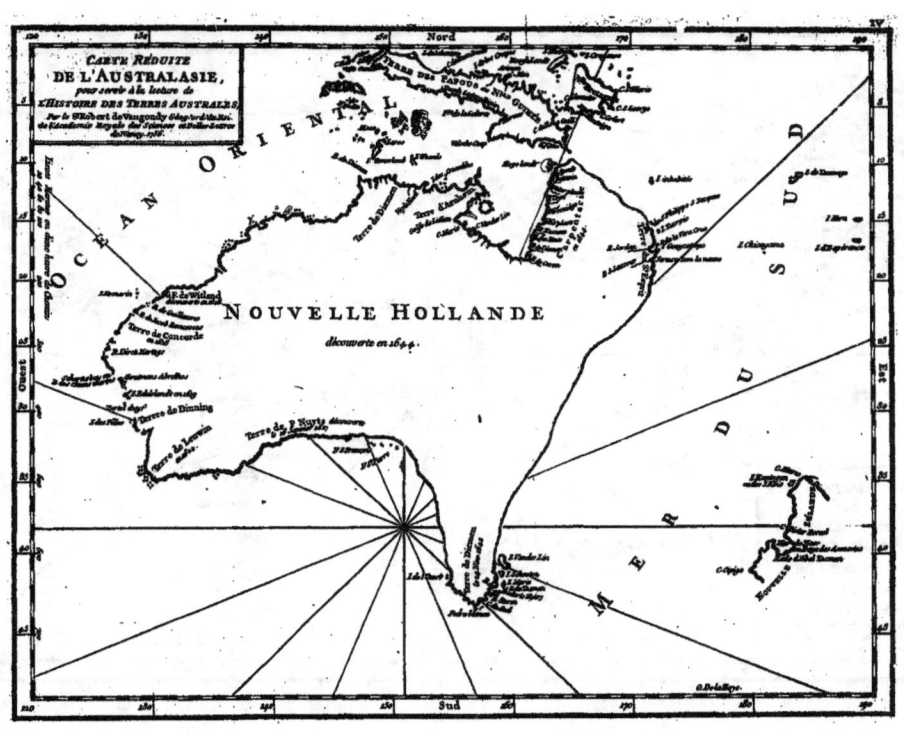

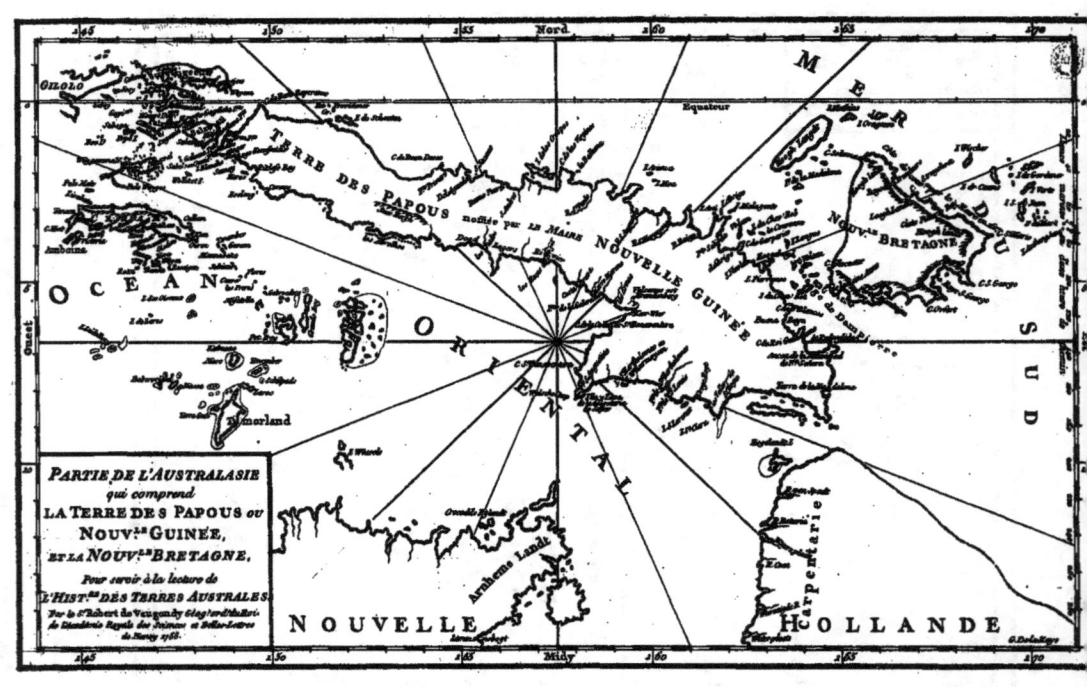

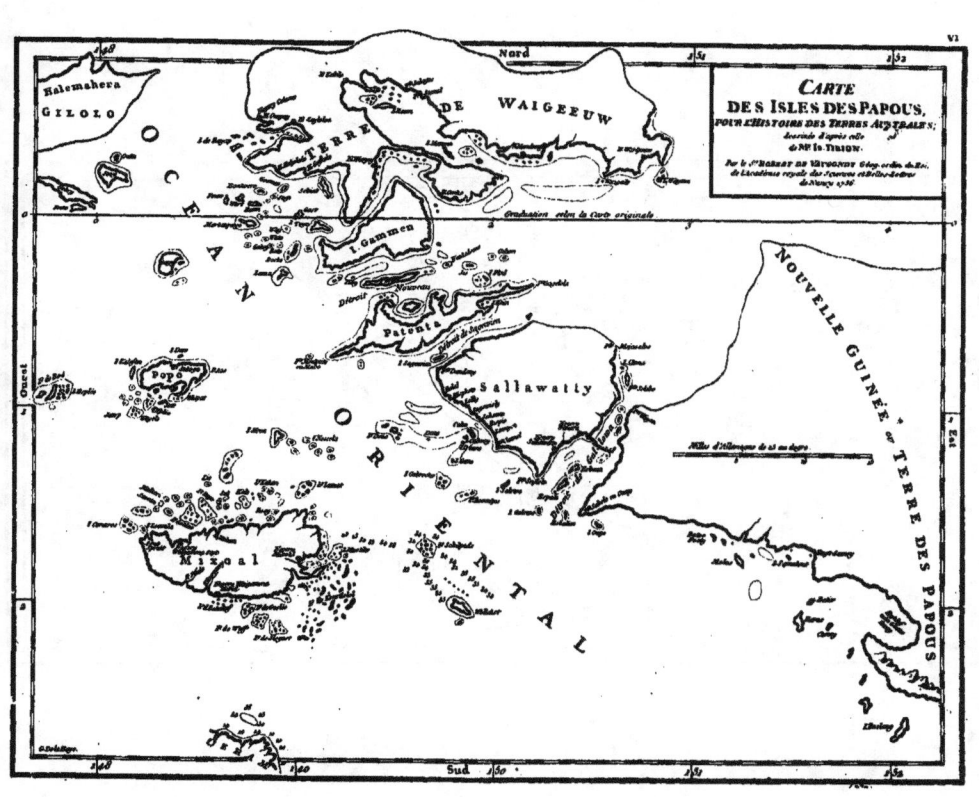

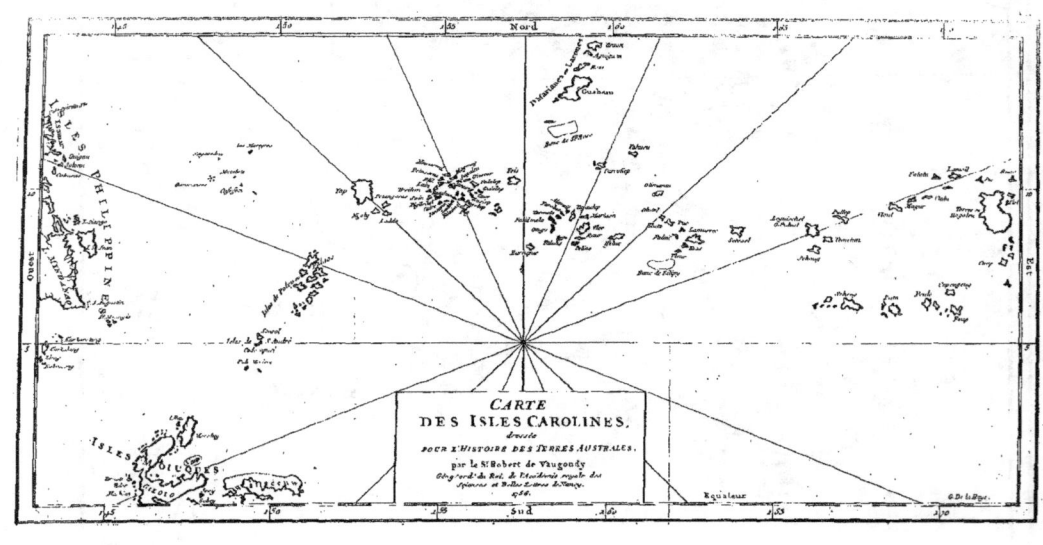

www.ingramcontent.com/pod-product-compliance
Lightning Source LLC
Chambersburg PA
CBHW050604230426
43670CB00009B/1265